CB136153

© Autonomia Literária, para a presente edição.
© Deni Alfaro Rubbo, 2021.

Conselho Editorial:
Carlos Sávio Gomes Teixeira (UFF), Edemilson Paraná (UFC/UnB), Esther Dweck (UFRJ), Jean Tible (USP), Leda Paulani (USP), Luiz Gonzaga Belluzzo (Unicamp/Facamp), Michel Löwy (CNRS, França), Pedro Rossi (Unicamp), Victor Marques (UFABC).

Coordenação Editorial:
Cauê Seignemartin Ameni, HugoAlbuquerque, Manuela Beloni

Revisão:
Marcos Daniel Camolezi e Manuela Beloni

Projeto gráfico:
Rodrigo Corrêa/@cismastudiocisma

Dados Internacionais de Catalogação na Publicação (CIP)
(eDOC BRASIL, Belo Horizonte/MG)

R894l

Rubbo, Deni Alfaro.
O labirinto periférico: aventuras de Mariátegui na América Latina / Deni Alfaro Rubbo. – São Paulo, SP: Autonomia, 2021.
416 p. : 14 x 21 cm

ISBN 978-65-87233-54-3

1. Mariátegui, José Carlos, 1894-1930 – Crítica e interpretação. 2. Ciências sociais. 3. Sociologia. I. Título.

CDD 335.4

Elaborado por Maurício Amormino Júnior – CRB6/2422

Autonomia Literária
Rua Conselheiro Ramalho, 945
CEP: 01325-001 – São Paulo – SP
autonomialiteraria.com.br

O LABIRINTO PERIFÉRICO

AVENTURAS DE MARIÁTEGUI NA AMÉRICA LATINA

DENI ALFARO RUBBO

Aos meus mestres, Silvia, Michael e Ruy.
Aos meus pais.
À Danielle, com amor-ternura.

As modas vão e vêm. O pensamento criador, dentro da ciência ou fora dela, fica.
Florestan Fernandes

Todo verdadeiro conhecimento provoca redemoinhos.
Walter Benjamin

Nada mais original, nada mais intrínseco a si que se alimentar dos outros. É preciso, porém, digeri-los. O leão é feito de carneiro assimilado.
Paul Valéry

LISTA DE SIGLAS E ABREVIATURAS

AI-5 – Ato Institucional 5
AL – América Latina
Alas – Asociación Latinoamericana de Sociología
ALN – Aliança Libertadora Nacional
Apra – Alianza Popular Revolucionaria Americana
API – Asociación Pro-Indígena
AQ – Aníbal Quijano
Cebrap – Centro Brasileiro de Análise e Planejamento
CEDInCI – Centro de Documentación e Investigación de la Cultura de Izquierdas
CEI – Centro de Estudios Internacionales
CESO – Centro de Estudios Socio-económicos
Cendes – Centro de Estudios del Desarrollo
Cepal – Comissão Econômica para a América Latina
CGPT – Confederación General de Trabajadores del Perú
Clacso – Consejo Latinoamericano de Ciencias Sociales
Claps – Centro Latino-americano de Pesquisas em Ciências Sociais
CNRS – Centre National de la Recherche Scientifique
Cosapp – Comité de Solidaridad y Apoyo con el Pueblo Peruano
Cuaves – La Comunidad Urbana Autogestionaria de Villa El Salvador
DCE – Diretório Central dos Estudantes
DIP – Departamento de Imprensa e Propaganda
ELN – Ejército de Liberación Nacional
ELSP – Escola Livre de Sociologia e Política

EHESS – École des Hautes Études en Sciences Sociales
EZLN – Exército Zapatista de Libertação Nacional
FFF – Fundo Florestan Fernandes
Flacso – Faculdade Latino-Americana de Ciências Sociais
Focep – Frente Obrera Campesina Estudantil y Popular
M/C – Grupo Modernidade/Colonialidade
GRFA – Gobierno Revolucionario de las Fuerzas Armadas
IC – Internacional Comunista ou Terceira Internacional
IEA – Instituto de Estudos Avançados
Ilpes – Instituto Latinoamericano de Planificación Económica y Social
ISA – International Sociological Association
ISEB – Instituto Superior de Estudos Brasileiros
IU – Izquierda Unida
JCM – José Carlos Mariátegui
LC – Ligue Communiste
LCR – Ligue Communiste Révolutionnaire
LSI – Liga Socialista Independente
MIR – Movimiento de Izquierda Revolucionaria
MRS – Movimiento Revolucionario Socialista
MST – Movimento dos Trabalhadores Rurais Sem Terra
OCML-PO – Organização de Combate Marxista Leninista – Política Operária
PAP – Partido Aprista Nacionalista
PCB – Partido Comunista Brasileiro
PCI – Partido Comunista Italiano
PCP – Partido Comunista del Perú
PCP – Partido Comunista Português
PCP-BR – Partido Comunista Peruano – Bandera Roja
PCP-PR – Partido Comunista del Perú – Patria Roja
PCP- SL – Partido Comunista del Perú – Sendero Luminoso
Polop – Organização Revolucionária Marxista Política Operária
POR – Partido Operário Comunista
PSP – Partido Socialista Peruano

PSR – Partido Socialista Revolucionário
PUC-SP – Pontifícia Universidade Católica de São Paulo
RBB – A Revolução Burguesa no Brasil
Reallis – Revista de Estudos Antiutilitaristas e PosColoniais
Sinamos – Sistema Nacional de Apoyo a la Movilización Social
SSA-IC – Secretariado Sul-Americano da Internacional Comunista
TdL – Teologia da Libertação
VR – Vanguarda Revolucionária
UBA – Universidade de Buenos Aires
UFMG – Universidade Federal de Minas Gerais
Unam – Universidad Nacional Autónoma de México
UnB – Universidade de Brasília
Unesco – Organização das Nações Unidas para a Educação, a Ciência e a Cultura
Unesp – Universidade Estadual Paulista
Unicamp – Universidade de Campinas
UNE – União Nacional dos Estudantes
UNMSM – Universidad Nacional Mayor de San Marcos
UPGP – Universidad Popular González Prada
URSS – União das Repúblicas Socialistas Soviéticas
USP – Universidade de São Paulo
UTE – Universidad Tecnica del Estado

NOTA PRÉVIA

A leitora e o leitor poderão encontrar as seguintes abreviaturas de livros de Mariátegui:

LEC – *La escena contemporánea*
SEIRP – *Siete ensayos de interpretación de la realidad peruana*
EAM – *El alma matinal y otras estaciones del hombre de hoy*
LNyV – *La novela y la vida: Siegfried y el profesor Canela. Ensayos sintéticos Reportajes y encuestas*
DM – *Defensa del marxismo. Polémica revolucionaria*
EAyÉ – *El artista y la época*
SyO – *Signos y obras*
HCM – *Historia de la crisis mundial*
PP – *Peruanicemos al Perú*
TNA – *Temas de Nuestra América*
IyP – *Ideología y política*
TdE – *Temas de educación*
CdI – *Cartas de Italia*
FAV – *Figuras y aspectos de la vida mundial*, Tomos I, II e III
EJ –*Escritos juveniles/La edad de piedra*, tomos I-VIII
Correspondencia – *Correspondencia*, tomos I e II
MT – *Mariátegui Total*, tomos I e II

A referência das obras de Mariátegui aqui empregada segue as edições da Editora Amauta. Elas estão divididas em três setores: a) edições populares das "obras completas" (1959-1970), que contêm vinte volumes, sendo dezesseis de Mariátegui; b) *Escritos juveniles* (1987-1994), que inclui oito volumes; c) *Correspondencia* (1984) em dois tomos; d) *Mariátegui total* (1994), que abrange os três primeiros itens e inserções pontuais de textos e cartas encontrados após as edições populares.

Para efeito de fluidez da leitura, citaremos sempre o nome do artigo (ou da conferência, do documento, da carta), seguido da data de publicação, local e o nome do órgão publicado e a abreviação do livro citado. Por exemplo:

José Carlos Mariátegui, "Trotsky e a oposição comunista", em *Variedades*. Lima, 25/02/1928. Em FAVM, v. II, p. 213-217.

Por fim, trabalharemos também com edições fac-símiles de revistas que Mariátegui dirigiu, como *Nuestra Epoca* (1918, n. 1-2), *Claridad* (1923-1924, n. 1-7), *Amauta* (1926-1939, n. 1-32) e *Labor* (1928-1929, n. 1-10). Neste caso, não haverá abreviatura.

PREFÁCIO

Por Michael Löwy

Fico um pouco constrangido ao escrever um prefácio a um livro no qual um dos capítulos é dedicado a meus escritos. Vou então ignorar esta parte e fazer abstração deste pequeno obstáculo...

Este belo livro, versão revista e atualizada da tese apresentada há algum tempo por seu autor, é um marco na história dos estudos mariateguianos no Brasil e na América Latina. Meu amigo Deni Rubbo não se limita a traçar o percurso intelectual e político de José Carlos Mariátegui, mas desenha, *pela primeira vez,* uma cartografia da *recepção* de seus escritos por cientistas sociais latinoamericanos e brasileiros. Trata-se, portanto, de um trabalho *pioneiro*: a primeira tentativa de reconstituir, em seus principais momentos, a história das múltiplas leituras e interpretações do Amauta. Bem entendido, não se trata das leituras partidárias, as várias tentativas de partidos, movimentos ou grupúsculos – sobretudo no Peru, mas não só – de se apropriar, muitas vezes ao preço de grosseiras falsificações, da obra do fundador do Partido Socialista Peruano (1928). O objeto desta pesquisa impressionante, pela riqueza da documentação, pela erudição e pelo rigor analítico, são as interpretações no campo das ciências humanas – para usar um termo um pouco anacrônico, mas que utilizava muito meu mestre, Lucien Goldmann – na América Latina.

Deni propõe como definição dos escritos de Mariátegui o conceito de *ensaio.* Me parece muito acertada esta caracterização Mas ele propõe também um adjetivo: *ensaios jornalísticos.* Isto nada tem de pejorativo: o jornalismo pode ser uma nobre ocupação. Sem dúvidas, vários dos artigos de Mariátegui – por exemplo, seus comentários sobre eventos da política nacional e internacional – são jornalísticos. Mas francamente não creio que isto se possa dizer do conjunto de seus escritos: não só seus livros – os *7 Ensaios* e *Defesa do Marxismo* – mas também muitos de seus ensaios não podem de maneira alguma ser definidos como "jornalísticos". Por exemplo, artigos como "Duas concepções da vida" (1925) ou "O homem e o mito" (1925) ou ainda "Aniversário e Balanço" (1928) são verdadeiros manifestos culturais e políticos. Eu sugiro, portanto, o conceito de "ensaios militantes" para a maioria de seus escritos, sobretudo a partir de 1923. No que consiste a forma "ensaio ", no caso de Mariátegui? Segundo Deni, metade ciência, metade literatura. Certo, mas eu acrescentaria outras metades: metade filosofia, metade cultura, metade política, metade visão do mundo – sem esquecer o jornalismo. Portanto, uma combinação de várias formas de expressão, diferentes segundo o escrito, mas sempre com um caráter "híbrido", que faz a riqueza e a singularidade da escrita mariateguista.

Bem entendido, o objeto principal deste livro não é a releitura de Mariátegui, mas sua recepção, em particular latino-americana (há também um belo capítulo sobre a descoberta de Mariátegui na Europa). Nosso autor analisa com lucidez e profundidade os acertos e os limites das leituras de Aníbal Quijano, Enrique Dussel, Walter Mignolo e outros, criticando, em particular, as tentativas de dissociar Mariátegui do marxismo. Por exemplo, segundo Mignolo, o anticolonialismo de Mariátegui não era marxista, posto que "o colonialismo não era um elemento crucial na análise do capitalismo feita por Marx". Ao que parece, Mignolo nunca leu o capítulo sobre a acumulação primitiva no primeiro volume de *O Capital*, uma das denúncias mais virulentas jamais escritas do colonialismo europeu...

A recepção de Mariátegui no Brasil é bastante tardia. Posso testemunhar que, em meus anos de aluno em Ciências Sociais na USP, no fim dos anos 1950, tive ótimos professores de formação marxista (Fernando Henrique Cardoso, Octávio Ianni, Florestan Fernandes etc.), mas nenhum deles jamais mencionou o nome de José Carlos Mariátegui. O mesmo vale, como constata Deni, para o famoso Seminário do Capital desta mesma época. Na verdade, como sugere Antonio Candido, os intelectuais de esquerda brasileiros vão "descobrir" a América Latina a partir da Revolução Cubana socialista (1960-61), e do exílio, na época da ditadura. A "descoberta" de Mariátegui vai se dar no exílio. Se Octávio Ianni é um dos primeiros a se interessar pelo Amauta no começo dos anos 1970, é Florestan Fernandes que vai efetivamente trazer o pensamento de Mariátegui ao Brasil, como o mostra Deni no brilhante capítulo que dedica ao sociólogo.

José Carlos Mariátegui ocupa sem dúvidas um lugar eminente na história do marxismo latino-americano, como constatam a maioria de seus leitores tanto na América Latina como na Europa. Mas não seria justo situá-lo na história do marxismo *tout court*? Como observa com razão Deni, o "marxismo latino-americano" é, implicitamente, visto como algo inferior, marginal, "periférico", em comparação com o marxismo ocidental. Pessoalmente estou convencido de que Mariátegui é um autor comparável, desde vários pontos de vista, com alguns dos mais eminentes "marxistas ocidentais" de sua época, com os quais tem múltiplas *afinidades:* os jovens Georg Lukács, Ernst Bloch, Antonio Gramsci, Walter Benjamin. Aliás, como o aponta Deni, Aníbal Quijano já havia constatado significativas analogias entre Mariátegui e Benjamin: os dois imaginam a emancipação revolucionária sob o ângulo da *redenção.* Minha hipótese é que todos eles compartem, sob formas evidentemente distintas, uma visão do mundo *romântica-revolucionária.* Mas isto é tema para outra discussão...

Michael Löwy, é diretor emérito de pesquisas do *Centre National de la Recherche Scientifique* (CNRS).

APRESENTAÇÃO

Por Ruy Braga

Enquanto escrevo esta apresentação, a eleição presidencial peruana de 2021 segue indefinida, mesmo após a apuração de todas as urnas do país. Pedro Castillo obteve uma estreita vantagem de 44 mil votos sobre Keiko Fujimori e deve ser declarado vencedor assim que a justiça eleitoral peruana julgar os recursos impetrados pela candidata da extrema direita. É impossível não ver na provável vitória eleitoral de Castillo, um professor e líder sindical com fortes laços indígenas à frente de um partido político que combina educação popular, ativismo sindical e auto-organização indígena, o espectro do mais original pensador marxista latino-americano: José Carlos Mariátegui.

Afinal, Mariátegui foi o maior defensor da articulação entre o radicalismo político derivado das análises marxistas com a linguagem dos movimentos populares e indígenas da América Latina. E nove décadas após sua morte, o partido-movimento Perú Libre recupera as tarefas emancipatórias legadas por Mariátegui aos trabalhadores peruanos ao derrotar o velho projeto autoritário, colonialista e extrativista sintetizado na candidatura de Keiko Fujimori. Não parece despropositado observar na atual conjuntura político-eleitoral peruana o anúncio de um novo momento para a América Latina: as forças do progresso tendem a triunfar, ainda que tenham que superar a encarniçada resistência dos acólitos reacionários representantes da política de espoliação neoliberal.

Exatamente por se tratar de uma disputa tão importante para o futuro de nosso subcontinente é que necessitamos compreender as ideias que balizam parte significativa da esquerda peruana e, ainda hoje, alimentam o imaginário de ativistas sociais, sindicalistas, trabalhadores e comunidades tradicionais em diferentes contextos nacionais: o comunalismo *ayllu* enraizado nas tradições de resistência e luta das comunidades indígenas andinas que, a despeito do genocídio colonial imposto pelos europeus, jamais deixaram de reinventar suas próprias tradições rebeldes, tanto no campo quanto nas cidades. Mariátegui foi quem melhor compreendeu a força dessa tradição de luta contra o Estado colonial antes e depois do ciclo de independências políticas que varreu a América Latina do século XIX.

Criador do jornal socialista *Amauta* – "sábio" em quíchua, língua do império Inca –, órgão cultural que marcou toda uma geração de intelectuais e ativistas políticos nos anos 1920 e 1930, além de secretário-geral do Partido Socialista Peruano, Mariátegui morreu com apenas 35 anos, porém, ainda assim, deixou uma marca indelével no pensamento radical latino-americano. Atento tanto às rebeldias locais, indígenas, estudantis e trabalhistas, quanto aos levantes europeus, ele soube sintetizar as dimensões universal e particular da emancipação humana em um projeto político singular cuja força alimentava-se da combinação de movimentos populares regionais com a teoria revolucionária marxista, conhecido como "socialismo indo-americano".

Esquematicamente, trata-se de uma síntese apoiada na aposta de que as lutas de classes modernas seriam bem recebidas por formas culturais pré-modernas, isto é, "proto-comunistas" existentes nos Andes. Nesse sentido, a comunidade *ayllu* que havia resistido ativamente à mercantilização capitalista impulsionada pela colonização, seria o embrião de um movimento socialista capaz de transformar sociedades de castas neocoloniais em verdadeiros Estados nacionais independentes. Isso só aconteceria quando o comunalismo *ayllu* e socialismo europeu se aliassem em uma atividade revolucionária de massas capaz de unificar povos indígenas e trabalhadores organizados por meio de um projeto político, capaz de articular as escalas local, nacional e internacional.

Ou seja, Mariátegui almejou "formar" uma nação recorrendo a uma espécie de desvio internacionalista por meio do qual incontáveis comunidades indígenas espalhadas por diferentes partes da América Latina superariam os limites dos atuais Estados nacionais unificando-se ao redor de um projeto voltado para o futuro do subcontinente e não mais sufocado por seu passado colonial. Em outras palavras, o marxismo romântico e decolonial de Mariátegui não essencializou a cultura ameríndia pré-colonial, de resto, tarefa levada a cabo pelos próprios colonizadores a fim de reproduzir as bases de sua dominação. Ao contrário, ele procurou desnaturalizar os fundamentos de nossa subordinação pós-colonial por meio de uma síntese politicamente internacionalista que, por isso mesmo, enraíza-se nas tradições locais e nacionais.

De uma certa maneira, o livro de Deni Alfaro Rubbo, *O labirinto periférico: aventuras de Mariátegui na América Latina*, moveu-se impulsionado por essa dialética entre o local, o nacional e o internacional posta pelo marxismo mariateguiano. Até onde eu sei, trata-se do primeiro estudo sistemático sobre a recepção da obra de José Carlos Mariátegui nas ciências sociais latino-americanas. Tendo por base uma refinada pesquisa teórica e documental desenhada para compreender a circulação e a apropriação das ideias do marxista peruano em nosso subcontinente, o livro de Deni amparou-se em um vasto material empírico abarcando desde entrevistas com militantes, intelectuais e editores diretamente ligados ao legado de Mariátegui, além de notável esforço de consulta de acervos públicos e arquivos particulares em diversos países. Entre esses acervos e bibliotecas, vale destacar a Casa Museo José Carlos Mariátegui em Lima, a Bibliothèque Nationale de France (BNF) em Paris e a Casa de las Américas em Havana. No Brasil, Deni debruçou-se sobre o Fundo Florestan Fernandes (FFF) da Universidade Federal de São Carlos (UFSCar), além do Memorial Darcy Ribeiro da Universidade de Brasília (UnB) e do Centro de Documentação e memória (Cedem) da Universidade Estadual paulista (Unesp).

É dispensável dizer que a investigação desse conjunto de coleções, acervos e fontes espalhados pela América Latina e França, permitiu que o livro adquirisse uma riqueza ímpar em termos de precisão e profundidade, tornando seu enfoque marcadamente inovador no campo de estudos mariateguianos: Deni afirma que a combinação entre um esforço editorial hercúleo levado adiante pelos familiares de Mariátegui e determinadas circunstâncias sociopolíticas e culturais vividas no Peru e na América Latina viabilizou a construção de redes de circulação internacional espalhando as ideias do marxista peruano. Assim, aos poucos, uma imagem heterodoxa de Mariátegui como um dos principais referenciais de reconstrução do marxismo latino-americano emergiu em flagrante contraste tanto em relação às teses dualistas e desenvolvimentistas que marcaram historicamente a esquerda em nosso subcontinente, quanto em relação às teorias culturalistas que essencializam os povos tradicionais atualizando o mito do "bom selvagem".

Explorando a dialética entre o local, o nacional e o internacional, um dos pontos fortes desse livro é, sem dúvidas, a minuciosa análise do processo de difusão, em especial a partir dos anos 1960, da obra de Mariátegui por diferentes conjunturas políticas e realidades nacionais, as tais "aventuras latino-americanas" referidas no subtítulo. Além das apropriações ideológicas realizadas por órgãos estatais e organizações políticas peruanas, Deni estuda a apropriação de Mariátegui por duas figuras-chave do marxismo latino-americano: o peruano Aníbal Quijano e o argentino José Aricó.

Ademais, Deni demonstra como o campo de estudos "decoloniais" na América Latina, em especial o Grupo Modernidade/Colonialidade, apropriou-se de Mariátegui por meio da "crítica ao eurocentrismo". Finalmente, o livro examina a recepção de Mariátegui no Brasil com base em um mapeamento de seus leitores: intelectuais, exilados e militantes de organizações partidárias. Trata-se de uma espécie de arqueologia das ciências sociais no país, com especial destaque para Florestan Fernandes e Michael Löwy. Assim, percebemos como o autor dos *Sete ensaios de interpretação da realidade peruana*, a despeito de raramente se referir ao Brasil, influenciou intérpretes decisivos de nossa sociedade. Por tudo isso, tenho certeza que o livro de Deni Alfaro Rubbo irá satisfazer a todos aqueles que buscam compreender e transformar a atual encruzilhada latino-americano. Afinal, o labirinto periférico continua tão desafiador nos dias correntes quanto nos tempos de Mariátegui.

Ruy Braga, é doutor em Ciências Sociais pela Unicamp, professor titular da USP e chefe do *Departamento de Sociologia da Faculdade de Filosofia, Letras e Ciências Humanas* da mesma instituição.

INTRODUÇÃO

I. Mariátegui, periférico na sociologia latino-americana

A maior parte dos estudos sobre a trajetória e a obra de José Carlos Mariátegui (1894- 1930) ressaltou a liderança intelectual e política deste escritor, bem como examinou suas numerosas contribuições teóricas, especialmente para o pensamento social e político latino- americano. Amparou-se principalmente em trabalhos interpretativos que respondiam a exigências políticas circunstanciais, de caráter eventualmente celebratório e apologético. Com isso, facilitou a difusão de ideias preconcebidas e representações sumárias sobre Mariátegui. Na maior parte das vezes, sequer apresenta intérpretes e difusores da obra do escritor peruano. Assim, é possível afirmar, a partir de um conjunto bibliográfico expressivo, que não se tem conferido devida atenção à obra mariateguiana vista por seus receptores, ou seja, por um conjunto de leitores, intencionalidades e circunstâncias que *produzem* determinadas leituras e imagens de Mariátegui.

Desde sua morte prematura em 1930, e principalmente a partir de 1958, quando são publicadas as *Ediciones Populares de las Obras Completas* de Mariátegui, assiste-se a disputas e apropriações, algumas delas acirradas, em nome da "verdadeira" leitura de Mariátegui. No Peru, o intelectual andino transformou-se em patrimônio cultural do país, sendo utilizado por profissionais da política e da cultura dentro dos mais diversos espectros ideológicos. Estátuas, monumentos, museus, escolas e *calles* do país levam seu nome e exibem sua imagem. Em particular, Mariátegui é feito fundador da esquerda peruana, o que o amarra à política imediata e dá univocidade às suas ideias.

Com a crise do marxismo, da União Soviética e dos partidos comunistas durante as décadas de 1970 e 1980, os estudos mariateguianos expandiram-se pontualmente para a Europa e América Latina. Embora se faça notar a circulação de Mariátegui em países como China e Japão,[1] é preciso observar que esse fenômeno não suscitou um *boom* de estudos mariateguianos como, por exemplo, ocorreu com Antonio Gramsci em diversos continentes e campos do saber.[2] Com efeito, trata-se de uma expansão limitada ao âmbito de iniciativas intelectuais e editoriais isoladas, que caracterizam, porém, um ímpeto renovado nos estudos de Mariátegui, pois interessadas em identificar as múltiplas fontes da reflexão do autor; as heranças mariateguianas; sua práxis cultural, política e editorialista; e, finalmente, o lugar de suas ideias na história intelectual.[3] Tomando-se como marco o ano de 1980, quando ocorre o Congresso Internacional da Universidade Au-

---

[1] Ver Toyoharu Tsuji, "Estudios sobre José Carlos Mariátegui en Japón". In: *Anuario mariateguiano*. Lima: Amauta, n. 4, 1992, p. 121-131; e Anuario mariateguiano, "Mariátegui en China Popular". In: *Anuario mariateguiano*. Lima: Amauta, n. 4, 1992, p. 132-134.

[2] Ver Alvaro Bianchi, "Prefácio da edição brasileira". In: Guido Liguori e Pasquale Voza (orgs.). *Dicionário gramsciano* (1926-1937). São Paulo: Boitempo, 2017.

[3] Ver, por exemplo, José Aricó (org.), *Mariátegui y los orígenes del marxismo latinoamericano*. México: Ediciones Pasado y Presente/Siglo Veintiuno Editores, 1978; Alberto Flores Galindo, "La agonía de Mariátegui" [1980, 1ª ed.]. In: *Obras completas*, II. Lima: Fundación Andina/Sur Casa de Estudios del Socialismo, 1994; Robert Paris, *La formación ideológica de José Carlos Mariátegui*. México: Ediciones Pasado y Presente/Siglo Veintiuno, 1981; Antonio Melis, "José Carlos Mariátegui hacia el siglo XXI". In: (org.), *Mariátegui total*. Lima: Amauta, 1994; Gerardo Leibner, *El mito del socialismo indígena en Mariátegui*. Lima: Fondo Editorial Pontificia Universidad Catolica del Perú, 1999; Fernanda Beigel, *La epopeya de una generación y una revista: las redes editoriales de José Carlos Mariátegui en América Latina*. Buenos Aires: Biblos, 2006.

tônoma de Sinaloa (México), e o de 1994, centenário de nascimento do autor, verifica-se que o impacto dessas abordagens no conhecimento da obra e da trajetória de Mariátegui é indício de uma importante viragem dos estudos mariateguianos.[4]

No entanto, embora haja internacionalmente um número expressivo de pesquisadores interessados na obra do intelectual andino, Mariátegui permanece pouco conhecido nas ciências sociais. Mesmo quando é colocado em destaque no campo dos estudos marxistas, é trazido sob o critério geográfico do "marxismo latino-americano". Por essa razão, foi relegado a um patamar pretensamente inferior em relação aos autores do assim chamado marxismo "clássico" e "ocidental"[5] – um problema sistemático que marca a condição dos intelectuais marxistas na periferia do capitalismo.

Assim, chega-se a um curioso paradoxo. Embora seja possível que nenhum ensaísta latino-americano tenha alcançado um processo de difusão tão amplo e longevo, Mariátegui continua sendo uma referência periférica nas ciências sociais da América Latina e para o marxismo mundial. Além do universo acadêmico, com exceção da esquerda peruana e de outras referências pontuais, ele também não consta como um pensador relevante para os dilemas estratégicos das organizações sociais e políticas. O testemunho de Fernando Henrique Cardoso parece reforçar essa constatação: "Posso assegurar, de antemão, que Mariátegui não estava no santuário pagão de ex-comunistas brasileiros, como eu, mesmo que injustamente, nem de anarquistas italianos, como o Enzo [Faletto], que preferiria ler Gramsci...".[6] Poderíamos abordar todas as questões trazidas por essa frase escrita pelo ex-presidente do Brasil, a começar por sua autoi-

---

[4] Ver Antonio Melis, "Balance del centenario mariateguiano (1894-1994)". In: *Leyendo Mariátegui*. Lima: Amauta, 1999, p. 248; e Fernanda Beigel, *La epopeya de una generación y una revista*. Op. cit., p. 19.

[5] Perry Anderson, *Considerações sobre o marxismo ocidental/ Nas trilhas do materialismo histórico*. São Paulo: Boitempo, 2004.

[6] Fernando Henrique Cardoso, por correio eletrônico, em 9 de março de 2017. Agradeço a Sérgio Fausto e Brasílio Sallum Júnior pela mediação.

dentificação como ex-comunista e a preferência por Gramsci. Porém, chama atenção, em particular, que a ausência mariateguiana nas reflexões políticas e acadêmicas, tratada como certeza, venha acompanhada de um reconhecimento ("mesmo que injustamente"). Ora, teria a obra de Mariátegui sido desmerecida pelos cientistas sociais do continente?

Transcorridos quase noventa anos da morte do jornalista peruano em 1930, a pergunta feita pelo escritor francês Henri Barbusse – "*Vous ne savez pas qui est Mariátegui*?" – merece ser recolocada. Com efeito, este trabalho consiste no estudo da *recepção* do intelectual peruano José Carlos Mariátegui na América Latina. Trata-se de traçar a história social da difusão e apropriação das ideias mariateguianas como um capítulo importante no conjunto da história intelectual das ciências sociais e do marxismo no continente. Embora haja uma lacuna na tradição das ciências sociais no debate das ideias mariateguianas, não deixa de haver leitores que ajudaram no processo de consagração de Mariátegui como "clássico do pensamento social" e do "marxismo latinoamericano". De fato, ao longo da história das numerosas reedições em diversas línguas de *Siete ensayos de interpretación de la realidad peruana*, Mariátegui passa por diferentes formas de apropriação e classificação, condicionadas pelas categorias de apreciação possíveis em cada momento de recepção e leitura (revolução, marxismo, América Latina, questão nacional, imperialismo, colonialismo e eurocentrismo).

Mariátegui é um caso exemplar daquilo que Wright Mills chamou de "imaginação sociológica". Como alerta o sociólogo estadunidense, a expressão "imaginação sociológica" não se restringe apenas à disciplina acadêmica da sociologia, mas pode envolver homens de letras em geral. Em oposição a um estilo sociológico estadunidense "axiologicamente neutro", dotado de "*ethos* burocrático", focado em um "empirismo abstrato", Mills busca na sociologia uma "qualidade de espírito" que o "ajude a usar a informação e a desenvolver a razão, a fim de perceber, com lucidez, o que está ocorrendo no mundo e o que pode estar acontecendo dentro deles mesmos".[7] A uma atitude instrumental do fazer sociológico, Mills opõe uma criativa prática artesanal.

Para Wright Mills, a capacidade de um autor de exercer a "imaginação sociológica" está assentada em algumas suposições a partir das quais se criam condições para o conhecimento da realidade e a tornam permeável a novas questões e possibilidades de resposta, a saber: a noção de que o "indivíduo só pode compreender sua própria experiência e avaliar seu próprio destino localizando-se dentro de seu período"; "compreender o cenário histórico mais amplo, em termos de seu significado para a vida íntima e para a carreira exterior de numerosos indivíduos"; captar a relação entre biografia e processo histórico dentro de uma determinada sociedade e seus condicionantes; e utilizar a ideia de estrutura social na identificação de uma gama de ambientes sociais de pequena escala. A imaginação sociológica seria, desse modo, "uma qualidade que parece prometer mais dramaticamente um entendimento das realidades íntimas de nós mesmos, em ligação com realidades sociais mais amplas".[8]

Inspirado pela tradição clássica da sociologia, o "cientista social da motocicleta" afirma que a preocupação com as "estruturas sociais históricas" e seus problemas adquirem relevâncias "públicas urgentes" em função de "problemas humanos insistentes". Qual é a estrutura de determinada sociedade e seu lugar na história humana, seus componentes essenciais, suas modificações, como se relacionam e se diferenciam? Quais as características do período histórico em que determinada sociedade está inserida, suas peculiaridades e seus efeitos a curto, médio e longo prazo? Que variedades de sujeitos predominam na sociedade estudada, quais suas condutas e seus caráteres? Mills prepara uma bateria de perguntas dotadas de grande amplitude e,

---

[7] C. Wright Mills, *A imaginação sociológica*. 4ª edição. Rio de Janeiro, Zahar Editores, 1975, p. 11.

[8] Idem, p. 12, 17 e 22.

para responder a elas, "se fundamenta sempre na necessidade de conhecer o sentido social e histórico do indivíduo na sociedade e no período no qual sua qualidade e seu ser se manifestam".[9]

Com sensibilidade para apreender as particularidades de seu país, Mariátegui também parece em afinidade com os clássicos, ainda que não tivesse uma educação formal superior. A necessidade de trabalhar desde moço, associada à instrução autodidata, favoreceu "o saber como prazer", que não desmerecia nenhuma faceta do conhecimento; não havia assunto que, "por mais insignificante que fosse, não lhe chamasse atenção".[10] Trabalho literário, análise política, compreensão das estruturas sócio-históricas etc. foram algumas das expressões de suas realizações intelectuais marcadas por uma sensibilidade situada. Com efeito, Mariátegui elegeu por principal objeto de exame o Peru, ao qual não subtraía nenhuma dimensão social, econômica, política, histórica ou cultural que marca um país na periferia do capitalismo. Tendo desaparecido precocemente com 35 anos, deixou um partido (Partido Socialista Peruano), uma empresa (Editora Minerva), uma revista (*Amauta*) e uma produção dispersa em jornais e revistas. Assim, sua "imaginação sociológica" permitiu-lhe compreender o que ocorria com o mundo e com a sociedade peruana da década de 1920.

Seu tempo era por ele explicado com o auxílio de um método "um pouco jornalístico e um pouco cinematográfico". Era preciso conhecê-lo "episódio por episódio, faceta por faceta". Estava convicto de que "não é possível apreender em uma teoria o panorama completo do mundo contemporâneo". Mesmo assim, segundo o intelectual peruano, o ritmo de "nosso juízo e nossa imaginação sentir-se-ão sempre atrasados em relação à

---

[9] Idem, p. 14.

[10] Javier Mariátegui Chiappe, "José Carlos Mariátegui: la vida como precoz ejercicio de aprendizaje". In: *José Carlos Mariátegui: formación, contexto e influencia.* Lima: Editorial Universitaria, 2012, p. 21.

totalidade do fenômeno".[11] Para decifrar enigmas, é preciso dissecar as partes que compõem a totalidade do fenômeno; "traduzir" movimentos no dia a dia, como no jornalismo, e explicar suas cenas, como no cinema.

"O método de Mariátegui é um estilo por si só", afirma o sociólogo Pablo González Casanova. Conhecer a escrita do intelectual peruano é relevante "quando se pensa o problema do estilo nas ciências sociais, e quando se pensa nas grandes polêmicas marxistas". Para Casanova, a reflexão sobre a posição e o estilo do escritor peruano torna-se válida para toda sua obra a partir do momento em que Mariátegui adota o marxismo como filosofia e como ideologia. Em grande medida, isso explica o "temperamento polêmico, beligerante e combativo", bem como o estilo "parcial" e "objetivo" de Mariátegui.[12] A esse respeito, uma de suas conferências de 1923, proferida para um público de trabalhadores e estudantes, parece decisiva:

> Eu não sei falar de modo cerimonioso, eufemístico e mesurado, como falam os catedráticos e os diplomáticos. Tenho, diante das ideias e dos acontecimentos, uma posição polêmica. Eu estudo os fatos com objetividade; mas me pronuncio sobre eles sem limitar, sem coibir minha sinceridade subjetiva. Não aspiro ao título de homem imparcial; porque me orgulho, pelo contrário, de minha parcialidade, que coloca meu pensamento, minha opinião e meu sentimento ao lado dos homens que querem construir, sobre os escombros da velha sociedade, o harmonioso edifício da nova sociedade.[13]

---

[11] José Carlos Mariátegui, La escena contemporánea [1925]. Em LEC, p. 11-12.

[12] Pablo González Casanova, "El estilo de Mariátegui (papel para un retrato)". In: *Anuario mariateguiano*. Lima: Amauta, n. 3, 1991, p. 30.

[13] José Carlos Mariátegui, "La Paz de Versalles y la sociedad de las naciones". Conferência realizada na Federação dos Estudantes (Palacio dela Exposición), em 31 de agosto de 1923. Publicado em *Amauta*, n. 31, Lima, junho-julho de 1930. Em HCM, p. 118.

É surpreendente que uma figura como o peruano Gustavo Gutiérrez, considerado um dos fundadores da Teologia da Libertação, tenha destacado em Mariátegui, não suas incursões religiosas, como era de se esperar, mas ressaltado a capacidade de Mariátegui observar o mundo através de um "consciente método de trabalho". Ao invés de traçar nominalismos (ortodoxo/ heterodoxo) acerca do "marxismo" do Amauta, o teólogo peruano preferiu assinalar a "autonomia intelectual"; uma "atitude crítica" que "não significa de nenhum modo uma distância com relação a sua opção e filiação socialista".[14]

Mariátegui não foi um sociólogo profissional. Uma investigação de suas fontes bibliográficas evidencia um interesse variado sobre personalidades, temas, obras e ideias do mundo intelectual. Escritores, historiadores, poetas, políticos, teólogos, jornalistas, publicistas, filósofos e... cientistas sociais. De sua biblioteca particular consta, por exemplo, um exemplar do *Le rameau d'or* do antropólogo escocês James George Frazer; *Les religions et les philosophies dans l'Asie Centrale*, do etnólogo francês Comte de Gobineau; e *Trattato di sociologia generale* (v. I, II e III), do sociólogo italiano Vilfredo Pareto.[15] Dos três autores da "sociologia clássica", Marx, Weber e Durkheim, ele tinha em sua biblioteca livros do fundador do materialismo histórico unicamente.[16]

De todo modo, ele imprime em sua produção intelectual um timbre sociológico associado à literatura, entendida como

---

[14] Gustavo Gutiérrez, "La autonomía intelectual de Mariátegui". In: *Anuario mariateguiano*, n. 7, Lima, Amauta, 1995, p. 45.

[15] Harry Vanden, *Mariátegui: influencias en su formación ideológica*. Lima: Amauta, 1975, p. 116, 117 e 133. Para mais informações ver Antonio Melis, "Presencia de James George Frazer en la obra de Mariátegui". In: *Leyendo Mariátegui*. Op. cit., p. 111-118; Lucas Izquierdo, "Mariátegui, Pareto y Sorel: revisionismo o revolución decolonial". In: *Revista Estudios Hispánicos*, Espanha, v. XLIX, n. 3, 2015, p. 549-569.

[16] Idem, p. 129-130.

recurso legítimo de explicação dos fenômenos sociais. Às voltas com a construção de uma teoria marxista aberta, refeita aos moldes do continente latino-americano, Mariátegui não constituiu um sistema teórico. Na verdade, não há lugar em seu pensamento para um todo coerente e organizado, formado a partir de certo número de referências conceituais e metodológicas, que explicasse a realidade de modo unitário. A organicidade de sua obra é produzida no âmbito do ensaio jornalístico. Em outras palavras, Mariátegui adotou a forma ensaio - metade ciência e metade literatura - como instrumento adequado para desvendar os enigmas da periferia do mundo. O ensaio mariateguiano não fica restrito à descrição dos fatos, mas se eleva ao patamar de interpretação.

Mariátegui torna-se relevante na história da sociologia latino-americana a partir de meados da década de 1960, quando podemos encontrar, pontualmente, trabalhos científicos que lhe fazem alguma referência. Era um momento em que as ciências sociais dos países latinoamericanos estavam em um processo de institucionalização da disciplina dotado de ritmos desiguais. A emergência de "revoluções" e "contrarrevoluções" fez com que os recursos analíticos do marxismo passassem a influenciar significativamente agendas e estilos da sociologia latino-americana: definição das formações sociais, das classes sociais, do caráter da revolução, das formas de luta e dos sistemas de alianças políticas. Foi para certos cientistas sociais com perfis engajados que a obra de Mariátegui encontrou abrigo em sua recepção.

No Brasil, Mariátegui esteve praticamente ausente das reflexões realizadas pelos cientistas sociais "marxistas" durante a década de 1960. No afamado Grupo d'*O Capital* da Universidade de São Paulo (USP), por exemplo, parece jamais ter havido menção ao intelectual peruano. Quando examinamos as características do Grupo, a ausência de Mariátegui pode ser vista de duas maneiras.

De um lado, o perfil de JCM, pouco ou nada assimilável à universidade; a inexistência de uma reflexão metódica de Mariátegui sobre a *explication de texte*; a pretensa falta de "rigor científico" de suas formulações, exacerbada pela forma ensaio; enfim, a distância da rotina dos estudos acadêmicos à primeira vista não o credenciavam como um nome à altura das ambições dos intelectuais uspianos. De outro lado, havia uma profunda "afinidade eletiva" entre Mariátegui e a tarefa histórico-sociológica do seminário. Com efeito, o "marxismo" de Mariátegui caracterizava-se pelas relações profundas com a cultura andina de seu país (em especial o campesinato), rompia com concepções lineares de progresso e procurava articular a peculiaridade histórico-social do Peru com a história contemporânea do capital. Afinal, como afiançou Roberto Schwarz, "faria parte de uma inspiração marxista consequente um certo deslocamento da própria problemática clássica do marxismo, obrigando a pensar a experiência histórica com a própria cabeça, sem sujeição às construções consagradas que nos serviam de modelo, incluídas aí as de Marx".[17] Tanto o distanciamento da "bitola stalinista", de que fala Schwarz, quanto o conhecimento sóbrio das realidades locais significavam um tipo de marxismo crítico produzido "com a própria cabeça".

Ora, "a busca da ligação viva e contraditória entre as contingências locais e o andamento global da história contemporânea"[18] não seria também o horizonte crítico que almejou Mariátegui? Décadas depois da extinção do Seminário, o historiador Fernando Novais, participante do Grupo, reconheceria as figuras de Caio Prado Júnior e de Mariátegui como antecipadores de um "marxismo renovado" capaz de lidar com a especificidade da América Latina.[19] Em suas palavras:

---

[17] Roberto Schwarz, "Um seminário de Marx". In: *Sequências brasileiras*. São Paulo: Companhia das Letras, 1999, p. 116.

[18] Idem, p. 122.

[19] Para uma análise entre Mariátegui e Caio Prado Júnior, ver Bernardo

É muito curioso. Se há o marxismo na América Latina, é uma corrente que é partidária dele, está ligada ao partido comunista e tem uma outra corrente que é universitária. Essa segunda vem por via da economia, da CEPAL, e a teoria do subdesenvolvimento cruza com o marxismo acadêmico aqui na USP, onde estudava o Fernando Henrique e todo esse pessoal, e que deu no marxismo renovado aqui no Brasil. Caio Prado pertence a essa segunda via. Só que essa segunda via começa a produzir no fim dos anos 60, e ele escrevia nos anos 30 e 40. Esta é a sua grandeza. Na América Latina só há um outro que fez isso, chama-se José Carlos Mariátegui, um peruano. É difícil explicar como, na mesma época e ambos ligados ao partido comunista, fizeram livros de análise marxista com uma liberdade de expressão incrível.[20]

De todo modo, a obra de Mariátegui circula com relativa imponência durante a década de 1970, em um processo crescente de difusão e internacionalização de sua obra no continente. Trata-se de um contexto em que, diante da ascensão de regimes políticos autoritários e antidemocráticos, a condição de exílio marca as trajetórias de muitos intelectuais, artistas e políticos brasileiros e latino-americanos. A partir do momento em que um maior número de intelectuais passa a viver no exterior, outras realidades são conhecidas, inclusive as mais familiares: o próprio país adquire uma imagem peculiar quando se está na condição de estrangeiro. Para Denise Rollemberg, o exílio "foi fundamental na redefinição da própria identidade brasileira. Até então, as oportunidades de viagens eram raras e caras, em geral privilégio das camadas mais ricas da sociedade. Na época,

---

Ricupero, "Existe um pensamento marxista latino-americano?". In: *Caio Prado Júnior e a nacionalização do marxismo no Brasil.* São Paulo: Editora 34/FAPESP, 2000, p. 61-91; e André Kaysel, *Dois encontros entre o marxismo e a América Latina*. São Paulo: HUCITEC/FAPESP/ANPOCS, 2012.

[20] Fernando Novais, "Fernando Novais: entrevista". In: *Revista Brasileira de Psicanálise*, São Paulo, v. 42, n. 2, 2008, p. 27. Apenas para constar, Mariátegui nunca pertenceu ao Partido Comunista Peruano (PCP), fundado somente um mês depois de sua morte, e sim criou o Partido Socialista Peruano (PSP), em 1928.

sair do país e viver no exterior, por um tempo indeterminado, parecia uma aventura".[21]

Muitos cientistas sociais brasileiros e latino-americanos partem para o estrangeiro. Octavio Ianni para o México; Fernando Henrique Cardoso para o Chile, em seguida para a França; Florestan Fernandes para o Canadá; Theotonio dos Santos, Ruy Mauro Marini e Vânia Bambirra para o Chile, em seguida para o México; Roberto Schwarz e Michael Löwy para a França; Agustín Cueva para o Chile, depois para o México; Aníbal Quijano e José Aricó para o México. Se os motivos e as circunstâncias da escolha deste ou aquele país são diversos, a vivência no estrangeiro, efêmera ou prolongada, foi decisiva em suas respectivas trajetórias, no plano intelectual, político e sentimental. Entre chegadas e partidas, a experiência do exílio despertava os mais antagônicos sentimentos: acolhimento e solidão, otimismo e pessimismo, esperança e ilusão, resignação e contestação, restrição e liberdade, derrota e resistência.

Particularmente, durante a década de 1970 há um evidente "refluxo do movimento revolucionário",[22] simbolizado pelos golpes militares no Chile e no Uruguai em 1973. Anos depois, consolidam-se os governos militares de direita no continente. A "melancolia de esquerda"[23] e a "organização do pessimismo"

---

[21] Denise Rollemberg, *Exílio:* entre raízes e radares. Rio de Janeiro: Record, 1999, p. 64.

[22] Agustín Cueva, "El marxismo latinoamericano: historia y problemas actuales" [1987]. In: Alejandro Moreano (org.). *Entre la ira y la esperanza y otros ensayos de crítica latinoamericana*. Buenos Aires/Bogotá: CLACSO – Siglo del Hombre Editores, 2008, p. 190.

[23] Para Enzo Traverso, a expressão "melancolia de esquerda" é um estado de ânimo que prepara uma reflexão ativa sobre derrotas e previne os relatos hegemônicos da esquerda, que se inclinam à celebração dos triunfos. Ver Enzo Traverso, *Melancolia de esquerda : marxismo, história e memória*. Belo Horizonte/Veneza: Editora Âyiné, 2018. Para um comentário sobre o assunto ver, Deni Alfaro Rubbo e Danielle Tega, "Cartografias da derrota: rememorações marxista melancolia política". *Revista de História*, São Paulo, USP, n. 180, 2021.

das derrotas (fórmula de Walter Benjamin) parecem expressões apropriadas para caracterizar o estado de espírito dos intelectuais de esquerda durante esse período catastrófico da história da América Latina. Nesse contexto, as principais linhas de investigação dos cientistas sociais marxistas focam-se em análises sobre a natureza dos novos regimes na América Latina, as transformações do Estado e as mediações políticas e institucionais necessárias para viabilizar o restabelecimento democrático. Além disso, a crise mundial do marxismo impõe aos intelectuais engajados, por um lado, a necessidade de (auto) reflexão sobre *qual marxismo* estaria habilitado a enfrentar as metamorfoses da realidade latino-americana. Por outro lado, muitos intelectuais exilados que outrora calcavam seus estudos nas particularidades da formação histórico-social de seus respectivos países passam, então, a vislumbrar um escopo teórico e político que inclua experiências históricas da América Latina.

A obra de Mariátegui foi redescoberta por cientistas sociais engajados, à luz dessas transformações históricas. A pergunta "quem somos nós" neles permanece como inquietação insaciável. O conhecimento paulatino da obra e da trajetória de JCM ao mesmo tempo constrói a imagem de um dos pensadores mais "originais" da história do pensamento latino-americano. Uma espécie de "marxismo" exemplar. Em alguns casos, Mariátegui é colocado como um dos precursores da sociologia e da teoria política latino-americana. Temas como a questão nacional, o eurocentrismo, questão agrária, o imperialismo, o marxismo, as divergências com a Internacional Comunista e com o político Haya de la Torre foram criativamente apropriados para repensar a especificidade da América Latina e para fundamentar a elaboração de um pensamento alternativo à estagnação plasmada na burocracia soviética. Em compensação, certas dimensões do arsenal mariateguiano (a discussão sobre vanguardas artísticas, a crítica literária, a prática editorialista etc.) tendem a desaparecer do horizonte intelectual da sociologia crítica latino-americana. Compreender esse tecido histórico é o que nos propomos neste livro.

II. Intelectuais engajados: leitura, leitores e recepção das ideias

Na confluência entre história intelectual latino-americana e sociologia da cultura, com ênfase na história das ideias e seus sujeitos, este trabalho procura ressaltar os sentidos do mariateguismo criados por leitores de Mariátegui. De preferência a uma análise sociológica que dá prioridade à biografia sobre processos sociais e circulação de ideias, um dos direcionamentos deste trabalho é reconstruir as relações entre ideias e seus difusores: os intelectuais. Para tanto, será necessário realçar o sentido, a apropriação e a reelaboração de ideias à luz tanto dos processos sociais e políticos vigentes na América Latina, em particular a partir da década de 1960, quanto dos aspectos biográficos dos personagens (vínculos pessoais, profissionais, familiares etc.). Trata-se de um esforço para romper com a dicotomia entre *texto* e *contexto*, "leitura interna" e "leitura externa", em vista da análise da produção intelectual de determinado(s) personagem(ns) e sua(s) obra(s), como se nossa única alternativa metodológica, já apontada por Antonio Candido[24], fosse escolher os dois termos. Pretende-se, assim, produzir entre eles uma síntese, considerando que "a sociologia dos intelectuais também exige que se reconheça e se qualifique a tensão existente entre estes termos, na medida em que ela é constitutiva da própria matéria que cumpre à análise ordenar".[25] Isto é, a reconstrução do percurso de um pensamento é por meio da

---

[24] Antonio Candido, "Crítica e sociologia" [1965]. In: *Literatura e Sociedade*. 12ª edição. Rio de Janeiro: Ouro Sobre Azul, 2011.

[25] Élide Rugai Bastos; André Botelho, "Para uma sociologia dos intelectuais". In: *DADOS – Revista de Ciências Sociais*, Rio de Janeiro, v. 53, n. 4, 2010, p. 913.

investigação sobre a produção de uma obra e o contexto (intelectual ou político) que a obra foi construída.[26]

Numa bela passagem de *O último leitor*, o crítico literário Ricardo Piglia trata a figura do leitor como construção do intelectual moderno:

> O leitor, entendido como um decifrador, como intérprete, muitas vezes foi uma sinédoque ou uma alegoria do intelectual. A figura do sujeito que lê faz parte da construção da figura do intelectual no sentido moderno. Não só como letrado, mas como alguém que enfrenta o mundo numa relação que em princípio é mediada por um tipo específico de saber. A leitura funciona como um modelo geral de construção do sentido. A indecisão do intelectual é sempre a incerteza quanto à interpretação, quanto às múltiplas possibilidades da leitura.[27]

Cumpre notar que não é nossa intenção responder se o conjunto de cientistas sociais leu *correta* ou *incorretamente* a obra de Mariátegui, como se existisse uma interpretação "verdadeira" do escritor peruano, guiada pela pretensão de alcançar a suposta escrita "original" do autor. Em seu monumental trabalho sobre a recepção de Marx na Argentina entre o final de século XIX e início do século XX, o historiador do Centro de Documentación e Investigación de la Cultura de Izquierdas (CeDInCI), Horacio Tarcus assevera que um dos riscos de uma leitura imanente é "não de interpretar, senão, no limite, de reescrever pura e simplesmente a obra".[28] Da mesma forma, apreender um determinado autor estritamente por meio das fontes que utilizava, de que maneira citava, como interpretava, pode reduzir a

---

[26] Ver Alvaro Bianchi. "Gramsci, Croce e a história política dos intelectuais". In: *Revista Brasileira de Ciências Sociais*, São Paulo, v. 34, n. 99, 2019.

[27] Ricardo Piglia, *O último leitor*. São Paulo: Companhia das Letras, 2006, p. 98.

[28] Horacio Tarcus, *Marx en Argentina: sus primeros lectores obreros, intelectuales y científicos*. Buenos Aires: Siglo Veintiuno Editores, 2013, p. 35.

zero o potencial de passagem da teoria à prática política, mesmo quando a práxis mostra-se relevante para o próprio autor.

Uma leitura crítica parece, inevitavelmente, ser aquela "capaz de tomar distância da escrita, aquela que, em parte, 'violenta' o texto para fazê-lo dizer algo novo e produtivo, algo que, por sua vez, está e não está no texto interpretado".[29] Levando em conta essa característica "violenta", muito distante da transparência almejada por exegeses supostamente científicas, propomo-nos investigar leituras de Mariátegui feitas por diferentes intelectuais latinoamericanos inseridas em um campo acirrado de *cambios* e debates teóricos e políticos nas ciências sociais.[30] Assim, três perguntas norteiam este trabalho: *como*, *para quê* e *em quais condições* interpretaram Mariátegui?

Com efeito, a recepção de Mariátegui nas ciências sociais não se explica pela genialidade de seus textos políticos e "sociológicos", mas por meio de condições sociais de produção entrelaçadas. Partimos da hipótese de que a confluência entre um notável empreendimento editorial levado a cabo pelos familiares do autor, bem como as circunstâncias sociopolíticas e culturais vivenciadas no Peru e na América Latina, facilitaram a construção de redes de circulação transnacional das ideias de Mariátegui, e, dessa forma, contribuíram para a criação de sua imagem.

Não se trata de formular um esquema mecânico de relação entre mestre e discípulos, insinuando que a produção destes seja mera reprodução daquele. Trata-se, antes, de examinar as feições das interpretações através do itinerário intelectual de

---

[29] Idem, Ibidem.

[30] É interessante notar o predomínio avassalador de autores homens na história dos intelectuais e na história da difusão das ideias de Mariátegui na América Latina e, consequentemente, um total desequilíbrio de gênero. No entanto, existem algumas importantes exceções, especialmente os trabalhos de Sara Beatriz Guardia. *José Carlos Mariátegui. Una visión de género*. Lima: Librería Imprenta Minerva, 2006 e *Mujeres de Amauta*. Caracas: Biblioteca Ayacucho, 2013.

cada intérprete: decifrar o decifrador que se posta diante de uma obra inquietante. Ora, não foi assim que o próprio Mariátegui fez com autores como Marx e Sorel? Como bem afirma o historiador Flores Galindo, ele "utilizou Marx no sentido mais egoísta da palavra, o empregou como instrumento, sem nunca temer a heresia nem infringir alguma regra".[31] Em vez de uma fidelidade dogmática ao texto, observamos, de nossa parte, uma leitura interpretativa feita pelos receptores e, nessa medida, criativa.

Outro ponto assinalado pelo professor da Universidade de Buenos Aires (UBA) é o de que, dentro do processo global de produção e circulação de ideias, é necessário discriminar analiticamente produtores, difusores, receptores e consumidores de ideias, "ainda que esses processos confundam-se na prática e que esses papéis possam ser assumidos de forma simultânea por um mesmo sujeito". A distinção das noções, portanto, são meramente analíticas, pois tem um caráter são, indissociável e orgânico. São quatro momentos distintos, não sucessivos, assinalados pelo historiador argentino, "cada um deles correspondentes a certos tipos de intelectuais, isto é, de sujeitos específicos que desenvolvem capacidades e habilidades concretas".[32]

Se empregarmos a classificação de Tarcus, atribuiremos o *momento da produção* à elaboração intelectual de Mariátegui, condicionada pela experiência da geração de intelectuais latino-americanos da década de 1920. Com efeito, estes intelectuais almejavam um projeto cultural amplo, dotado de ferramentas diversas para o exercício reflexivo, tais como debates, empreendimentos editoriais, recurso a polêmicas etc., e reconheciam no conhecimento local um componente autêntico da teoria social.

O segundo será o *momento de difusão* "de um corpo de ideias através de sua edição em livros, folhetos, periódicos, revistas, cursos, conferências, resenhas, debates, resumos, escolas, tra-

[31] Alberto Flores Galindo, "La agonía de Mariátegui". Op. cit. p. 437.
[32] Horacio Tarcus, *Marx en Argentina.* Op. cit., p. 30.

duções etc.". A difusão pode ser feita pelo próprio intelectual e/ou por agentes especializados para essa função (editoras, tradutores, divulgadores, propagandistas, movimentos sociais etc.), "seja por interesses comerciais, culturais ou políticos".[33] Nesse sentido, interessa-nos também explorar, além dos "grandes textos", os "gêneros menores", isto é, correspondências e notas jornalísticas; sublinhar, além dos "grandes autores", a importância dos animadores culturais, editores, prefaciadores etc.[34]

Cumpre notar que, enquanto coproprietário da empresa Minerva e editor-chefe da revista *Amauta* e *Labor*, Mariátegui foi, em grande medida, difusor de sua própria produção. Colaborou com artigos em jornais (*La Prensa*, *El Tiempo*, *Variedades*, *Mundial*, dentre outros), publicou dois livros (*Siete ensayos de interpretación de la realidad peruana* e *La escena contemporánea*), tinha em preparação outros três trabalhos (*El alma matinal y otras estaciones del hombre de hoy*, *Defensa del marxismo* e *La novela y la vida*), proferiu conferências (reunidas em *Historia de la crisis mundial*) e manteve ampla correspondência. Tudo isso o vinculou a diversos mundos intelectuais, como o regional, ou seja, intelectuais do interior do Peru, e a uma gama de autores e profissionais da cultura na América Latina, Estados Unidos e Europa (escritores, artistas, políticos, jornalistas, livreiros, editores, distribuidores etc.).[35]

Após a morte de Mariátegui, um conjunto disperso de seus textos permanece acessível a um grupo restrito de leitores. Algumas antologias são editadas, mas em tiragem igualmente limitada. É só a partir de 1958 que a obra mariateguiana produzida entre 1920 e 1930 passa a ser organizada por familiares,

---

[33] Idem, Ibidem.

[34] Para uma pesquisa sobre o tema da difusão dos livros socialistas, a circulação de suas ideias, agentes e espaços sociais no Brasil, ver Lincoln Secco, *A batalha dos livros: formação e esquerda no Brasil*. Cotia: Ateliê Editorial, 2017.

[35] Ver Ricardo Luna Vegas, *História y transcendéncia de las cartas de Mariátegui*. Lima: S. N., 1985.

sob justificativa cultural e política. Nas décadas subsequentes, outros empreendimentos editoriais, como a organização de dois volumes da *Correspondencia* e os sete volumes de *Escritos Juveniles*, vêm à tona chanceladas pelos familiares; paralelamente, ocorrem publicações de antologias e de *Siete ensayos* em nível internacional (países da América, Europa e Ásia). Assim, difusores trabalham simultaneamente no nível de produção, intentando, cada um a seu modo, ratificar, ampliar e renovar o legado de Mariátegui.

Ainda de acordo com a classificação de Tarcus, o terceiro momento é o da recepção, caracterizado da seguinte maneira:

> [a recepção] define a difusão de um corpo de ideias em um campo de produção diverso do original do ponto de vista do sujeito receptor. É um processo ativo, no qual determinados grupos sociais sentem-se interpelados por uma teoria produzida em outro campo, intentando adaptá-la ao (recepcioná-la em) seu próprio campo.[36]

Em um novo contexto político, cultural e linguístico, a leitura de um texto/obra pode dar origem a novas matrizes de ação e pensamento, "as quais não estão mais limitadas à performance daquelas ilações originárias".[37]

De fato, acreditamos que a recepção de Mariátegui na América Latina a partir da década de 1960 só possa ser compreendida quando situamos as ideias do autor no contexto histórico-temporal de sua circulação, do qual, direta ou indiretamente, constituem parte indissociável. Ou seja, é preciso explicitar quem são os intelectuais, militantes e exilados que trazem o intelectual peruano para seus próprios debates, e quais são suas

[36] Horacio Tarcus, *Marx en Argentina*. Op. cit., p. 31.

[37] Alvaro Bianchi, "Circulação e tradução: para uma história global do pensamento político". In: IX Encontro da ABCP, Belo Horizonte, 2016, p. 13. A noção de recepção apresentada por Tarcus é semelhante à noção de tradução/tradutibilidade analisada por Bianchi, a qual "permite apreender a produção de novos significados que têm lugar durante o complexo processo de emissão e recepção cultural".

motivações, por exemplo, ao redigirem prólogos para livros ou participarem de edições e eventos acadêmicos sobre Mariátegui. Portanto, cumpre inseri-los nos quadros sociais que os condicionaram: a sociedade capitalista latino-americana em meados do século XX, o exercício da profissão de cientista social, as condições sociais de circulação das ideias de esquerda, a situação política nacional e continental, as incursões editoriais em tempos de repressão etc. Embora os receptores não sejam simples "reflexo" desses condicionantes, suas atuações não podem ser explicadas sem recurso a tal análise sócio-histórica.

Além disso, entendemos que a circulação da obra de Mariátegui em países da América Latina seja um processo de transnacionalização das ideias. Embora os textos do intelectual peruano não necessitem de tradução para circularem no continente, exceto no caso brasileiro, é preciso registrar diversidades profundas entre cada país, que remontam a pluralidades étnicas e experiências históricas, econômicas, sociais e culturais diferentes. Desse modo, examinar o lugar de origem das ideias e sua viagem até os receptores, é uma maneira de procurar entender também o processo de transações que ocorrem entre os lugares. Essa ênfase na circulação e edição dos espaços, como afiança o historiador David Armitage, baseia-se na análise de como "as ideias viajam, quem as transporta, qual bagagem as carregam em suas viagens e como elas se tornam domesticadas e naturalizadas depois de sua chegada"[38]. Com efeito, sempre há margem para "incongruência" e "mal-entendido", e "o fato dos textos circularem sem seu contexto" pode ser considerado um dos sintomas de toda troca internacional.[39]

[38] David Armitage, "A virada internacional da História intelectual". Traduzido por Fabio Sapragonas Andrioni. *Intelligere*, Revista de História Intelectual, v. 1, n.1, p. 12.

[39] "As trocas internacionais são submetidas a um determinado número de fatores estruturais que são geradores de mal-entendidos. Primeiro fator: o fato de os textos circularem sem seu contexto. Trata-se de uma proposição enunciada por Marx *en passant* no *Manifesto Comunista*,

Por último, o *momento da apropriação*, muito próximo do que se costuma entender como recepção, "corresponde ao consumo de um corpo de ideias por parte de um suposto leitor 'final' no término da cadeia de circulação", ainda que tal leitor final converta-se "eventualmente em um novo difusor, receptor, ou inclusive produtor...".[40] Nesse sentido, é possível afirmar que as leituras da obra de Mariátegui feitas pelos cientistas sociais estudados neste livro são animadas pela aspiração de atualizar a teoria marxista na periferia, isto é, pela busca da "latino-americanização" do marxismo.

Um esclarecimento sobre a figura do "intelectual", que será mobilizada com frequência neste trabalho. Seguindo a linha da sociologia dos intelectuais e do conhecimento de Michael Löwy, "os intelectuais não são uma classe, mas uma categoria social; não se definem por seu lugar no processo de produção, mas por sua relação com as instâncias extraeconômicas da estrutura social". Escritores, artistas, poetas, pesquisadores, teólogos, certos jornalistas, "trabalhadores intelectuais", "homens de ideias", todas essas são atividades que se encaixam no setor mais distante da produção econômica. "Criadores de produtos ideológico-culturais", "os intelectuais gozam de certa autonomia em relação às classes; autonomia que se manifesta por certa instabilidade, pelas flutuações e movimentos diversos".[41] O

---

onde não é habitual buscar uma teoria da recepção... Marx observa que os pensadores alemães sempre compreenderam muito mal os pensadores franceses, porque recebiam textos que levavam consigo uma conjuntura política de textos puros e transformavam o agente político que havia no princípio desses textos em sujeito transcendental. Assim, muitos mal-entendidos na comunicação internacional vêm do fato de os textos não levarem consigo seu contexto". Pierre Bourdieu, "Les conditions sociales de la circulation internationale des idées". In: *Actes la Recherche en Sciences Sociales*, Paris, n. 145, 2002, p. 3.

[40] Horacio Tarcus, *Marx en Argentina*. Op. cit., p. 32.

[41] Michael Löwy, *As aventuras de Karl Marx contra o Barão de Münchhausen: marxismo e positivismo na sociologia do conhecimento*. São Paulo: Cortez, 2007, p. 26.

adjetivo *Freischwebend* ("livremente flutuante"), de que trata o sociólogo húngaro Karl Mannheim em seu clássico *Ideologia e Utopia*, parece inspirar *parcialmente* a definição de intelectuais formulada por Löwy.[42]

No entanto, se tomada ao pé da letra, a expressão pode ser fonte de equívocos, cujos esclarecimentos Löwy oferece por meio de quatro apontamentos: 1) trata-se de uma camada "sem posição de classe, desprovida de vínculos sólidos com o espaço social e à margem da produção"; 2) "no meio intelectual, composto de indivíduos de origens diversas, todos os pontos de vista contraditórios se confrontam de forma permanente, favorecendo assim o avanço de uma visão de conjunto"; 3) enquanto o ponto de vista de classe (ligado ao processo de produção) é determinado pela posição social, "o ponto de vista intelectual é também determinado por uma certa comunidade educacional e cultural"; 4) os intelectuais em "flutuação", isto é, aqueles que "têm a liberdade de escolha, que examinam todos os pontos de vista antes de tomar uma posição, são precisamente os que po-

---

[42] Não faltaram críticas polêmicas e apaixonadas contra a ideia de *freischwebende intelligenz* de Mannheim, especialmente por parte dos marxistas. Michael Löwy menciona, por exemplo, a crítica de Lukács em *A destruição da razão*, cujo argumento problematiza a falta de demonstração, que deveria ter sido oferecida por Mannheim, da dependência do pensamento em relação ao ser; e a crítica feita por Lucien Goldmann ao indagar o motivo de os intelectuais terem uma perspectiva menos imparcial do que outros grupos sociais. No entanto, o sociólogo franco-brasileiro adverte: "parece-nos que estas críticas são inadequadas na medida em que elas não levam em consideração a coerência interna do argumento proposto em *Ideologia e Utopia*: Mannheim não nega a *Situationsgebundenheit* [caráter situado] dos intelectuais, mas procura demonstrar como e por que é precisamente esta posição específica que os torna (contrariamente a todo outro 'grupo profissional') aptos a um conhecimento mais objetivo e mais global da realidade histórica". Michael Löwy, *As aventuras de Karl Marx contra o Barão de Münchhausen:* op. cit., p. 88.

dem chegar a uma visão global e formular uma síntese verdadeiramente dinâmica.[43]

Quais são as causas que levam à radicalização política dos intelectuais? Em outras palavras, como um intelectual torna-se um intelectual engajado?[44] Em seu trabalho sobre a *intelligentsia* radical na Alemanha e na Hungria e, em particular, na evolução política de Lukács (1909-1929), Michael Löwy compreende tal questão a partir do seguinte ângulo. Pela relação direta com a superestrutura ideológica, "é, então, compreensível que sua evolução [de Lukács] para o socialismo passe por mediações

---

[43] Idem, p. 86-87. É importante ressaltar que, para Löwy, "o que Mannheim parece ignorar é que a flutuação é um estado temporário, como o de uma pluma que oscila, antes que a força da gravidade a atraia para o solo. Carregado pelo vento histórico, o intelectual pode flutuar de *uma posição a outra* no campo da luta de classes, mas este movimento, essa fluidez não constituem, eles próprios, uma base social estável, um ponto de vista próprio: a 'força da gravidade' das classes sociais a faz cair, cedo ou tarde, de um lado ou de outro". Idem, p. 89.

[44] Ver Frédérique Mantoni e Gisèle Sapiro, "L'engagement des intellectuels: nouvelles perspectives". In: *Actes de la recherche en sciences sociales*, Paris, n. 176-177, 2009, p. 4-7. Os autores definem dois paradigmas de estudo sobre intelectuais engajados. De um lado, aquele baseado na pesquisa das posições dos intelectuais "de acordo com as solicitações, eventos e crises políticas", e que reproduzem "o gesto fundador do '*J'accuse*'". De outro lado, com base nos trabalhos de Pierre Bourdieu, a orientação política é explicada principalmente pela posição de cada um dos intelectuais "dentro de seu respectivo espaço profissional". Pensamos que uma terceira vertente da sociologia dos intelectuais engajados, embora marginalizada nas ciências sociais da França, seja aquela orientada por Lucien Goldmann. Através da *compreensão* interna da estrutura de uma obra e da *explicação* externa a essa mesma estrutura (contexto histórico, social e cultural), a perspectiva de Goldmann articula duas instâncias diferentes que, entretanto, fazem parte de um mesmo "processo da totalidade". Com efeito, acima das preferências por uma ou outra das vertentes assinaladas, todas elas carregam potencialidades e fragilidades em seus respectivos modelos de análise, independentemente de seu reconhecimento "simbólico" desigual no campo de estudos dos intelectuais.

ético-culturais e político-morais".[45] Há duas causas específicas apresentadas pela análise de Löwy para compreender essa "evolução". Em primeiro lugar, inseridos em um universo regido por valores qualitativos, muitos intelectuais encontram-se em contradição com o universo capitalista, dirigido rigorosamente por valores quantitativos, os valores de troca. Assim, "o intelectual tende a resistir a esta ameaça que visa constantemente transformar todo bem material ou cultural, todo sentimento, todo princípio moral, toda emoção estética em uma mercadoria, em uma 'coisa' trazida ao mercado e vendida por seu justo preço".[46] Em segundo lugar, uma vez que os intelectuais são o grupo da sociedade em que as ideologias e os valores têm mais peso, eles se agarram a princípios, valores e ideais humanistas e democráticos (inspirados na filosofia das luzes) abandonados pela burguesia. Desse modo, para Löwy, "a *intelligentsia* volta-se, então, contra a burguesia e o capitalismo, e descobre eventualmente no proletariado a classe capaz de realizar verdadeiramente os ideais de liberdade, igualdade, fraternidade".[47]

Na trajetória de Mariátegui, é possível constatar a importância de uma geração expressiva de intelectuais peruanos que se radicalizam em lutas dos setores estudantis, operários e indígenas no final da década de 1910 e durante os anos 1920. Lembremos que, nessa época, o Peru é um país periférico e dependente, dominado por uma aristocracia política e econômica e pelo governo ditatorial de Augusto Leguía (1919-1930), que impõe restrições elementares a princípios humanistas de liberdade e de democracia. No plano internacional, a Primeira Guerra Mundial e a Revolução Russa representam, respectivamente, a crise da civilização europeia (e a "decadência" da "sociedade burguesa") e o "proletariado revolucionário" como portador

[45] Michael Löwy, *A evolução política de Lukács*. Op. cit., p. 29.

[46] Idem, p. 30.

[47] Idem, p. 31.

dos princípios defendidos por Mariátegui contra a barbárie das "classes abastadas".

Mais adiante na história, para o conjunto heterogêneo de cientistas sociais brasileiros e latino-americanos radicalizados entre as décadas de 1960 e 1980, o advento e a consolidação das ditaduras militares e, consequentemente, da violência do Estado na sociedade e na universidade são a demonstração explícita de que os valores civilizatórios e democráticos encontram-se completamente liquidados. Em contrapartida, a Revolução Cubana e o governo de Salvador Allende representam um caráter "anti-imperialista" e uma ruptura com o histórico modelo "neocolonial e dependente" da América Latina.

Tanto Mariátegui quanto a sociologia intelectual "revolucionária" da América Latina foram atraídos, ideológica e teoricamente, pelo marxismo. Com efeito, enquanto sistema teórico, científico e revolucionário, o marxismo surge para os intelectuais engajados, se não como a única, ao menos como a mais elevada das teorias sociais, seja por sua capacidade de explicação da realidade econômica e política, seja por meio da proposta estratégica socialista-revolucionária. Levando-se em conta as particularidades históricas dos países saídos da colonização, o desafio teórico e político imposto aos intelectuais marxistas na periferia do capitalismo duplica-se: na busca da "nacionalização do marxismo", através da promoção de debates sobre o colonialismo interno, imperialismo e dependência estrutural; e no acerto de contas com os PCs, com a teoria da modernização e com o desenvolvimentismo inspirados em teses dualistas e evolucionistas.

Apresentados os objetivos, hipóteses, metodologia e o conjunto temático deste trabalho, é preciso também apresentar uma breve descrição do tipo de material levantado para a realização deste trabalho. Além da bibliografia pertinente ao conjunto dos temas abordados, realizamos consultas em arquivos, bibliotecas e entrevistas.

No exterior, visitamos a biblioteca da Casa Museu José Carlos Mariátegui, em Lima, na rua Washington Izquierda (antiga residência do Amauta), onde pudemos consultar centenas de livros sobre JCM e sobre a história intelectual e política do Peru, indisponíveis no Brasil. Outra instituição visitada foi a Casa de las Américas, em Havana, em que examinamos uma série de reportagens, análises, textos e notícias em revistas e jornais sobre Mariátegui. Com efeito, esse conjunto de materiais constitui documentação abundante do campo político e cultural latinoamericano. No Brasil, visitamos, em particular, o Centro de Documentação e Memória (Cedem) da Universidade Estadual Paulista (Unesp), o Memorial Darcy Ribeiro da Universidade de Brasília (UnB) e o Fundo Florestan Fernandes (FFF) da Universidade Federal de São Carlos (UFSCar). Todos esses centros revelaram documentos históricos significativos para a história das ciências sociais e do marxismo na América Latina. Consultamos também, na plataforma online, o arquivo Edgard Leuenroth da Universidade Estadual de Campinas (Unicamp).

O ensaio "José Carlos Mariátegui e o Brasil", de Luiz Bernardo Pericás, foi fundamental como ponto de partida para esta pesquisa.[48] O texto do historiador brasileiro tinha como objetivo justamente contribuir com sugestões para uma pesquisa aprofundada da recepção de Mariátegui no Brasil. Oferece, dessa forma, pistas que perseguimos, com novas informações e detalhamento, no intuito de encontrar uma sistematização mais completa da relação entre Mariátegui e os intelectuais brasileiros. A partir desse tema específico, ampliamos o escopo da pesquisa para a América Latina, priorizando intelectuais que foram influenciados por JCM e cujas interpretações possuem ampla circulação. Segundo esse mesmo critério, não analisamos cada um dos países do continente em particular, o que demandaria outro trabalho. Visto pelo lado positivo, isso demonstra que o

[48] Luiz Bernardo Pericás, "José Carlos Mariátegui e o Brasil". In: *Estudos Avançados*, São Paulo, v. 68, n. 24, 2010, p. 335-361.

tema não está esgotado, pois se encontra, na realidade, aberto a novos aprimoramentos e discussões.

Dentro de um conjunto amplo e heterogêneo de leitores de Mariátegui, três nomes têm destaque em nosso estudo de recepção: Florestan Fernandes (1920-1995), Aníbal Quijano (1930-2018) e Michael Löwy (1938-). O destaque não se deve somente ao papel de intérpretes que exerceram, mas principalmente à função de difusores que os credenciou como referenciais indispensáveis nos estudos mariateguianos. Em função das informações disponíveis de forma desigual sobre as trajetórias de cada um dos três autores, o tratamento que a elas demos foi diverso. Especialmente, a obra e a trajetória de Florestan Fernandes possui um campo de estudos – conflitante, é verdade – que, a cada ano, consolida-se com a publicação de trabalhos monográficos, dissertações e teses, tanto sobre sua contribuição à sociologia brasileira quanto sobre sua liderança intelectual e política. Há alguns anos também se disponibilizou um acervo público com sua biblioteca particular, cartas, anotações e outros de seus papéis. Assim, o material disponível de/sobre Florestan Fernandes é tão farto que sua disponibilidade parece inversamente proporcional àquela de materiais de Quijano e Löwy.

A trajetória de Aníbal Quijano, falecido neste 2018, ainda é pouco estudada.[49] As escassas informações biográficas sobre ele nos levaram a nos concentrar sobre sua produção intelectual. Ademais, com exceção dos textos escritos em sua fase de "co-

[49] Desde 2018, uma avalanche de seminários e dossiês com depoimentos e análises foram realizadas em universidades latino-americanas, a fim de homenagear o autor e sua obra, um primeiro passo importante para os "estudos quijaneanos". Ver, especialmente, os dossiês da revista *Discursos del Sur, revista de teoría crítica en Ciencias Sociales* (UNMSM), "Presentación", ed. por Nicolas Javier Lynch Gamero, n. 3, 2019; revista *Cult* (São Paulo), "Aníbal Quijano, o mundo a partir da América Latina", ed. Carla Rodrigues e Danilo Assis Clímaco, n. 248, agosto 2019; e a coletânea organizada por Víctor Hugo Pacheco Chávez, *Rompiendo en torno a la obra de Aníbal Quijano*. Santiago: Editorial Doble Ciencia, 2018.

lonialidade do poder", produzidos nas décadas de 1990 e 2000 e que são referência para uma nova geração de pesquisadores latinoamericanos, sua produção anterior, situada nas décadas de 1970 e 1980, foram de difícil acesso, especialmente aquela publicada em periódicos e editoras peruanas. Finalmente, para nos munirmos de informações biográficas sobre Michael Löwy, além de estarmos em contato frequente nos últimos cinco anos, consultamos entrevistas concedidas pelo autor a diversas revistas.

A primeira parte deste trabalho ("Imagens heterogêneas: difusão do pensamento mariateguiano na América Latina e Europa") comporta dois capítulos. No primeiro, apresentamos a história da organização e da difusão das obras de Mariátegui. Por sua vez, mesmo que de maneira panorâmica, expomos apropriações operadas dentro de um contexto acirrado de lutas sociais e políticas no Peru durante as décadas de 1960 e 1970: criações de novos movimentos políticos e guerrilheiros, a ascensão do regime militar de Velasco Alvarado (1968-1975) etc. Incorporamos à análise da recepção mariateguiana dois intelectuais latinoamericanos: Aníbal Quijano, por cujos empreendimentos intelectuais e políticos iniciados na década de 1970, como a edição da revista *Sociedad y Política* e o Movimiento Revolucionario Socialista (MRS), incorpora a obra de Mariátegui e a difunde, notadamente através do prólogo de *Siete ensayos* editado pela Biblioteca Ayacucho; e o intelectual argentino José Aricó, que em seu exílio no México, em meados da década de 1970, realizou novas leituras sobre a "realidade nacional" e o "marxismo" de Mariátegui através de jornadas de discussão acadêmica, intervenção política e produção de livros.

No capítulo seguinte (da primeira parte), mostraremos como o campo de estudos "decoloniais" da América Latina, especialmente o Grupo Modernidade/Colonialidade, apropriou-se de Mariátegui por meio da "crítica ao eurocentrismo". Pela importância que adquiriu nesse específico campo de estudo das ciências sociais, retornaremos à discussão acerca da trajetória intelectual de Aníbal Quijano. Na medida em que sua produção intelectual concentra-se em temas sobre identidade e modernidade latino-americana, com forte verniz filosófico, é possível afirmar que Quijano realiza um verdadeiro redescobrimento da obra mariateguiana, exposto por meio de prólogos, congressos e intervenções em revistas e jornais, especialmente no ano do centenário de Mariátegui. Com efeito, o sociólogo peruano estabelece uma caracterização filosófica e epistemológica do legado mariateguiano, visto como arsenal da crítica eurocêntrica, em vista de legitimá-lo como uma referência teórica fundamental da "colonialidade do poder".

A segunda parte do livro ("As aventuras de Mariátegui no Brasil: contexto e trajetória de uma recepção tardia") está estruturada em dois capítulos. No primeiro deles, apresentamos uma contextualização da construção histórica da relação entre Brasil e América Latina no âmbito da institucionalização das ciências sociais, com exemplos de intercâmbios institucionais e acadêmicos. Ressaltamos os influxos políticos e sociais na década de 1960, em âmbito internacional e nacional, que reposicionaram os cientistas sociais tanto no campo político quanto na relação com o marxismo, e que os torna gradativamente sensíveis à identificação com a América Latina. Posteriormente, procuramos registros de leitura de Mariátegui por parte de intelectuais brasileiros, na tentativa de criar uma espécie de "arqueologia intelectual", ainda que o pensador peruano tenha sido referência secundária e mencionado apenas *en passant*. Na sequência, discutiremos a difusão e a circulação da obra de JCM entre cientistas sociais brasileiros exilados no Chile durante as décadas de 1960 e 1970 com o objetivo de traçar convergências teóricas e políticas entre a obra mariateguiana e a dos dependentistas; apresentar a circulação do autor peruano no Chile por meio de empreendimentos bibliográficos e de agentes de difusão; rastrear o contato dos intelectuais dependentistas brasileiros com a obra mariateguiana durante suas experiências de exílio; e, a despeito desse contato, apontar a "ausência" de discussão dessa obra entre os dependentistas.

Na terceira parte ("Leitores e leituras de Mariátegui: Florestan Fernandes e Michael Löwy"), está dividida em dois capítulos. Levantamos algumas das principais ocorrências da obra do pensador peruano nos textos, entrevistas e intervenções públicas daquele que é considerado um dos pioneiros na divulgação da obra de José Carlos Mariátegui no Brasil: Florestan Fernandes. Disponibilizamos o resultado de uma pesquisa no arquivo FFF, que lança luz sobre o trabalho materializado ao longo das leituras de Mariátegui feitas por Florestan: são inúmeros grifos, anotações e questionamentos inscritos nos livros do pensador peruano que o sociólogo tinha disponíveis em sua biblioteca particular. Na sequência, retratamos convergências de modelos de análise entre *A Revolução Burguesa no Brasil* e os *Sete ensaios*, estabelecidas, em grande medida, pelo próprio Florestan e comentadores. No último ano de vida do escritor paulista, recuperamos um ensaio sobre JCM em que se auferem ainda mais elementos interpretativos.

No último capítulo, apresentamos a leitura de Michael Löwy sobre Mariátegui. Para tanto, exploramos elementos do itinerário de Löwy, desde sua militância política, passando pela carreira acadêmica, até a constituição de suas principais referências teóricas. Ressaltamos a importância assumida pelo contexto histórico latinoamericano entre os anos de 1959 e 1979, bem como o esforço interpretativo e político de Löwy, balizado, sobretudo, pela atualização da teoria do desenvolvimento desigual e combinado e da revolução permanente. É nesse contexto que ocorre a primeira apropriação da obra de JCM por Löwy, que a estuda sistematicamente e a insere no debate intelectual de esquerda na América Latina (particularmente no México) durante as décadas de 1970 e 1980. A ampla circulação da produção intelectual de Löwy permite, então, que o sociólogo equatoriano Agustín Cueva polemize com suas teses acerca de

Mariátegui. Por fim, a partir da década de 1980, depois de mudanças profissionais, intelectuais e políticas, Löwy "redescobre" Mariátegui, colocando-o em uma perspectiva teórica em que dimensões religiosas e culturais são ressaltadas a partir do conceito de "romantismo-revolucionário" e da emergência dos movimentos sociais camponeses e indígenas na América Latina.

Para encerrar, três observações são necessárias. Em primeiro lugar, não recorremos a uma narrativa cronológica que pretende preencher todas as arestas da trajetória e da difusão/recepção de Mariátegui. Nem de longe almejamos uma reconstrução minuciosa do legado de Mariátegui para o pensamento social latino-americano. Sabemos que muitos afluentes foram deixados de lado no imenso rio mariateguiano. Trata-se, portanto, de uma *parcela* importante da história da recepção das ideias políticas de Mariátegui. Espera-se que este trabalho seja um ponto de partida produtivo para estudos em torno da recepção de Mariátegui em espaços políticos e acadêmicos na América Latina e no mundo.

Em segundo lugar, no que concerne a traduções, sempre que necessário recorremos aos trabalhos de Mariátegui disponíveis em português, com eventuais modificações. As demais traduções são de nossa exclusiva responsabilidade. O título deste trabalho, *O labirinto periférico*, é uma metáfora inspirada em dois livros latinoamericanos de gêneros diferentes: *O general em seu labirinto*, do escritor colombiano Gabriel García Márquez, publicado em 1989, e *O labirinto latinoamericano*, do sociólogo brasileiro Octavio Ianni, publicado em 1993. A confluência entre sociologia e literatura parece uma pista sugestiva para decifrar os múltiplos enigmas latinoamericanos, que continuam a desafiar intelectuais, políticos, artistas e outros interessados neste continente em curto-circuito. Em vez de permanecer cimentada em construções analíticas convencionais e pré-fabricadas, a injeção de "imaginação sociológica" e de imaginação literária toma um caminho impenitente – e, melhor, impertinente – de uma realidade desaforada e intempestiva.

***

O livro que o(a) leitor(a) tem em mãos fez parte de uma versão reduzida de tese de doutorado que defendi no segundo semestre em 2018, na Faculdade de Filosofia, Letras e Ciências Humanas (FFLCH) da USP. Na banca examinadora contei com as presenças de Michael Löwy, do Centre d'études en Sciences Sociales du Religieux Centre National de la Recherche Scientifique (CNRS), Álvaro Bianchi, do Departamento de Ciência Política da Unicamp, Luiz Bernardo Pericás, do Departamento de História da USP, Bernardo Ricupero, do Departamento de Ciência Política da mesma instituição, e Ruy Braga, do Departamento de Sociologia, na qualidade de orientador e presidente da banca.

Em primeiro lugar, gostaria de agradecer a meu orientador, Ruy Braga. Em quase dez anos de convivência profissional, sua contribuição foi inestimável para o amadurecimento de minha formação intelectual, em particular para que eu revisse várias das minhas posições (dogmáticas) com relação à construção de um trabalho de pesquisa. Com sua sinceridade habitual, foi capaz de ser rigoroso e de me incentivar, garantindo, ainda, minha total liberdade enquanto pesquisador.

Gostaria de registrar meu reconhecimento intelectual para com Michael Löwy. Desde 2012, tive a honra de participar dos cursos que ofereceu na Universidade de São Paulo e, desde então, estabelecer com ele um frutífero contato. Se muito antes de conhecê-lo eu já nutria grande admiração por sua produção intelectual, esse sentimento ainda aumentaria pela generosidade, modéstia e acessibilidade mostradas por Löwy ao me aconselhar e indicar, assumindo a figura de um mestre, caminhos tomados neste trabalho.

Luiz Bernardo Pericás e Bernardo Ricupero também têm sido interlocutores fundamentais em minha trajetória. Agradeço por suas observações e conselhos suscitados por ocasião do exame de qualificação e da defesa de tese, bem como pelas conversas informais que mantivemos durante os últimos anos. Tive ainda a oportunidade de ser monitor em duas disciplinas ministradas pelo professor Pericás no Departamento de História da USP, em 2014, experiência que representou um estímulo importante para esta pesquisa. Também deixo meu agradecimento ao professor Alvaro Bianchi pelas contundentes colocações na banca de defesa e pela inspiração que exerce enquanto pesquisador e intelectual público.

Agradeço pelo apoio cordial que recebi dos profissionais que zelam pelos arquivos, centros, fundações e bibliotecas em que consultei documentos que constituem a base deste trabalho. *Muchas gracias* ao professor Ricardo Portocarrero Grados, ex-diretor da Casa Museo José Carlos Mariátegui (Lima, Peru), pelo incentivo que me foi dado em junho de 2014, assim como pela bibliografia por ele disponibilizada durante anos. Em Havana, por ocasião de um evento promovido pelo Consejo Latinoamericano de Ciencias Sociales (CLACSO), em outubro de 2017, pude acessar documentos raros sobre Mariátegui na Casa de las Américas, graças à inesgotável benevolência de Rosa Valdés e Roberto Navarro. No Brasil, contei com a ajuda de Lívia Reis e Vera Lúcia no Fundo Florestan Fernandes da UFSCar; o auxílio de Margareth foi fundamental no Memorial Darcy Ribeiro da UnB; Renata Cotrim e José Luís del Roio receberam-me muito bem no Centro de Documentação e Memória da Unesp. Minha gratidão também a Fernando Mangarielo, proprietário da Editora Alfa Ômega, por ter permitido que eu vasculhasse arquivos da empresa.

Agredeço imensamente ao Cauê Ameni, um dos sócios e coordenadores da editora Autonomia Literária, que acreditou na possibilidade de transformar este trabalho em livro.

Gostaria de agradecer também a todas as pessoas que me concederam entrevistas, pessoalmente ou por correio eletrônico, Ana Maria Martinez Corrêa, Carlos Guilherme Mota, Fernando Mangarielo, José Luiz del Roio, Gustavo Codas (in memorian), Michael Löwy, Paulo Cannabrava Filho, Sedi Hirano, Theotonio dos Santos (in memorian). Todos são mencionados no decorrer do trabalho com informações sobre a cidade em que ocorreu a entrevista, o mês e o ano. Em diferentes etapas da pesquisa, tive diálogos ocasionais e recorrentes com professores e pesquisadores que apontaram pistas ou sugeriram contatos interessantes para minha investigação: Silvia Adoue, Sergio Miceli, Miguel Mazzeo, Maria Pinassi, Brasílio Sallum Jr., Mike Gonzalez, Alfredo Bosi (in memoriam), Aldo Casas, Eleni Varikas, Claudio Katz, André Kaysel, Antonio Melis (in memoriam), Horacio Tarcus, Pablo Friggeri, Luis Dapelo, Roland Forgues, Sara Beatriz Guardia, Carlos Eduardo Martins, Diogo Valencia, Sérgio Fausto, Leandro Galastri, Jean Tible. Meus agradecimentos ao colega Danilo Clímaco, que atenciosamente me disponibilizou textos de difícil acesso de Aníbal Quijano. Aos colegas que também contribuíram com sugestões bibliográficas, empréstimos de livros e conversas produtivas, como Bernardo Soares, Sydnei Melo, Ricardo Streich, Gabriel Franco, Marcio Farias, Joana Salém, Fábio Akira, Antonio Martins, Luccas Maldonado, Mariana Roncato, Tiago Oliveira, Max Gimenes, Ricardo Festi, Camila Góes, Fábio Maldonado, Matheus Gato e Ailton Teodoro, sou imensamente grato. Desnecessário dizer que fiquei extremamente honrado com a leitura cuidadosa de José-Carlos Mariátegui Ezeta, neto de Mariátegui, e um dos diretores do Archivo Digital José Carlos Mariátegui.

Ao meu querido amigo de todas as horas Marcos Camolezi, incentivador e conselheiro permanente. Aos amigos e amigas especiais, Rafael Âmbar, Raphael Rodrigues, Josiane Zanetti, Daniela Vieira, Tiago Villa, Luciana Aliaga, Antonio Rigo, Bruno Moretti, Alexandre Correa, Juliana Pacheco, Camila Massaro, Marta Soares, Fernando Vieira, Martín Vizgarra, Valeria Herrera. Um abraço especial para meus primeiros alunos, e hoje amigos, Manuella, Antonio e Robson. Lucas Martins e Ricardo Sartori, agradeço pelos diálogos alvi-verdes à esquerda que necessito para renovar paixões. Bons companheiros, más companhias.

Aos meus colegas da Universidade Estadual de Mato Grosso do Sul (UEMS), Anna Amorim, Célia Foster, Claudia Delboni, Diógenes Cariaga, Jocimar Lomba, Kátia Karine, Marinetti Rodrigues, Sabrina Areco, Sirley Tedeschi, agradeço o recente acolhimento nessa nova instituição.

À minha mãe, meu pai e minha irmã, além de meus queridos primos e primas, tias e tios que moram no Rio Grande do Sul e no Chile, obrigado pela alegria de tê-los ao meu lado sempre quando precisei.

À Danielle Tega, simplesmente não consigo verbalizar e dimensionar meu amor, paixão e amizade que sinto por ela a cada dia que passamos juntos desde que nos conhecemos. Agradeço por compartilhar comigo, de mãos dadas, sua vida.

PARTE I.
IMAGENS HETEROGÊNEAS: difusão e circulação do pensamento mariateguiano na América Latina e Europa

Capítulo 1:
O ESPECTRO DE MARIÁTEGUI NA ESQUERDA INTELECTUAL EM TEMPOS DE DERROTA

> *O que é, então, o marxismo de Mariátegui? Um marxismo ambíguo? Um marxismo eclético? Como explicar a heterogeneidade de imagens em torno de um mesmo personagem? A dúvida pode ser ainda maior. Um Mariátegui ou vários Mariáteguis?*
>
> Alberto Flores Galindo[50]

Polarizações sociais, conflitos políticos, movimentos comunitários e insurreições armadas, eis a conjuntura histórica da América Latina durante as décadas de 1960 e 1970. Os processos políticos que mantêm o continente em erupção permanente são, ao mesmo tempo, o triunfo da Revolução Cubana e a sucessão de golpes militares: Brasil (1964), Bolívia (1964), Argentina (1966), Chile (1973), Uruguai (1973) e novamente Argentina (1976). A combinação desses eventos impacta profundamente as trajetórias de intelectuais de esquerda e da própria concepção das ciências sociais. Nesse conturbado período de esperanças e ilusões, consolida-se a assim chamada "sociologia crítica", dotada das seguintes características: perspectiva de análise integrada; método histórico-estrutural ou dialético; consideração

[50] Alberto Flores Galindo, "El mariateguismo: aventura inconclusa". In: *Obras Completas*, tomo III. Lima: SUR/Casa del Socialismo, 1994, p. 583.

da historicidade do objeto no conhecimento; análise dos fenômenos complexos de natureza internacional; crítica radical do estrutural-funcionalismo; interesse pelo marxismo como teoria totalizante para explicar a realidade da região; temática do desenvolvimento e da mudança social e política.[51]

Na América Latina, começava a difusão das primeiras traduções em português e espanhol de autores como Theodor Adorno, Louis Althusser, Walter Benjamin, Lucien Goldmann, Antonio Gramsci, Georg Lukács, Herbert Marcuse e Jean-Paul Sartre. Também foi o período de ascensão da assim chamada teoria da dependência e da Teologia da Libertação, que marcaram significativamente as ciências sociais. Verifica-se, igualmente, uma intensa discussão sobre as variantes do marxismo, culminada em um processo de segmentação e multiplicação dos grupos marxistas.

Neste capítulo, pretendemos mostrar que o início da recepção da obra de José Carlos Mariátegui é proporcionado por um conjunto de iniciativas editoriais e responde a condicionantes políticos do Peru e da América Latina nas décadas de 1960 e 1970. De fato, pensamos que seja impossível compreender a difusão dessa obra no campo acadêmico-universitário sem referência aos dinamismos próprios à história política peruana e latino-americana. Assim, a conjunção de um contexto de radicalização política da "nova" esquerda e de criação de canais de difusão do pensamento mariateguiano faz com que a figura de Mariátegui alcance um prestígio significativo.

Objeto de disputa, apropriação e recepção seletiva, as diferentes práticas e estratégias políticas em nome do pensamento de Mariátegui emergem no discurso e no ideário tanto de instituições quanto de intelectuais engajados. Principalmente, duas imagens antagônicas são construídas no processo de consagração e canonização da obra mariateguiana: a de um "marxista

---

[51] Rolando Franco, "Veinticinco años de sociología latino-americana: un balance". In: *Revista Paraguaya de Sociología*, ano 1, n. 30, 1974, p. 57-92.

ortodoxo" ("oficial"), que emerge da perspectiva leninista dos Partidos Comunistas ligados à IC e pode, portanto, ser relacionado aos esquemas conceituais defendidos por tais partidos; e a de um "marxista *heterodoxo*" ("não-oficial"), que é proposta por intelectuais dissidentes dos PCs e que se torna promotora de um desenvolvimento social, econômico e político latino-americano diferente do eurocêntrico.

No final da década de 1970, em que uma fornada de trabalhos dedicados à vida e à obra de José Carlos Mariátegui vêm a lume – lembremos da proximidade dos cinquenta anos da publicação de *Siete ensayos*, em 1978, e também do cinquentenário da morte do autor em 1980 –, consolida-se a imagem de um "marxismo heterodoxo" de Mariátegui. Nesse contexto de "crise do marxismo" e de autocrítica da esquerda intelectual latino-americana, destacam-se principalmente dois intelectuais fundamentais na difusão do pensamento mariateguiano: Aníbal Quijano (1930-2018) e José María Aricó (1931-1991).

Aníbal Quijano, docente da Universidad Nacional Mayor de San Marcos (UNMSM) e editor-chefe da revista peruana *Sociedad y Política* (1972-1983), foi um sociólogo público e ativo diante das metamorfoses na política peruana ocorridas durante a década de 1970. O historiador argentino José Aricó, por sua vez, durante seu exílio no México, foi diretor da coleção *Cuadernos de Pasado y Presente*, bem como da *Biblioteca del Pensamiento Socialista*da Editorial Siglo XXI. A publicação da coletânea *Mariátegui y las orígenes del marxismo latinoamericano*, em 1978, organizada por José Aricó, e de *Siete ensayos de interpretación de la realidad peruana*, em 1979, prefaciado por Quijano e publicado pela editora venezuelana Biblioteca Ayacucho, sedimentam a visão de Mariátegui como a de um marxista independente do "marxismo oficial" da IC. Mostraremos, com efeito, que essa visão torna-se pouco a pouco hegemônica nos campos acadêmico e político.

Assim, em função dos posicionamentos políticos de Quijano e Aricó, e contra um pano de fundo de derrota das esquerdas latino-americanas, a recuperação de *outro* Mariátegui representa uma tentativa de autocrítica e de recriação da teoria marxista em um contexto de questionamento universal da validade teórica e política das ideias de Marx. No caso de Aricó, particularmente, sua afirmação de que a difusão de Gramsci na América Latina contribuiu para o redescobrimento de Mariátegui nos permite acompanhar a difusão do pensamento do Amauta entre gramscianos europeus, como o francês Robert Paris (1937-) e o italiano Antonio Melis (1942-2016), ambos consagrados no campo dos estudos mariateguianos.

I. O *boom* do mariateguismo no Peru: difusão editorial e "nova esquerda"

É possível aventar 1959 como data-chave para a difusão da obra mariateguiana. Antes disso, alguns dos livros de Mariátegui circulavam de maneira limitada – em determinados períodos foram proibidas por regimes autoritários –, dispersa, e muitos deles esgotaram-se rapidamente. Como aponta Sandro Mariátegui, os livros de seu pai eram um luxo em bibliotecas.[52] Sua difusão era motivada por iniciativas isoladas, tomadas por amigos de Mariátegui como, por exemplo, Waldo Frank, que publicou *Defensa del marxismo*, em 1934, no Chile, e Ricardo Martínez de la Torre, que edita cartas e textos em um dos volumes de *Apuntes para una interpretación marxista de historia social del Perú*.[53] Antologias vieram a público nessa época, com textos selecionados conforme a preferência dos organizadores.[54]

[52] Sandro Mariátegui Chiappe, "Nota Editorial". In: Antonio Melis (org.), *Mariátegui Total*, t. I. Lima: Amauta, 1994, p. IX.

[53] Ricardo Martínez de la Torre, *Apuntes para una interpretación marxista de historia social del Perú*. Lima: Amauta, tomo I, 1947.

[54] Ver Guillermo Rouillon, *Bio-bibliografía de José Carlos Mariátegui*. Lima: Universidad Nacional Mayor de San Marcos, 1963, p. 19-21.

Fundada por Mariátegui em 1925, a empresa Editora Amauta S. A. não continuou com suas tarefas editoriais depois da morte de seu fundador. Mesmo com algumas edições de *Siete ensayos* – até 1956 cinco edições haviam sido publicadas, sendo uma incompleta e a última editada clandestinamente no Chile –, a empresa familiar sofria com "obstáculos de ordem material" e foi fechada".[55] Esse quadro é modificado no final da década de 1950, quando, por iniciativa de sua esposa Ana Chiappe e dos filhos Sandro, Siegfried, José Carlos e Javier Mariátegui Chiappe, é fundada uma segunda editora com o mesmo nome e cuja finalidade consistia em publicar a obra de Mariátegui. Isto é, a publicação unicamente de um autor foi um fator inédito no mercado editorial.[56] Organizam-se as *Ediciones Populares de la Obras Completas*, que compreendem inicialmente dez volumes, posteriormente ampliados para vinte. Como informa Guillermo Rouillon, esse empreendimento alcançou o número extraordinário de um milhão de exemplares, cinquenta mil por volume, o que representa, de longe, "o maior esforço editorial realizado na América Latina para difundir a obra de apenas um autor".[57]

Para lograr em um empreendimento dessa envergadura, era preciso baratear o livro. Isso foi possível graças a inovações tecnológicas da época, que aumentavam o número de tiragens por período e permitiam edições em formato de bolso e com papel

---

[55] "Nota Editorial". In: José Carlos Mariátegui. *La escena contemporánea* [1925]. Em LEC, p. 5.

[56] Sou grato à informação fornecida por José Carlos Mariátegui Ezeta.

[57] Guillermo Rouillon, *Bio-bibliografía de José Carlos Mariátegui*. Op. cit., p. 5. Se pudermos confiar no número fornecido por Rouillon, devemos notar, contudo, que essa tiragem corresponde, provavelmente, apenas à primeira edição de cada volume. O grande número de tiragens parece ocasionar, em periódicos peruanos, a própria confusão sobre a quantidade real de exemplares. De todo modo, com a média de uma edição a cada dois anos, as tiragens das *Ediciones Populares de las Obras Completas* deviam estar em acordo com as demandas do mercado editorial.

de "baixa" qualidade. Com certa facilidade, os volumes podiam ser encontrados em livrarias especializadas ou generalistas, em cafés, quiosques, bancas de jornal e nas universidades do país. Embora não possamos comprová-lo, é provável que tenha havido uma distribuição regional das *Ediciones* para livreiros de outros países da América Latina. Até 1994, quando os dois volumes *Mariátegui Total* são publicados, todos os vinte volumes haviam sido reeditados continuamente. Por essas razões, a finalidade política de conferir ao livro um uso popular, em particular por estudantes e trabalhadores, foi exitosa. Em um balanço desse empreendimento de divulgação da obra mariateguiana, a própria família considera-o uma tarefa "cumprida": "a influência gerada por essa irradiação no pensamento político e na formação intelectual das novas gerações foi decisiva".[58]

Note-se, entretanto, que as *Ediciones* não compreendem o conjunto integral da obra de Mariátegui, pois incluem somente a produção intelectual realizada entre a viagem do Amauta à Europa (1920-1923) até sua morte. Assim, materiais significativos de sua trajetória jornalística e literária, durante o período de 1914 e 1919, foram suprimidos propositalmente, já que, de acordo com os organizadores, "pouco acrescentam à sua obra de orientador e precursor da consciência social no Peru".[59] Em todo caso, o argumento decisivo para tal mutilação era o próprio respeito à vontade do pai, que, em missivas e conversas com amigos e familiares, revelou um julgamento negativo sobre sua própria produção juvenil.

Uma parte dos escritos foi organizada pelo próprio autor. Os dois primeiros volumes da coleção, que compreendem *La Escena Contemporánea* (1959)[60] e *Siete Ensayos de Interpretación*

[58] Sandro Mariátegui Chiappe, "Nota Editorial". Op. cit., p. IX.

[59] "Nota Editorial". In: José Carlos Mariátegui. *La escena contemporánea* [1925]. Em LEC, p. 5.

[60] As datas que seguem depois de cada título correspondem à primeira *Edição Popular das Obras Completas*. Outros quatros volumes são: textos sobre a vida e obra de Mariátegui (*Mariátegui y su tiempo*), uma

la Realidad Peruana (1957), eram os únicos livros publicados em vida por Mariátegui, respectivamente em 1925 e 1928. *Defensa del Marxismo* (1959), *El Alma Matinal y otras Estaciones del Hombre de Hoy* (1959) e *La Novela y la Vida* (1969), embora tenham sido parcialmente organizadas por Mariátegui, devem ser consideradas obras póstumas. Os restantes dos volumes das *Ediciones* resultaram de compilações, "agrupando-os por temas e dando-lhes títulos que José Carlos Mariátegui empregara para designar suas seções" em diversos jornais e revistas: *El Artista y la Época* (1959), *Signos y Obras* (1959), *Historia de la Crisis Mundial* (1959), *Temas de Nuestra América* (1959), *Ideología y Política* (1969), *Cartas de Italia* (1969), *Peruanicemos al Perú* (1970), *Temas de Educación* (1970) e três tomos de *Figuras y Aspectos de la Vida Mundial* (1970).[61] A grande parte dos volumes foi acrescida uma apresentação sobre o conteúdo de cada tomo, cujas contribuições tinham dois perfis distintos: de um

---

biografia de María Wise (*José Carlos Mariátegui: etapas de su vida*), uma análise sobre a revista *Amauta* por Alberto Tauro (*Amauta y su influencia*) e uma antologia de poemas em sua homenagem (*Poemas a Mariátegui*).

[61] Sem desmerecer a iniciativa de organização de seus escritos por temas, é provável que a empreitada não tenha sido a melhor forma de captar "o sentido histórico e unitário" da obra mariateguiana. Ver Miguel Mazzeo, *El socialismo enraizado. José Carlos Mariátegui: vigencia de su concepto de "socialismo práctico"*. Lima: Fondo de Cultura Económica, 2013, p. 33. Uma tentativa, embora incompleta, de catalogar os textos de Mariátegui cronologicamente pode ser consultada em Guillermo Roulillon, *Bio-bibliografía de José Carlos Mariátegui*. Op. cit. Entretanto, ainda que o trabalho de Rouillon tenha méritos de pioneiro, a obra deve ser retrabalhada criticamente, uma vez que, no decorrer do tempo, foram descobertos e publicados artigos que não aparecem na obra citada. Apreciar os textos segundo uma ordem dialético-evolutiva permitiria descobrir "secretas filiações", esclarecer relações inéditas, muitas vezes obscurecidas pelas edições oficiais, que apresentam organização temática. Ver Alberto Flores Galindo e Ricardo Portocarrero Grados, "Presentación". In: *Invitación de la vida heroica*. Lima: Instituto de Apoyo Agrario, 1989, p. 21.

lado, personalidades que estabeleceram relações afetivas, profissionais e políticas com Mariátegui (Estuardo Núñez e Hugo Pesce); por outro lado, universitários de esquerda entusiasmados com a obra mariateguiana e que se tornaram parcialmente familiares no ambiente político e acadêmico depois da morte do Amauta (Aníbal Ismodes Cairo, Alberto Tauro del Pino, Alejandro Romualdo, César Augusto Guardia Mayorga etc.).

No entanto, o prestígio e a consagração de Mariátegui não podem ser compreendidos *apenas* pela iniciativa editorial levada a cabo por seus familiares. As transformações sociais e políticas pelas quais passa o "Terceiro Mundo" incidem no modesto campo da esquerda peruana, reduzido até o final da década de 1950 à gama que vai do Partido Comunista do Peru (PCP) ao Partido Aprista Peruano (PAP). Na década seguinte, o crescente entusiasmo em relação à Revolução Cubana e à Revolução Chinesa, a morte de Che, a Guerra no Vietnã, a insurreição estudantil em diversos centros urbanos de países da Europa e da América Latina propiciam a emergência da "nova esquerda" peruana no cenário político nacional.

A composição da "nova esquerda" peruana dividia-se em três setores: camponeses-indígenas, operários e estudantes. Neste último, a crescente militância juvenil concentrava-se em pautas do próprio setor educacional. Segundo Rénique, entre 1960 e 1980, a porcentagem de estudantes de 6 a 23 anos matriculados na escola em relação à população total dessa faixa etária aumentou de 40% para 74%.[62] No fim dos anos 1970, a soma de todos os micropartidos universitários equivalia (a) ou superava o número da "velha esquerda" derivada do PCP e do PAP.[63] A maioria deles, fruto de sucessivas cisões entre partidos e movimentos políticos da "velha" e "nova" esquerda, estavam fracionados em múltiplas polêmicas sobre estratégias e programas

[62] José Luis Rénique, *A revolução peruana*. São Paulo: UNESP, 2009, p. 129.
[63] Idem, p. 130.

(feudalismo ou capitalismo, oligarquia ou burguesia, proletariado ou camponeses, campo ou cidade etc.).[64] Com efeito, a "nova esquerda" encontra na literatura marxista a inspiração necessária para iluminar uma realidade social caótica e definir suas ações estratégicas (revolução nacional ou socialista, centralismo partidário ou espontaneísmo, insurreição ou guerrilha popular etc.). Como afirmou Paulo Canabrava, ex-preso político e militante da Aliança Libertadora Nacional (ALN) exilado durante cinco anos no Peru, na década de 1970 "comprava-se literatura marxista na calçada".[65] De modo geral, a produção de textos dos grupos políticos circulava através de edições mimeografadas, de curta tiragem e sem reedições; também se publicavam jornais e revistas (*Barricada*, *Classe Obrera*, *El Militante*, *Unidad*, *Qué hacer?*, *Sociedad y Política*, *Crítica Marxista-Leninista* etc.), mesmo que sem regularidade.

Segundo Marcos Sorrilha Pinheiro a "nova esquerda" peruana pode ser dividida em três fases. A primeira delas encontra-se entre 1962 e 1968, período marcado principalmente pela mobilização camponesa no sindicalismo agrário e nas ocupações de terras de 1963, lideradas por Hugo Blanco; pelo Movimiento de Izquierda Revolucionaria (MIR), chefiado por Luis de la Puente, e o Ejército de Liberación Nacional (ELN), organizado por Héctor Béjar; enfim, pelas primeiras rupturas no PCP, suscitadas pela polêmica sino-soviética. Todas essas lideranças pertenciam a setores universitários e classes médias urbanas que

---

[64] Em se tratando do número expressivo de organizações políticas – clandestinas ou não – nessa época, embora não seja preciso, calcula-se em torno de 53 organizações políticas no Peru, em 1973. Ver Marcos Sorrilha Pinheiro, "À sombra de José Carlos Mariátegui: socialismo e movimentos políticos de esquerda no Peru (1960- 1980)". In: *Revista História*, São Paulo, v. 2, n. 28, 2009, p. 837-866 e Alvaro Rojas Samanez, *Partidos políticos en el Peru: Manual y registro*. Lima: Promotores y Consultores Andinos/ Centro de Documentación e Información Andina, 1986.

[65] Entrevista com Paulo Canabrava, São Paulo, em julho de 2017.

abandonam as cidades e partem para o campo a fim de organizar movimentos camponeses.

A segunda fase inicia-se em 1968, ano do golpe militar de Velasco Alvarado. Em um primeiro momento, uma parcela da esquerda guerrilheira adere ao Estado, em uma espécie de trégua de curta duração e de revisão de suas práticas. Na sequência, com as diferentes caracterizações do regime (reformista, fascista, bonapartista etc.) e com a reforma agrária velasquista, aumentam-se as cisões. Contudo, mesmo com derrotas sucessivas de grupos guerrilheiros na primeira fase, não houve alteração do espírito vanguardista e do voluntarismo político dos integrantes das guerrilhas. As ações de luta ganham terreno nas cidades, como marchas e greves organizadas por clubes de imigrantes, movimentos sindicais e comunidades de bairro. Em 1968, a CGTP é reorganizada em torno de setores da construção civil e dos pescadores. Para além das células partidárias, dos espaços sindicais e dos salões universitários, constata-se uma aproximação dos setores católicos à "nova esquerda" em busca de repensar o cristianismo a partir da experiência de um país periférico. Dentro dessa visão de mundo, a assim chamada Teologia da Libertação irá se notabilizar ao eleger a figura do pobre e oprimido como portadora incondicional do gesto e da palavra libertadora, tal como anuncia o livro *Teología de la Liberación*, publicado em 1971 por Gustavo Gutiérrez.[66]

A terceira e última fase da "nova esquerda" peruana é marcada pela opção democrática de atuação política, processo iniciado após o término do regime velasquista em 1975. Afundado em uma crise econômica, o Peru volta a ter um conjunto de mobilizações, cujas paralisações e greves, aliança operário-estudantil e participação de intelectuais recolocam a esquerda revolucionária em um relativo protagonismo na sociedade peruana. Um exemplo disso é a votação expressiva que o ex-guerrilheiro,

---

[66] Gustavo Gutiérrez, *Teologia da libertação* [1971]. Rio de Janeiro: Vozes, 1976.

indigenista e trotskista Hugo Blanco (após anos de prisões e exílios) conseguiu nas eleições da Assembléia Constituinte em 1978, através da Frente Obrera Campesina Estudantil y Popular (FOCEP), 13% dos votos, terceiro lugar nas eleições. Trata-se da votação eleitoral mais expressiva da história do trotskismo mundial, consolidando-se, naquele momento, como uma das maiores forças políticas da América Latina. Entretanto, em 1980, com novas eleições, inicia-se debates para a formação da Izquierda Unida (IU), mas rapidamente fracassa. Diante das incertezas políticas e dos dilemas teóricos, no "complicado desafio de participar da 'democracia burguesa' sem renunciar a seus objetivos revolucionários",[67] a "nova esquerda" peruana dilui-se paulatinamente a partir de 1980 até abrir-se para a "guerra popular" do Sendero Luminoso.

"Qual peruano não tem uma teoria pessoal a respeito de Mariátegui?", indagava Hugo Neira em um ensaio da década de 1980.[68] De fato, o Amauta adquiriu fama póstuma a ponto de se tornar moeda corrente em diversos espaços sociais e culturais do país. Paulatinamente, a obra mariateguiana passa a circular nos ambientes universitários, transformando-se também em referência obrigatória nos colégios secundários. Assim Mariátegui era reconhecido como um dos fundadores da tradição intelectual do Peru contemporâneo. Entretanto, à medida que se estabelecia como consenso na cultura peruana, aumentava na mesma intensidade a exaltação e a santificação de sua trajetória como homem de letras genial.

Esse prestígio crescente era desigual e até mesmo contraditório: muito se falava de Mariátegui, mas poucos conheciam efetivamente seus livros. Em uma série de reportagens sobre o renomado escritor peruano para a revista semanal *Oiga*, em

---

[67] José Luis Rénique, *A revolução peruana*. Op. cit., p. 136.

[68] Hugo Neira, "El pensamiento de José Carlos Mariátegui: los 'mariateguismos'". In: *Socialismo y Participación*. Lima: CEDEP, n. 23, 1983, p. 55.

1974, jornalistas percorreram bairros e universidades de Lima perguntando: "você leu Mariátegui? O que pode nos dizer sobre sua obra?". Os entrevistados eram em sua maior parte operários, empregados informais, engenheiros, um técnico de máquina de escrever, estudantes do ensino secundário e universitário (sobretudo das Universidades San Marcos, Católica, Garcilaso de la Vega, Agraria e Federico Villarreal). A maioria deles conhecia apenas pequenos fragmentos de textos de Mariátegui, em geral literários.[69] Contudo, seu nome exercia forte atração, como se portasse a chave explicativa para a decifração dos enigmas do Peru.

Parte significativa do prestígio – contraditório, é verdade – da figura de Mariátegui deve-se à incorporação das ideias do autor ao discurso da "nova esquerda". De fato, o autor andino torna-se um *best-seller* no Peru, onde as esquerdas a ele referiam-se como "pai fundador" do marxismo no país. Durante a década de 1970, a palavra principal da "nova esquerda" era "classista", definida dentro do referencial mariateguiano. Isto é, segundo Alberto Flores Galindo (1949-1990), historiador peruano e um "mariateguista", "classista" é toda a "afirmação e defesa dos interesses de uma classe social, sua reivindicação aberta em uma luta levada até o fim, sem as concessões do velho sindicalismo aprista e sem corrupção da política criolla".[70]

---

[69] Destacamos o depoimento do operário Gregorio Rojas, morador do bairro de Breña: "Não. Não li Mariátegui. Tampouco sei algo sobre ele. Não o conheço porque ainda não tenho interesse nos escritores em geral. Atualmente trabalho durante o dia e estudo de noite, de tal modo que não tenho tempo para me dedicar a outras [coisas]. Mas suas perguntas me despertaram curiosidade. Farei um esforço para comprar um de seus livros". Ver "¿Há leído Ud. a Mariátegui?" [La calle opina]. In: *Oiga*, Lima, n. 582, 1974, p. 3, 15 e 34. Pasta José Carlos Mariátegui – A 1047. Casa de las Américas, Havana (Cuba).

[70] Alberto Flores Galindo, "Generación del 68: ilusión y realidad" [1987]. In: *Obras Completas*, tomo VI. Lima: SUR/Casa de Estudios del Socialismo, 2007, p. 219.

Nessa época, a imagem de Mariátegui encontrava-se em todos os espaços de socialização política: bandeiras, recintos, faixas, cartazes, broches, flâmulas etc. Estampas de sua figura ao lado de Lenin, Trotsky, Mao Tsé-Tung e Che Guevara também eram comuns em ambientes em que atuava a esquerda peruana.[71] Em diversos artigos para periódicos peruanos, Flores Galindo procurou entender a relação entre Mariátegui e a "nova esquerda".[72] Portanto, ainda que a história do termo tivesse se iniciado a partir da década de 1930, no conjunto de polêmicas e leituras condicionadas pela "velha" esquerda da III Internacional, o PCP e a PAP, os "mariateguismos" – no plural – pertenciam ao vocabulário político daqueles anos.

Entrementes, de acordo com o historiador peruano, a proliferação de "porta-vozes" criava um terreno pantanoso de disputas políticas. A ambiguidade dos termos do "mariateguismo" aumentava à medida que a esquerda fragmentava-se em tendências variadas, fazendo surgir tantos "Mariáteguis" quanto intérpretes. Tratava-se de construí-los segundo o critério da utilidade: cada movimento organizado fazia do pensamento de Mariátegui uma incorporação tática própria para justificar tal ou tal linha política. Os mecanismos dessa apropriação eram bem conhecidos. Com efeito, os próprios intelectuais-militantes da tradição marxista – Marx, Lenin, Trotski, Rosa Luxemburgo, Gramsci, Guevara etc. – aos quais Mariátegui era

---

[71] No belo documentário *Desde el lado del corazón* (dir. Francisco Adrianzén, 2013), a respeito da esquerda peruana entre 1964 e 1977, é possível observar frequentemente a imagem de Mariátegui durante as mobilizações dos operários, camponeses e estudantes.

[72] Ver Alberto Flores Galindo, "El mariateguismo: aventura inconclusa". Op. cit.; "Generación del 68: ilusión y realidad". Op. cit.; "El mariateguismo como desafío" In: *Obras Completas*, tomo VI. Lima: SUR/Casa de Estudios del Socialismo, 2007; "El futuro de la izquierda". In: *Obras Completas*, tomo VI. Lima: SUR/Casa de Estudios del Socialismo, 2007; "La Nueva Izquierda: sin faros ni mapas". In: *Obras Completas*, tomo VI. Lima: SUR/Casa de Estudios del Socialismo, 1996.

frequentemente associado padeciam do mesmo problema. Os "porta-vozes" tomam de empréstimo o capital simbólico de seus autores em vista de sua própria consagração, e o fazem de acordo com constrangimentos particulares ao campo político-partidário de cada organização. Assim, a obra mariateguiana era constantemente classificada, delimitada e engessada, como se Mariátegui fosse desvencilhado das práticas sociais e políticas de seu tempo. Descontextualizado, Mariátegui permanecia fora da história, reduzido a um monólogo – solitário, sem interlocutores –, distante das implicações da vida cotidiana que ele próprio tomava por princípio de sua reflexão. Sua autoridade já santificada economizava o verbo dos "porta-vozes": bastavam-lhes as citações adequadas.

Para Flores Galindo, embora almejasse se desvincular dos esquemas tradicionais, a "nova esquerda" militante reproduzia, em grande medida, os vícios políticos da velha esquerda. A carência de uma reflexão sobre as peculiaridades do país a obrigava a encontrar refúgio no dogmatismo dos textos teóricos. As leituras eram "contagiadas por uma confiança cega nos textos".[73] Tudo podendo ser definido *a priori*, a realidade concreta torna-se secundária, mera "empiria". Flores Galindo toma como exemplo os programas e estatutos difundidos pela organização política peruana *Vanguardia Revolucionaria*, cujos dirigentes pretendiam entrelaçar, por exemplo, o "desenvolvimento desigual e combinado" de Trotsky, a tese do "foquismo" cubano e o protagonismo dos camponeses segundo Mao Tsé-Tung. Realizavam, assim, uma espécie de "sincretismo" teórico, de forma a colocarem o problema (e a solução) da revolução na dependência "das melhores contribuições que fluíam em um marxismo imaginado como uma corrente unívoca e universal".[74] Com frequência, a fidelidade ao maoísmo, ao trotskismo

---

[73] Alberto Flores Galindo, "Generación del 68: ilusión y realidad". Op. cit., p. 218.

[74] Alberto Flores Galindo, "La Nueva Izquierda: sin faros ni mapas".

e ao guevarismo impedia-os de interrogar-se sobre as condições especiais em que o país se encontrava.

Diante do quadro analisado pelo historiador Flores Galindo, é possível supor que a "nova" esquerda militante tenha preferido um livro como *Ideologia y Política* ao afamado *Siete Ensayos*. Isso porque os textos compilados em IP, publicado somente em 1969, eram documentos (mensagens, manifestos, panfletos, estatutos, princípios etc.) contendo concepções programáticas de partido e de sindicato redigidos por Mariátegui nos últimos três anos de sua vida. *Siete ensayos*, por outro lado, fazia interpretações de caráter sociológico através de problemas ligados sobretudo a fatores religiosos, educacionais, regionais, literários e atinentes à cultura indígena, sem se preocupar com a construção de programas políticos.

Ainda segundo a avaliação de Flores Galindo, era conhecido o problema dos riscos de "reflexão histórica", que dá margem a violar as regras de exegese e cometer anacronismos.[75] Contudo, Mariátegui continuava a ser lido, muitas vezes, como se a década de 1920 no Peru fosse idêntica à de 1970. As fases mais ou menos radicais de seus textos eram identificadas ao "verdadeiro" Mariátegui. Seu pensamento dividia-se entre "idade da pedra" e "idade da razão", enquanto, para outros, importavam apenas suas posições políticas a partir de 1928. De igual forma, sua polêmica com Haya de la Torre era amenizada ou intensificada conforme necessidades políticas, assim como a sua relação com a IC. Diante desse quadro de apropriação vulgar, o autor chega a afirmar polemicamente que Mariátegui significava um bloqueio para a esquerda peruana, antes do que uma solução.

> Existe uma imagem mitificada de José Carlos Mariátegui que o apresenta como o marxista ortodoxo por excelência, o guia da revolução socialista, o sendeiro luminoso, o Amauta... Uma ima-

---

Op. cit., p.118.

[75] Alberto Flores Galindo, "El mariateguismo: aventura inconclusa". Op. cit., p. 583.

> gem desmedida e esmagadora, em alguma medida revelada pelos adjetivos anteriores, que converte o marxismo peruano em mera glosa ou simples notas de rodapé do pensamento de Mariátegui. A veneração bíblica substitui a discussão. Dessa maneira, e apesar dele mesmo, Mariátegui acaba se convertendo em um obstáculo para o desenvolvimento do marxismo no Peru.[76]

De todo modo, as reflexões de Alberto Flores Galindo acerca da "nova esquerda" não estavam imunes aos condicionantes de sua própria trajetória na... "nova esquerda". De origem mesocrática e com formação universitária em História, Tito Flores fez seu doutorado na Sorbonne e se notabilizou a partir de meados das décadas 1970 e 1980 por farta produção historiográfica e por intervenções públicas em diversos periódicos peruanos (*El Caballo Rojo*, *Análisis*, *30 Días*, *Allpanchis*, *El Diario de Marka*, *Amauta*, *Márgenes* etc.).[77] Precoce e talentoso, o jovem historiador e jornalista foi um dos intelectuais mais atuantes no complexo contexto político peruano.

Os múltiplos referenciais mariateguistas da "nova esquerda" peruana certamente provocaram Flores Galindo a realizar a releitura presente em *La agonía de Mariátegui*, em 1980. Marcos Sorrilha, especialista na obra do historiador peruano, reconhece duas demandas presentes no projeto de *La agonía de Mariátegui*: em primeiro lugar, restabelecimento da historicidade de um personagem santificado no decorrer dos anos; em segundo lugar, definição de um discurso comum para a esquerda peruana a partir de sua própria interpretação do Amauta. Em outras palavras, trata-se de "estabelecer um Mariátegui nascido da interpretação historiográfica, abandonando o mártir que havia sido diversamente difundido".[78]

---

[76] Alberto Flores Galindo, "Socialismo y problema nacional en el Peru". In: *Obras Completas*, tomo IV. Lima: SUR/Casa del Socialismo, p. 41.

[77] Antonio Cisneros, "Tito Flores, periodista". In: Alberto Flores Galindo, *Obras Completas*, tomo VI. Lima: SUR/Casa de Estudios del Socialismo, 1996.

[78] Marcos Sorrilha Pinheiro, "Um novo Mariátegui: as influências de

O período estudado em *La Agonía de Mariátegui* não poderia ser mais controvertido: os três últimos anos da vida de Mariátegui, isto é, momento em que ocorria a fundação do PSP, a organização da CGTP, a edição de *Amauta* e *Labor*, o rompimento com Haya de la Torre e com a Internacional Comunista. Flores Galindo não estava amparado somente em fontes bibliográficas, mas em documentos históricos e entrevistas com contemporâneos de Mariátegui, cujo tratamento rigoroso dava proeminência ao trabalho. As sucessivas tensões políticas entre Mariátegui e o(a) APRA/IC foram fatores que fundamentam a conclusão, em *La Agonía*, de que os últimos meses de Mariátegui foram de solidão. Um isolamento político, também marcado pelo incômodo de viver em um país periférico sob ditadura. Portanto, é a "contrapelo da história" e de maneira "revolucionária" que Flores Galindo pensava a trajetória e a obra de Mariátegui: figura intelectual e política heterodoxa diante da ortodoxia do PCP; revolucionário em oposição a todo dogmático.

Evidentemente, o que também estava em pauta para o historiador era desenhar, através do marxismo de Mariátegui, caminhos para o socialismo peruano de seu tempo. Desse modo, surgia a imagem mariateguiana para a qual convergia revolução e heterodoxia. A confluência entre marxismo, pensamento crítico e religião que marca sua obra era exemplo desse coquetel explosivo. Para um admirador das *Réflexions sur la violence*, de Sorel, e da figura Lenin, a revolução era uma espécie de encontro entre paixão coletiva e assalto ao poder. Assim, se o socialismo de Mariátegui implicava uma ruptura revolucionária com o poder, isso não ocorreria através de uma "minoria autoproclamada e iluminada", mas a partir de "um movimento de massas, como havia ocorrido com os sovietes na Rússia, a tomada da fábrica em Turim e a insurreição na Hungria".

José Aricó nas formulações mariateguistas de Alberto Flores Galindo". In: *e-l@tina Revista Electrónica de Estudios Latinoamericanos*, v. 10, n. 38, 2012, p. 24.

Para Flores Galindo, o "mariateguismo" era um "estilo de trabalho" e uma "aventura inconclusa". Portanto, não poderia estar em conformidade com uma teoria política fechada e definitiva, mas propor um modo "independente" de pensar Marx. Três aspectos da tradição socialista peruana impunham desafios a esse projeto. Em primeiro lugar, como vincular o marxismo com a diversidade de uma nação andina com passado milenar e legado comunal? Em segundo lugar, como o componente da imaginação (da arte, da literatura, do cinema etc.) pode tornar-se recurso imprescindível para entender as antinomias de um país cujos tempos históricos desajustados são diferentes dos ocidentais? Em terceiro lugar, como valorizar o horizonte utópico de forma a reinscrever a história dos movimentos milenaristas camponeses na história peruana, que se inicia antes da chegada dos europeus? Assim, diante da questão nacional, da imaginação e da utopia, o historiador peruano localizava o marxismo de Mariátegui mais inclinado à *prática* do que à teoria, à *intuição* do que à razão, ao *espontâneo* do que ao planificado, à *criação* do que às leis históricas.

La agonía de Mariátegui despertou imediatamente polêmicas entre intelectuais comunistas defensores da ortodoxia, interessados em atenuar as supostas discrepâncias do Amauta com a IC – como, por exemplo, César Lévano em *Marka* e Marcos García em *Unidad*. Integrantes ligados ao partido aprista também criticaram o livro, pois os atritos entre Mariátegui e Haya de la Torre eram vistos como diferenças elementares, em contraposição às tensões com a III Internacional, consideradas profundas. Nas duas edições posteriores, em 1982 e 1989, Galindo procurou, na medida do possível, responder aos questionamentos e deficiências que apontavam em seu trabalho. De todo modo, teve êxito na difusão de Mariátegui na América Latina. Trata-se de um intelectual da esquerda peruana que procurava reescrever *outro* marxismo à luz das transformações políticas e sociais pelas quais passava o continente latino-americano entre a década de 1970 e 1980.

Mariátegui também foi incorporado pelo regime de Velasco Alvarado (1968-1975) no patrimônio cultural dos "heróis" da "revolução peruana". Mesmo no ciclo de ditaduras militares que se consolidava na geopolítica da América Latina, o regime das Forças Armadas no Peru declarou-se "revolucionário" e adotou uma série de medidas econômicas e políticas que assinalavam com rigor um caráter nacionalista: expropriação das instalações petroleiras International Petroleum Company; destituição dos membros da corte suprema; expedição da Lei de Reforma Agrária; confisco das empresas de Cerro de Pasco Corporation; das filiais Chase Manhattan Bank e da International Telephone and Telegraph (ITT); desapropriação dos diários *Expresso* e *Extra*; domínio do Estado sobre a empresa produtora de ferro Marcona Mining Company.[79] Ademais, no campo diplomático, o novo regime reatou contato com a União Soviética, Cuba e China, afirmou-se como um dos líderes do grupo dos não alinhados e procurou diminuir a dependência econômica em relação aos Estados Unidos.

Com efeito, essa inusitada experiência política do Gobierno Revolucionario de las Fuerzas Armadas (GRFA) deixaria em estado de confusão "os espíritos dogmáticos", como afirmou João Quartim de Moraes. Na época, o militante comunista brasileiro acompanhava os desdobramentos do regime peruano exilado em Paris. Não definia o governo de Velasco como uma "caricatura da revolução" (ou reformista), tampouco como uma "revolução socialista autêntica"; no máximo, como "uma revolução nacional-democrática conduzida pelo alto".[80] Em alguma medida, essa era expressão da difícil caracterização sociopolítica do regime no Peru, o que dividiu o conjunto das esquerdas pe-

[79] Franklin Pease, *Breve historia contemporânea del Peru*. México: FCF, 1995, p. 245.

[80] João Quartim de Moraes, *Liberalismo e ditadura no Cone Sul*. Campinas: IFCH, 2001, p. 163.

ruanas (e latino-americanas) entre esperança e dúvida. De um lado, parte dos grupos guerrilheiros e comunistas pró-soviéticos aliaram-se a Velasco e apoiaram as políticas estatais do regime militar, que, segundo eles, colocava em marcha um "verdadeiro processo revolucionário no Peru". Era a adesão da "nova" e "velha" esquerda ao Estado e o início de um rompimento geracional que resultou na reformulação e revitalização da atuação militante da "nova esquerda".[81] Por outro lado, grupos maoístas, como o do Partido Comunista Peruano-Bandera Roja (PCP-BR) e Partido Comunista del Perú-Patria Roja (PCP-PR), eram extremamente críticos ao regime velasquista e direcionavam suas críticas principalmente para os limites da reforma agrária.[82]

Com a centralização do poder político, o Estado peruano constituiu-se como um recrutador direto dos intelectuais de esquerda, incorporando-os em cargos políticos, técnicos ou burocráticos para articular sua proposta "revolucionária". O cientista social Carlos Delgado foi provavelmente "o civil mais importante do regime" e seu principal ideólogo, ao lado de Augusto Salazar Bondy, José Matos Mar, Alberto Escobar, Hugo Neira, Carlos Franco, Héctor Béjar, Martha Hildebrandt etc. De maneira geral, eram provenientes de instituições não universitárias e foram agrupados no Sistema Nacional de Apoyo a la Movilización Social (Sinamos), prestigioso organismo criado com "autonomia de um ministério" para definir (ou criar) mecanismos de "participação popular".[83] Com o confisco dos meios de comunicação, intelectuais e personalidades políticas assumiram a maioria dos diários peruanos, como o *Expresso*, que se transformou em uma espécie de "porta-voz" do governo de Velasco.[84]

---

[81] Marcos Sorrilha Pinheiro, "À sombra de José Carlos Mariátegui: socialismo e movimentos políticos...". Op. Cit., p. 845.

[82] Ver Geneviève Dorais, *La crítica maoísta peruana frente a la reforma agraria de Velasco (1969-1980)*. Lima: IEP,2012.

[83] Franklin Pease, *Breve historia contemporánea del Peru*. Op. cit., p. 251.

[84] Entrevista com Paulo Canabrava, São Paulo, em julho de 2017.

Formado em antropologia pela Universidade de Cornell (EUA) e jovem militante aprista, Delgado estabeleceu relação pessoal e colaborativa com o general Velasco Alvarado e exerceu o cargo de diretor superior do Sinamos. Coube a Delgado a responsabilidade de porta-voz teórico em debate com intelectuais sobre os caminhos do Estado peruano. Tratava-se, segundo ele, de uma "revolução" que não se comparava à tarefa das burguesias europeias, mas, sim, à tarefa histórica de substituir "o sistema capitalista em seu conjunto".[85] Segundo Rénique, à aproximação de Delgado com o principal general do regime "podia-se atribuir os ecos haystas [Haya de la Torre] do discurso velasquista: o tom messiânico, a pretensão de ser um processo atípico, autônomo, aberto, equidistante tanto do capitalismo como do comunismo".[86] Havia recusa em aceitar a crítica da esquerda, condenada em bloco como eurocêntrica e incapaz de compreender a suposta novidade que o fenômeno político trazia. Ademais, outro parentesco que unia Velasco e (o primeiro) Haya era o delineamento do "Estado anti-imperialista":

> Entretanto, em uma postura crítica, Delgado, não se referia a Haya, mas a Mariátegui: a eliminação do latifúndio, definida pelo Amauta "há quase cinquenta anos como a tarefa essencial da revolução no Peru, país profundamente agrário". Em um país de "maiorias rurais", observaria o assessor velasquista, uma reforma agrária não poderia ser entendida como uma "reforma puramente setorial", mas, em essência, como "uma alteração muito profunda da totalidade do universo social".[87]

Assim, a afamada proposta de Mariátegui para que o socialismo na América Latina não fosse "decalque e cópia, mas criação heroica" era perfeitamente palatável para os intelectuais ligados ao regime, pela notável coincidência de que Mariátegui tam-

---

[85] Carlos Delgado, *Revolución Peruana: autonomía y deslindes*. Lima: Libros de Contratiempo, 1975, p. 161.

[86] José Luis Rénique, *A revolução peruana*, Op. cit., p. 121.

[87] Idem, Ibidem.

bém almejara construir um socialismo "autônomo" e, por sorte, apontava para a liquidação do latifúndio como principal "tarefa histórica" de uma "revolução socialista" no Peru.[88] Tratava-se, portanto, de uma "revolução *sui generis*" em um país fundamentalmente agrário, embora liderado pelas Forças Armadas e não pelos indígenas e operários.[89] Assim, um intelectual do Estado que recuperava Mariátegui valia-se do subterfúgio para discutir o "processo revolucionário atual". Como afirmava Delgado, "tenho a impressão de que o que acontece atualmente na América Latina não pode ser entendido sem a compreensão cabal dessa década [1920]...".[90] Por conseguinte, a imagem velasquista de Mariátegui – e de outros grupos políticos que apoiavam o regime – era a de que uma sociedade socialista significava modernização da sociedade e expansão na área estatal da economia. No entanto, a relação entre governo e as "massas populares" era demasiado ambígua. Embora criasse canais de interação com civis, o governo convivia com um paradoxo insolúvel: como um regime militar de natureza necessariamente autoritária almejava democratizar as instâncias de poder "para o povo"?

Nesse cenário, o Estado peruano também trabalhava em propagandas massivas com objetivo de construir uma identidade nacional baseada na busca por suas "raízes milenares",

---

[88] Carlos Delgado, "Sobre algunos problemas de la participación en la Revolución Peruana". In: *Estudios Internacionales*, ano 6, n. 21, Universidad de Chile, 1973, p. 26.

[89] Em um questionário promovido pela revista *Marcha*, o general Alvarado assinalava: "A revolução, segundo o mais lúcido pensador de esquerda do Peru, José Carlos Mariátegui, 'será criação heroica do seu povo'. O que acontece é que, às vezes, esquece-se que a Força Armada é também povo, e tem, portanto, total direito de liderar, nesse momento, as massas revolucionárias no Peru". Fernandez Maldonado, "Respuesta al cuestionario de la revista 'Marcha' de Montevideo, Uruguai". In: VV. AA. *Perú: documentos fundamentales del proceso revolucionario*. Buenos Aires: Editorial Ciencia Nueva, 1973, p. 95.

[90] Carlos Delgado, *Revolución Peruana: autonomía y deslindes*. Op. Cit., p. 163.

isto é, no reencontro com o mundo andino/indígena. A história incaica, o líder indígena da época colonial Tupac Amaru e a figura de Mariátegui converteram-se, então, nos principais símbolos da "Revolução das Forças Armadas". Como qualquer regime autoritário, a construção de mitos da resistência e de luta indígena no "Peru profundo" era uma necessidade política.[91] Todavia, a elevação heroica do mundo indígena deveria estar integrada ao projeto de modernização estatal. O quéchua foi instituído como idioma oficial dos currículos escolares ao mesmo tempo que o termo "índio" foi substituído por "camponês" na linguagem oficial do governo. Além disso, na pauta do regime foram incluídos assuntos "vinculados ao plano étnico-cultural em âmbito nacional, mas não a partir de uma perspectiva de aceitação da diversidade, e sim de homogeneização cultural em esfera nacional".[92]

Além de referência teórica para intelectuais-funcionários do governo e de propaganda para o regime velasquista, Mariátegui tinha outro ponto interessante para a ditadura de Velasco. No final do governo, em 1975, jornais peruanos iniciam uma campanha para que a casa onde Mariátegui residiu nos últimos anos de vida, na rua Washington Izquierda, fosse expropriada e se transformasse em museu ou um centro de estudos. Embora fosse declarado Monumento Histórico pelo governo em 1972, o espaço funcionava, na prática, de forma precária como restaurante criollo e pensionato. Era, então, responsabilidade do Instituto Nacional de Cultura (INC), dirigido por Martha Hildebrandt, prestar assessoria jurídica e institucional para que tivesse início o processo de restauração da casa. Um comitê com agentes da

---

[91] Entrevista com José Luis del Roio, São Paulo em junho de 2017.

[92] Fernando Calderón, "Tempos de agitação, tempos de mudança: sociedade e democracia nos países andinos meridionais". In: Bernardo Sorj e Miguel Darcy de Oliveira (orgs.). *Sociedade civil e democracia na América Latina: crise e reinvenção da política*. São Paulo/Rio de Janeiro: Instituto Fernando Henrique Cardoso e Centro Edelstein de Pesquisas Sociais, 2007, p. 193.

cultura, sindicais e cívicos participou da campanha, e editoriais de jornais, em especial o *La Crónica*, criticaram explicitamente o INC pela "inexplicável inércia" e "pela atitude de indiferença que uma revolução nacionalista não deve permitir". No entanto, ainda que tenha se manifestado favorável ao empreendimento por meio de carta pública, o INC não tinha recursos suficientes para o financiamento do projeto. Os recursos somente viriam a ser disponibilizados quase vinte anos depois, para as comemorações do centenário de Mariátegui, em 1994, quando o governo de Alberto Fujimori entregou a casa-museu restaurada.[93]

Com o colapso do regime de Velasco, a morte de Haya de la Torre em 1979, a derrota eleitoral da IU na Assembleia Constituinte em 1978 e nas eleições presidenciais de 1980, a esquerda peruana atinge seu auge, a partir de quando entra em paulatino descrédito, em um período de crise econômica, dívida externa e inflação que marca a "década perdida" da América Latina. Nesse contexto, ocorre a ascensão do Sendero Luminoso, cuja repercussão internacional foi enorme, o que despertava interesse sobre os referenciais teóricos e políticos do grupo guerrilheiro "marxista-leninista". Sem entrar em detalhes sobre sua ascensão, cumpre ressaltar que a obra de Mariátegui foi, seguramente, uma das principais orientações do líder senderista Abimael Guzmán (1934-).

---

[93] Ana María Portugal, "Mariátegui sigue desalojado". In: *La Nueva Crónica*, Lima, 17/04/73; "La Casa de Mariátegui". In: *Prensa*, Lima, 21/01/75; "La expropiación de la Casa de Mariátegui está en marcha". In: *Correo*, Lima, 15/01/75; "Casa de Mariátegui debe expropiarse". In: *Correo*, Lima, 18/01/75; "INC enjuicia a los uso de Casa de J. C. Mariátegui". In: *Expresso*, Lima, 18/01/75; "La Casa de Mariátegui y nuestro patrimonio cultural". In: *La Crónica*, Lima, 21/01/75; "La Casa del Amauta" (Editorial). In: *La Crónica*, Lima, 28/06/75; Ricardo Luna Vegas, "¿Para qué fue restaurada la casa donde vivió Mariátegui?". In: *La Republica*, Lima, 22/04/1996. Todas estas matérias podem ser encontradas na Pasta José Carlos Mariátegui – A1047. Casa de las Américas, Havana (Cuba).

Durante a década de 1960, em meio às dissensões no PCP e, em seguida, no grupo maoísta PCP-BR, o nome da frente estudantil Bandera Roja, à qual se juntava Abimael, vinculava a Frente Revolucionária ao "Sendero Luminoso de Mariátegui". Todavia, mais do que uma referência ao nome Mariátegui, Abimael Guzmán é visto, segundo Alain Hertoghe e Alain Labrousse, como a "primeira síntese entre o pensamento de Mao e o de Mariátegui", "através da justaposição arbitrária de análises frequentemente fora de contexto". A partir da província de Ayacucho, senderistas enxergavam os problemas da sociedade peruana dos anos 1970 como os mesmos descritos por Mariátegui nos anos 1920, e semelhante aos da sociedade chinesa descrita pelo líder chinês nos anos 1930, isto é, como um país "dependente, semicolonial e semifeudal". Um dos elementos reiterados pelos senderistas era o de que "o poder se conquista através do exercício da violência (...) e se conserva graças ao da ditadura", e as reivindicações indígenas servem como fundamento das lutas.[94]

Desse modo, inspirado na noção "semicolonial" de Mariátegui e do "capitalismo burocrático" de Mao Tsé-Tung, os senderistas tinham como objetivo converter a luta camponesa em luta armada através de um trabalho sistemático e prolongado no campo (a "guerra popular").[95] Mesmo sendo fortemente criticados pelo Partido Unificado Mariateguista (PUM), organização nascida do agrupamento de facções provenientes da "nova esquerda", a imagem de Mariátegui reproduzida nos panfletos e documentos do partido guerrilheiro rondou na mídia internacional. Em consulta aos números do jornal francês *Le Monde Diplomatique* é possível encontrar reportagens com referências constantes a Mariátegui, considerado porta de entrada para a

---

[94] Alain Hertoghe e Alain Labrousse, *Sendero Luminoso Peru*. São Paulo: Brasiliense, 1990, p. 43.

[95] Flávia Eugênia Gimenez de Fávari, *A questão indígena na Comissão da Verdade e Reconciliação do Peru*. Dissertação em Estudos Culturais. Escola de Artes, Ciências e Humanidades (ECA), 2018, p. 130.

compreensão dos senderistas durante a década de 1980.[96] Assim, nos espaços midiáticos de comunicação, a circulação de Mariátegui era fatalmente associada ao maoísmo e ao terror senderista... Escritores da direita peruana aproveitaram a associação Mariátegui-Sendero Luminoso para desqualificar o primeiro através de estereótipos e representações vulgares, forjando uma imagem de "pensador marxista do terror".[97]

II. Aníbal Quijano, Sociedad y Politica e o empreendimento da Biblioteca Ayacucho

O espectro mariateguiano no campo político do Peru durante a década de 1970, sendo incorporado ao discurso de diversas organizações de esquerda, institucionalizadas ou guerrilheiras, exerce também atração sobre os intelectuais engajados. Em uma época em que a profissão de cientista social na América Latina era sinônimo de militância política, Aníbal Quijano não se furtou à regra de seu tempo. Dentre seus pares conterrâneos que concorriam na difusão e interpretação de determinada imagem de Mariátegui, foi Quijano, provavelmente, quem obteve mais êxito nessa empreitada, pois sua produção ultrapassa o círculo dos intelectuais peruanos para circular em todo o continente latinoamericano.

Desde jovem, Aníbal Quijano mostrou-se interessado por política, como indica sua efêmera passagem pelo Partido Aprista Peruano até 1948, quando membros do partido protagonizaram um levante no porto de Callao, do qual, aparentemente, os pró-

---

[96] Jean-Claude Buhrer, "Entre Mariátegui et Mao". In: *Le Monde Diplomatique*, Paris, juillet 1983; Mouvement Sendériste, "Un rugissant ouragan armé". In: *Le Monde Diplomatique*, Paris, juillet 1983; Yvon Le Bot, "Pérou: le libéralisme contre le spectre de Sentier lumineux" In: *Le Monde Diplomatique*, Paris, novembre 1984; Marc Ferro, "La 'quatrième épée' a-t-elle trouvé son prophète?" In: *Le Monde Diplomatique*, Paris, février 1985.

[97] Consultar, por exemplo, as apelativas análises anti-marxistas de Santiago Roncagliolo, *La cuarta espada: la historia de Abimael Guzmán y Sendero Luminoso*. Buenos Aires: Debate, 2007, p. 61-78.

prios líderes do partido não foram informados. Esse episódio culminou em um golpe militar liderado pelo general Manuel Odría (1948-1956). Com o novo regime autoritário, que instituiu uma ditadura de partido único, os apristas voltavam para a "segunda clandestinidade" – a primeira fora entre 1932 e 1945 –, e entravam em crise interna ao tentarem recuperar o "aprismo primitivo" das bases "conciliadoras", pregadas pelo líder Haya de la Torre.[98]

No mesmo ano de 1948, Quijano ingressa na Faculdade de Ciências na UNMSM. Apesar da ruptura com o partido nacionalista, o jovem estudante sofreria perseguições e passaria por prisões durante a década de 1950; trabalha como professor no ensino secundário,[99] o que explica sua relativa demora para obter o diploma universitário e prosseguir com os estudos de mestrado e doutorado, este último finalizado em 1964.

Durante os primeiros anos do turbulento regime, Quijano decidiu, "antes de tomar alguma posição específica" em relação a sua atuação política, "prosseguir de maneira mais organizada com meus estudos e minhas reflexões históricas e teóricas no debate socialista internacional, sem prejuízo para minha participação na resistência cotidiana contra a ditadura militar odriísta".[100] Em um primeiro balanço de seus estudos políticos e universitários, Quijano conclui que o stalinismo, representado pelo PCP, "não era uma direção conducente à revolução socialista". Diante dessa constatação, parecia-lhe inevitável uma aproximação com a obra de Leon Trotsky e com o Partido Obrero Revolucionario (POR), primeiro grupo trotskista do país,[101] o que, de

---

[98] Para informações sobre os primeiros tempos de universidade, luta estudantil e política no jovem Quijano, ver Manuel Valladares, "Aníbal Quijano y su tiempo", *Discursos del Sur*, UNMSM, n. 3, 2019, pp. 9-36.

[99] Aníbal Quijano, "Raúl Porras, el otro magisterio". In: *La República*, Lima, 12/05/1997, p. 15.

[100] Aníbal Quijano, "Trotsky (entre paréntesis)". In: *Sí*, Lima, n. 64, julho de 1991, p. 65.

[101] Alvaro Rojas Samanez, *Partidos politicos en el Peru: manual y registro*. Op. cit., p. 58.

fato, ocorre. Contudo, esse "parêntese trotskista" também não duraria muito tempo. Por volta de 1954, Quijano interrompe a ligação com a oposição da esquerda antisstalinista. Embora declarasse que o discurso trotskista fosse mais "atraente" e "interessante" do que o próprio PCP, questionava "excessos parciais" e "reducionismos" da vertente ligada à IV Internacional.[102]

Dizia-se também "submerso nas indagações sobre a filosofia da história, obviamente na opinião de autores de diversas opções teóricas", resultado de suas leituras enquanto estudante de história e antropologia peruana. Decepcionado com os desenlaces políticos do POR trotskista, transcorridos no processo político boliviano a partir de 1952, o jovem Quijano também via a questão da democracia direta e interna ser tratada de maneira problemática por Trotski e seus seguidores.[103]

Assim, Quijano tornava-se inclassificável no campo político peruano, pois rejeitava as três vertentes que atuavam na esquerda na década de 1950. Nem o aprismo, nem o stalinismo, nem o trotskismo lhe forneciam os instrumentos políticos e teóricos necessários para sua intervenção na sociedade peruana. De toda forma, ele também estava preocupado intelectualmente com a realidade nacional a partir da perspectiva marxista, o que o faz se aproximar da obra de JCM. A essa altura, Mariátegui já era um autor admitido dentro da genealogia marxista ortodoxa do PCP. Em 1956, quando tinha apenas 25 anos,

---

[102] Idem, Ibidem.

[103] "Não obstante, sua história internacional [a do trotskismo] já estava marcada pelo furioso canibalismo que também devorou, não muito depois, seus seguidores peruanos. A democracia interna era sempre parte sacrificada. [...] estudando a história do regime bolchevique depois de Outubro de 1917 e a obra de Trotsky, resultava detectável um certo parentesco intelectual entre o stalinismo e trotskismo: a propensão tecnocrática na perspectiva acerca do socialismo e da revolução. Descobri que a questão das relações entre socialismo e democracia ficava distante de estar resolvida na obra de Trotsky, depois da repressão da Comuna de Kronsdat". Idem, p. 65-66.

Quijano organizou uma pequena antologia de Mariátegui, com doze ensaios, dividida em duas seções, a primeira com ensaios sociológicos-políticos e a segunda com textos sobre arte e literatura.[104] Curiosamente, essa divisão em seções era a expressão de um jovem dividido entre duas paixões, a literatura e as ciências sociais, uma dúvida que se fez presente até as vésperas de seu ingresso na UNMSM. Não por acaso, em 1957, Quijano organiza um novo livro, a *Antología del cuento latinoamericano.*[105]

O prefácio da antologia sobre Mariátegui ficou a cargo do espanhol Manuel Scorza. Amigo de Quijano e também ex-militante aprista durante os tempos de universidade,[106] o jovem ensaísta Scorza (um ano antes havia sido agraciado, no México, com o Prêmio Nacional de Poesia do Peru por seu livro *Las Imprecaciones*) também foi um exímio editor, considerado pioneiro no mercado literário latino-americano e internacional. Publicadas dentro de uma coleção de autores peruanos, como César Vallejo, Inca Garcilaso de la Vega, López Albújar e Ciro

---

[104] José Carlos Mariátegui, *Ensayos Escogidos de José Carlos Mariátegui.* Seleção de Aníbal Quijano e prólogo de Manuel Scorza. Lima: Primer Festival del Libro Peruano, 1956. Em um primeiro bloco, ensaios sociológicos-políticos ("Esquema de la evolución económica"; "Sumaria revisión histórica del problema del indio"; "Aniversario y balance"; "Mensaje al Congreso Obrero"; "La crisis mundial y el proletariado peruano"; "Oriente y Occidente"). Em um segundo bloco, textos sobre artes, literatura e outros temas ("La revolución y la inteligência"; "El grupo Clarté" "Henri Barbusse" "Arte, revolución y decadência"; "¿Existe un pensamiento hispanoamericano?"; "Divagaciones sobre el tema de la latinidade"; "González Prada").

[105] *Antología del Cuento Latinoamericano.* Seleção e notas de Aníbal Quijano. Lima: Ediciones Populibros, 1957.

[106] Scorza militou no aprismo principalmente a partir do advento do governo de Bustamante y Rivero, eleito por uma coalizão de esquerda, mas teve que deixar o país após o golpe de estado do general Odría, que em 1948 pôs fim a essa inusitada experiência no Peru. Durante seu exílio no México, Scorza descobriu-se poeta e ensaísta, interessado cada vez mais por temas indigenistas. Essa influência da literatura o distanciará progressivamente da militância política exercida no partido aprista.

Alegría, as duas edições de *Ensayos escogidos de José Carlos Mariátegui* (1956 e 1958) foram esgotadas rapidamente, assim como outros livros da série. Atualmente, a coleção tornou-se peça raríssima mesmo em sebos e livrarias peruanas.[107] Como procuramos mostrar acima, lembremos que até 1959 as obras de Mariátegui circulavam de modo limitado. Logo, a organização dessa antologia só poderia ser um grande feito, do ponto de vista da divulgação e difusão de Mariátegui.

Na apresentação do livro, com a qual Quijano devia concordar de maneira geral, o ensaísta espanhol associava a "investigação sociológica" de Mariátegui ao "método marxista". Contudo, afirma que a obra do Amauta não estava no panteão da corrente marxista ortodoxa. Afinal, o intelectual peruano não seguia o exemplo de Plekhanov ou de Lenin (são os nomes citados pelo autor), já que tinha sido nitidamente influenciado por Georges Sorel – pensador claramente ausente do cânone do "marxismo oficial" – ao assimilar de maneira *sui generis* a questão religiosa e "conclusões não inteiramente marxistas" ao socialismo. Tamanha "independência", segundo Scorza, superaria "o plágio ou a mera repetição que ilustra o analfabetismo de nossos 'sociólogos' e nossos 'marxistas', aprofundando o conhecimento de nós mesmos como povo, e incorporando o país numa cultura universal".[108] Assim, a antologia demarcava vozes discordantes dentro de um cenário em que a imagem oficial de Mariátegui perfilava-se na tradição de Marx-Lenin-Stalin.

---

[107] Dunia Gras, *Manuel Scorza y la internacionalización del mercado literario latinoamericano: del patronato del libro peruano a la organización continental de los festivales del libro (1956-1960)*. Disponível em: <http://www.cervantesvirtual.com/obra-visor/manuel-scorza-y-la-internacionalizacin-del-mercado-literario- latinoamericano-del-patronato-del-libro-peruano-a-la-organizacin-continental-de-los-festivales-del-libro- 19561960-0/html/02178f32-82b2-11df-acc7-002185ce6064_3.html>. Acesso em: 01/08/2017.

[108] Manuel Scorza, *Ensayos Escogidos de José Carlos Mariátegui*. Op. Cit., p. s/p.

Entre as décadas de 1930 e 1950, Mariátegui possui leitores, restritos, em sua maioria, a intelectuais e militantes políticos, os quais disputavam, desde então, seu legado político e ideológico. Foi somente após a morte do fundador do Partido *Socialista* Peruano que surgiu a expressão "mariateguismo" dentro do movimento comunista, não como um corpo doutrinal ou um ponto de partida para prolongá-lo, mas como um conjunto caótico de ideias que havia de se combater. Um mês depois da morte de Mariátegui, o nome da organização política da qual foi fundador foi transformado em Partido *Comunista* do Peru. Obedecidas as ordens da Internacional Comunista, o partido foi orientado a adotar a tática de "classe contra classe", aprovada no VI Congresso da Internacional Comunista em 1928. Assim, a dimensão internacional da revolução mundial, a posição decisiva dos camponeses-indígenas para a revolução peruana (e não apenas como simples "aliados" do proletariado), uma organização que deveria surgir do "desenvolvimento das classes populares" (e não um produto de decisão externa), o diálogo com a literatura dissidente do comunismo (surrealistas, Panait Istrati, Trotsky e Sorel) e com o pensamento "burguês" (Freud, Gobetti, Croce etc.) compunham um conjunto de posicionamentos e atitudes consideradas "desviantes" e "perigosas". No intuito de "bolchevizar" o partido, organizaram-se quadros de formação baseados em princípios escolásticos da "dialética-marxista"; opúsculos de Stalin começaram a circular na organização e a se tornar a principal referência de leitura na esquerda comunista ora baseada em células e quadros clandestinos.

Encerrada a fase de "liquidar o amautismo", levada a cabo na década de 1930 pelo então secretário geral do Partido Comunista Peruano Eudocio Ravines – além das críticas advindas de soviéticos como V. M. Miroshevski, que acusa Mariátegui de "populista", e G. Yakobson, de "liberal"[109] –, a mesma organiza-

[109] Ver José Aricó (org.). *Mariátegui y los orígenes del marxismo latinoamericano.* México: Pasado y Presente, 1978, p. XXIV e 55-70.

ção passou a reivindicá-lo na década seguinte. Jorge del Prado, secretário geral do partido, membro do parlamento peruano e opositor de Ravines (expulso do partido), demonstra a presença de Mariátegui como a de um "stalinista *avant la lettre*". Trata-se, então, de uma operação de recuperação da imagem mariateguiana como a de um "marxista-leninista-stalinista". Bem entendido, conforme variava a posição político-ideológica da União Soviética, variava também a condição ortodoxa que se atribuía a Mariátegui.[110]

Aníbal Quijano volta a discorrer sobre JCM apenas em 1979. Em pouco mais de duas décadas, muita água havia passado sob a ponte da recepção da obra mariateguiana. Havia se modificado a trajetória das ciências sociais latino-americanas, bem como o cenário político e social do continente e, finalmente, a própria trajetória intelectual do sociólogo peruano.

Durante a "época de ouro" das ciências sociais da América Latina, Quijano analisou a *especificidade* socioeconômica, política e cultural do Peru. Tal como Mariátegui já indicava na década de 1920, o Peru não poderia ser tratado como objeto de análise isolado, como se fosse condenado a seguir o modelo europeu. Aos olhos de AQ, fazia-se necessária uma alternativa teórica e metodológica à análise de crivo evolucionista e às análises estrutural-funcionalistas. De fato, ao mover-se "dentro da órbita da civilização ocidental",[111] o país andino tecia relações com o sistema capitalista internacional, mas dentro de uma simultaneidade de tempos históricos marcada pelo encontro entre tradições andinas e modernidade europeia. Adotando recursos heurísticos do marxismo crítico na investigação empírica, Quijano acabava por trazer o enfraquecimento da pers-

[110] David Sobrevilla, "La recepción de los 7 ensayos de Mariátegui en las ciencias sociales peruanas". In: *Escritos mariateguianos*. Lima: Universidad Inca Garcilaso de la Vega, p.165.
[111] Ver José Carlos Mariátegui, "Lo nacional y el exótico". In: *Mundial*. Lima, 29 de novembro de 1924, em PP, p. 25.

pectiva eurocêntrica nas ciências sociais. Em 1964, ele defende sua tese de doutorado *La emergencia del grupo Cholo en el Perú*, na Faculdad de Letras da UNMSM, e a partir de então inicia sua carreira de docente universitário na Faculdad de Ciencias Sociales da mesma instituição.[112]

Durante as décadas de 1960 e 1970, Quijano notabilizou-se com a sua produção intelectual sobre problemas de urbanização e "marginalização social" identificados pelo exame das condições de "integração da estrutura da sociedade global" de desenvolvimento histórico nas sociedades periféricas.[113] O caráter dependente da periferia surge, não como um "fator externo", "mas como fundamental na explicação de nossa história".[114] Não por acaso, Quijano identifica o novo intento da geração de cientistas sociais latino-americanos (como Rodolfo Stavenhagen, Fernando Henrique Cardoso, Francisco de Oliveira, José Nun, Ruy Mauro Marini, Pablo Gonzalez Casanova, Francisco Weffort etc.) ao distanciamento (e crítica) da ideia de "dualismo" e da teoria da "modernização",[115] vertentes amplamente difundidas no continente.[116] Muitos desses pesquisadores e docentes latinoamericanos que compunham a assim chamada "sociologia crítica" Quijano conheceu pessoalmente durante sua estadia no Chile por cinco anos (1966-1971), onde muitos

---

[112] Julio Mejía Navarrete, "El desarrollo de la sociología en el Perú: notas introductorias". In: *Sociologias*, Porto Alegre, v. 7, n. 14, 2005, p. 312.

[113] Ver Aníbal Quijano, "Notas sobre o conceito de marginalidade social". In: Luiz Pereira (org.), *Populações "marginais"*. São Paulo: Duas Cidades, 1978, p. 11-71.

[114] Aníbal Quijano, *Dependencia, cambio social y urbanización en Latinoamérica*. Santiago: CEPAL, 1967, p. 5.

[115] Aníbal Quijano, "La nueva heterogeneidad estructural de América Latina". In: *Hueso Humero*, Lima, n. 26, 1990, p.10.

[116] Para uma síntese de sua produção sobre dependência, marginalidade e urbanização durante seu exílio no Chile (1966-1971), ver Alexis Cortés, "Aníbal Quijano: marginalidad y urbanización dependiente en América Latina". In: *Polis*, Revista Latinoamericana. Santiago, CEDER, n. 46, 2017. Disponível em: <http://polis.revues.org/12348>. Acesso em: 30/07/2017.

deles encontravam-se dispersos em centros e/ou nas Universidades de Santiago e de Concepción. Assim, sua relação pessoal e intelectual constituída com esse seleto grupo credenciou sua própria trajetória acadêmica como sociólogo de alto impacto teórico e rigor intelectual. De certa forma, ele representava a vertente dependentista dos intelectuais peruanos, a qual teria significativa repercussão nas ciências sociais mundiais.[117]

No campo político nacional, com a ascensão e queda do regime das Forças Armadas do governo de Velasco Alvarado e uma reorganização da esquerda peruana (das mais institucionalizadas ao regime até as adeptas à ação guerrilheira), Quijano demarca suas posições em suas contribuições à revista *Sociedad y Política* (1972-1983). Foi diretor da revista enquanto esta esteve em atividade, num empreendimento que contou com o apoio de um pequeno grupo de intelectuais como César Germaná, Julio Cotler, Peri Paredes, Abraham Zebralos, Manuel Valladares, Mirko Lauer, Rodrigo Montoya, dentre outros. Com treze números editados, a revista foi, assim, uma iniciativa de intelectuais ligados à "nova esquerda" peruana, e teve, provavelmente, a maior duração como tribuna para o debate público no Peru.[118] Desde seu nascimento, o objetivo de *Sociedad y Política* era produzir uma reflexão crítica "da realidade a partir de dentro dela mesma, para descobrir seus fundamentos, características e tendências maiores do movimento", através da "teoria materialista da história".[119] Os ensaios produzidos na revista abordavam temas "quentes" da política, como os fracassos dos movimentos reformistas, especialmente o militar; a dinâmica do imperialismo e sua relação com o Estado; os problemas nas formações de

---

[117] Detalharemos as atividades institucionais de Aníbal Quijano no Chile em outro momento deste trabalho.

[118] Além dos treze números publicados entre 1972 e 1983, a revista publicou números especiais como um suplemento (*Sociedad y Política Suplemento*), em 1976 e dois números quinzenais (*Sociedad y Política Quincenal*), em 1978.

[119] "Editorial". In: *Sociedad y Política*. Lima, n. 8, 1980, p. 4.

esquerda e a relação entre socialismo e democracia; as perspectivas, tarefas e caminhos estratégicos da luta de classes considerados a partir de uma perspectiva organizacional.[120]

Durante setembro de 1973, Aníbal Quijano e Julio Cotler são deportados pelo governo de Velasco para o México, por se destacarem como intelectuais de esquerda cujas críticas eram as mais agudas contra o regime. Ao retornarem ao Peru, dois anos depois, fundam o Movimiento Revolucionario Socialista (MR-S).[121] É nesse momento que a revista/organização apoia (a) e participa da iniciativa de La Comunidad Urbana Autogestionaria de Villa El Salvador (CUAVES), uma proposta de "autogoverno comunal" entre 1973 e 1983, iniciada por uma ocupação de terras urbanas em 1971. Para Quijano, sua experiência como participante ativo no MRS teria sido "claramente" a de uma "democracia direta", na qual atos e decisões de representantes e autoridades no exercício de suas responsabilidades "estavam

---

[120] Os textos de Aníbal Quijano na revista *Sociedad y Política* foram: "Imperialismo y Capitalismo de Estado" (Lima, n. 1, 1972); "La 'vía chilena' dos años después" (Lima, n. 2, 1972); "Las nuevas perspectivas de la clase obrera en el Perú". (Lima, n. 3, 1973); "La actual coyuntura política y las tareas de la clase obrera en el Perú" (Lima, n. 4, 1973); "La 'segunda fase' de la 'revolución peruana'" (Lima, n. 5, 1975); "Frente popular antimperialista o frente de trabajadores?" (Lima, n. 6, 1976); 'Las nuevas condiciones de la lucha de clases en el Perú'. (Lima, n. 7, 1977); "Un agrio tipo fascista". (*Sociedad y Política Quincenal*, n. 1, 1978); "No una sino muchas Malvinas" (*Sociedad y Política Quincenal*, n. 2, 1978); "1980: Las condiciones del enfrentamiento". (Lima, n. 8, 1980); "Los usos de la democracia burguesa" (Lima, n. 10, 1980); "Poder y democracia en el socialismo" (Lima, n. 12, 1981). Além disso, os editoriais dos números da revista eram provavelmente redigidos por Quijano, pelo estilo da escrita e por ele exercer a maior função dentro da revista, ainda que possivelmente fossem discutidos em equipe.

[121] Uma interessante explicação do perfil político do MRS pode ser conferido em Rodrigo Montoya Rojas, "Aníbal Quijano: socialización del poder como cuestión central del socialismo", *Discursos del Sur* (UNMSM), Lima, 2019, pp. 55-75.

sujeitos ao controle direto dos membros da comunidade".[122] Ficava claro que organizações de tipo cooperativo e comunitário para produção, consumo e reprodução de bens materiais desfrutavam do entusiasmo teórico e político de Quijano, que então relembrava dos textos de Marx sobre a Comuna de Paris. Tal núcleo socialista autônomo não se justificava pela vinculação com a história indígena, nem pela expansão das identidades "étnicas" de origem indígena nas cidades. Na realidade, "uma proporção crescente da população não pode viver, nem sequer sobreviver, exclusivamente (...) sobre as bases das regras do mercado capitalista".[123] Assim, em 1980, *Sociedad y Política* emerge em uma viragem política. De uma "tribuna socialista independente", a revista torna pública sua vinculação à organização do MRS fundada em 1976. Embora a revista não se colocasse como "órgão teórico" do MRS, já que a "investigação e o debate teórico requerem um determinado nível de autonomia" e também porque nem todos os participantes do corpo editorial eram integrantes orgânicos do MRS, suas páginas seguiam, evidentemente, a linha política da organização da qual muitos deles eram dirigentes.[124]

No entanto, as relações entre marxismo, intelectuais e política sempre foram complexas e contraditórias. Em um balanço da geração peruana de 1968, Alberto Flores Galindo – que não por

---

[122] Aníbal Quijano, "¿Del 'polo marginal' a la 'economía alternativa'?" [1998]. In: *Cuestiones y horizontes: de la dependencia histórico-estructural a la colonialidad/descolonialidad del poder*. Buenos Aires: CLASCO, 2014. Para mais informações sobre a história da CUAVES, ver Vanessa Bocanegra. *A política urbana em bairros populares no Peru: limites e desafios para o desenvolvimento e a inclusão social*. Dissertação no Programa de Pós-Graduação em Planejamento Urbano e Regional. Universidade Federal do Rio de Janeiro, 2009, especialmente a primeira parte do capítulo III, p. 91-115.

[123] Idem, p. 231.

[124] "Editorial". In: *Sociedad y Política*. Lima, n. 8, 1980, p. 5.

acaso havia entrado em polêmicas com integrantes da *Sociedad y Política* – aprecia a trajetória de Quijano do seguinte modo:

> Aníbal Quijano, autor de um conjunto de estudos e monografia na qual se abordam os movimentos camponeses, a marginalidade, a dependência, a crise de 30, mas nas quais informações, acontecimentos e referências passavam a um segundo plano ofuscado pelos privilégios que uma prosa densa atribuía à reflexão teórica. Em algum momento, Quijano traçou a imagem que o país tinha de uma nova esquerda em um ensaio sobre a situação e as tendências da luta de classes. Depois de uma prolongada estadia no Chile, regressou para embarcar em uma aventura política. Terminou elaborando alguns dos desenvolvimentos mais audazes contra o autoritarismo militar e favorável a um projeto socialista, identificado com os produtores diretos. O fracasso do movimento político que tratou de estabelecer e a lenta agonia do grupo aglutinado em torno da revista *Sociedad y Política* mostraram que não era tão fácil descer dos enunciados abstratos à realidade imediata. Quijano já não é o analista da política nacional que era nos tempos de Velasco.[125]

É nesse contexto que AQ receberá o convite da editora venezuelana Biblioteca Ayacucho para escrever o prólogo de uma edição de *Siete ensayos de interpretación de la realidad peruana*. Criada em 1974, a editora, que recebia financiamento do Estado venezuelano, tinha como uma de suas iniciativas organizar um conjunto de escritos *clássicos* latino-americanos. Vale dizer que esse ambicioso projeto foi sugerido pelo crítico uruguaio Ángel Rama (1926-1983), que exercia a função de Diretor Literário da Biblioteca de Ayacucho. Infelizmente, não encontramos informações disponíveis sobre a preparação do volume de Mariátegui. No entanto, é possível fazer o registro da preparação geral desse empreendimento. A coleção incorporou uma seção do Brasil no catálogo da Biblioteca Ayacucho, com assessoramento de Antonio Candido e Darcy Ribeiro, preenchendo, assim, uma lacuna significativa ante a histórica ausência da cultura brasilei-

---

125 Alberto Flores Galindo, "Generación del 68: ilusión y realidad" [1987]. In: *Obras Completas*. VI. Lima: Casa del Estudio del Socialismo, 2007, p. 221.

ra nas coleções bibliográficas hispano-americanas.[126] Em uma carta a Darcy de março de 1976, Rama fornece elementos que mostram o planejamento do empreendimento.

> Cada volume vai ter uma cronologia em três colunas: autor e obra; seu país e América Latina, pol[ítica], econ[omia,] cultura; o mundo circundante e influente no mesmo período. Há variantes (alguns começam com o nascimento do autor, outros com sua primeira obra ou seus estudos) e certamente a recopilação de dados sobre A[mérica] Latina e Mundo externo; observa-se, em cada caso, a vocação do autor (se for romancista, a tendemos à literatura; se for um sociólogo, às ciências humanas, *and so on*).[127]

A apresentação do texto ficava por conta de um "destacado especialista". A rigor, contudo, Quijano não tinha o perfil de autoridade sobre a obra de Mariátegui; provavelmente, ele fora convidado pelo prestígio que sua produção sociológica apresentava naquele momento, e também por ter organizado uma coletânea sobre Mariátegui na década de 1950. Hipoteticamente, ainda podemos aventar a combinação de uma eventualidade, pois durante o biênio de 1976-1977 – momento em que a Biblioteca Ayacucho iniciava seus trabalhos e convites – Quijano ocupava o posto de

[126] Pablo Rocca, "Ser (ou torna-se) latino-americano: sobre o diálogo entre Darcy Ribeiro e Ángel Rama". In: Haydée Ribeiro Coelho e Pablo Rocca (orgs.). *Diálogos latino-americanos*. São Paulo: Global, 2015, p. 53. Ver também Haydée Ribeiro Coelho, "O Brasil na 'Biblioteca Ayacucho': vertente literária e cultural". In: *O Eixo e a Roda*, FALE/UFMG, v. 18, n. 2, 2009, p. 85-103.

[127] Ángel Rama, "Carta a Darcy Ribeiro, 12 de março de 1976". In: Haydée Ribeiro Coelho e Pablo Rocca (orgs.), *Diálogos latino-americanos*. Op. cit., p. 70. Além disso, os responsáveis pela redação dos prólogos e os organizadores da cronologia foram remunerados pelo trabalho proposto. No caso de Darcy Ribeiro, que redigiu um prólogo para *Casa Grande & Senzala* e organizou a cronologia da vida e obra de Gilberto Freire, enviou-se um cheque de mil e quinhentos dólares para cobrir todo o trabalho realizado. Ao mesmo tempo, essas informações dão mostra de que um empreendimento editorial dessa envergadura seria impossível sem o financiamento do Estado venezuelano.

professor-pesquisador visitante da Escuela de Sociología, Facultad de Economía y Ciencias Sociales e do Centro de Estudios del Desarrollo (CENDES), ambos na Universidad Central de Venezuela.

O livro foi impresso em setembro de 1979, e o prólogo de Quijano ultrapassava cem páginas. As notas, cronologia e bibliografia ficaram a cargo da pesquisadora estadunidense Elizabeth Garrels.[128] O volume venezuelano de número sessenta e nove seguia a edição da Biblioteca Amauta de 1968, preparada especialmente por ocasião do quadragésimo aniversário do livro. No prólogo, o sociólogo peruano tecia considerações sobre a trajetória e a obra de Mariátegui, e apresentava uma análise sobre o contexto econômico, político e ideológico das primeiras décadas do século XX no Peru. Todavia, o ponto nevrálgico do trabalho de Quijano consistia em descortinar a correspondência entre Mariátegui e as classes subalternas. Em outras palavras, a trajetória de JCM iniciava-se simultaneamente à ascensão do movimento proletário urbano no Peru. Assim, o marxismo de Mariátegui explicar-se-ia pelo nascimento da classe operária e pelo desenvolvimento de sua consciência. Pelo caráter didático que ostentava, revestido de uma linguagem "leve" e acessível, o prólogo dirigia-se para um público mais amplo de estudantes de ciências humanas. Provavelmente por levar essa marca de abertura e pela rede de contatos que Quijano havia construído, optou-se por publicá-lo também como livro independente pela editora peruana Mosca Azul, em 1981, republicado pela editora mexicana ERA, em 1982.[129] A difusão do trabalho de Quijano ganhava, assim, uma circulação continental consistente e, associado ao nome de Mariátegui, tornava-se uma referência que permanece até os dias atuais.

---

[128] José Carlos Mariátegui, *Siete ensayos de interpretación de la realidad peruana*. Caracas: Biblioteca Ayacucho, 1979 (Notas, cronologia e bibliografia de Elizabeth Garrels).

[129] Aníbal Quijano, *Reencuentro y debate: una introducción a Mariátegui*. Lima: Mosca Azul/CEIS, 1982. É pela edição peruana que trabalharemos o conteúdo do prólogo.

Além do contexto editorial, apresentemos o contexto bibliográfico em que os *Sete Ensaios* da Biblioteca Ayacucho vêm a público. Os estudos e debates "mariateguianos" haviam mudado radicalmente desde 1959, tanto em termos de difusão quanto de recepção, época em que o jovem Quijano publicara, como organizador, sua antologia de Mariátegui. Como foi apresentado no item anterior, ainda que não se tivesse publicado a totalidade da produção de Mariátegui (faltavam, por exemplo, os textos da "idade da pedra"), era possível acessar com facilidade o conjunto dos principais textos do intelectual peruano durante a década de 1970, momento em que as *Ediciones Populares* eram regularmente reeditadas. Logo, por que mais uma edição de *Siete Ensayos*?

A década de 1970 era também um momento de datas simbólicas, próprias para homenagens ao "fundador do marxismo peruano", o que indica a astúcia dos editores da Biblioteca Ayacucho. Em 1978, a obra-prima *Siete ensayos* completava cinquenta anos. Até aquele momento, era o livro mais lido do país, convertido em manual universitário e texto escolar, atingindo a marca de 44 edições (sendo 22 "edições populares"), com venda anual de 17 mil exemplares apenas no Peru.[130] Em países das Américas, tinha edições no Chile, Cuba, Uruguai, México, Brasil e Estados Unidos (conforme o quadro 1.1). Dois anos depois, completar-se-iam cinquenta anos da morte do Amauta, com novo motivo para a partilha acadêmica de seu legado. Navegando a favor dos ventos, a empreitada da Biblioteca Ayacucho logrou construir canais de difusão por todo o continente, fazendo-se superar os demais empreendimentos editoriais de países que também editariam a *opus magnum* de Mariátegui.

Quadro 1.1. Publicação de *Siete ensayos de interpretación de la realidad peruana* nas Américas

[130] Julio Cesar Mariátegui, "Mariátegui: los años de aprendizaje" (entrevista de Julio Cesar Mariátegui por César Levano). In: *Caretas*, Lima, n. 475, 24.04.1973, p.32. Pasta José Carlos Mariátegui – A1047. Casa de las Américas, Havana (Cuba).

País	Ano	Editora	Prólogo	Outras informações
Chile	1955	Ed. Universitaria	Guillermo Rouillon	Coleção América Nuestra, dirigida por Clodomiro Almeyda
Cuba	1963, 1969, 1973	Casa de las Americas (Havana)	Francisco Baeza	Coleção Literatura Latino-americana
México	1969	Ediciones Solidariedad	Francisco Martínez de la Vega: "Mariátegui: un voto contra el pasado"	Não tem
Uruguai	1970	Biblioteca de "Marcha"	Não tem	Coleção teoria e práxis
EUA	1971, 1974, 1988	University of Texas Press (Texas)	Jorge Basadre	Tradução: Marjory Urquidi Coleção Texas Pan American
Brasil	1975	Editorial Alfa Ômega (São Paulo)	Florestan Fernandes	Coleção Esta América. Tradutores: Salvador Obiol e Caetano Lagrasta
México	1979	Serie Popular de ERA (D. F.)	Não tem	Não tem
Venezuela	1979	Biblioteca Ayacucho (Caracas)	Aníbal Quijano	Notas e cronologia por Elizabeth Garrels

Não obstante o prólogo/livro de Quijano tivesse um caráter exordial e pedagógico – o que representa um verdadeiro trunfo, levando-se em conta a linguagem hermética do autor –, suas ideias estavam distantes de qualquer neutralidade para com a obra de Mariátegui. Em meio ao emaranhado espaço de disputas do legado do Amauta no campo político e ideológico do Peru, Quijano toma posição como diretor de *Sociedad y Política* e militante da MRS. Assim como para várias vertentes da esquerda, é também a imagem de um "político revolucionário" que o sociólogo peruano procura ver em Mariátegui, crítico da tradição caudilhista latino-americana, da velha política criolla (representada pela APRA) e das versões economicistas do marxismo (representado pelo PCP). Portanto, com forte conotação política, ideológica e programática, Quijano destaca o significado de refletir sobre Mariátegui naquele momento vivido no Peru, e reconhece nele o personagem principal do surgimento das primeiras organizações políticas e sociais no país.

> No âmbito peruano é, acima de tudo, o testemunho irrecusável do reencontro, cada dia mais profundo, depois de várias décadas, entre o movimento revolucionário, de um proletariado que avança à conquista de sua maturidade política e à direção de lutas dos demais explorados peruanos, e a memória do homem [de Mariátegui] a quem deve a contribuição central do nascimento de suas primeiras organizações sindicais e políticas nacionais, e da ainda fecunda matriz de uma teoria e de uma orientação estratégica revolucionária na sociedade peruana.[131]

Ademais, o sociólogo peruano entendia o resgate de Mariátegui (assim como o de Gramsci e o de Rosa Luxemburgo) como exemplo de oxigenação teórica frente às ortodoxias constituídas, e como uma "oportunidade histórica" aos marxistas latino-americanos de recuperar a produção intelectual de JCM fora do cânone ocidental-europeu.

> No plano internacional, europeu em particular, o interesse atual por Mariátegui parte, de alguma forma, do ativo processo de revitalização da investigação e da reflexão marxista, na luta por cancelar plenamente o longo período de enclausuramento e rigidez burocrática. Para reencontrar (...) as bases genuínas da vitalidade

[131] Aníbal Quijano, *Reencuentro y debate: una introducción a Mariátegui*. Op. Cit., p. 9.

> revolucionária do marxismo na própria obra de seus criadores e no resgate das contribuições dadas, como Rosa Luxemburgo ou Gramsci, foram relegados, durante esse período, a uma discreta penumbra mistificadora de sua herança teórica. Nesse processo, é inevitável reconhecer, atualmente, acima das fronteiras eurocêntricas que têm construído o pensamento marxista ocidental, a contribuição criadora e vivificante dos revolucionários não-europeus no desenvolvimento do pensamento marxista (...). Na América Latina, Mariátegui ocupa um lugar elevado.[132]

Segundo Quijano, esse reencontro entre o legado mariateguiano e o movimento político e social peruano foi marcado pela "mitificação de seu pensamento e ação política". A tentativa do autor é, portanto, "desmistificar" Mariátegui, ainda que reconhecesse a eficácia ideológica de todos os vieses da mistificação. Afinal, "todo reencontro, em plena luta, é um debate, não uma canonização".[133] Para Quijano, a mistificação estava plasmada em cinco facetas da política do Peru: 1) "reformistas socializantes", entre as camadas médias intelectuais e "adversários" do marxismo; 2) nacionalistas, como o "velasquismo", que incorporou o vocabulário mariateguiano a seus discursos oficiais em busca de legitimação de seu regime "original"; 3) "democrático-burguesas", como a APRA, que renunciava a seu "radicalismo nacionalista" a partir da década de 1950, e começava a legitimar-se através de uma recuperação de Mariátegui; 4) movimento comunista e seus porta-vozes fiéis à direção de Moscou, que se apropriaram de Mariátegui como o teórico da "revolução em duas etapas", uma democrático-burguesa e outra socialista; e 5) trotskistas peruanos que entraram em polêmica com Mariátegui, qualificando-o como um aprista e "nacionalista hostil ao marxismo.[134]

Não por coincidência, o editorial de *Sociedad y Política* do ano de 1980 e o artigo de Quijano publicado no mesmo número anunciavam a filiação da revista ao MRS, embora criticassem as

[132] Idem, p. 10.
[133] Idem, p. 11.
[134] Idem, p. 54, 55, 56, 57.

demais organizações políticas que se apropriavam de Mariátegui.[135] Isto levava Quijano a discussões eventualmente abstratas, quiçá verborrágicas, sem pôr em questão se sua própria revista não passava, então, a exercer o monopólio da "verdade" sobre a obra mariateguiana. Quando assume a pena como arma, o autor está longe de indagar, portanto, se os instrumentais teóricos trabalhados em *Sociedad y Política* eram compatíveis com a realidade histórica concreta que sua revista pretendia explicar e na qual ele esperava atuar mediante o MRS. Seja como for, as apropriações de Mariátegui no escaldante debate político peruano da década de 1970 eram, segundo Quijano, meios convenientes para entender o próprio processo pelo qual atravessava a esquerda, por "mistificadoras" que fossem. O que não deixa de ser uma posição paradoxal.

Como se pode claramente suspeitar, a construção de um panorama geral dos nexos entre Mariátegui e as classes sociais peruanas encontra limites na abordagem de Quijano. Na tentativa de se distanciar e principalmente criticar versões "comunistas", "apristas", "nacionalistas" etc., Quijano também construía uma versão de Mariátegui, em acordo com suas próprias necessidades. Por mais que tenha obtido sucesso no reconhecimento de um Mariátegui heterodoxo e tenha atingido um público latino-americano suscetível à adesão unilateral a um dos muitos

---

[135] "Somente assim tem pleno sentido o 'nem calco nem cópia' postulado por Mariátegui, para além de seu uso oportunista na boca de seus próprios inimigos de classe, como os velasquistas. E somente no andar deste caminho não seriam necessárias as muletas ideológicas que neste momento voltam a utilizar certas correntes que, no entanto, autodenominam-se socialistas, emboscam-se como 'esquerda nacional' ajudando a confusão que provém do terrorismo ideológico das classes médias nacionalistas-capitalistas, segundo a velha tradição aprista e sua revivescência inocultável nos restos do velasquismo que se rebatizam de socialistas". "Editorial". In: *Sociedad y Política*. Lima, n. 8, 1980, p. 4; e Aníbal Quijano, "1980: las condiciones del enfrentamiento". In: *Sociedad y Política*. Lima, n. 8, 1980, pp. 6-16.

Mariáteguis, seu trabalho é, contudo, indissociável de polêmicas privadas contra a APRA, o nacionalismo, o velasquismo, o leninismo, o trotskismo e assim por diante.

No âmbito filosófico e histórico, Quijano também realizaria incursões sobre o pensamento de JCM. Em primeiro lugar, ele explora a tensão entre uma concepção do marxismo como teoria da sociedade e como filosofia da história concebida por outras vertentes filosóficas que, segundo Mariátegui, podiam contribuir para a permanência da vontade da "ação revolucionária". Em segundo lugar, trata da centralidade da vontade individual como fundamento da "ação histórica" e da necessidade da fé para a restauração de uma "moral humana" despojada dos fundamentos da "consciência burguesa".[136]

Quanto ao primeiro problema, a tensão teórica entre a concepção marxista da sociedade e uma metafísica da história, segundo Quijano, não deve ser respondida com base nos aspectos psicológicos e subjetivos do autor. As pistas para responder a essa questão estariam presentes em *Defensa del marxismo*, particularmente na polêmica aberta com o livro *Au-delà du marxisme* do belga Henri de Man. Em todo caso, a Quijano parece claro que Mariátegui coloca efetivamente "o problema da necessidade de uma filosofia da história para completar a obra de Marx".[137] Se a resposta não emerge dos próprios textos marxianos, é "um curioso amálgama de tendências filosóficas, todas não somente distantes se não opostas ao marxismo", que configura uma filosofia da história que, garante Mariátegui, não "contradiz o marxismo".

Para marcar sua posição, Quijano aborda duas interpretações sobre a tensão entre marxismo e metafísica em Mariátegui, o livro *Los orígenes del pensamiento marxista en Latinoamérica*, do colombiano Francisco Posada, e o artigo "Mariátegui: un 'sorelismo' am-

---

[136] Aníbal Quijano, *Reencuentro y debate: una introducción a Mariátegui.* Op. Cit., p. 64.
[137] Idem, p. 66.

bíguo", do francês Robert Paris. O colombiano assevera que o marxismo de Mariátegui é fruto exclusivo de confrontação, de maneira a desqualificar, desse modo, seu valor enquanto ciência e "prática teórica". Em contrapartida, Quijano assinala uma "infecção althusseriana" no trabalho de Posada, contra a qual faz uma distinção entre "prática teórica" e "prática política" como questões nitidamente separadas, e não dois momentos de uma mesma prática. Robert Paris, por outro lado, identifica em Mariátegui uma "tentativa de espiritualização do marxismo". Quijano insiste que nos ensaios de *Defensa* a preocupação com o problema do materialismo e do determinismo está no terreno ético-filosófico (ou ainda, "ético-metafísico").[138] Assim, Mariátegui não abordaria a dialética materialista enquanto questão epistemológica e metodológica, de forma que, nesse aspecto, ela estaria inteiramente ausente de *Defensa*.

Quanto à segunda questão levantada por Quijano, acerca do problema da "ação humana" e em particular da "ação revolucionária", Mariátegui teria como objetivo, segundo o autor, driblar o "passivo determinismo" e reforçar o "voluntarismo político". Tais características viriam de leituras de Nietzsche, especialmente pela ideia de "super-homem", que em Mariátegui seria associada à vida como "aventura" "perigosa", "heroica", e ao homem como "animal metafísico". Ideias tais como a importância do mito e da fé como ações de transformação são construídas em contraposição a duas correntes filosóficas que Mariátegui enfrentava: de um lado, o positivismo e o cientificismo; de outro, o ceticismo niilista da "alma desencantada". A conclusão de Quijano é que há uma espécie de "dualidade" na formação intelectual de Mariátegui, entre uma concepção marxista como método de interpretação e de ação, e uma filosofia da história que não nega sua verve metafísica e religiosa.

Entre defesas e polêmicas, cumpre observar que o prefácio aos *Siete Ensayos* para a Biblioteca Ayacucho na Venezuela, republicado em livro no México e no Peru, foi um dos em-

[138] Idem, p. 65 e 68.

preendimentos mais bem-sucedidos de difusão continental do pensamento de Mariátegui. O Amauta heterodoxo que nele é retratado torna-se referência nos "estudos mariateguianos", e forma uníssono com a apreciação de certos intelectuais exilados no México na mesma década de 1970.

III. Exílios no México: cruzamentos entre Gramsci e Mariátegui

As publicações do intelectual peruano feitas por editoras mexicanas alcançaram recepção calorosa. Em 1937, apenas sete anos após a morte de Mariátegui, foi publicada uma das primeiras antologias com textos do autor, editada pela Universidade Nacional sob os cuidados de Manuel Moreno Sánchez.[139] Selecionadas e apresentadas pelo escritor e diplomata equatoriano Benjamín Carrión (1897-1997), editadas pela Secretaria de Educação Pública do México, outras duas antologias, *Antología de José Carlos Mariátegui* (1966) e *Mariátegui, el precursor, el anticipador, el suscitador* (1976), com três mil e sete mil exemplares respectivamente, foram distribuídas nas escolas e universidades mexicanas.

A primeira edição mexicana dos *Siete Ensayos* ocorreu por iniciativa do Sindicato de Trabalhadores Eletricistas da República Mexicana, publicada em 1969 com prólogo do escritor Francisco Martínez de la Vega e com tiragem de três mil exemplares. Uma segunda edição do livro foi publicada pela Editora Era em 1979, em sua *serie popular*, com tiragem de sete mil exemplares. Há ainda uma terceira edição mexicana publicada em 1990 pelas Ediciones Quinto Sol.

Nos anos 1970, duas coletâneas são editadas: *El proletariado y su organización* (1970), na *Colección 70* da editora Grijalbo, e *Obra política* (1979), pela Editora Era, com prólogo, seleção e

[139] A "introdução" de Moreno Sánchez foi incluída na *Ediciones Populares de las Obras Completas* de JCM em *Mariátegui y su tiempo*. Lima: Amauta, 1970 (v. 20).

notas de Rubén Jiménez Ricárdez, que participou do conselho editorial da revista *Cuadernos Políticos* e, na década de 1980, ocupou o posto de professor de Ciências Políticas no Colegio de Ciencias y Humanidades, *campus* Oriente, da Unam.[140] Outros livros de textos de Mariátegui sobre a Revolução Mexicana ainda seriam editados no país asteca.[141]

Sobre os usos de Mariátegui no México, recordemos, por exemplo, de Pablo González Casanova quando publica *La democracia en México*,[142] de Pablo González Casanova, cuja recepção foi muito ampla e favorável. Combinando análise política e rigor científico na articulação entre teoria e pesquisa empírica, Casanova concebia uma das noções dotadas de maior ressonância nas ciências sociais latino-americanas, o "colonialismo interno", definida como um conjunto de relações econômicas, políticas e culturais que caracterizam, mantêm e desenvolvem desigualdades e desequilíbrios internos em sociedades periféricas. O "caudilho da sociologia mexicana"[143] viria a sistematizar tal noção em *Sociolo-*

---

[140] Todas essas informações foram retiradas do texto de Javier Mariátegui Chiappe, "Presencia de Mariátegui en México". In: *José Carlos Mariátegui: formación, contexto e influencia de un pensamiento*. Lima: Universidad Ricardo Palma, 2012, p. 104-105; e Ricardo Luna Vegas, *Historia y trascendencia de las cartas de Mariátegui*. Lima: s. ed., 1985, p. 69 e 70.

[141] O fascículo *José Carlos Mariátegui y la revolución*, publicado pelo Partido Revolucionario Institucional (PRI) na série *materiales de cultura y divulgación política latinoamericana*, em 1974, e *La Revolución Mexicana ante el pensamiento de José Carlos Mariátegui*, da editora Estado de Tabasco, de 1980. Para uma análise dos textos de Mariátegui acerca da Revolução Mexicana, ver Luiz Bernardo Pericás, "José Carlos Mariátegui e o México". In: *Margem Esquerda*, São Paulo, Boitempo, n. 15, 2011, p. 113-142.

[142] Pablo González Casanova, *La Democracia en Mexico*. [1965]. México: Era, 1975.

[143] Alejandro Blanco; Luiz Carlos Jackson, "O caudilho da sociologia mexicana: Pablo González Casanova e *A democracia no México*". In: *Tempo Social*, Revista de Sociologia da USP. São Paulo, v. 28, n. 3, 2016, pp. 117- 143.

gía de la explotación, de 1969, especialmente por meio de uma análise econômico-social. Como o colonialismo interno tornou-se moeda corrente no campo das ciências sociais latino-americanas, apropriada para diversas finalidades científicas e ideológicas, o sociólogo mexicano retrabalhou seu conceito e ampliou seu alcance. Transcorridos mais de trinta anos, já no início do século XXI, ele ainda exporia as origens teóricas da afamada noção em um novo ensaio. Para Casanova, uma das influências decisivas na formulação da noção seria a de José Carlos Mariátegui, em sua posição *sui generis* no campo do debate marxista, e sua defesa da centralidade da "questão indígena" na luta social.

> José Carlos Mariátegui (...) colocou os povos indígenas no centro da problemática nacional. A originalidade de sua reflexão e a dificuldade de reconhecê-la percebe-se melhor se se coloca o problema das etnias entre os problemas centrais da humanidade. A ideia resulta politicamente chocante e epistemologicamente desdenhável. Para a maior parte das forças dominantes no Peru e no mundo, os problemas dos índios, das minorias, das etnias são problemas "particularistas", não universais. A concepção sobre o tema de Mariátegui pouco tem a ver com boa parte da esquerda de ontem e de hoje, para as quais os índios e as etnias submetidas "não são vistas", não existem como atores nem na problemática da luta de classes nem na luta nacional contra o imperialismo, nem no projeto de uma revolução democrática e socialista. Para este autor, é impossível que uma política no Peru não tenha como principal referente os povos indígenas.[144]

Ele continua:

> Em Mariátegui os espaços sociais e as particularidades da luta de classes e de libertação apareceram com relação a um determinado país, a um determinado Estado-Nação, sem que esse autor precisasse os diferentes espaços de dominação e exploração no país

---

[144] Pablo González Casanova, "Colonialismo interno (uma redefinição)". In: Atilio Boron, Javier Amadeo e Sabrina González (orgs.). *A teoria marxista hoje: problemas e perspectivas*. Buenos Aires: CLACSO, 2007, p. 405-406.

> nem as categorias coletivas distintas que podiam e deviam integrar-se ou associar-se à classe trabalhadora e suas frentes de luta.[145]

Nota-se, portanto, que Pablo González Casanova é exemplo de um grupo mais amplo de cientistas sociais (no qual podemos incluir seu conterrâneo, o sociólogo Rodolfo Stavenhagen) que, a partir de meados da década de 1960, provocaram profundos questionamentos na teoria social latino-americana, em especial na batizada "teoria da modernização", recolocando-a em outro patamar teórico. Tais cientistas sociais alimentaram-se de tradições e autores que procuravam a especificidade e as contradições históricas de seu país, à distância de dualidades tradicionais (arcaico e moderno, rural e urbano etc.) e com forte rejeição ao argumento eurocêntrico de que todas as sociedades passariam por um conjunto definido de etapas num mesmo processo que culminaria na modernidade. Por outro lado, González Casanova ainda se diferenciava dos sociólogos do Cone Sul (com exceção da América Andina), pois incorporava a questão indígena a suas reflexões sociológicas sobre as dinâmicas das classes sociais no México.

Havia também um setor da intelectualidade latino-americana de esquerda que se encontrava exilado no México durante a década de 1970, e que fez leituras de José Carlos Mariátegui marcadas por revistas de intervenção política, jornadas de discussão acadêmica e produção de livros.[146] Nessa fornada de intelectuais destaca-se o argentino José Aricó, por sua importância como difusor e intérprete dos estudos mariateguianos na América Latina. Antes disso, contudo, desde 1947, o jovem

[145] Idem, p. 406.

[146] Para uma interessante análise comparativa entre os argentinos José Aricó e Oscar Terán (1938-2008) e o boliviano René Zavaleta Mercado (1937-1984), a partir de suas respectivas leituras de Mariátegui com enfoque socialista no problema da nação, ver Diego Martín Giller, "Marxismo y nación: Mariátegui en el exilio latinoamericano en México". In: *De Raíz Diversa*, México, UNAM, v. 3, n. 6, 2016, p. 137-156.

militante do Partido Comunista Argentino (PCA) José Aricó exerceu, ao lado do intelectual Héctor Agosti, membro do grupo dirigente do partido, um importante papel de difusor do pensamento de Antonio Gramsci. Na realidade, sua recepção de Gramsci corresponde à primeira tentativa efetiva de inserção do pensamento do marxista sardo na cultura política latino-americana.[147] Junto a outros jovens comunistas argentinos, dentre eles Juan Portantiero, Aricó edita a heterodoxa revista *Pasado y Presente*, por meio da qual iniciam a polêmica com o PCA que culmina em sua exclusão da organização em 1963.[148]

Em sua estada no México entre 1976 e 1983, quando as condições políticas e culturais eram-lhe mais favoráveis para o trabalho intelectual, Aricó torna-se diretor da coleção *Cuadernos de Pasado y Presente* (empreendimento que já havia funcionado em Córdoba e Buenos Aires) e dirige a *Biblioteca del Pensamiento Socialista* da Editorial Siglo XXI. É o momento em que o intelectual argentino aprofunda sua reflexão sobre a singularidade histórica e cultural do continente e constitui redes de contatos com diversos intelectuais mexicanos e estrangeiros – redes que serão importantes para a publicação em castelhano dos trabalhos de Michael Löwy durante a década de 1970.[149] Um registro de sua influência como editor e produtor de ideias marxistas na América Latina depreende-se do fato de que Aricó fez parte do seleto grupo de colaboradores dos volumes de *Storia del marxismo* (1978-1982), dirigida por Eric Hobsbawm e publicada pela editora turinense Einaudi.[150]

---

[147] Marcos del Roio, "Nota sobre a trajetória de Gramsci na América Latina". In: *Crítica Marxista*, São Paulo, n. 33, 2011, p. 127.

[148] Para uma análise da trajetória intelectual, política e editorial de José Aricó ver Martín Cortés, *Un nuevo marxismo para América Latina. José Aricó: traductor, editor, intelectual.* Buenos Aires: Siglo XXI, 2015.

[149] Para mais detalhes, ver o último capítulo deste livro.

[150] José Aricó, "Il marxismo latinoamericano negli anni della III Internazionale". In: Eric Hobsbawm (org.), *Storia del marxismo: il marxismo nell'età della Terza Internazionale, t. II: Della crisi del '29 al*

A propósito de Mariátegui, Aricó realizou inúmeros empreendimentos intelectuais: em 1978, editou, compilou e introduziu *Mariátegui y los orígenes del marxismo latinoamericano*; em 1979, participou de uma mesa-redonda intitulada "Mariátegui y la revolución peruana", organizada pelo Comité de Solidaridad y Apoyo con el Pueblo Peruano (COSAPP) e pela Universidad Autónoma de Chapingo, como parte da "Jornada de Solidaridad con el Pueblo Peruano"; coordenou com Oscar Terán um dossiê dedicado ao pensamento de Mariátegui para o número 4-5 da revista *Buelna* da Universidad Autónoma de Sinaloa; organizou o Colóquio Internacional "José Carlos Mariátegui y la Revolución Latinoamericana", em 1980, considerado por muitos pesquisadores como verdadeiro marco dos estudos mariateguianos, no qual se reuniram os principais estudiosos latino-americanos e europeus dos anos setenta.[151]

Esse interesse sistemático por Mariátegui responde à derrota do movimento popular argentino que desencadeia a ditadura civil-militar no país (1976-1983) e, em um plano geral, a um contexto de crise das esquerdas dos países do Cone Sul. Dentro desse cenário, o trabalho de Aricó acerca do intelectual peruano reflete

XX Congreso. Turim: Einaudi, 1981. No Brasil, a editora Paz e Terra publicou em 1985 a coleção dirigida por Hobsbawm em doze volumes.

[151] A importância do Colóquio não se devia apenas à homenagem aos cinquenta anos da morte de Mariátegui. Na realidade, além de existir uma atmosfera política propícia para o renascimento do pensamento do teórico peruano naquela época – muitos dos participantes eram perseguidos e exilados pelas ditaduras latino-americanas –, o congresso representou, segundo a socióloga argentina Fernanda Beigel, "uma reconversão temática que abriu um novo caminho nas investigações mariateguianas". Fernanda Beigel, *El itinerario y la brújula*. Op. cit., p. 17. O colóquio também contou com a presença de Robert Paris, César Germana, Antonio Melis, Alberto Flores Galindo, Carlos Franco, Ricardo Melgar Bao, Diego Messeger, Salvatore Sechi, José Sazbón, Harry Vanden, Rodolfo Klien, Manuel Claps, Alberto Tauro Pinto, Miguel Alza Araujo, Guilhermo Castro, Eugenia Scarzanella, Tomás Escajadillo, Rafael Moreno, Gerardo Pelaez, Gerardo Mario Goloboff etc.

a necessidade de mobilizar Mariátegui *a partir da derrota*, em circunstâncias políticas e culturais que abriram processos de crítica e autocrítica do discurso tradicional da esquerda marxista. Como assinala Martín Cortés, foi "procurando reconstruir a rica história do socialismo latino-americano com o objetivo de reabilitar pensamentos produtivos e pouco trabalhados, como modo de conjurar os infortúnios políticos imediatamente prévios", que se assentava a leitura de Aricó sobre Mariátegui.[152]

Assim, ao "continentalizar" suas preocupações argentinas, Aricó aposta na reflexão sobre a originalidade marxista latino-americana no contexto sombrio das ditaduras militares. Essa aposta se revela em um testemunho de seu amigo de exílio, o argentino Oscar Terán (1938-2008), que compartilhou com Aricó, diversas atividades intelectuais e políticas:

> Eu o conheci, pois, em *tempos de derrota*, e ainda assim Aricó não se sentia derrotado, pelo menos não na medida em que quase o provocavam a aceitar o dilaceramento do fracasso. Eram, ao mesmo tempo, anos de marxismo tardio e florescente: os congressos e simpósios aconteciam, mas já era visível sua crise no horizonte. Quando esta finalmente explodiu aos olhos de todo o mundo, Pancho [Aricó] persistiu em inventar esse marxismo que havia decidido se identificar com tudo do que de bom e verdadeiro poderia existir sob o sol: Gramsci, Mariátegui, algum Marx da comuna rural russa... tudo isso lhe servia para manter seu obstinado – e ao mesmo tempo – aberto marxismo.[153]

O trabalho mais significativo de Aricó para a difusão da obra mariateguiana foi o volume *Mariátegui y los orígenes del marxismo latinoamericano*. Trata-se de um verdadeiro marco – veremos adiante – para as novas gerações de pesquisadores que,

---

[152] Martín Cortés, "Mariátegui, una 'lección de método': la perspectiva latino-americana del marxismo de José Aricó". In: *Mariátegui en el siglo XXI*, Op. cit., p. 144.

[153] Oscar Terán, "Fulguraciones". In: *La Ciudad Futura. Revista de Cultura Socialista*. Buenos Aires, n. 30-31, 1992, p. 29, grifos nossos.

a partir dele, tiveram acesso a textos polêmicos fundamentais, praticamente indisponíveis até então. Haja vista a relevância histórica dessa coletânea, cuja introdução alinha Aricó às principais interpretações de Mariátegui na década de 1970, é imprescindível que passemos em revista alguns dos componentes que estruturam a intencionalidade do organizador.

Em sua introdução, Aricó situa-se plenamente dentro da "crise do movimento socialista" da década de 1970, e a partir dessa situação reconhece a necessidade de que intelectuais engajados devotem-se a um balanço crítico sobre teoria e práxis. Essa primorosa introdução não apenas apresenta um levantamento cuidadoso das discussões políticas sobre a herança mariateguiana, como também valoriza em Mariátegui a "autonomia" de um marxismo distante da "ortodoxia marxista-leninista". Com efeito, na linhagem de pensadores "marxistas heterodoxos", Mariátegui "pertence à estirpe das *rara avis* que, em uma etapa difícil e de cristalização dogmática da história do movimento operário e socialista mundial, esforçaram-se por estabelecer uma relação inédita e original com a realidade".[154] Nas palavras do intelectual argentino:

> Se Mariátegui conseguiu fornecer uma interpretação tendencialmente antieconomista e antidogmática da doutrina de Marx, numa época em que tentar isso nas fileiras comunistas era teoricamente inconcebível e politicamente perigoso, tal feito foi possível por uma dupla situação que ajuda em parte a nos explicar como pode ter surgido no Peru um marxismo renovado.[155]

Como outros tantos ilustres receptores de Mariátegui na década de 1970, o intelectual argentino também sugere que a formação marxista de JCM assentava-se *fora* do movimento comunista e da Terceira Internacional, e que o movimento socialista perua-

---

[154] José Aricó, "Prólogo". In: (org.). *Mariátegui y los orígenes del marxismo latinoamericano*. México: Pasado y Presente, 1978, p. XIII.

[155] Idem,p. XIV e XV.

no *não* tinha raízes históricas atreladas a qualquer organização política com acento positivista. Na realidade, essas constatações basear-se-iam na *formação intelectual* de Mariátegui, em que a leitura de Marx e Lenin passaria inevitavelmente, segundo Aricó, pelo filtro da tradição idealista italiana e "de sua polêmica contra qualquer visão evolucionista e fatalista do desenvolvimento das relações sociais, característica do marxismo da II Internacional".[156] Desse modo, a ênfase assinalada por Aricó na formação de uma tradição cultural historicista como influência precípua sobre Mariátegui ressalta, em última análise, o antigo problema do caráter *autônomo* do marxismo e sua versatilidade para se relacionar tanto com situações históricas reais quanto com o mundo das ideias de uma época.

Com efeito, essa complexa questão da trajetória mariateguiana leva a um segundo problema tão importante quanto o primeiro. Em nome de uma estratégia política geral e da "pureza" doutrinária (leninista) em voga, a produção do "marxismo latino-americano" da década de 1920 fora marcada pela ausência de autonomia relativamente às vias específicas do mundo não europeu, o que teria impedido um trabalho de "tradução latino-americana do marxismo". Esse ponto de vista construído por Aricó reforça, assim, o argumento de que somente aqueles alheios aos quadros comunistas – Mariátegui, neste caso – poderiam "recriar o marxismo em oposição à corrente populista e à teoria e prática dos partidos comunistas".[157] Essa suposta posição de *outsider* teria levado Mariátegui a um raciocínio em certa medida oposto ao da IC: não há diagnóstico teórico e político sem a qualificação positiva da "realidade nacional".

---

[156] Idem, p. XV.

[157] José Aricó, "O marxismo latino-americano nos anos da Terceira Internacional". Eric Hobsbawm (org.). *História do marxismo*: o marxismo na época da Terceira Internacional, v. III. Rio de Janeiro: Paz e Terra, 1987, p. 439.

Do lado mexicano do *front*, portanto, a polêmica estava lançada. Desenterrando textos desconhecidos na recepção da obra do intelectual peruano, a coletânea apresenta um painel de perspectivas controversas cujo objetivo, nelas mesmas, fora muitas vezes ocultar a influência político-intelectual de Mariátegui. Muitos dos textos que compõem *Mariátegui y los orígenes del marxismo latinoamericano* haviam sido publicados originalmente em periódicos de circulação restrita, como, por exemplo, a revista *Claridad*, de Buenos Aires, e *Dialéctica*, de Havana; em uma palavra, como artilharia em polêmicas ocorridas imediatamente após a morte de Mariátegui, nos escombros da esquerda peruana dividida entre aprismo e comunismo. Assim, a arena política e ideológica do passado era escavada aos olhos do leitor do "presente": marxismo-leninismo, stalinismo, populismo, idealismo, aprismo, sorelismo, europeísmo, romanticismo etc. trabalham, desde o passado, o "presente" de Mariátegui.

Sem dúvida, a ressonância do trabalho levado a cabo pelo marxista argentino mereceria um estudo à parte. Os três mil exemplares da primeira edição foram esgotados rapidamente e, em 1980, uma segunda edição, revista e ampliada, veio a público. *Mariátegui y los orígenes del marxismo latinoamericano* foi saudado e difundido até mesmo pelo exigente historiador peruano Alberto Flores Galindo,[158] impiedoso contra a verborragia de Aníbal Quijano. Também foi recorrentemente utilizado por autores da "sociologia crítica" latino-americana, como podemos observar explicitamente nos textos de Florestan Fernandes, Michael Löwy e do próprio Quijano, além de ter causado impressão positiva em Theotonio dos Santos, Vânia Bambirra e

[158] Alberto Flores Galindo, "El marxista peruano de Mariátegui". In: *Obras Completas*, tomo V. Lima: Casa de Estudios del Socialismo/SUR, 1997, p. 98-100 e Marcos Sorrilha Pinheiro, "Um novo Mariátegui: as influências de José Aricó nas formulações mariateguistas de Alberto Flores Galindo". In: *e-l@tina Revista Electrónica de Estudios Latinoamericanos*, v. 10, n. 38, 2012, p. 19-34.

Ruy Mauro Marini, que, embora não tenham produzido sobre Mariátegui, acompanhavam atentamente o debate.[159]

Ainda havia mais água no moinho do Mariátegui de José Aricó: a figura de Antonio Gramsci, que acompanha o itinerário de Aricó desde os tempos de militância comunista na Argentina. De fato, Gramsci é referência não só desde o primeiro contato do jovem Aricó com a obra de JCM, ainda no final da década de 1950,[160] mas sobretudo em seu "reencontro" com o Amauta já no exílio mexicano. Bem entendido, Aricó não é o primeiro a explorar afinidades e irresistíveis "coincidências sugestivas" entre o intelectual peruano e italiano, seja no plano dos itinerários intelectuais (formação italiana, afinidade com Piero Gobetti, leitores de Georges Sorel etc.), seja nas biografias pessoais (origem plebeia, limitações físicas irreversíveis, morte prematura etc.). O que caracteriza, no entanto, a especificidade da análise de Aricó é o acento em práticas teóricas e políticas "diferenciadas" que recoloca Gramsci e Mariátegui como revolucionários heterodoxos. A questão nacional, o papel dos setores subalternos e a relação entre organização e massas seriam

---

[159] Entrevista com Theotonio dos Santos, São Paulo, outubro de 2016.

[160] Em 1959, em plena militância no Partido Comunista Argentino, o jovem Aricó, que trabalhava na tradução de *Literatura y vida nacional*, de Antonio Gramsci, mantinha missivas com Héctor Agosti. Em uma das cartas escreve: "Uma última coisa antes de me despedir. Chegou a minhas mãos um livrinho de Mariátegui intitulado *El Alma Matinal y otras estaciones del hombre de hoy*. É composto por uma série de ensaios, dentre os quais os dedicados à Itália e suas personalidades culturais durante a época em que ele lá esteve [1920-1923]. Encontro-me diante de uma clara evidência: a semelhança de formação, de interesse intelectual, de sofrimentos entre Gramsci e Mariátegui que poderia dar lugar a um interessante paralelo histórico. Pensou sobre isso alguma vez?" Citado em Martín Cortés, "Mariátegui, una 'lección de método': la perspectiva latino-americana del marxismo de José Aricó". In: Sara Beatriz Guardia (org.), *Mariátegui en el siglo XXI: textos críticos*. Lima: Editorial Minerva, 2012, p. 131-132.

pontos em comum entre ambos, especialmente a questão de como decifrar o enigma entre marxismo e história nacional.[161]

A história da recepção de Gramsci e Mariátegui entrecruza-se no labirinto na América Latina em diferentes ritmos e segundo diversas circunstâncias:

> Uma evoca irresistivelmente a outra, de maneira tal que, se no Peru a revitalização do debate em torno de Mariátegui fez emergir a figura de Gramsci, no resto da América Latina, ao contrário, é muito possível que tenha sido a difusão do pensamento do autor dos *Cadernos do Cárcere* aquela que contribuiu decisivamente para redescobrir Mariátegui.[162]

A afirmação não deixa de ser surpreendente para a história do marxismo no continente. Afinal, no interior das organizações comunistas, a carência de uma cultura marxista voltada para a concreticidade era tanta que a "realidade nacional" podia parecer assunto proibido caso se desejasse manter a validade de uma concepção (eurocêntrica) de história universal. No caso dos comunistas argentinos, aos quais Aricó se ligava, suprir

---

[161] "Numa palavra, Gramsci nos permitiu penetrar nas grandes questões da história nacional. E o que parece óbvio, ou mesmo banal, representa para nós, marxistas latino-americanos, um grande problema. Se o marxismo era uma verdade universal, a realidade – o mundo concreto – não podia ser mais do que um epifenômeno (...). Quando um peruano genial – Mariátegui – decidiu escrever seu primeiro e talvez único livro marxista, deu-lhe o título de *Sete ensaios de interpretação da realidade peruana*. E foi essa ideia da existência de uma 'realidade nacional' que atraiu para ele a ironia e as críticas da Conferência dos Partidos Comunistas em 1929, já que, na opinião de tais organismos, não existiam realidades nacionais que diferenciassem cada processo e tornassem específicas suas diferentes propostas de transformação". José Aricó, "Geografia de Gramsci na América Latina". In: Carlos Nelson Coutinho e Marco Aurélio Nogueira (orgs.). *Gramsci e a América Latina*. Rio de Janeiro: Paz e Terra, 1988, p. 43.

[162] José Aricó, *La cola del diablo: itinerario de Gramsci en América Latina*. Buenos Aires: Siglo Veintiuno Editores, 2014 [1988], p. 160-161.

essa limitação significou encontrar inspiração em um intelectual *italiano* para compreender a realidade *argentina*.

> Mas de que outro modo poderíamos adotar uma tradição que reconheceríamos como nossa senão nos apoiando em alguém que, a partir de seu interior, havia elaborado uma perspectiva diversa? A esquerda argentina – ou, melhor dizendo, o comunismo – nasceu e se desenvolveu sem a herança e o suporte de uma tradição teórica nacional. Não tivemos nesse campo personalidades equivalentes às de outros países. Elas tampouco existiram na América Latina, com a única exceção de Mariátegui; mas só descobrimos Mariátegui através de Gramsci. Nessas condições, aquele era o caminho a percorrer – e nós o percorremos.[163]

Fartos do europeísmo da ortodoxia marxista que desqualificava a realidade nacional, os comunistas em torno de Aricó importam um autor mediterrâneo para entender os enigmas da periferia do país argentino. Essa contradição leva o intelectual "decolonial" Walter Mignolo a afirmar que mesmo iniciativas como a do grupo de Aricó mostram que a "esquerda marxista" jamais rompeu com a história imperial/colonial do conhecimento ocidental.[164] No entendimento de Mignolo, essa seria a razão pela qual Gramsci foi mais conhecido do que Mariátegui na América Latina.[165]

---

[163] José Aricó, "Geografia de Gramsci na América Latina". In: *Gramsci e a América Latina,* Op. cit., p. 41.

[164] Ver Walter Mignolo, "Mariátegui and Gramsci in 'Latin' America: Between Revolution and Decoloniality". In: Neelam Srivastava e Baidik Bhattacharya (org.). *The Postcolonial Gramsci.* Nova York/Londres: Routledge, 2012.

[165] Mignolo destaca, nos usos de Gramsci na América Latina – especialmente pela corrente argentina de José Aricó –, o problema do "lugar de enunciação" ítalo-meridional. Em outras palavras, para o semiólogo argentino, o vínculo entre lugar e pensamento seria determinante para credenciar a legitimidade de um argumento. Assim, ao considerar dessa forma o "lugar de enunciação", Mignolo tenta qualificar o marxismo como teoria europeia e ilegítima para compreender a América Latina, independentemente da importância que Gramsci dava à realidade nacional e do quão heterodoxo o

Porém, embora atribuísse a Gramsci um papel relevante para a compreensão da experiência intelectual de Mariátegui, Aricó não ignorava, evidentemente, importantes iniciativas do "redescobrimento" de Mariátegui, a saber, a publicação das *Ediciones* por seus herdeiros; a criação de uma "rede intelectual" (difusa, é verdade) peruana, continental e internacional, dotada de múltiplos ritmos de circulação; a produção de um conjunto de livros, folhetos e artigos que há várias décadas difundem no Peru o pensamento mariateguiano.[166] Levada em conta a amplitude do repertório de Aricó, a hipótese da projeção latino-americana da figura de Mariátegui como associada à difusão de Gramsci ainda nos parece, portanto, uma pista genuinamente promissora, embora não a levemos para teste exaustivo neste trabalho.

No caso brasileiro, é possível notar que os difusores de Gramsci nas décadas de 1960 e 1970 leram de fato livros de Mariátegui – principalmente Carlos Nelson Coutinho e Leandro Konder –, embora não tenham se aprofundado em suas pesquisas. JCM lhes aparece de modo marginal e tardio. No entanto, importantes difusores e intérpretes da obra mariateguiana no Brasil, como Michael Löwy e Florestan Fernandes, tinham, com pesos desiguais, algum lastro gramsciano em suas trajetórias.

Recorde-se que Michael Löwy foi um dos primeiros leitores de Gramsci no Brasil. Ele havia publicado na revista *Brasiliense* um texto sobre a "consciência de classe" como "possibilidade efetiva", no qual destacava Rosa Luxemburgo, Gramsci e Lukács, à época autores pouco conhecidos do público brasileiro, sobretudo os dois últimos.[167] Décadas depois, Carlos Nelson Coutinho reconhece

---

marxista sardo poderia ser. Para uma crítica sobre o "determinismo epistemológico" segundo Mignolo, ver Stefan Pimmer, "Gramsci y su lugar de enunciación: una crítica a la geopolítica del conocimiento de Walter Mignolo". In: *Revista Observatorio Latinoamericano y Caribeño*, IEALC, n. 1, 2017, p. 196-218.

[166] José Aricó, *La cola del diablo*. Op. cit., p. 162.

[167] Michael Löwy, "Consciência de classe e partido revolucionário". In: *Revista Brasiliense*, São Paulo, n. 41, 1962.

que "esse artigo [de Löwy] foi muito importante para os jovens brasileiros que, como eu, buscavam no marxismo uma fonte de inspiração teórica e prática".[168] Quando Coutinho foi diretor da Editora da Universidade Federal do Rio de Janeiro, Michael Löwy foi convidado para organizar e introduzir uma coletânea de textos sobre Mariátegui, publicada em 2005, intitulada *Por um socialismo indo-americano* (!).[169] Até aquele momento, essa era apenas a segunda coletânea de textos de JCM em português no Brasil.[170]

Por sua vez, Florestan Fernandes, que dispunha de amplo estoque de categorias marxistas para analisar as antinomias da modernidade brasileira, menciona o nome Gramsci na bibliografia d'*A Revolução Burguesa no Brasil*. De fato, em sua biblioteca particular encontram-se diversas anotações nos volumes da edição crítica dos *Quaderni del Cárcere*. Em outras ocasiões, o sociólogo brasileiro reconheceu a importância do marxista sardo ao interpretar a "situação difícil da Itália na relação com outras nações que exerciam hegemonia econômica, política e cultural dentro da Itália".[171] De certa forma, esse fato corrobora a hipótese de José Aricó sobre "gramscianos" que difundiram Mariátegui.[172]

---

[168] Carlos Nelson Coutinho, "O marxismo no Brasil". In: Ivana Jinkings; João Alexandre Peschanski (orgs.). *As utopias de Michael Löwy: reflexões sobre um marxista insubordinado*. São Paulo: Boitempo, 2007, p. 129.

[169] José Carlos Mariátegui, *Por um socialismo indo-americano*. Rio de Janeiro: UFRJ, 2005. (organização e introdução de Michael Löwy). Esta coletânea foi traduzida por Luiz Sérgio Henrique, um dos tradutores dos *Cadernos do Cárcere* no Brasil pela Editora Civilização Brasileira.

[170] De 2005 em diante, por iniciativa de algumas editoras e especialmente do historiador Luiz Bernardo Pericás, inicia-se no Brasil uma onda de publicação de textos (de) e trabalhos acadêmicos sobre Mariátegui.

[171] Ver Florestan Fernandes, "Florestan Fernandes: história e história". In: Amélia Gohn (org.), *Florestan Fernandes*. Série Encontros. Rio de Janeiro: Beco Azougue, 2008 (Entrevista concedida a Alfredo Bosi, Carlos Guilherme Mota e Gabriel Cohn no Museu da Imagem e do Som, São Paulo-SP, 26 de junho de 1981).

[172] Em todo caso, as proximidades de Löwy e de Florestan diante da

Tudo isso nos autoriza a afirmar que o crescente prestígio e consagração de Mariátegui são compreendidos na sua integralidade não pela suposta genialidade do autor, mas pelos empreendimentos editoriais e circunstâncias sociopolíticas e culturais vivenciadas dramaticamente pelo subcontinente, as quais "facilitaram os processos de crítica e autocrítica do discurso tradicional da esquerda". Trata-se de uma vertente política e intelectual latino-americana, não necessariamente gramsciana, que inicia seu acerto de contas com os vieses de modernização e as teses dualistas a partir da década de 1960. Nesse ínterim, insiste Aricó, "não devíamos esquecer que o ajuste de contas com as formas que adquiriu o marxismo em nossa região alimentou-se fundamentalmente de Gramsci e também de Mariátegui, para levar adiante uma tentativa de atualização".[173]

IV. A segunda viagem de Mariátegui à Europa

As agitações sociais e políticas na América Latina que se alastram nos anos 1960 despertam curiosidade nos centros universitários e nas organizações da esquerda europeia. A Revolução Cubana certamente foi o principal arsenal ideológico para um "espetáculo das ideias" que atrai o interesse de intelectuais da esquerda latino-americana, europeia e estadunidense.174 Não apenas o processo revolucionário cubano em si, mas também todos os símbolos de que a revolução se apropriava e que difundia internacionalmente para legitimar seus trunfos políticos e ideológicos eram incorporados pela esquerda ocidental, que naquele momento dava amplos sinais de afastamento do círculo de influência da União Soviética.

---

obra mariateguiana estão submetidas a outros condicionantes que estudaremos detalhadamente nos dois últimos capítulos deste livro.

[173] José Aricó, *La cola del diablo*. Op. cit., p. 162.

[174] Rafael Rojas, "La anatomía del entusiasmo: la revolución como espectáculo de ideas". In: *América Latina Hoy*, Espanha, Universidad Salamanca, v. 47, 2007, p. 39-53.

Esse não é um fato de menor importância, pois a viagem das ideias mariateguianas até o continente europeu deu-se provavelmente muito mais pelos canais de difusão da ilha caribenha do que pelo Peru. Com efeito, nesse momento de esplendor da cultura cubana, a Editora Popular de Cuba y del Caribe publica em 1960 o primeiro livro de Mariátegui, *El problema de la tierra y otros ensayos*. Três anos depois, o catálogo da Casa de las Américas publica *Siete Ensayos*, reeditando-o em 1969 e 1973, com tiragem de cinco mil exemplares para cada edição. Além de iniciativas editoriais, havia indícios de que membros do alto escalão do poder "revolucionário" cubano tinham conhecimento e até entusiasmo pela obra de Mariátegui, em particular Ernesto "Che" Guevara, a figura mais conhecida mundialmente naquele momento.[175] O ministro das Relações Exteriores de Cuba e membro do Comitê Central do Partido Comunista cubano, Raúl Roa García (1907-1982), em entrevista a Winston Orrillo para a revista *Boemia*, não apenas mostrava sua admiração pelo intelectual peruano, mas também conhecimento detalhado de sua difusão anterior à revolução.[176] A troca epistolar de Mariátegui com intelectuais cubanos como Juan Marinello (1898-1977), Enrique José Varona (1849-1933) e Emilio Roig de Leuchsenring (1889-1964), particularmente em razão do empreendimento *Amauta* e de sua divulgação continental, foram importantes preliminares para o conhecimento da obra de JCM em Cuba.[177]

Contudo, a Europa não usufruiu do material de Mariátegui produzido apenas em Cuba e em outros países latino-americanos. Houve também iniciativas particulares tomadas por intelectuais europeus, em conjunto com editoras, que se interessavam

[175] Para uma análise sobre a recepção de Mariátegui em Cuba ver Marc Becker, "Cuba". In: *Mariátegui and Latin American Marxist Theory*. Ohio: Ohio University, 1993, p. 57-89.

[176] "Raúl Roa habla sobre Mariátegui" (em *Boemia*, ano 68, n. 37). Pasta Raúl Roa – A0423. Casa de las Américas, Havana (Cuba).

[177] Ricardo Luna Vegas, *Historia y transcedencia de las cartas de Mariátegui*. Op. cit., p. 59

pelo Amauta e visavam especialmente a difusão de seu principal livro, os *Siete Ensayos*. Com uma edição soviética publicada em 1963, o interesse por Mariátegui passa em seguida à capital francesa, que curiosamente edita os *Sete Ensaios* no "mítico" ano de 1968, momento em que a obra completaria quarenta anos de publicação. *Siete ensayos* teria seu apogeu na década de 1970, quando é editado na Itália, na Espanha e na Hungria. Em 1986, uma edição em alemão vem a público por meio de iniciativas de "latino-americanicistas" (ver mais informações no Quadro 1.2).

Quadro 1.2. Publicações dos Siete ensayos de interpretación de la realidad peruana na Europa

País	Ano	Editora	Tradutor	Prólogo
URSS	1963	Editorial de Lenguas Extranjeras (Moscou)	A. F. Shulgovsky	Jorge del Prado
França	1968, 1977	François Maspero (Paris)	Rolant Mignot	Robert Paris (Coleção *Textes à l'appui*)
Itália	1972	Einaudi Editore (Turim)	Sem informação	Robert Paris (Coleção *Nuova Universale Einaudi*, n. 138).
Espanha	1976	Editorial Grijalbo (Barcelona)	Não tem.	Não tem (Série *Estudios y Ensayos*)
Hungria	1977	Editorial Kossuth (Budapeste)	Benk Judit	Kerekes Gyorgy
Alemanha	1986	Ed. Argument/ Edition Exodus (Berlim)	Sem informação	Kuno Füssel e Colofón de Wolfgang Fritz

Contudo, é na França e na Itália que as ideias de Mariátegui têm a maior ressonância, principalmente através dos receptores Robert Paris (1937-) e Antonio Melis (1942-2016), figuras que se consagraram no Velho Continente como dois dos mais proeminentes difusores e estudiosos de JCM. Trata-se de dois europeus formados politicamente no debate gramsciano que se aprofundava na esquerda europeia do pós-guerra. Ambos reconhecem a experiência italiana do intelectual peruano como fundamental para o trabalho de "tradutibilidade"[178] do marxismo na América Latina. José Aricó conheceu pessoalmente Robert Paris e Antonio Melis no Colóquio Internacional de Culiacán, de que ele próprio havia sido um dos organizadores.[179]

Provavelmente, tomou conhecimento dos trabalhos dos intelectuais europeus através da coletânea intitulada *El marxismo de Mariátegui*, publicada em 1973 pelo grupo Crisis, que detinha um espaço dedicado à cultura política em que se materializavam temas e preocupações dominantes entre intelectuais de esquerda. Através do selo editorial da Coleção Política dirigida pelo jornalista portenho Rogelio García Lupo (1931-2016), que teve passagem no semanário uruguaio *Marcha* (que publicou uma edição uruguaia de *Siete Ensayos* em 1970), o livro *El marxismo de Mariátegui*, editado em Buenos Aires, foi distribuído para vários países da América Latina, de acordo com a prática corrente do grupo Crisis.[180]

---

[178] Antonio Gramsci, *Cadernos do Cárcere*. Rio de Janeiro: Civilização Brasileira, 1999, v. 1 [Caderno 11], p. 185-190.

[179] Antonio Melis assim testemunha esse encontro: "Foi também estimulante o debate com representantes de outras experiências culturais, em primeiro lugar com um grupo de intelectuais argentinos exilados no México. Dentre eles, quero recordar principalmente de José Aricó, quem chegou à obra de Mariátegui a partir da assimilação do marxismo criador de Antonio Gramsci". Antonio Melis, "Prólogo". In: *Leyendo Mariátegui*. Lima: Amauta, 1999, p. 6-7.

[180] Miguel Mazzeo, *El socialismo enraizado.* José Carlos Mariátegui: vigencia de su concepto de "socialismo práctico". Lima: Fondo de

Os trabalhos pioneiros de Robert Paris sobre Mariátegui iniciam-se durante a década de 1960.[181] Ele é também o prefaciador das edições de *Siete Ensayos* publicadas na França em 1968 e na Itália em 1972. Sua tese de doutorado, defendida em 1970 na École des Hautes Études en Sciences Sociales (EHESS), foi publicada em língua espanhola dez anos depois com o título *La formación ideológica de José Carlos Mariátegui*, com tiragem inicial de três mil exemplares, por iniciativa editorial de Aricó e com tradução de Oscar Terán. No prefácio à edição espanhola, Robert Paris conta os motivos que o levaram a estudar Mariátegui.

> Originariamente – isto era em abril de 1964 – tratava-se de levar adiante uma investigação bastante limitada (...) sobre a experiência italiana de José Carlos Mariátegui. Nessa época, trabalhava sobre Gramsci visando a redação de uma tese, havia publicado um livro sobre a história do fascismo na Itália e diversos artigos sobre Gramsci, o marxismo e outras questões deste teor, e pertencia ao comitê de redação de uma revista – *Partisans* – que acabava de publicar a primeira tradução francesa de um texto de Mariátegui.[182]

Mais adiante, acrescenta:

> Ruggiero Romano – de quem jamais se poderá dizer o bastante sobre o quanto fez para o conhecimento de Mariátegui na França e na Itália – não teve muito trabalho para convencer-me sobre o

---

Cultura Económica, 2013, p. 218.

[181] Ver, por exemplo, a resenha sobre o livro de Guillermo Rouillon, *Bio-bibliografia de José Carlos Mariátegui*, em que Robert Paris faz um mapeamento da produção de (e sobre) Mariátegui. Muitos intelectuais europeus que vieram a se interessar pela figura de Mariátegui consultaram esse pequeno e informativo texto. Ver Robert Paris, "José Carlos Mariátegui: une bibliographie; quelques problèmes". In: *Annales*: *Économies, Sociétés, Civilisations*. 21 année, n. 1, Paris, 1966, p. 194-200. É imprescindível notar que a grande diferença de material disponível pertencente a (e sobre) Robert Paris e Antonio Melis impõe, neste trabalho, tratamentos desiguais de suas respectivas trajetórias em relação a Mariátegui.

[182] Robert Paris. *La formación ideológica de José Carlos Mariátegui*. México: Cuadernos de Pasado y Presente, 1981, p. 7.

> interesse desse projeto de pesquisa, que muito rapidamente se revelou extremamente atrativo e que me levou não somente a transbordar o marco do projeto inicial e ampliar minhas pesquisas sobre o conjunto da obra de Mariátegui, como também, guiado por este último, a embarcar em outros estudos sobre a América Latina. Em suma, terminei por abandonar minha tese sobre Gramsci e, em 21 de abril de 1970, defendi uma tese em História intitulada *La formación ideológica de José Carlos Mariátegui.*[183]

Seria difícil imaginar que um historiador da escola braudeliana, discípulo de Lucien Febvre, especialista na economia do século XX e professor da Sorbonne tenha sido uma ponte fundamental na difusão do pensamento mariateguiano na França e na Itália...

Por sua vez, Ruggiero Romero (1923-2002), nascido na Itália e estabelecido como professor e pesquisador na École des Hautes Études en Sciences Sociales, em Paris, descobriu o continente latino-americano depois de ter feito uma viagem ao Chile para obter informações sobre a história comercial e monetária dos países hispano-americanos.[184] Traduziu para a revista italiana *Nuova Americana* diversos artigos peruanos, dentre os quais de Mariátegui. Muito antes de considerar Mariátegui como um dos *clássicos* do pensamento latino-americano, Romano já acentuava a originalidade do intelectual peruano.[185] Ele orientou duas teses de doutorado na Sorbonne sobre JCM: a de Robert Paris e a de Diego Meseguer.[186] Ademais, o maestro italiano orientou as teses de três importantes historiadores, He-

---

[183] Idem, Ibidem.

[184] Teodoro Hampe Martínez, "Ruggiero Romano (1923-2002), gran maestro de la historia económica". In: *Historica*, v. 25, n. 2, 2001, p. 226.

[185] Alberto Flores Galindo, "Ruggiero Romano, el viajero" [1983]. In: *Obras Completas*, tomo VI. Lima: SUR/Casa de Estudios del Socialismo, 2007, p. 43.

[186] Robert Paris, *La formación ideológica de José Carlos Mariátegui.* Op. cit. e Diego Meseguer Illan, *José Carlos Mariátegui y su pensamiento revolucionario.* Lima: IEP, 1974.

raclio Bonilla, Manuel Burga e Alberto Flores Galindo, durante as décadas de 1960 e 1970.

Antonio Melis, formado em Letras pela Universidade de Pádua em 1965, pertencia em sua juventude a um pequeno grupo italiano interessado na literatura hispano-americana. Seu trabalho monográfico sobre a influência de Walt Whitman na poesia de Pablo Neruda confirmaria essa predileção. A aproximação com a literatura andina dar-se-á por intermédio de seu professor e orientador Giovanni Meo Zilio, que havia publicado um livro sobre o poeta César Vallejo. Outro contato decisivo foi com o poeta surrealista peruano Xavier Abril (1905-1987). Amigo de Mariátegui e colaborador da revista *Amauta*, Abril cumpria na época contrato temporário na Universidade de Firenze, a qual coincide com o período de ingresso de Melis no centro de estudos da mesma universidade. Como testemunha Melis, "o grande poeta peruano demasiado esquecido em sua própria pátria foi quem me deu o sentido da grandeza de Mariátegui, quando para mim o pensador peruano era somente um nome na história literária".[187]

Antonio Melis lia o que havia da obra de Mariátegui. Militante do Partido Comunista Italiano (PCI), ainda que de modo "muito crítico", Melis não era indiferente aos influxos políticos que rondavam o mundo em meados na década de 1960, a saber, a polarização do debate político e ideológico entre comunistas *versus* capitalistas e soviéticos *versus* chineses; o impacto da Revolução Cubana no imaginário da esquerda europeia;[188] as discussões travadas no PCI em torno de Gramsci. Segundo Arroyo Reyes, nessa época, Melis entra em contato com o historiador italiano Ernesto Ragionieri, um dos editores da afamada *Storia*

[187] Antonio Melis, "Prólogo". *Leyendo Mariátegui*. Op. cit., p. 5.

[188] "A revolução cubana teve um papel decisivo na formação de minha geração e, sobretudo, em um jovem que, como eu, empreendia estudos sobre a literatura hispano-americana. Esse evento despertou um profundo interesse sobre o mundo latino-americano, até então conhecido de maneira muito superficial". Idem, Ibidem.

del marxismo, que lhe confidencia o projeto de um ensaio sobre Mariátegui sobre "O marxismo latino-americano nos anos da Internacional Comunista". Embora o ensaio seja posteriormente redigido por José Aricó, Ragionieri incentiva Melis a escrever sobre Mariátegui para o público italiano.[189]

Ainda que dispusesse apenas de uma parte das *Ediciones* de Mariátegui, Melis publicou seu primeiro ensaio "J. C. Mariátegui primo marxista d'America" na *Critica Marxista*, revista do PCI em Roma. Seguindo o conselho de Ragionieri, esse trabalho era dirigido ao público italiano com a finalidade principal de comunicar o descobrimento de uma "personalidade extraordinária" na história do marxismo do século XX. Como era de se esperar, sua narrativa sobre o périplo mariateguiano destacava positivamente a formação italiana do Amauta e seus vínculos com Croce, Gobetti e principalmente Gramsci. A similaridade entre Mariátegui e Gramsci destacada por Melis, além da fonte comum croceana e do interesse pelo fordismo e pelo taylorismo, impressionava-lhe pela "coincidência do rechaço a toda redução positivista ou sociologista do marxismo".[190]

Para Melis, a obra mariateguiana "apresentava-se intacta à reflexão dos leitores modernos, no que diz respeito àquelas partes nas quais antecipa toda a problemática do 'Terceiro Mundo', vinculando-se, com muitos anos de distância, com as teses de um Frantz Fanon".[191] Mesmo realçando uma imagem de relativa flexibilidade teórica e antecipadora do "marxismo de Mariátegui", o timbre ortodoxo de Melis – fruto de sua militância nos quadros do PCI – explicitava-se na crítica dos "princípios vitalistas e irracionalistas" de Mariátegui, vistos como "resíduo da formação juvenil do autor". Era ainda uma qualificação e uma

---

[189] Carlos Arroyo Reyes, "La parábola mariateguiana de Antonio Melis". In: *Cuadernos Americanos*. Centro de Estudios y Trabajos "América Latina", México-UNAM, n. 81, v. 3, 2000, p. 145.

[190] Antonio Melis, "Mariátegui, primer marxista de América". *Leyendo Mariátegui*. Op. cit., p. 17.

[191] Idem, p. 33.

imagem de Mariátegui pouco tematizada tanto no nível teórico quanto no biográfico. Note-se, portanto, que na época em que foi publicado "J. C. Mariátegui primo marxista d'America" havia outras produções com um rigor acadêmico mais afinado, a exemplo da própria produção de Robert Paris.

O ensaio de Antonio Melis tem ampla circulação na América Latina. Foi publicado pela revista cubana *Casa de la Américas* (em 1968); em duas coletâneas de textos sobre Mariátegui na Argentina (Editorial Jorge Alvarez, em 1969, e Editorial Crisis, em 1973); em um livro *Tres Estudios*, com ensaios de Adalbert Dessau e Manfred Kossok (alemães pesquisadores da América Latina) editado Biblioteca Amauta em 1971; na coletânea de José Aricó supracitada. Editado em diferentes canais de publicação, essa difusão credencia Melis como um dos renomados estudiosos europeus de Mariátegui, o que não deixa de surpreender o próprio autor, justamente porque, "apesar do entusiasmo e do inevitável narcisismo juvenil, tinha uma clara consciência das suas limitações".

A partir da década de 1970, Melis acompanha descobertas de novos textos de Mariátegui. Se as *Ediciones Populares de las Obras Completas* finalmente completavam vinte volumes, outras duas fontes da produção mariateguiana – os escritos de juventude, entre 1911 a 1919, e a correspondência – ainda estavam sendo organizadas pela família. Nessa época, a reivindicação central de Melis baseia-se na ideia de que Mariátegui representava um "autêntico marxismo" em oposição às vertentes que saíam em defesa de um "marxismo dogmático" – algo análogo às discussões e polêmicas travadas por Alberto Flores Galindo, Aníbal Quijano e José Aricó. Na década de 1980, o professor da Universidade de Siena é designado para organizar e prefaciar os dois volumes de *Correspondencia*, publicados em 1984, e, posteriormente, dirigir o volume *Mariátegui Total*, em 1994. Ademais, Melis compartilha, juntamente com Alberto Tauro e Aníbal Quijano (em uma segunda fase), a função de diretor da revista *Anuario mariate-*

guiano (1989-1999), veículo que aglutinou produções acadêmicas, notícias e testemunhos importantes para o conjunto dos estudos sobre Mariátegui e para a reconstrução dos produtos culturais que conformaram sua práxis.

Nesse intervalo, sua dedicação aos múltiplos aspectos da trajetória e da obra intelectual de Mariátegui não apenas se aprimora, como também transforma a própria concepção que Melis apresentava em seu ensaio tão difundido. A dicotomia entre ortodoxia e heterodoxia começa, então, a ser problematizada: "comecei a perceber que essa demanda era em grande parte do tipo nominalista". Essa mudança significativa somente ocorre com a análise do epistolário de Mariátegui, que lhe permite "uma visão adequada do imenso trabalho intelectual e político instituído pelo autor em sua curta vida", e oferece "novos elementos para confirmar a extraordinária autonomia do pensador".[192] Essa ênfase na autonomia das diferentes práticas de organizador político e cultural exercidas por Mariátegui, que o distingue como "marxista heterodoxo", faz com que Melis redescubra outras dimensões de JCM por ele negligenciadas até então:

> Trinta anos de leituras mariateguianas, sempre acompanhadas pela surpresa que proporciona inovação, têm me levado a identificar, sem menosprezar outros aspectos, um núcleo gerador no pensamento do autor peruano em sua maturidade. Trata-se essencialmente da relação entre modernidade e tradição que atravessa toda sua obra.[193]

A difusão local e transnacional da obra de Mariátegui entre as décadas de 1960 e 1980 produz uma repercussão significativa principalmente dentro do campo político latino-americano. Um período de circulação integrativa em que suas principais obras, editadas profusamente desde 1959, e um conjunto de

[192] Antonio Melis, *Leyendo Mariátegui*. Op. cit., p. 7.

[193] Antonio Melis, "Tradición y modernidad en el pensamiento de Mariátegui". *Leyendo Mariátegui*. Op. cit., p. 191.

trabalhos sobre sua trajetória e obra vêm a público. As datas comemorativas de 1978 e 1980 suscitam a produção de eventos acadêmicos e políticos, publicação de livros, elaboração de antologia e prefácios etc. No Peru, Mariátegui torna-se patrimônio cultural do Estado e da sociedade peruana, sendo reclamado principalmente pelas organizações de esquerda. Ainda com todos os problemas que este termo carrega, o "mariateguismo" estabelece-se no país andino como corrente teórica e política que pretende definir posições e estratégias. A esquerda política e intelectual apropria-se do intelectual peruano de diferentes maneiras. No Peru, destacamos ainda as reflexões de Alberto Flores Galindo e Aníbal Quijano, por serem figuras de destaque no debate sobre o ensaísta peruano, inseridas em organizações políticas e cujo prestígio acadêmico só aumentou. Em Aníbal Quijano, especialmente, reconhece-se o papel de difusor e de intérprete que faz com que a obra de Mariátegui transcenda as fronteiras do Peru.

No México, através de empreendimentos editoriais, políticos e de socialização acadêmica, o discurso de Mariátegui ganha ampla audiência como figura-chave para a reflexão crítica e proposta heterodoxa de um campo mais amplo do "marxismo latino-americano". A leitura de José Aricó, reposicionando a figura de Mariátegui fora do cânone do marxismo oficial, é compartilhada por comunidades de intelectuais da esquerda dissidente (como Alberto Flores Galindo e Aníbal Quijano). A associação entre Antonio Gramsci e Mariátegui, promovida por Aricó, reforça esse projeto político ancorado na difusão transnacional de JCM até o outro lado do Atlântico. Assim, construída, igualmente, por intelectuais europeus que se tornarão dissidentes da ortodoxia comunista, em especial por Robert Paris e Antonio Melis, o período de formação intelectual de Mariátegui na Itália é enfatizado como resultado de um "marxismo autêntico".

Com efeito, é apenas na década de 1970 que se descobre efetivamente em Mariátegui uma espécie de *autorretrato* da geração que, cinquenta anos após a morte do Amauta, juntava os cacos da esquerda para tirar lições da derrota dos movimentos populares e propor novas formas de análise do capitalismo periférico. Aos olhos desses autores, a especificidade das realidades nacionais e o diálogo com as culturas da época - marcas significativas na trajetória intelectual de Mariátegui - eram dois eixos fundamentais da oxigenação do marxismo em vista de sua possível atualização.

Capítulo 2:
O ESPECTRO DECOLONIAL DE MARIÁTEGUI EM TEMPOS DE CRISE

> *Em geral, é como se afiasse uma faca. Às vezes, digo aos meus alunos, que de tanto afiar a faca fica-se apenas com seu cabo, sem chegar a cortar a carne. A realidade, a questão, é a carne que se deve cortar e não a faca, pois esta deve ser afiada de acordo com o tipo de carne a ser cortada. Isso Mariátegui compreendeu e levou a cabo de uma maneira exemplar.*
>
> Enrique Dussel[194]

I. Crítica do eurocentrismo e sociologia decolonial

No início da década de 1990, um grupo de intelectuais latino-americanos radicados nos Estados Unidos, inspirado no processo de redemocratização dos países latino-americanos e no "debate pós(-)colonial"[195] que se internacionalizara e chegara nas uni-

[194] Enrique Dussel, "Comentarios". In: VV.AA. *El marxismo de Mariátegui.* Seminário do V Congreso Nacional de Filosofía. Lima: Amauta, 1995, p. 67.

[195] Existem nuances na ortografia e nos significados da expressão "pós(-) colonial". Yves Claravon, por exemplo, verifica algumas nuances da ortografia e significados diversos a que o termo "pós-colonial" está sujeito: "O termo 'pós-colonial/poscolonial' apresenta uma dupla acepção e uma dupla ortografia: cronológica, com hífen para designar o que vem 'depois da colonização' e, portanto, a era pós-independência; sem hífen, no sentido de crítica do estado colonial e de suas consequências. De fato, encontra-se ainda uma terceira grafia com uma barra oblíqua – Pós/Colonial – para marcar a continuidade e o laço de cumplicidade epistêmica entre o colonial e o pós-colonial. O conceito postula um *continuum* entre dois períodos, com retornos da era colonial ou ainda uma 'pós-colônia' que sobrevive ao colonialismo e o perpetua sob formas diversas (...). É possível transformar o inconveniente em vantagem fazendo de um conceito controverso, porque elástico e, por vezes abusivamente alargado, uma categoria para condensar significações múltiplas e remeter a localizações

versidades estadunidenses no final da década de 1980, decidiu fundar o Latin American Subaltern Studies Group.[196] Esse grupo procurava constituir um corpo de trabalhos voltados ao questionamento de modelos teóricos importados da Europa, isto é, "os marxismos, a fé no progresso e na modernidade, o compromisso

diversas". Yves Claravon, *Petite introduction aux postcolonial studies*. Paris: Kimé, 2015, p. 7. Para Ruy Braga e Michel Cahen, existe uma "completa confusão entre o que é pós-colonial/pós colonial (com traço ou espaço), isto é, uma *situação* que imaginamos ser herdeira da situação colonial e que permaneceria, no longo prazo, pós-colonial – assim como houve pós-guerras, pós-fascismos, pós-estalinismos, pós-fordismos em vários países – no sentido cronológico da expressão. E o que é "póscolonial" (sem traço nem espaço) não uma situação, mas uma *análise* que consegue ir além das heranças epistemológicas coloniais – isto é, com certeza "pós", mas no raciocínio e não no tempo: a análise é que é póscolonial (autores, em sua maioria latino-americanos, recentemente passaram a dizer "decoloniais"), independentemente da situação analisada (pré-colonial, colonial e pós-colonial)". Michael Cahen e Ruy Braga, "Anticolonial, pós (-) colonial, decolonial: e depois?". In: Michael Cahen e Ruy Braga (orgs.), *Para além do pós(-)colonial*. São Paulo: Alameda, 2018, p. 13-14. Desde então, a partir do final da década de 70, uma gama de autores de trajetórias distintas e em contextos histórico-geográficos diversos produz uma operação de reconfiguração do campo discursivo apresentando um mal-estar entre a relação "margens" e "centro", como se esta tensão estivesse presente e fosse determinante para organizar a reflexão intelectual. Uma ampla gama de propostas emerge com pressupostos teórico-metodológicos distintos como as chamadas teorias ou epistemologias do Sul, sociologia periférica e teorias decoloniais que projetam interpretações diferentes sobre a modernidade, o legado do colonialismo e o papel da sociologia.

[196] Do grupo faziam parte: Robert Carr, Ileana Rodríguez, Patricia Seed, John Beverley, José Mazzotti, José Rabasa, Roger Lancaster, Walter Mignolo, Robert Conn, Julio Ramos, Ramón Grosfoguel, María Milagros López, Carol Smith, Clara Lomas, Norma Alarcón e Mónica Szurmuk. Seu primeiro documento oficial foi o "Manifesto Inaugural do Grupo Latino-americano dos Estudos Subalternos", de 1993. Este texto foi publicado na revista Boundary 2 e reeditado no livro organizado por Santiago Castro Gomez e Eduardo Mendieta, *Teoría sin disciplina (latinoamericanismo, poscolonialidad y globalización en debate)*. México: Miguel Ángel Porrúa, 1998.

com a revolução como uma transformação progressista, linear e homogênea".[197] Devido a divergências teóricas, ele foi desagregado em 1998, quando ocorreriam os primeiros encontros entre os membros que formam o Grupo Modernidade/Colonialidade (M/C) ou "programa de investigação de modernidade/colonialidade", como nomeia Arturo Escobar.[198]

Para situar mais amplamente o campo dos estudos culturais na América Latina, é importante apresentar o trabalho de John Beverley na Latin American Studies Association.[199] Segundo o autor, há quatro vertentes significativas que se entrecruzam tanto do ponto vista disciplinar quanto epistemológico: a) Latin American Subaltern Studies Group, extinto grupo subalterno, que era seguido por Beverley; b) os estudos sobre práticas e políticas culturais "híbridas", na linha de autores como Néstor Canclini, George Yúdice, Jesús Martín Barbero e Daniel Mato; c) a crítica cultural, tanto na variante desconstrutivista, como a de Nelly Richard, Alberto Moreiras e John Kraniauskas, quanto na neofrankfurtiana, como a de Beatriz Sarlo, Roberto Schwarz e Luís Britto García; d) o Grupo Modernidade/Colonialidade,

---

[197] Florencia Mallon, "Promesa y dilema de los Estudios Subalternos: perspectivas a partir de la historia latinoamericana". In: Pablo Sandoval (org.), *Repensando la subalternidad: miradas críticas desde/sobre América Latina*. Lima, IEP, 2010, p. 153.

[198] Utilizado amplamente pelo grupo, o termo colonialidade foi estendido a outros âmbitos, além do conceito de poder (do saber, do ser etc.). O grupo identifica-se também como projeto de "decolonização". Para uma análise da trajetória intelectual do Grupo Modernidade/Colonialidade ou "programa de investigação de modernidade/colonialidade", ver Luciana Ballestrin, "América Latina e o giro decolonial". In: *Revista Brasileira de Ciência Política*. Brasília, n. 11, p. 89-117, 2013; e Arturo Escobar, "Mundos y conocimiento de otro modo: el programa de investigación modernidad/colonialidad". In: *Tabula Rasa*, Bogotá, n. 1, p. 58-86, 2003.

[199] John Beverley. "La persistencia del subalterno". In: *Revista Iberoamericana*, Universidad de Pittsburg, v. LIXIX, n. 203, p. 335-342, 2003.

composto por intelectuais como Walter Mignolo, Aníbal Quijano, Enrique Dussel, Ramón Grosfoguel, Edgardo Lander, Immanuel Wallerstein, Santiago Castro-Gómez, Fernando Coronil, Nelson Maldonado-Torres, dentre outros. Desde 1996, a trajetória do Grupo Modernidade/Colonialidade foi gradualmente estruturada por meio de reuniões, eventos, seminários, diálogos, a integração de novos associados, publicações de antologias etc., envolvendo universidades estadunidenses e latino-americanas.[200]

Com efeito, Quijano, Wallerstein e Dussel têm estudos elaborados, com um corpo de definições amadurecido durante décadas de investigação. Contudo, há uma base comum na equipe investigativa que antecede a toda adoção conceitual particular. Trata-se da assertiva de que a *colonialidade* não é um fenômeno aditivo e ocasional da modernidade, mas constitutivo, com implicações sociais, políticas, econômicas, culturais, simbólicas e epistemológicas para a América Latina. Assim, "colonialismo" não seria sinônimo de "colonialidade", por mais que estas noções estejam relacionadas. Como afiança Mignolo, enquanto o

[200] Para uma história intelectual da trajetória do M/C, ver Santiago Castro-Gómez e Ramón Grosfoguel, "Prólogo: giro decolonial, teoria crítica y pensamiento heterárquico". In: *El giro decolonial: reflexiones para una diversidad epistémica más allá del capitalismo global*. Bogotá: Universidad Javeriana/Universidad Central/Siglo del Hombre, 2007, p. 9-13. É sintomático que o "debate pós(-)colonial", que ganha paulatinamente relevância a partir da década de 1990 nas ciências sociais da América Latina, especialmente através da "teoria da colonialidade" e da "epistemologia do Sul", só tenha chegado mais tardiamente no Brasil, com exceções de alguns intelectuais que constituíram suas carreiras fora do país (como, por exemplo, Gustavo Lins Ribeiro e Sérgio Costa) e iniciativas de revistas em organizar dossiês e artigos sobre o tema. Cumpre destacar especialmente a *Revista de Estudos AntiUtilitaristas e PósColoniais* (REALIS), da Universidade Federal de Pernambuco, fundada em 2011 pelo Programa de Pós-Graduação de Sociologia dessa instituição. Sobre o assunto, ver Michael Cahen e Ruy Braga, "Anticolonial, pós(-)colonial, decolonial: e depois?". Op. cit., p. 12-21.

"colonialismo" possui distintas localizações geográficas e históricas, a "colonialidade" é "a matriz subjacente ao poder colonial que seguiu existindo nos Estados Unidos, América do Sul e Caribe depois da independência. A matriz colonial de poder mudou de mãos, mas seguiu de pé".[201]

À primeira vista, Mariátegui, consagrado como um dos expoentes do pensamento social e um dos marxistas mais originais da América Latina,[202] é pouco utilizado pelo Grupo Modernidade/Colonialidade. Em alguns textos dos membros do coletivo, menções ao pensador peruano aparecem apenas como parte da "genealogia global do pensamento decolonial",[203] ou, ainda, ele é lembrado, ao lado do cubano José Martí, como parte de uma tradição intelectual latino-americana cuja perspectiva de conhecimento era orientada por um caráter não-eurocêntrico.[204] Afinal, como afirma Fernando Coronil, a América Latina conheceu diversos momentos de formulação teórica pós-colonial, a partir de autores e obras que não se limitam à história

[201] Walter Mignolo, *La idea de América Latina: la herida colonial y la opción decolonial*. Madrid: Editorial Gedisa, 2007, p. 92. Em outro trecho, a diferença entre colonialismo e colonialidade volta a ser retrabalhada: "'Colonialismo' refere-se a períodos históricos específicos e a lugares de domínio imperial (espanhol, holandês, britânico e, desde princípios do século XX, estadunidense); 'colonialidade', em compensação, denota a estrutura lógica do domínio colonial que subjaz ao controle espanhol, holandês, britânico e estadunidense da economia e da política do Atlântico, a partir de onde se estende a quase todo mundo". Idem, p. 33.

[202] Göran Therborn, *Do marxismo ao pós-marxismo?* São Paulo: Boitempo, 2012, p. 88.

[203] Walter Mignolo, "El pensamiento des-colonial, desprendimiento y apertura: un manifiesto". In: Catherine Walsh (org.), *Interculturalidad, descolonización del estado y del conocimiento*. Buenos Aires, Ediciones del Signo, 2006, p. 101-102.

[204] Edgardo Lander, "Ciências sociales: saberes coloniais y eurocêntricos". In: (org.), *La colonialidad del saber: eurocentrismo y ciencias sociales*. Buenos Aires, CLASCO, 2000, p. 13.

oficial do termo.[205] Nessa mesma direção, chama a atenção de Héctor Alimonda:

> É a ausência de referências não somente a Mariátegui, senão ao conjunto de preocupações comuns a sua geração política e intelectual (incluindo naturalmente, Haya de la Torre), presentes no ideário continental da Reforma Universitária e herdeiro de uma epistemologia política que facilmente reporta-se a José Martí e ao o clima de ideias entre os setores políticos 'progressistas' da passagem do século XIX ao XX.[206]

Se confiarmos nesta declaração, tratar-se-ia de um silêncio sepulcral e, no mínimo, curioso, já que um dos argumentos para a criação do grupo seria justamente a "utilização" de pensadores situados na região do Sul Global. Outra hipótese adicional para explicar o anonimato mariateguiano nas discussões do M/C e nos trabalhos inspirados na teoria da colonialidade é a indelével relação do autor peruano com o *marxismo*, a qual poderia causar constrangimentos para uma geração de jovens pesquisadores distante dos referenciais marxistas. É verdade que, historicamente, a relação dos autores da linhagem pós-colonial com o marxismo foi ambivalente. Por um lado, parte da crítica pós-colonial tem inspiração marxista; por outro, fatia expressiva de autores enxerga a crítica pós-colonial como alternativa e, no limite, oposição ao marxismo. De fato, é difícil precisar quando começam e terminam as divergências entre marxismo e pensamento pós-colonial (ou "decolonial").[207] Bem entendido, se o núcleo do

---

[205] Fernando Coronil, "Latin American postcolonial studies and global decolonization" In: Neil Lazarus (org.), *The Cambridge Companion to postcolonial literary studies*. Cambridge, Cambridge University Press, 2004.

[206] Héctor Alimonda, "Mariátegui, pensamiento fronterizo y transmodernidad: una aproximación al programa de investigación modernidad/colonialidad". In: *GEOgraphia*, v. 11, n. 21, 2009, p. 13-14.

[207] Há trabalhos realizados por pesquisadores marxistas sobre a literatura pós(-)colonial: do indiano Aijaz Ahmad (que faz uma crítica do "giro metodológico" de Marx a Foucault realizado por Edward Said em *Orientalismo*); do turco Arik Dirlik (no âmbito da história intelectual, o

programa decolonial é resistir às ideologias tributárias da concepção eurocêntrica da modernidade e buscar novos paradigmas cognitivos de "descolonização epistemológica", a questão coloca-se desta forma: o marxismo seria uma teoria a ser superada ou incorporada? Seria, portanto, o marxismo um pensamento (não) eurocêntrico? Um *adiós* a Mariátegui faz-se mesmo necessário para pensar as formas andinas "pós-modernas"?[208]

II. Usos de Mariátegui: Enrique Dussel e Walter Mignolo

Pelo menos três dos mais prestigiados autores do Grupo Modernidade/Colonialidade conhecem a obra mariateguiana: Aníbal

---

autor defende a ideia de que os autores pós-coloniais somente alcançaram reconhecimento e prestígio quando as universidades de elite dos países centrais os admitiram; além de disso, eles seriam um exemplo fidedigno da "nova distribuição do mercado de trabalho" em tempos de globalização); do britânico Alex Callinicos (crítica da filiação dos autores pós-coloniais ao pós-estruturalismo); do indiano Vivek Chibber (que almeja "criticar a crítica" realizada pelos *Subaltern Studies* a partir de três críticas: do liberalismo, do eurocentrismo e das teorias universais); dos cubanos Janet Iglesias Cruz e Javier Gutiérrez (que questionam trabalhos dos pós-coloniais produzidos em língua inglesa e não em idiomas nativos; problematizam a circularidade referencial, isto é, a maioria das citações remetem a trabalhos de membros do próprio grupo; criticam a retórica da "vitimização cristã" por meio da qual alguns autores pós-coloniais colocam-se). Para mais informações, ver, Alijaz Ahmad, "Problemas de classe e cultura". In: Ellen Meiksins Wood e John Bellamy Foster (orgs.), *Em defesa da história: marxismo e pós-modernismo*. Rio de Janeiro, Zahar, 1999, pp. 107-122; Arif Dirlik, "A aura pós-colonial: a crítica terceiro-mundista na era do capitalismo global". In: *Novos Estudos CEBRAP*, São Paulo, n. 49, 1997, pp. 7-49; Alex Callinicos, *Contra el posmodernismo*. Buenos Aires, RyR, 2011; Vivek Chibber, *Postcolonial Theory and the Specter of Capital*. Londres/Nova York: Verso, 2013; Janet Iglesias Cruz e Javier Gutiérrez Forte, "Colonia y colonialidad más allá del relato". In: *Temas*, La Havana, 2010, pp. 91-99.

[208] José Ignacio López Soría, *Adiós a Mariátegui: pensar en Perú en perspectiva postmoderna*. Lima: Fondo Editorial del Congreso del Perú, 2007.

Quijano, Enrique Dussel, Walter Mignolo. Sem dúvida, as colocações feitas por Dussel e Mignolo sobre Mariátegui, embora sugestivas, são limitadas a uma pequena alínea de suas respectivas obras. Em contrapartida, a atenção dada pelo sociólogo peruano Aníbal Quijano à obra mariateguiana testemunha longa meditação e afinidade. Por essa razão, apresentaremos a seguir as apropriações feitas por Dussel e Mignolo, e, no item seguinte, aprofundaremos a relação entre Quijano e Mariátegui sob a ótica da teoria da colonialidade.

Filósofo, historiador e teólogo, autor de dezenas de livros, Enrique Dussel é um dos fundadores da Filosofia da Libertação e da Teologia da Libertação nos anos 1960, correntes que tiveram enorme influência no pensamento social e filosófico do continente. Durante a década de 1980, o argentino, radicado no México, onde é professor de Filosofia na UNAM, debruçou-se sobre os últimos vinte anos da obra de Marx (1863-1883), em especial sobre os *Grundrisse* e *O Capital*, e procurou fazer uma leitura rigorosa de manuscritos, correspondências e textos, assinalando suas conexões com a América Latina.[209]

Por outro lado, é surpreendente que Dussel tenha se referido poucas vezes a Mariátegui, e que sua única contribuição dedicada a este autor se encontre em um pequeno artigo intitulado "El marxismo de Mariátegui como 'Filosofía de la Revolución'".[210] Em um breve apontamento, o filósofo argentino realça o componente marxista "heterodoxo" e a aversão de Mariátegui a dogmas teóricos. Baseia-se especialmente em citações do livro póstumo *Defesa do marxismo*, em que o pensador peruano faz duras críticas a certa tradição marxista irredutivelmente cientificista, determinista, positivista, metodologicamente fe-

---

209 Ver Enrique Dussel, *El capital: los Grundrisse (1857-1858)*. México: Siglo XXI, 1985; *Hacia un Marx desconocido*. México: Siglo XXI, 1987; *El último Marx (1863-1882)*. México: Siglo XXI, 1990.

210 Enrique Dussel, "El marxismo de Mariátegui como 'Filosofía de la Revolución'". In: *Anuario mariateguiano*. Lima: Amauta, n. 6, 1994, p. 249-254.

chada e politicamente acomodada. Seu objetivo é mostrar que JCM propõe uma concepção *aberta* do marxismo, oxigenada em relação aos cânones da II Internacional, e uma função ética do socialismo – analogamente ao que Dussel fizera com Marx na década de 1980. Ressalta a "intuição" mariateguiana concernente à necessidade de que o marxismo dialogue com ciências não-marxistas (o esforço de relacionar marxismo e psicanálise), e aponta os *Sete ensaios* como obra "metodologicamente '*desde abajo*'".

Em particular, Dussel resgata a continuidade entre Mariátegui e o "último" Marx. Mesmo ciente de que o primeiro não pôde, por inúmeras circunstâncias, conhecer integralmente a obra do autor d'*O Capital*, o professor da UNAM aponta que há intuições feitas pelo autor peruano a partir da análise concreta da situação do seu país, as quais figuram, tanto em Mariátegui quanto em Marx, como embrião do (futuro) socialismo moderno. Assim, as similaridades entre ambos estariam, por exemplo, nos estudos do caso *ayllu* feitos pelo primeiro e nos estudos sobre a *obshina* (comuna russa) feitos por Marx. Dussel demonstra a compatibilidade das categorias utilizadas pelo intelectual peruano para entender o "problema do índio" (classe social, etnia, povo, nação etc.) com as categorias de Marx, mesmo que este não as tenha desenvolvido plenamente. Como se pode perceber, sua imagem sobre Mariátegui é bastante semelhante à leitura estabelecida pela plêiade de intelectuais de esquerda dissidente latino-americana – Quijano, Aricó e Flores Galindo, dentre outros – no final da década de 1970.

Por sua vez, Walter Mignolo (1941-) também produz uma série de conceitos e noções decisivas para o Grupo Modernidade/Colonialidade. Embora não tenha se filiado a nenhuma corrente intelectual latino-americana em que o grupo diz se inspirar, foi profundamente influenciado pelas discussões filosóficas do pós-estruturalismo que estavam em seu auge enquanto realizava uma passagem pela França nos anos 1970. Professor da

Universidade de Duke (EUA), Mignolo é autor de um livro de grande repercussão no campo "pós-colonial", *The Darker Side of The Renaissance: Literacy, Territoriality and Colonization.*[211]

O semiólogo argentino reserva algumas páginas de seu ambicioso *Histórias locais/Projetos globais*, publicado originalmente em 2000, para Mariátegui. Na realidade, o ensaísta peruano está longe de ser um interlocutor privilegiado de Mignolo, como são o antropólogo brasileiro Darcy Ribeiro, Enrique Dussel e Aníbal Quijano. Permanecendo fiel ao "argumento pós-colonial", segundo o qual sua metodologia depende necessariamente do momento da história local e do legado colonial de cada região, Mignolo afirma que a atualidade de JCM é explicada "em parte pelas tensões estabelecidas numa história local na qual ele estava vivendo, experimentando e observando a sociedade capitalista que era muito diferente daquela na qual Marx baseou seu trabalho e análise". Nas palavras do próprio autor:

> Eu sugeriria que a atualidade de Mariátegui hoje se deve ao fato de que seu pensamento passou das histórias locais aos projetos globais (como o marxismo) e não o contrário. Ao fazê-lo, ele encontrou (como Fanon em *Peau noir, masque blancs*, 1952) os limites do marxismo no domínio do colonialismo e do racismo. Todas essas tensões põem Mariátegui em conflito, tanto com os peruanos nacionalistas quanto com os marxistas internacionais. Haya de la Torre, um intelectual e político peruano, acusou Mariátegui de eurocentrismo por ele ter introduzido o marxismo e a noção de classe social na história nacional do Peru, enquanto os marxistas europeus o suspeitavam de misticismo pela atenção que dava à questão indígena e pelo fato de que tentou apresentar o marxismo para a população indígena como um mito. Mariátegui deu um primeiro passo para um diálogo que o Subcomandante Marcos (e outros intelectuais urbanos) interpretaram como tradução: o "zapatismo" como tal emergiu no momento em que a cosmologia marxista se transforma em tradução da cosmologia

[211] Walter Mignolo, *The Darker Side of the Renaissance: literacy, territoriality and colonization*. Michigan: The University of Michigan Press, 1995.

indígena, e a cosmologia indígena é transformada em tradução de categorias marxistas.[212]

Eis uma hipótese interessante – e surpreendente – de Mignolo sobre uma *síntese* mariateguiana, comparada, ainda, com o trabalho de "tradução" entre "cosmologia indígena e marxista" feito pelo porta-voz do Exército Zapatista de Libertação Nacional (EZLN). Para o autor, com efeito, é na "fronteira entre as cosmologias ocidentais e ameríndia que emergiu o trabalho de Mariátegui". Consequentemente, a obra mariateguiana teria conseguido "refletir criticamente tanto sobre a história do colonialismo espanhol como sobre a história de construção da nação do Peru".[213] Como "intelectual vindo da margem do sistema mundial colonial moderno", Mariátegui conseguiria, assim, executar um "potencial epistemológico do pensamento liminar", encontrando os limites dos projetos globais na história local.

Mignolo considera o intelectual andino como aquele que desferiu as críticas mais ardentes contra a colonização espanhola. Ademais, destaca as discussões acerca da oposição entre "ibero-americanismo" e "pan-americanismo", em que Mariátegui sai em defesa do primeiro, "alicerçado em tradições e sensibilidades", enquanto que o segundo "se baseia em interesses comerciais e econômicos". Em outra passagem do livro, acerca dos "legados coloniais" nos países latino-americanos (espanhol, britânico, francês e estadunidense), Mignolo aponta o Amauta como um dos autores que descreveram esse sistema colonial "que via no sistema escolar peruano uma 'herança colonial' espanhola e a 'influência francesa e norte-americana'". As aspas nas palavras "herança" e "influência" são a maneira pela qual o autor deixa clara a distinção feita por Mariátegui, problemática segundo ele, uma vez que ela estaria "baseada no historicismo linear da moderni-

[212] Walter Mignolo, *Histórias locais/Projetos globais*. Op. cit., 2003, p. 198.
[213] Idem, Ibidem.

dade oculta, mesmo agora, no final do século 20, a coexistência sincrônica de duas heranças coloniais diferentes".[214]

Muitas vezes, parece subentendido em Mignolo, contudo, que na articulação entre "local" e "universal" há limites apenas no último, jamais no primeiro, como se o "local" trouxesse por si só as garantias epistemológicas e teóricas mais adequadas. Dito de outro modo, o processo "fronteiriço" ocorre somente do primeiro termo para o segundo, quando, na realidade, deve haver um processo dialético entre local e global, particular e universal, dentro de uma contradição recíproca. Além disso, Mignolo procura enfatizar a impossibilidade de que Marx seja inteiramente apropriado para compreender algumas das características da realidade latino-americana – "o colonialismo e o racismo não foram elementos cruciais da análise do capitalismo feita por Marx". Para Mignolo, "Marx não compreendeu o projeto de Bolívar, projeto hoje que continua exemplar, tanto nas histórias oficiais quanto nas histórias alternativas latino-americanas".[215]

Essas são, sem dúvida, colocações cheias de contundência, porém derivadas de uma leitura unilateral, se levarmos em conta o itinerário global de Marx, especialmente em países "não-ocidentais".[216] Para Mignolo, o marxismo não escapou do eurocentrismo nem do colonialismo característico dos saberes modernos hegemônicos. No entanto, o autor trata do marxismo, como se toda a tradição dos estudos marxianos se prestasse a uma apreciação tão simplista e jamais pudesse se refazer em *marxismos*. Ademais, convém lembrar da afirmação de Vivek

---

[214] Idem, p. 198.

[215] Idem, p. 198.

[216] Ver, por exemplo, José Aricó, *Marx e América Latina*, Rio de Janeiro: Paz e Terra, 1982; Álvaro Bianchi, "América Latina: o marxismo fora do lugar". In: Luciana Aliaga, Henrique Amorim, Paula Marcelino (orgs.), *Marxismo:* teoria, história e política. São Paulo: Alameda, 2011, p. 59-82; Jean Tible, *Marx selvagem*. São Paulo: Annablume, 2013; Kevin B. Anderson, *Marx nas margens:* nacionalismo, etnia e sociedades não ocidentais. São Paulo: Boitempo, 2019.

Chibber, segundo a qual tanto o "engajamento" (no) quanto a "rejeição" ao marxismo precisam ser entendidos como atitudes fundamentalmente políticas.[217]

Ora, se é possível afirmar que Mariátegui tem uma "epistemologia da, e a partir da, margem do sistema mundial colonial/moderno"; se é admissível asseverar que em suas ideias fervilha uma "epistemologia da diferença colonial"; se é concebível afiançar que sua obra contém um dispositivo no "espaço fronteiriço de uma transmodernidade", é porque Mariátegui constituiu tal projeto teórico-político – assistemático e, provavelmente, ocasional – desfrutando de bagagem rigorosamente *moderna* e *marxista*. Na corrente entre marxismo e "produção local" em JCM, o primeiro não é, portanto, o elo mais fraco. Nesse sentido, uma declaração do intelectual cubano Roberto Fernández Retamar pode servir como resposta às conjecturas de Mignolo: "Alguns comentaristas de Mariátegui disseram que ele era marxista, *mas* que desenvolveu critérios próprios em relação aos problemas de Nossa América. Na verdade, devemos dizer que ele era um marxista *porque* desenvolveu tais critérios".[218]

III. Aníbal Quijano e a "reoriginalização cultural" da América Latina

O mais importante dos leitores decoloniais de Mariátegui é Aníbal Quijano, cuja trajetória já foi apresentada neste trabalho. Quijano alcançou grande prestígio e reputação acadêmica, consagrando-se como um dos maiores cientistas sociais tanto em seu país de origem como em toda a América Latina. Sua trajetória e obra também despertam a curiosidade de pesquisadores de outras regiões, vinculados particularmente ao campo dos

[217] Vivek Chibber, *Postcolonial Theory and the Specter of Capital*. Op. cit.

[218] Roberto Fernández Retamar, "Nossa América e Ocidente". In: *Caliban e outros ensaios*. São Paulo: Busca Vida, 1988, p. 108, grifos do autor. Para um aprofundamento dessa questão ver Deni Alfaro Rubbo, "Mariátegui, marxiste décolonial". *Actuel Marx*, Paris, n. 69, pp. 169-184, 2021.

assim chamados "estudos pós-coloniais". Professor da Faculdad de Ciencias Sociales da UNMSM na capital peruana desde 1964, com passagem pelo Departamento de Sociologia da Binghamton University (Nova York - EUA)[219] a convite do sociólogo Immanuel Wallerstein, Quijano ainda foi pesquisador e professor visitante de inúmeras universidades latino-americanas (Chile, Bolívia, México e Venezuela). No Brasil, foi docente no Instituto de Estudos Avançados da Universidade de São Paulo (IEA-USP) entre 1992 e 1993.[220] Esse reconhecimento crescente deve-se, em grande medida, a mais de meio século de fecunda produção intelectual, fruto do desenvolvimento de repertórios conceituais inovadores e de diversos campos temáticos nas ciências sociais da América Latina.[221] A originalidade intelectual da "sociologia crítica" desenvolvida por Quijano e seu compromisso político serão também, como destaca Villena Fiengo, "um componente fundamental do *ethos* sociológico latino-americano".[222]

De todo modo, as homenagens a sua obra recaem principalmente sobre sua produção intelectual *a partir* da década de 1990. Nesse período delineia-se, pouco a pouco, a ambiciosa formulação de uma teoria filosófica, epistemológica, ética e política sobre a *especificidade* da América Latina, quando se demarca a perspectiva da "colonialidade do poder". Introduzido

[219] Quijano renunciará ao cargo de professor de Sociologia na UNMSM em 1995, após a intervenção militar do ditador Fujimori. Ele retornará à UNMSM em novembro de 2006, já como professor emérito.

[220] Por meio de um convênio entre a USP e o Memorial da América Latina, Quijano tornou-se o primeiro titular da cátedra Simón Bolívar.

[221] Para uma introdução às ideias de Quijano enriquecida de informações biográficas, ver Danilo Assis Clímaco, "Prólogo". In: Aníbal Quijano. *Cuestiones y horizontes: de la dependencia histórico-estructural a la colonialidad/descolonialidad del poder*. Buenos Aires: CLACSO, p. 13-53, 2014.

[222] Sergio Villena Fiengo, "Palabras en ocasión de la entrega del doctorado Honoris Causa a Aníbal Quijano Obregón". In: *Anuario de Estudios Centroamericanos*, Universidad de Costa Rica, n. 42, 2016, p. 465.

por Quijano, o neologismo transformado em conceito-chave faz referência a uma estrutura de poder particular do domínio colonial à qual foram submetidas as populações nativas a partir de 1492, e que ainda persiste após a independência dos países latino-americanos.[223] A colonialidade seria a outra face da modernidade, seu lado negativo, obscuro. Raça, gênero e trabalho foram três instâncias de classificação e, ao mesmo tempo, constituintes do capitalismo mundial moderno/colonial.[224]

Essa perspectiva transformou-se em eixo temático obrigatório nas ciências sociais da América Latina. Rita Laura Segato, estudiosa do feminismo no continente, afirma categoricamente que a perspectiva crítica de Aníbal Quijano representa um "momento de ruptura (ou, ainda, um 'giro copernicano') no campo das ciências humanas no continente e uma nova inspiração para reorientação dos movimentos sociais e luta política".[225] Por sua vez, Walter Mignolo declarou seu êxtase ao conhecer um dos ensaios do autor sobre o lado obscuro da modernidade ocidental.

> Logo depois estive em Bogotá e achei outro livro recém-publicado: *Los conquistados: 1492 y la población indígena de las Américas*, editado por Heraclio Bonilla. O último capítulo desse livro chamou a minha atenção. Era de Aníbal Quijano, de quem eu já tinha ouvido falar, mas que não me era familiar. O ensaio, também posteriormente publicado no *Cultural Studies*, intitulou-se "Coloniality and modernity/rationality". Peguei o livro, fui tomar outro café e devorei o ensaio, cuja leitura foi uma espécie de epifania.[226]

---

[223] Aníbal Quijano, "Colonialidad y modernidad/racionalidad". In: *Perú Indígena*, Lima, 12 (29), 1992, p. 12.
[224] Aníba Quijano, "Colonialidad del poder y clasificación social". In: *Journal of World-Systems*, v.11, n.2, 2000, p. 343.
[225] Rita Laura Segato. "La perspectiva de colonialidad del poder". In: Zulma Palermo; Pablo Quintero (orgs.). *Aníbal Quijano: textos de fundación.* Buenos Aires: Del Signo, 2014, p. 12.
[226] Walter Mignolo. "Colonialidade: o lado mais escuro da modernidade". In: *Revista Brasileira de Ciências Sociais*. v. 21, n. 94, 2017, p. 2. Disponível em: <http://www.scielo.br/pdf/rbcsoc/v32n94/0102-6909-rbcsoc-3294022017.pdf> Acesso em: 01/07/2017.

Mignolo ainda reconhece que uma das inspirações da construção do conceito de colonialidade vem de Mariátegui, que elaborou analiticamente relações entre raça, terra e colonialismo.[227] De fato, Aníbal Quijano possui uma relação profunda com a obra mariateguiana, sendo provavelmente o sociólogo da América Latina que mais se aproximou dela. Em termos comparativos, a relação que o Grupo de Estudos Subalternos do Sul da Ásia constituiu com a obra de Gramsci, sobretudo acerca do conceito de subalterno[228] é análoga, *mutatis mutandis*, à relação constituída entre Quijano e a obra de JCM.

A década de 1980 seria decisiva para uma mudança de perspectiva de Aníbal Quijano. O que então estava em jogo? Fundamentalmente, uma profunda reavaliação de suas orientações teóricas e políticas que até ali vigoravam fortemente em sua formação intelectual. Ele problematiza de maneira mais incisiva algumas ferramentas de análise por ele utilizadas, em especial o marxismo, que está em baixa, e o próprio eixo temático de sua pesquisa sofre mudanças substantivas.

Não se trata apenas de uma (re)interpretação exegética de Mariátegui. A reflexão de AQ transborda o campo dos estudos do pensamento mariateguiano e dirige também um olhar para o conjunto das ciências sociais na América Latina. Sem essa relação é impossível entender qual a ordem de constrangimentos que o leva a apropriar-se de Mariátegui de um jeito e não de outro. Durante a década de 1980, já com mais de cinquenta anos,

---

[227] Walter Mignolo, "Prefacio" In: Zulma Palermo; Pablo Quintero (orgs.). *Aníbal Quijano: textos de fundación*. Op. cit., p. 6.

[228] Especialmente o historiador indiano Ranajit Guha. Ver, dentre outros, os trabalhos de Vivek Chibber, *Postcolonial Theory and the Specter of Capital*. Op. cit., 2013; Camila Góes, *Existe um pensamento político subalterno? Um estudo sobre os* Subaltern Studies *1982-2000*. São Paulo: Alameda, 2018; Dipesh Chakrabarty, "Una pequeña historia de los Estudios Subalternos". In: Pablo Sandoval (org.), *Repensando la subalternidad: miradas críticas desde/sobre América Latina*. Lima: IEP, 2010, p. 25-53.

mudanças significativas pautavam a discussão sobre o modo de fazer ciências sociais e, ainda, sobre as mutações que estavam em curso nas universidades latino-americanas. Segundo Beigel,

> O eixo do debate nas ciências sociais deslocou-se da preocupação da mudança estrutural para o tema da ordem e da convivência democrática. Do compromisso científico social à excelência acadêmica, cada vez mais pretensamente neutra. Mas não se tratava apenas de uma mudança temática. Enquanto alguns países centro-americanos recebiam a onda de exiliados que escapavam das ditaduras, uma forte modificação estava ocorrendo nas universidades e centros de investigações sul-americanos. Tratava-se de um processo de privatização das instituições acadêmicas e um retorno das tendências empiristas que em pouco tempo substituíram o espírito do livro pelo "paper", o ensaio pelo informe.[229]

Era um contexto de *cambios* e de *crise* nas ciências sociais em geral. Em algumas ocasiões, Quijano lamentou que a produção latino-americana contemporânea atendesse a necessidades puramente "tecnocráticas" (como teria colocado Wright Mills, um "*abstracted empiricism*"), e se distanciasse de uma perspectiva de análise de conjunto e, por meio dela, dos padrões de poder atuante. O declínio da "teoria da dependência" na década de 1980, um dos pontos mais criativos da história das ciências sociais e do marxismo na América Latina, confirmaria essa tendência. Evidentemente, essa crise tinha relação com fatores externos ao campo intelectual: crise mundial do capitalismo de 1973, queda do Muro de Berlim em 1989 e, nos anos seguintes, a percepção de uma hegemonia mundial estadunidense; na cena peruana, o fracasso da Izquierda Unida (IU) e a ascensão e queda do Sendero Luminoso. As apostas – e ilusões – de Quijano haviam sido derrotadas.

---

229 Fernanda Beigel, "Vida, muerte y resurrección de las "teorías de la dependencia". In: AA. VV. *Crítica y teoría en el pensamiento social latino-americano*. Buenos aires: CLACSO, 2006, p. 303.

De qualquer forma, Quijano estava atento aos debates em curso no mundo e na América Latina. No final da década de 1980, apresentou trabalhos sobre os imbróglios da "crise do conhecimento social" e suas repercussões sobre o continente em reuniões da Comissão Econômica para a América Latina (CEPAL), congressos no Consejo Latinoamericano de Ciências Sociais (CLACSO), entrevistas para revistas acadêmicas como *ILLA - Revista del centro de Educación y Cultura*, conferências inaugurais para o curso de Ciências Sociais na UNMSM etc. Esse acento obsessivo de Quijano pela "crise de paradigmas" do conhecimento científico-social,[230] a qual afetava tudo o que fosse moldado pela modernidade e racionalidade europeias, trazia em seu bojo um balanço das experiências do capitalismo, do "socialismo realmente existente", dos projetos de sentido histórico de longa duração, e principalmente do lugar da América Latina e sua herança cultural. Na avaliação de Quijano, trata-se de um período de "reoriginalização cultural"[231] do continente. Afinal, "quanto mais existir uma crise da racionalidade europeia e, consequentemente, nas relações intersubjetivas entre o europeu e o latino-americano, também entrará em crise o processo de sedimentação de nossa própria subjetividade e voltamos a partir atrás de nossa fugidia identidade".[232]

[230] Ver Aníbal Quijano, "Notas sobre los problemas de la investigación social en América Latina". In: *Revista de Sociología*, Lima (Peru), UNMSM, v. 6, n.7, 1990a, p. 11-26.

[231] "Olha, penso que neste momento a América Latina esteja em um período de *re-o-ri-gi-na-li-za-ção cultural.* Isto é, constitui algo que, em minha opinião, ocorre na realidade e, simultaneamente, começa a surgir como projeto de grande parte dos latino-americanos (...). A que me refiro por reoriginalização da cultura? É sua capacidade de constituir-se como algo diferente das outras culturas existentes, mas, ao mesmo tempo, como algo diferente do que fora antes da Conquista". Nora Velarde, "La modernidad, el capital y América Latina nacen el mismo día" (entrevista de Aníbal Quijano). In: *ILLA, Revista del Centro de Educación y Cultura*, Lima, n. 10, 1991, p. 46, grifos do autor.

[232] Aníbal Quijano, *Modernidad, identidad y utopía en América Latina.*

Nesse contexto, para AQ emerge também a necessidade de avaliar a relação *direta* entre a Europa e a América Latina, numa perspectiva histórica capaz de "descobrir experiências" e "sentidos originais". Bem entendido, tal empreendimento retomava o tema da categoria de *modernidade*. Para Quijano, não se trata apenas de analisar o processo de acumulação originária do capital, como fizera Marx, mas de considerar a "racionalidade ocidental" como fenômeno essencial das sociedades latino-americanas. Com considerações como essa última, era também perceptível que o próprio Quijano fazia paulatinamente sua passagem de uma sociologia-histórica para uma filosofia-epistemológica. Sua preocupação intelectual não parecia uma renovação crítica do marxismo, mas uma renovação da teoria social latino-americana a partir da crítica da modernidade.

Do lado europeu, a modernidade se fortalece como parte da experiência cotidiana, da prática social e da ideologia legitimadora do capitalismo. Na história da América Latina, em contrapartida, ocorre uma contradição profunda entre a ideologia da modernidade e as práticas sociais. O velho continente confina-se na esfera da subjetividade, ao passo que o outro permanece bloqueado em sua possibilidade de ingresso na materialidade cotidiana da sociedade. Isso significa que a modernidade na periferia do capitalismo adquire uma forma ideológica legitimadora de práticas antagônicas, "enquanto as práticas sociais modernas são reprimidas porque não podem ser legitimadas por nenhuma instância das ideologias dominantes".[233] Na América Latina, a "modernidade vive como consciência intelectual, mas não como experiência social cotidiana".[234]

Lima: Ediciones Sociedad y Política, 1988.

[233] Idem, p. 15.

[234] Idem, p. 16. No Brasil, esse desencontro entre ideias europeias e prática social foi explorado no famigerado ensaio "As ideias fora do lugar" de Roberto Schwarz, *Ao vencedor as batatas* [1977]. São Paulo: Duas Cidades/ Editora 34, 2000.

Como forma de superar tais conflitos, a modernidade ocidental teria duas formas de realizar as promessas dos preceitos iluministas. Quijano recupera, em referência explícita à Escola de Frankfurt, a importante distinção entre "razão instrumental" e "razão histórica": a primeira como relação entre meios e fins, mediatizada pelo poder, guiada pelo ideal de eficácia e preocupada com a harmonia entre a ideia da razão e a autoridade do Estado; a segunda devotada à crítica de sociedades desiguais e despóticas, e preocupada com a exposição do conflito entre a ideia de modernidade, as racionalidades locais e a autoridade do Estado. De um lado, a razão instrumental como dominação; do outro, a razão histórica como libertação.

Essa distinção não se verifica apenas como exercício conceitual. O que estava em pauta era submeter à crítica conceitos não equivalentes, como "modernidade", "modernização" e "cultura ocidental", à luz da história de um país marginal na periferia do sistema capitalista. Portanto, aos olhos de Quijano, a modernidade enquanto *razão instrumental* não poderia ser defendida como projeto latino-americano. Do mesmo modo, denuncia-se que a "modernização" como modelo econômico-social importado no pós-guerra, que insuflou no imaginário latino-americano a quimera da "modernidade sem revolução", estava inteiramente afinada aos "interesses do capital" e à "instrumentalização do poder". Restava, então, a modernidade enquanto *razão histórica*, haja vista que ela continha "potencialidades" capazes de enriquecer as tradições culturais. Por meio dessa distinção, entende-se de maneira mais nítida a ideia de *crítica* da racionalidade ocidental a que se refere Quijano: fica completamente descartado que sua concepção teórica possa conduzir à negação dos aportes da cultura ocidental.[235]

---

[235] Não custa lembrar que o sociólogo peruano estava atento ao debate europeu sobre modernidade e pós-modernidade, bem como ao estadunidense sobre antimodernidade, que vigoravam na década de 1980. Esse é um dado importante, pois tanto a vertente *anti* quanto a

Essa nova representação da história latino-americana, cuja lógica não é linear e cujo devir é incerto, representa um "acerto de contas" de Quijano com sua própria trajetória e sua geração de cientistas sociais, especialmente ligados à Teoria da Dependência da qual fizera parte. Doravante, no projeto de Quijano, a *identidade* enquanto processo, projeto e movimento histórico torna-se o aspecto central da refundação da América Latina. Era sintomático que Quijano declarasse essa mudança em 1988:

> É que nós, embora todo tempo angustiados pela suspeita de sua presença [de uma história diferente do tempo], fomos tampouco capazes de identificá-la e de assumi-la plenamente, com o sentido próprio, como identidade, como matriz cognitiva, porque não conseguimos liberar-nos mais cedo do domínio desse racionalismo [instrumental]. No entanto, pelo menos para muitos de nós, esse era o mais genuíno sentido de nossas buscas e perplexidades durante o período dos agitados debates da dependência. Mas é

---

pós – ambas "antigas defensoras do socialismo" ou de um "liberalismo extremo", segundo o autor – fazem também uma crítica radical do paradigma da modernidade e dos problemas epistemológicos das ciências sociais do século XX. Não seria, então, o diagnóstico de Quijano um posicionamento semelhante ao dessas correntes? Ora, essas vertentes, segundo o autor, exaltam a falência das promessas "liberadoras da razão histórica e de sua específica modernidade, mas principalmente por (...) não voltarem à luta pela liberação da sociedade contra o poder, e aceitarem unicamente no futuro a lógica da tecnologia e do discurso do poder". Aníbal Quijano, *Modernidad, identidad y utopía en América Latina*. Op. Cit., p. 29. No afã de romper com a modernidade europeia, em nome de ideais passadistas e sentimentais, essas vertentes exercem certo tipo de "fundamentalismo culturalista": "É verdade que existe um tipo de fundamentalismo culturalista em muitos lugares, o qual corre o risco de jogar o bebê com a água suja, ou seja, expulsar tudo o que é moderno. O que inclui não somente sua variante instrumentalista, mas também a outra, que está associada à ideia de libertação, que também foi expulsa da mesma banheira de água suja, preservando somente a tradição cultural local". Nora Velarde, "La modernidad, el capital y América Latina nacen el mismo día" (entrevista de Aníbal Quijano). Op. cit., p. 49.

verdade, sem dúvida, que somente fomos capazes de entrevê-lo por trechos.[236]

Teria, então, Quijano apostado no *Kulturpessimismus* crítico e resignado de Max Weber ou na possibilidade de restabelecer o projeto inicial das Luzes por meio da razão comunicacional, à maneira de Habermas? Ou, ainda, numa perspectiva socialista, como fez nessa mesma época Marshall Bermann: seria o socialismo a abolição da modernidade ou seu prolongamento? Podemos afiançar que a grande contribuição teórica de Quijano é introduzir um quadro de reflexão em torno da especificidade histórica latino-americana contra aspectos eurocêntricos que tiveram influência historicamente na produção de conhecimento local da teoria social. O autor apresenta as bases filosóficas, epistemológicas e históricas de constituição de *outra racionalidade*, fazendo reformulações e refinando durante seu percurso a perspectiva cognitiva da "colonialidade". É nesse contexto que José Carlos Mariátegui é por ele instrumentalizado para legitimar seu próprio projeto teórico.

III.I. Um colóquio na Costa Rica: Mariátegui para quê?

Reforça essa transição o trabalho "La tensión del pensamiento latinoamericano", apresentado em 1986 por AQ no Colóquio Internacional "Marx, para quê?" da Sociedade Porto Riquenha de Filosofia.[237] Na realidade, o título da comunicação de Quijano poderia ser uma paródia do título do próprio colóquio: Mariátegui, para quê? Com efeito, Marx é pouquíssimo trabalhado no texto de apresentação, já que para o autor é premente expressar considerações sobre a produção de conhecimento

---

[236] Aníbal Quijano, *Modernidad, identidad y utopía en América Latina*. Op. Cit., p. 61.

[237] Aníbal Quijano, "La tensión del pensamiento latino-americano" [1986]. In: *Cuestiones y horizontes: de la dependencia histórico-estructural a la colonialidad/descolonialidad del poder*. Buenos Aires: CLACSO, p. 697-704, 2014.

na América Latina por meio da figura de JCM. Como vimos no capítulo anterior, o prólogo de 1978 redigido por Quijano a pedido da Biblioteca Ayacucho tinha o intuito de introduzir o leitor na fortuna do Amauta dentro de um contexto de "redescoberta". Por outro lado, é um intuito bastante diverso que anima o trabalho de Quijano apresentado em abril de 1986. O ponto nevrálgico desta comunicação já pressupõe uma profunda reformulação não apenas do debate sobre Mariátegui, como também das ciências sociais e do marxismo na América Latina. Embora esse texto seja relativamente breve, é possível afirmar, portanto, que sua proposta é audaciosa e nele se reflete a produção posterior de Quijano.

O autor inicia seu diagnóstico com a seguinte ironia: a produção de Mariátegui em seus últimos anos tem volume menor do que a de pouco mais de meio século de estudos mariateguianos. As motivações para esse balanço quantitativo não são apenas negativas. Seja pela complexidade e qualidade dos estudos nascentes, seja pela "enorme aptidão" dos estudos mariateguianos para "admitir leituras novas, o tempo todo, sempre que existe uma '*curva importante na história da América Latina*'", essa vocação para a novidade parece fazer com que a obra do Amauta seja, atualmente, "um território cada vez mais concorrido".[238]

Em seguida, Quijano retorna ao velho debate sobre a tensão entre pensamento marxista e não-marxista na trajetória intelectual de JCM. A interpretação geral sobre esse problema tem sido realizada "sobretudo como um debate acerca dos efeitos psicológicos e as implicações e os antecedentes psicológicos de tal tensão em Mariátegui, ou como contraposição, estranha e complicada, entre ambas as vertentes".[239] Embora reconheça que esses não sejam problemas falsos ou banais, Quijano afirma, contudo, que certos estudos não tocam "nem sequer superficialmente em

[238] Idem, p. 697, grifo nosso.
[239] Idem, p. 698.

uma questão maior".[240] Sua impressão é a de que o imbróglio acerca do ponto de vista mariateguiano do conhecimento seja, na realidade, expressão de um problema crônico na história do pensamento latino-americano.

> Na minha opinião, com Mariátegui estava constituindo-se pela primeira vez, de maneira explícita, um campo original que não se esgota no modo eurocentrista de admissão e produção do movimento marxista de conhecimento, nem, do outro lado, o movimento de reflexão chamado de conhecimento idealista. Esse campo cultural original implica que o *logos* e o mito não sejam, não podem ser externos entre si, senão contraditórios em um mesmo movimento intelectual, no qual a imaginação atua com e através da análise lógica para constituir o conhecimento como representação global ou globalizante e no movimento, que é indispensável para outorgar status supra-histórico, mítico.[241]

Esse campo cultural inaugurado por Mariátegui exporia a originalidade de seus descobrimentos. A tensão entre marxismo e filosofia da história, o primeiro como aposta no conhecimento da realidade nacional e a segunda baseada na religiosidade e metafísica, não estaria assentada em uma dualidade intransponível, mas, sim, em uma superação não isenta de tensões. Os embriões de uma nova história estariam no cruzamento entre um tempo profano e um tempo mítico. Especialmente este último é ressaltado por Quijano nos seguintes termos:

> Porque é real, ainda que inefável, tal como a história pode ser captada na realidade como tempo mítico para mostrar todo seu sentido. E onde, portanto, a história é uma aposta, no mais pascaliano dos sentidos, não há como conhecer e penetrar a realidade, não há como representá-la em sua totalidade, em seu movimento, em sua transfiguração incessante. Não há como transformá-la e transfigurá-la colocando tudo isso somente no tubo europeu, eu-

[240] Idem, p. 699.
[241] Idem, p. 700.

> rocentrista, no qual tanto o marxismo como o que não é marxista têm de mover-se até hoje na América Latina.[242]

"A história é uma aposta". Ela não é produto necessário das leis da história, nem fruto das contradições econômicas do capital, ou tampouco uma sequência mecânica da temporalidade implacável. Ela é um trabalho para o incerto. Em suma, ela não é demonstrável cientificamente.[243]

Esses excertos são expressão de um momento importante na trajetória intelectual de Quijano. A partir de meados da década de 1980, o autor aprofunda seu acerto de contas definitivo com as tradições teóricas "eurocêntricas" (marxistas e não-marxistas), que jamais admitiriam uma junção entre essas duas temporalidades. Na acepção eurocêntrica, por um lado, a oposição entre *logos* e mito exclui ambos os termos; em compensação, na perspectiva não-eurocêntrica formulada por Quijano, ela atua como integrante de um mesmo movimento de consciência e de reflexão. Mais do que isso, esse teria sido o "grande dilema", o ser ou não ser da história do pensamento latino-americano acossado pelas perspectivas eurocêntricas que influenciam, segundo o autor, as formações históricas de extração colonial.

[242] Idem, Ibidem.

[243] Analisando a aposta pascaliana, constituída pelo risco, perigo de fracasso e a esperança do êxito ("uma fé apostada"), Lucien Goldmann detecta a passagem das filosofias individualistas para o pensamento trágico (religioso) do mundo. Para o sociólogo da cultura, a herança pascaliana tem afinidades ocultas com a teoria dialética de Marx. Ver Lucien Goldmann, *Le Dieu Caché: étude sur la vision tragique dans les pensées de Pascal et dans le Théâtre de Racine*. Paris: Gallimard, 1959, p. 315-337. É curioso que Quijano não tenha recorrido à Lucien Goldmann para desenvolver suas reflexões. Como veremos no último capítulo deste livro, Michael Löwy, por seu turno, da mesma geração de Quijano, discípulo de Goldmann e com uma trajetória intelectual e política relacionada diretamente com o marxismo, também conhece inflexões teóricas na década de 1980, porém toma um caminho consideravelmente diferente do trilhado por Quijano.

Qual será o recurso utilizado por AQ para explicar os significados do "tempo mítico"? Quijano recupera um capital cultural adquirido em sua formação desde a juventude, mas que poucas vezes utilizou explicitamente em seus estudos sociológicos e políticos posteriores: a literatura latino-americana. Refere-se particularmente àquela vertente que combina o fantástico e o real, refletindo a vida social e os conflitos do continente. Desse modo, essa combinação transcenderia as delimitações do sistema literário: "Não é verdade que o real maravilhoso, ou o realismo mágico, tenha somente implicações estritamente literárias, mas também tem algo a dizer sobre o conhecimento e a compreensão da realidade histórica da América Latina".[244]

Não custa recordar que na época de Mariátegui, apesar do mundo indígena, dos espaços rurais e do "analfabetismo", a literatura era porta de entrada para se discutir o país como nação. Não por acaso, "Processo de literatura" é o mais extenso dentre todos os *Sete ensaios*. Flores Galindo recorda-se de uma conversa no Simpósio Literatura y Identidad Nacional en el Perú, em agosto de 1988, na cidade de Jauja, em que Quijano e Antonio Cornejo (um dos críticos literários mais afamados do Peru) justificavam o protagonismo da literatura não apenas em Mariátegui, mas para sua própria geração – isso sem mencionar que Mariátegui planejou escrever um romance sobre o Peru em sua fase "madura". Aos olhos dos três intelectuais, o uso de instrumentos racionais enquadrados por conceitos rígidos parecia limitado em um país cujas tradições culturais e tempos históricos são distintos dos da tradição do Ocidente.[245]

A admiração do sociólogo peruano pelos contemporâneos latino-americanos, como o mexicano Juan Rulfo, o argentino Jorge Luis Borges e o colombiano Gabriel García Márquez (que

[244] Aníbal Quijano, "La tensión del pensamiento latino americano" [1986]. Op. cit., p. 700-701.

[245] Alberto Flores Galindo, "José Carlos Mariátegui: marxista convicto y confeso". In: *Obras Completas*, tomo VI. Op. cit., p. 283 e 284.

havia recém-ganhado o Prêmio Nobel de Literatura de 1982) consistia em enxergá-los como desbravadores do enigma dos "tempos simultâneos" da América Latina, sob a mediação do "estético-mítico", cujo resultado seria mais satisfatório do que aquele alcançado pelos trabalhos sociológicos. Aos olhos de Quijano, trata-se de uma linhagem de autores que procuram desvendar o conflito de identidade do continente latino-americano. Especialmente, o andino José Maria Arguedas (1911-1969) parece fasciná-lo, não apenas por ser seu conterrâneo e por terem estabelecido laços de amizade,[246] mas pela intensidade das narrativas de Arguedas, construídas com "linguagem transgressora", situadas no universo periférico andino e em meio às suas mitologias.

Escritor, folclorista, tradutor, poeta, etnógrafo e docente universitário, Arguedas foi provavelmente o intelectual de maior prestígio do Peru na década de 1960. Ao longo de sua trajetória, o autor de *Os rios profundos* laborou pelo resgate e inserção da cultura regional andina quéchua – sua língua, arte e cultura – no mapa da nacionalidade peruana, o que resultou num especial cruzamento entre literatura e antropologia. Curiosamente, Arguedas foi um leitor ávido da revista *Amauta*, e compartilhava das ideias socialistas propagadas por Mariáte-

---

[246] Para maiores informações e análises sobre a relação entre Quijano e Arguedas, ver Roland Forgues, "El Tiempo de la Agonía" (Entrevista com Aníbal Quijano). In: Roland Forgues (org.), *Perú entre el desafío de la violencia y el sueño de lo posible*. Lima: Minerva, 1993, p. 297-298; José María Arguedas et al. *¿He vivido en vano? Mesa Redonda sobre Todas las sangres*. 23 de junio de 1965. Lima: Instituto de Estudios Peruanos, 1985; Víctor Hugo Pacheco Chávez, "Aníbal Quijano: episodios de lectura de José Maria Arguedas". In: ____ (ed.) *Rompiendo la jaula de la imaginación. Ensayos en torno a la obra de Aníbal Quijano*. Santiago: Doble Ciencias, 2018, p.15-34 e Graziela Menezes de Jesus, "Todas las sangres y el debate sobre el mestizo peruano". *Rompiendo la jaula de la imaginación*. op. cit., p. 35-58. É curioso constatar que o "retorno" de AQ ao mundo mítico-arguediano, ou seja, com maior sensibilidade ao mundo da produção literária e da subjetividade e sua potencialidade crítica e social, é mais uma das metamorfoses de Quijano.

gui.[247] Assim, Quijano reconhece uma dupla articulação na obra arguediana: a subversão da estrutura narrativa, ao incorporar a oralidade andina (a quéchua, em particular) à língua espanhola dominante, e um projeto cultural de longo prazo, como aposta sobre o sentido da história, que ao mesmo tempo o transcende e transfigura. A utopia arguediana como programa de "subversão linguística" tinha como meta expressar as necessidades de transmissão dos dominados e o projeto global de reconstituição do sentido histórico da sociedade peruana.[248]

---

[247] "Foi lendo Mariátegui e depois Lenin que encontrei uma ordem permanente nas coisas; a teoria socialista não apenas de um leitor comum a todo o futuro, mas também ao que havia de energia em mim deu um destino, carregando-o mais ainda de força pelo próprio fato de lhe dar sentido. Até onde entendi o socialismo. Não sei bem. Porém, não matou em mim o mágico". José María Arguedas, *A raposa de cima e a raposa de baixo*. Belo Horizonte: Editora UFMG, 2016, p. 294. Para uma análise da presença de Mariátegui na obra de Arguedas, ver Antonio Melis, "Presencia de Mariátegui en la obra de José María Arguedas". In: Sara Beatriz Guardia (org.), *Mariátegui en el siglo XXI: textos críticos*, 2012, p. 193-199.

[248] Dois anos antes, o sociólogo peruano havia lido o trabalho do linguista peruano Alberto Escobar intitulado *Arguedas o la utopía de la lengua*, de 1984. Em uma resenha entusiasmada sobre esse livro, Quijano aprecia os pontos de contato entre análise da língua e sociedade/cultura, ou como a primeira iluminou distintos aspectos da segunda, oferecendo um leque rico de significados na obra de Arguedas. Nesse caso, o valor da narração e da escrita arguediana estava centrado na língua, dentro das mudanças gerais da cultura e da sociedade. A língua adotada por Arguedas é o idioma espanhol (dominante), mas a escritura é elaborada com todos os sons da oralidade andina. Dessa "integração da diversidade" formou-se uma língua por "*co-presença de ambos idiomas*" (espanhol e quéchua). Diante disso, Quijano indaga se essa integração não poderia ser a expressão de uma utopia subversiva da cultura latino-americana, já que o idioma dominante (não-índio) é recriado através da integração com o dominado (índio), o que se verifica também na integração cultural considerada amplamente. Aníbal Quijano, "Arguedas: la sonora banda de la sociedad" [1984]. In: *Cuestiones y horizontes: de la dependencia histórico-estructural a la*

Esse exercício de "transculturação narrativa" na obra de Arguedas, segundo a expressão de Ángel Rama, consiste na tradução da cultura local no sistema global. Em última análise, trata-se de junções (e subversões) dos elementos que o eurocentrismo formalizou e categorizou como necessariamente opostos (logos *versus* mito; ciência *versus* fé; razão *versus* emoção). Para Quijano, trata-se de

> Admitir a cultura ocidental como dominante sob condição de que nela possam caber todas as possibilidades de expressão e criatividade do que não era ocidental. Na realidade, é comer as entranhas do dominante para incorporá-lo àquele que é, até aquele momento, dominado. E convertê-lo em alternativa não excludente, pelo contrário, envolve o conjunto da história desse movimento.[249]

Ao adotar essa perspectiva antropofágica – que não reconhece a literatura brasileira em seu repertório –, essa vertente da literatura latino-americana descobre, segundo Quijano, um espaço cultural *sui generis* na América Latina, "e creio que para a possibilidade de reconhecimento da realidade histórica latino-americana, de sua historicidade especial".[250] Ou seja, uma colocação no terreno da epistemologia e metodologia que leva em conta não apenas diferentes conhecimentos sobre a sociedade, como também *modos* diferentes de conhecê-la.

Assim, aos olhos de Quijano, JCM seria o arquiteto da América Latina, que reúne temporalidades distintas daquelas da cultura europeia-ocidental.

> Eu creio que isso seja possível a partir de Mariátegui. Não que Mariátegui estivesse tentando formalmente isso. Não estou seguro de que ele fora consciente de que estava implicando um movimento de reflexão. Quando ele estava tratando de sustentar que

---

colonialidad/descolonialidad del poder. Op. Cit., p. 693.

[249] Idem, p. 701.

[250] Idem, Ibidem.

o processo de classes na América Latina poderia conduzir a uma revolução, não porque a ciência propunha assim, mas porque o mito da revolução socialista era capaz de mover a fé das multidões nessa direção, na minha opinião, ele não estava somente apelando formalmente a Marx e Sorel. Isto é, ao que estava no primeiro plano em sua consciência.[251]

Se outrora a crítica da herança eurocêntrica existia de maneira mais ou menos subterrânea no itinerário de Quijano, há, a partir do texto "La tensión del pensamiento latinoamericano", uma indiscutível atenção ao problema do eurocentrismo. Com efeito, trata-se do *ponto de partida* de indagações persistentes que sustentam a perspectiva epistemológico-metodológica adotada pelo pensador latino-americano na fase de sua mais reconhecida produção intelectual.

IV. Tournant teórico: a agonia pela descolonização epistemológica

Nessas "circunstâncias históricas muito especiais" de desmanche de sociedades burocráticas, ascensão do capitalismo neoliberal e crise categorial do conhecimento, Quijano persegue uma forma de conhecimento dotada de uma tarefa central: a "descolonização epistemológica" como crítica explícita do evolucionismo unilinear e unidimensional do eurocentrismo.

O eurocentrismo não consiste, pois, na localização geográfica do observador. Se fosse assim, deveríamos ter um latinoamericacentrismo, um africacentrismo, etc. etc., e o eurocentrismo não seria realmente um problema. Tampouco se coloca como uma questão de autonomia intelectual diante da imposição europeia, que algum nacionalismo intelectual ou cultural pudesse resolver. A descolonização da epistemologia não implica sua nacionalização. E embora geralmente se manifeste como etnocentrismo e, sem dúvida, o implique, também não seria perti-

[251] Idem, p. 702.

nente admitir que esse traço seja a marca básica de identificação do eurocentrismo.[252]

Nos anos 1990, a relação de Quijano com a obra de JCM não é apenas a de intérprete, mas também de divulgador, debatedor e editor. Prólogos de livros, jornadas acadêmicas, entrevistas em periódicos de circulação restrita constituem o perfil de suas publicações sobre Mariátegui nessa etapa de sua trajetória. Especialmente no centenário do nascimento de JCM, em 1994, quando ocorreram inúmeros eventos acadêmicos em homenagem ao autor, no Peru e no exterior, registram-se algumas das atividades mais importantes de Quijano. Neste ano, torna-se codiretor da revista *Anuario mariateguiano*, ao lado de Antonio Melis, o que implica conhecimento atualizado da produção contemporânea de (e sobre) Mariátegui. Em grande medida, as produções de Quijano sobre o Amauta são desconhecidas do grande público, por se tratarem de pequenas intervenções, em comparação com o conjunto global de ensaios por meio dos quais o autor logrou grande audiência. Um exemplo dessa diferença simbólica é que, até o ponto em que nossas pesquisas nos permitem afirmar, nenhuma dessas produções sobre JCM foi traduzida, ao passo que a tradução em língua inglesa, francesa e, em menor medida, portuguesa dos textos autorais de Quijano tornou-se relativamente comum durante as décadas de 1990 e 2000.

Em 1991, AQ publica um trabalho inteiramente dedicado a José Carlos Mariátegui: *textos básicos*.[253] Trata-se de uma seleção de quarenta e cinco textos separados por notas introdutórias para cada seção. Como uma grande e difundida contribuição sobre Mariátegui já havia sido realizada por meio da introdução de 1979, o prólogo redigido no verão de 1991 tinha outras am-

---

[252] Aníbal Quijano, "El sueño dogmático". In: Osvaldo Fernández Díaz. *Mariategui o la experiencia del otro*. Lima: Amauta, 1994, p. XII.

[253] José Carlos Mariátegui, *Textos basicos de José Carlos Mariátegui* (Seleção, prólogo e notas introdutórias de Aníbal Quijano). Lima-México: Fondo de Cultura Económica, p. VII-XVI, 1991.

bições. Por um lado, seria vão sugerir que o conjunto dos textos escolhidos tivesse a pretensão de responder às preferências ideológicas do organizador. Por outro lado, seria demasiado ingênuo supor que um cientista social do perfil de Quijano não estabelecesse critérios que colocassem a antologia em sintonia com a perspectiva de "descolonização epistemológica", que se tornava cada vez mais clara. Tanto é que não apenas o prólogo em questão, mas também o restante dos textos produzidos sobre JCM são acompanhados por linhas argumentativas, hipóteses e problemas que se complementam. À medida que Quijano explora diferentes dimensões da obra mariateguiana, é possível, portanto, entrever a unidade de um interesse coerente e unificado.

Para Quijano, não há dúvida de que o autor de *La escena contemporánea* elaborara questões novas e modos diferentes de indagar a especificidade histórica da América Latina. Mariátegui elabora uma *perspectiva cognitiva* capaz de produzir conhecimento diverso daquele que resulta da "racionalidade instrumental ocidental". Com efeito, encontrar-se-ia em sua obra e trajetória a possibilidade de "repensar o dispositivo do conhecimento" que tem permitido a dominação europeia, bem como o esforço de liberar a teoria social da dominação de categorias produzidas pela "colonialidade do poder". Ou seja, JCM criaria, segundo Quijano, uma relação epistemológica original com o mundo. Resistente à racionalidade reducionista e tecnocrática eurocêntrica, principalmente às versões associadas às burocracias socialistas, o arsenal mariateguiano, chamado de "crítica revolucionária peruana", também abriria um flanco analítico para *outra* concepção da história latino-americana. Desse modo, ao atribuir à obra de Mariátegui o papel de *invenção* de uma outra maneira de conhecer, Quijano promove o autor à condição de filósofo que traz proveito para seu novo empreendimento teórico, como é possível observar no quadro 2.1. Não por coincidência, "racionalidade alternativa" é o termo amiúde utilizado por Quijano não só para caracterizar o pensamento de Mariátegui, como também para nomear seu próprio projeto da "colonialidade/des-colonialidade de poder".[254]

Quadro 2.1. Características mais frequentemente associadas a JCM nos trabalhos de AQ na etapa da "colonialidade do poder"

José Carlos Mariátegui
Filosófico – Descolonização Epistemológica (ou Cognitiva) – Racionalidade alternativa – Crítica ao eurocentrismo – Problema global do conhecimento – Heterogeneidade histórico-estrutural

A revolta intelectual contra o modo eurocêntrico de produção de conhecimento nunca esteve, exatamente, ausente do pensamento social e político latino-americano. De fato, uma das características desse movimento intelectual na década de 1920 era diferenciar a realidade europeia da realidade latino-americana, de modo que a crítica dos referenciais europeus foi assimilada por diversos escritores, artistas e líderes políticos. Haya de la Torre, por exemplo, tinha como objetivo a fundação de certo "latinoamericacentrismo". No entanto, aos olhos de Quijano, Mariátegui seria o *único* exemplo de sua geração em que se registra uma atitude em direção a uma "subversão epistêmica e teórica".

Evidentemente, a proposta de uma racionalidade alternativa mariateguiana seria *implícita* e, muitas vezes, *intuitiva*, já que não teria sido desenvolvida de maneira consciente e sistemática. Não há, em Mariátegui, um sistema filosófico coerente e imutável – ou uma "teoria integral". Na realidade, toda sua reflexão tomou forma de ensaio no campo da produção jornalística. Portanto, qualquer tentativa de sistematização de seu pensamento é sempre incerta e controvertida.

Quijano tinha ciência desse componente *sui generis* da produção de Mariátegui. Bem entendido, é possível afirmar que sua leitura não cria mais um fetiche em torno de *Mariátegui filósofo*. Por se tratar de um pensamento crítico como o de Quijano, nada impede de antemão que se sustente a existência de uma reflexão filosófica mariateguiana e se afirme a necessidade de resgatá-la. Afinal, não foi apenas como homem de ação, mas fundamentalmente no âmbito intelectual que JCM deixou contribuições decisivas para a cultura política peruana. São bem conhecidos *Defensa del marxismo* e *El alma matinal y otras estaciones del hombre de hoy*, livros organizados pelo autor mas publicados postumamente,[255] nos quais se verifica a exaltação da ação heroica individual e social na história, bem como o acento sobre a dimensão ética do socialismo em contraposição ao evolucionismo e ao positivismo na história.

Quijano ainda ressalta outras duas características. Em primeiro lugar, sublinha a constituição de uma escrita de *grande duração*: "a escritura mariateguiana tem provado, exatamente, essa capacidade de percorrer o tempo, produzindo, em cada época, uma relação nova com o mundo à sua volta e, desse modo, novas leituras".[256] Em segundo lugar, aponta o exercício constante de "autonomia intelectual", principalmente no debate marxista de seu tempo, dentro e fora da América Latina. Diga-se de passagem, esta característica põe em relevo uma prática de autonomia intelectual mariateguiana que soube articular o "problema global do conhecimento" com a "questão da revolução". Esses dois elementos, inseparáveis de um mesmo movimento, parecem intrigar Quijano em uma entrevista – pouco conhecida – com Sinésio López e Gustavo Gutiérrez para uma revista peruana:

> Na minha opinião, o que segue chamando realmente atenção em JCM, e me parece às vezes difícil de ver como foi alcançado, é o modo como procura levantar simultaneamente as questões centrais de um exercício político chamado *revolução*; em seus próprios termos, ao mesmo tempo [procura levantar] os problemas

---

[255] Ver José Carlos Mariátegui, *Defensa del marxismo*. Em DM e Idem, *El alma matinal y otras estaciones del hombre de hoy.* Em EAM.
[256] Aníbal Quijano, "Prólogo". In: José Carlos Mariátegui. *Textos basicos de José Carlos Mariátegui*. Op. Cit., p. IX.

> do modo de produzir conhecimento, do modo de produzir cultura, isto é, do modo de subverter não somente as relações sociais materiais, como também as relações sociais intersubjetivas no mesmo movimento.[257]

Tendo em vista essa simultaneidade de projetos, seria complicado classificar Mariátegui dentro de alguma vertente teórica: crítico da sequência histórica europeia como universalidade, adversário marxista da ideologia do "progresso", religioso partidário do materialismo, nostálgico das formas comunitárias indígenas do passado etc. Não sem razão, a propósito desse pensamento extremamente singular, o único personagem com que Quijano traça comparação é outro *outsider* da história intelectual do século XX: o filósofo alemão Walter Benjamin.[258]

> (...) o processo de reflexão mariateguiana pode ser melhor relacionado com Walter Benjamin, não somente por essa peculiar tensão de uma racionalidade que nega o reducionismo, mas também porque em ambos a revolução é pensada como uma questão de redenção, sem que isso desemboque, no entanto, em um território estranho à própria história. Desse modo, em ambos, a materialização da igualdade social, solidariedade, da reciprocidade e do amor ao próximo na vida cotidiana da sociedade não se refere a – nem depende de – nenhum poder religioso institucional. Em Benjamin se move uma densa corrente que leva desde as fontes da Cabala até a história filosófica europeia. De que bebia a desaforada sede mariateguiana? Essa é ainda uma interrogação aberta.[259]

---

257 Aníbal Quijano; Gustavo Gutierrez; Sinesio Lopez. "Mariátegui contra la expropiación de la utopia". In: *Cuestión de Estado*, Lima, ano 2, n. 8-9, 1994, p. 41, grifos do autor.

258 Para uma interessante análise comparativa entre Mariátegui e Walter Benjamin, ver Noelia Figueroa, "Walter Benjamin y José Carlos Mariátegui: gestos para refundar una teoría crítica subalterna". In: *Herramienta*, Buenos Aires, n. 51, p. 53-66, 2012 e Michael Löwy, "Walter Benjamin e José Carlos Mariátegui: dos marxistas disidentes de la ideología del 'progreso'. In: *Casa de las Américas*, Habana, n. 294, p. 38-47.

259 Aníbal Quijano, "Prólogo". In: José Carlos Mariátegui. *Textos basicos*

IV. I. Marxismo como "racionalidade alternativa"?

Sobretudo, uma questão precípua na interpretação de Quijano sobre JCM é o lugar que ocupa o marxismo. Para AQ, a primeira confrontação entre "materialismo histórico" e a "teoria marxista da história"[259] na América Latina deu-se por meio das posições mariateguianas na Primeira Conferência Comunista Latino-americana, reunida em Buenos Aires (1929). Tratava-se da versão eurocentrista hegemônica defendida pelo Secretariado Latino-Americano e a apresentação dos trabalhos de JCM ("Punto de vista anti-imperialista" e "El problema de las razas en América Latina").[260] Nem mesmo toda manifestação de apoio político ao bolchevismo e as inúmeras declarações sobre Lenin como o mais importante continuador de Marx não esmaeceram os dissensos teóricos e políticos em torno das propostas aventadas por Mariátegui. Mesmo com esse parentesco teórico irredutível com a teoria materialista da história, a denominação "marxismo de Mariátegui" ocasiona desconforto para AQ. Ela não seria apenas diferente e distante da produção do "materialismo histórico", mas, na verdade, a ele dirige-se decididamente em sentido oposto. Por isso, conclui Quijano, "chamar Mariátegui simplesmente de marxista é recorrer a um nome que se

---

de José Carlos Mariátegui. Op. Cit., p. X.

259 É importante destacar a distinção feita pelo autor entre "teoria materialista da história" e "materialismo histórico". Inspirado pela *dialética*, a primeira é definida como relação complexa e contraditória com a realidade concreta. Por integrar diversas temporalidades em um mesmo processo histórico, produz uma totalidade heterogênea e aberta, pois não se pode assegurar por antecipação que ocorrerá deste ou daquele modo. O segundo é a versão eurocêntrica, influenciada pelo evolucionismo positivista; o "materialismo histórico" cumpre o objetivo de encontrar na realidade estudada o que já fora previamente elaborado por uma teoria "geral". Para mais detalhes, ver Aníbal Quijano, "La nuova heterogeneidad estructural de America Latina". In: *Hueso Humero*, Lima, n. 26, p. 8-23, 1990.

260 Cf., José Carlos Mariátegui, *Ideología y Política*. Em IyP.

pode aplicar para todos os marxismos e, dessa maneira, a ninguém, sem explicar em que consiste sua especificidade".[262]

Um trabalho que chamou a atenção do sociólogo peruano foi *Mariátegui o la experiencia del otro*,[263] de Osvaldo Fernández Díaz, publicado dentro do contexto de comemoração do centenário do nascimento de Mariátegui. Foi *provavelmente* durante o Seminário Internacional "América, el otro descubrimiento", organizado pelo franco-peruano Roland Forgues na Universidade de Pau-Tarbes (França) em outubro de 1992, que Quijano conheceu o autor chileno. O sociólogo peruano participou de uma mesa de debate presidida por Antonio Melis, ao lado de César Germaná (Peru), Kinichiro Harada (Japão) e Osvaldo Fernández Díaz (Chile). Um dos pioneiros na divulgação de Gramsci no Chile e professor de Filosofia da Universidade de Valparaíso, o trabalho apresentado por Fernández Díaz consistia em uma hermenêutica de *Defensa del marxismo*, especialmente do capítulo sobre a polêmica com o belga Henri De Man.

Para o intelectual chileno, além das respostas às objeções do belga em *Au-delà du marxisme*, o texto de JCM não teria como objetivo expressar meramente uma proclamação da fé revolucionária, tampouco trazer para o debate aportes sobre o método científico, mas sim interrogar o próprio instrumento utilizado: o marxismo. Por meio de uma análise talmúdica, palavra por palavra, Fernández Díaz acompanha o uso dos conceitos, os recursos estilísticos (metafóricos) e o percurso da argumentação do Amauta. Um momento particular dessa minuciosa leitura é a incursão histórica no interior do "revisionismo" mariateguiano. Embora o termo tenha uma conotação puramente negativa para a ortodoxia marxista da II Internacional, Mariátegui procuraria "transformar a palavra em conceito" para liberá-la

---

[262] Aníbal Quijano, "El marxismo en Mariátegui: una propuesta de racionalidade alternativa". In: VV. AA. *El marxismo de Mariátegui*. Seminário do V Congreso Nacional de Filosofía. Lima: Amauta, 1995, p. 69.
[263] Lima: Amauta, 1994.

da rigidez imposta e pô-la em operação, já que seu significado oficial não o apetecia. O "revisionismo" estaria assentado em "uma história adjunta, lateral, conflitiva, mas que não tem existência independente, e cuja explicação definitiva somente pode ser lida na mesma história da qual se separa".[264] De acordo com o autor, o exemplo mais interessante e enigmático da revisão do "revisionismo" é a oposição entre heresia e dogma centrada em uma colocação *sui generis* de JCM: "a heresia é indispensável para comprovar a saúde do dogma".

Na leitura do filósofo chileno, quando postula uma relação de necessidade entre heresia e dogma, Mariátegui "produz um choque, um contraste semântico, que ilumina de maneira diferente o problema do revisionismo, criando um ponto de vista alternativo".[265] O nexo entre heresia e dogma é mediado pela noção de "saúde"; a heresia é momento necessário do dogma, um vigilante que cumpre o papel de comprovação. "Se passarmos a ler o que está sendo aludido, poderemos concluir que a afirmação representa a consagração do revisionismo como momento necessário do marxismo".[266] A presença do fator herético cumpre uma função "reativa", interna e necessária, "estimula a atividade intelectual" e "provoca uma reação" no corpo central do dogma. Dessa forma, por meio da *experiência do outro*, Mariátegui transformaria a heterodoxia (fala-se também em "militantes heterodoxos") em um momento necessário e interno à ortodoxia, esta mantenedora dos conceitos puros e das antinomias da Razão.

Essa criativa interpretação do filósofo chileno teve efeito positivo nas lentes de AQ. Não por coincidência, ele redigirá o prólogo do livro de Fernández Díaz declarando seu entusiasmo com a exegese de *Defensa del marxismo*. Nas palavras do sociólogo peruano: "Não conheço outro trabalho que tenha se destacado

---

[264] Osvaldo Fernández Díaz, *Mariátegui o la experiencia del otro*. Lima: Amauta, 1994, p. 123.

[265] Idem, p. 125.

[266] Idem, Ibidem.

com tanta perspicácia para descobrir e mostrar a delicada associação entre ética e epistemologia que Mariátegui tinha logrado revelar".[267] Amauta vigilante solitário das ortodoxias constituídas, questionador dos preceitos oficiais: essa parece, portanto, a imagem apropriada aos olhos de Quijano. Por conseguinte, no pensamento de Mariátegui, não se trata apenas de uma filiação e de uma fé, mas de uma "racionalidade integradora".

Basta mencionar sua influência por Sorel, tema muito debatido e permeado por dissensos. Mariátegui não apenas o menciona ou cita, mas sobretudo defende seus argumentos sob diversos aspectos. Sugere inclusive que foi decisiva a influência soreliana sobre Lenin. Quebrando a tradição ortodoxa, aventa uma genealogia um tanto peculiar da tradição marxista: Marx – Lenin – Sorel. Os dois últimos seriam "guardiões heterodoxos" do "verdadeiro revisionismo" marxista. Desse modo, para Quijano, a relação Sorel-Mariátegui seria, no fundamental, assumida pelo pensador peruano como um exemplo, uma referência para o itinerário da própria reflexão e para elaboração de uma proposta autônoma: "Mariátegui procura constituir na América Latina o que Sorel havia feito na França: um pensamento filosófico-político vinculado a herança intelectual de Marx, que parte dela sem deixar de guardar a esse respeito uma enorme autonomia e liberdade teórica e intelectual".[268]

Nessa mesma tônica dar-se-ia a relação entre Mariátegui e Marx. Se o primeiro toma as propostas do segundo sobre sociedade e poder como orientação central de suas indagações centrais o realiza de modo notavelmente autônomo. "O que parece notável é como Mariátegui coincide com as intuições ou com as propostas de conhecimento originais de Marx", dirá Quijano.[269]

---

[267] Aníbal Quijano, "El sueño dogmático". In: Osvaldo Fernández Díaz. *Mariategui o la experiencia del otro*. Op. Cit., p. XV.

[268] Aníbal Quijano, "El marxismo en Mariátegui: una propuesta de racionalidad alternativa". Op. Cit., p. 41.

[269] Idem, Ibidem.

Propostas que serão realizadas por Marx através de trabalhos como *Manuscritos econômico-filosóficos*, *Grundrisse*, *A ideologia alemã*, que serão divulgados somente depois da década de 1930. Obviamente, Mariátegui não conheceu esses trabalhos, o que torna ainda mais emblemática essa afinidade teórica aventada por Quijano. Com efeito, o sociólogo peruano demonstra uma preocupação de não deslegitimar Marx e sua concepção dialética da história, sem eximi-lo de críticas e posições ambivalentes em relação ao eurocentrismo. Não por coincidência, Quijano retrata Marx como o primeiro e o mais importante formulador de uma direção alternativa para racionalidade. Muitas das questões formuladas por Marx, como o problema do conhecimento, retornariam ao debate que se abriu em torno da "crise da modernidade". Constituindo-se historicamente, o conhecimento enquanto "produto histórico- social, isto é, sempre referido a um universo intersubjetivo historicamente subjetivo, e parte de um complexo no qual está associado à ação e à transformação",[270] sempre terá relação com o poder. Portanto, elementos de uma proposta epistemológica e ética, inseparáveis no mesmo movimento de reflexão, estariam tanto em Marx quanto em Mariátegui.

Na confluência entre o marxismo crítico latino-americano e a perspectiva da descolonização epistemológica, a contribuição mais original de Mariátegui, segundo Quijano, é sua proposta formulada no primeiro capítulo do *Siete ensayos* ("Esquema de la evolución económica"). Mariátegui entende que a formação histórico-social peruana ancora-se em uma estrutura global de elementos desiguais, contraditórios e combinados. Eis a originalidade histórica e teórica da experiência latino-americana: "feudalismo" (ou "semifeudalidade"), "servidão" e "capitalismo" não constituem modos de produção separados atuando em um mesmo território. Na realidade, se articulam em uma mesma estrutura de poder (ou numa "totalidade heterogênea") sob o

[270] Idem, p. 42.

domínio do capitalismo, embora o capitalismo não seja o único padrão estrutural da totalidade social da América Latina. Portanto, distintos modos de produção articulam-se entre si de maneira coetânea, complementar e contraditória. Quijano designa essa análise como "heterogeneidade histórico-estrutural". Originalmente, o termo foi elaborado como alternativa ao "dualismo", que era a pedra angular da teoria da "modernização". Desse modo, nessa formulação mariateguiana encontra-se uma afinidade eletiva entre a vertente da teoria marxista da dependência e a proposta da "colonialidade do poder":

> A ideia de semifeudalidade é uma afirmação de JCM, mas é tirada de uma proposta de conhecer uma totalidade que não é nem sistemática nem orgânica. São dois modos dominantes de constituir a ideia de totalidade no Ocidente. Em JCM, trata-se de uma totalidade que se constitui com a heterogeneidade histórico-estrutural. Esta é uma fórmula latino-americana dos anos 1960, mas é exatamente o que está se elaborando implicitamente em JCM nos anos 1920. Demoramos quarenta anos para reencontrá-la na América Latina, de um lado na luta contra o positivismo, o evolucionismo, a teoria da modernização e, de outro lado, contra o modo de produção.[271]

Em outro trecho, é possível notar:

> Essa subversão epistêmica e teórica original podia reconhecer-se como a fonte da produção da ideia latino-americana de heterogeneidade histórico-estrutural, como um modo historicamente constitutivo de toda existência social, rompendo, desse modo, com o dualismo radical do cartesianismo, que está na própria origem do eurocentrismo, e com as propensões positivistas ao reducionismo e ao evolucionismo. E sem esse novo ponto de partida não poderíamos explicar o novo debate teórico e político, dentro e fora da América Latina, sobre o caráter e a história do atual

[271] Aníbal Quijano; Gustavo Gutierrez; Sinesio Lopez. "Mariátegui contra la expropiación de la utopía". Op. cit., p. 44.

poder mundial, em especial o ativo debate em torno da proposta teórica da colonialidade e des/colonialidade do poder.[272]

De qualquer forma, Quijano reconhece que os aportes mariateguianos sejam, em essência, antieurocêntricos. Contudo, justamente por não concluir o empreendimento de uma racionalidade alternativa, Mariátegui teria limites impostos pelas condições históricas e específicas da experiência latino-americana da década de 1920. Na concepção de AQ, ele não estaria livre das influências europeias do debate do "materialismo histórico" centro-europeu durante o manejo de conceitos como "feudalismo", "capitalismo" e "comunismo", ainda que fizesse uso radicalmente diferente do predominante. Há também a proposta mariateguiana de "socialismo indoamericano" (terminologia que já havia sido estabelecida por Haya de la Torre sobre o indo-americanismo) apresentada no famoso editorial da revista *Amauta* "Aniversario y balance" de 1928. Aos olhos de Quijano, a ideia deveria ser plenamente reformulada, pois a opção pelo índio da América Latina não integrava outros setores sociais explorados e oprimidos nesse projeto emancipador, como, por exemplo, o negro, muito por conta de explícitos preconceitos de Mariátegui.[273] Quijano recorda, por exemplo, do intelectual público afro-peruano, Nicomedes Santa Cruz (1925-1992), que escreveu inúmeros textos assinalando a negritude como ramo importante na totalidade histórica do Peru.[274]

---

[272] Aníbal Quijano, "Treinta años después: otro reencuentro. Notas para otro debate". In: José Carlos Mariátegui. *Siete ensayos de interpretación de la realidad peruana*. Op. Cit., p. CXXVII-CXXVIII.

[273] Para uma análise da relação entre JCM e a questão negra, ver Roland Forgues. *Mariátegui, la utopía realizable*. Lima: Amauta, 1995.

[274] Ver Carlos Aguirre, "Nicomedes Santa Cruz: la formación de un intelectual público peruano". In: *Histórica*, Lima: PUCP, v. 37, n. 2, 2013, p. 137-138. Poeta, artista, escritor, folclorista e cancioneiro, Nicomedes Santa Cruz escreveu o poema "Vallejo y Mariátegui" – transformado em canção – em homenagem aos dois grandes escritores peruanos: "Tamal de vacas sagradas/ arcilla y cemento mártir/ olor a nuevas pisadas/

Ademais, "uma das intrigas não resolvidas no debate mariateguiano é seu peculiar emprego das categorias 'raça' e 'etnia', de um lado; e, de outro, o cordão umbilical que liga sua noção de 'raça' com suas ideias sobre a 'questão nacional'".[275] De fato, essa não é uma questão trivial para Quijano, pois este estabelece a classificação da população mundial mediante novas identidades, em particular a noção de raça ("índio", "branco", "negro" e "mestiço"), conceito resultante do processo de legitimação e naturalização das relações de dominação iniciado com a colonização da América Latina.

Mariátegui recusou a categoria "etnia" para debater a problemática do "índio" na América Latina. Em contrapartida, para Quijano, o termo "raça" seria uma categoria fundamentalmente bidimensional no horizonte mariateguiano: uma noção de civilização e uma noção intimamente ligada ao fenótipo. Muitas vezes, JCM é contrário à ideia de "inferioridade racial" biológica, mas, em certas passagens, admite uma possível inferioridade histórica das "raças" indígenas.

> Mariátegui foi capaz de observar que o "problema indígena" não podia ser solucionado sem a liquidação do gamonalismo e da servidão. Ao mesmo tempo, também explicitou que as relações de poder entre "brancos", "índios", "negros" e "mestiços" não con-

---

amauta Carlos Mariátegui./ Hondo seso en alta frente/ crisol y barba del verbo/ sangre tibia en piedra hirviente/ poeta César Vallejo./ Aurora de las edades,/ meteoro de vida frágil,/ agricultor de verdades,/ fue José Carlos Mariátegui./ Amor madre, amor Hermano/ amor futuro y añejo/ amor total de lo humano/ fue nuestro César Vallejo./ Lumbre, panal, tea, llama/ antorcha y faro portátil/ trigo escudo, letra cama/ es José Carlos Mariátegui./ Lumbre, abismo, cielo, mar/ suma de sangre y pellejo/ canto de ir y voz de llorar/ todo y eso y más es Vallejo./ Imponiéndose al destino,/ por nuestra lucha de clases/ marcó el único camino/ mi hermano Carlos Mariátegui./ Y por su amor sin medida/ remozando al hombre viejo/ consumió su propia vida/ mi hermano César Vallejo".

[275] Aníbal Quijano, "Raza, etnia y nación: cuestiones abiertas". In: VV. AA. *Jose Carlos Mariátegui y Europa: el otro descubrimiento.* Lima: Amauta, 1993, p. 181.

> sistiam somente nas relações de exploração, nem se originavam nela, mas implicavam também fenômenos de outro caráter e de outra origem, como a ideia de "raça". Esse era o sentido necessário de sua comparação das relações entre dominantes e dominadores na China ou no Peru, com relação à questão nacional.[275]

Sem dúvida, na visão de Quijano, por mais inventivo que Mariátegui fosse na apropriação dessas categorias, os pontos negativos seriam mais importantes de serem ressaltados, tanto a respeito "de uma realidade heterogênea e diversa em um discurso homogeneizador" quanto por não desenvolver a questão racial nas relações de poder e classificação na história da América Latina.

IV. II. O espírito libertário

De qualquer forma, a heterogeneidade do lugar e da trajetória da escritura mariateguiana no debate marxista ganharia um surpreendente relevo aos olhos de Quijano, principalmente nas relações entre a materialidade e a intersubjetividade das relações sociais e históricas na realidade latino-americana: o socialismo libertário. Em Quijano, a associação à tradição libertária deve-se sobretudo à insistência mariateguiana sobre o papel da comunidade indígena no processo de uma revolução socialista no Peru e na América Latina, algo semelhante ao processo dos trabalhadores russos que procuraram realizar a revolução contra o czarismo. Por outro lado, a questão da democracia direta em Mariátegui não poderia ser debatida separadamente da denominação "indoamericano". Pilar na história-cultural andina, o comunitarismo-agrário, completamente oposto ao império da "razão instrumental", desponta como organização solidária e coletiva, na reciprocidade, como fundamento da solidariedade social e da democracia, e no trabalho coletivo alegre. É explícita a simpatia de Quijano pelas "formidáveis utopias do movimento anarquista" na América Latina.

---

[275] Idem, p. 185.

Essas características seriam uma das três utopias latino-americanas aventadas pelo sociólogo peruano, ao lado da racionalidade histórica iluminista (ideia de mudanças e de futuro como algo a se conquistar; liberdade individual e social; autopromoção democrática da sociedade) e africana (ideia de ritmo, valorização do exercício da corporeidade, alegria festiva como resistência contra a opressão e o sofrimento).[277] Curiosamente, Quijano batiza as associações comunitárias indígenas pela fórmula de "privado-social", instituição pública não-estatal, distinta da propriedade capitalista privada e da propriedade estatal capitalista, duas faces da mesma razão instrumental que "trazem as mesmas frustrações da 'modernização' e do 'populismo'".[278]

Até mesmo em sua análise sobre o problema da revolução em JCM percebe-se uma tendência em situar Mariátegui na tradição libertária. Segundo Quijano, o arsenal mariateguiano forneceria subsídios para entender a revolução em três aspectos distintos, mas interligados por meio de correlações de força específicas a cada momento e lugar: "subversão", "trajetória" e "libertação". Ao negar enfaticamente toda política reformista, Mariátegui enxerga a revolução como um dispositivo subversivo. Tanto a luta quanto o debate devem ser realizados ao "extremo", condição essencial para que as transações, resultado do choque de muitas forças, ocorram na história. Ao mesmo tempo, JCM concebe a revolução como trajetória, isto é, na contramão das receitas etapistas e concebidas antecipadamente, defendidas com afinco durante décadas no século XX. Resultado de uma trama de elementos contraditórios e combinados em uma totalidade historicamente heterogênea, "uma revolução não pode resolver tudo subitamente. Resolve-se de maneira contraditória, complicada. Aqui mais, aqui menos, ali se unem. Não é um

---

277 Aníbal Quijano; Gustavo Gutierrez; Sinésio Lopez, "Mariátegui contra la expropiación de la utopía". Op. cit., p. 42

278 Aníbal Quijano, *Modernidad, identidad y utopía en América Latina*. Op. Cit., p. 22 e 27.

conjunto de etapas previamente supostas, mas sim o conjunto de situações onde as relações de forças vão trabalhar".[279]

Por fim, o elemento "libertador da revolução" em JCM, que, segundo Quijano, revela um pioneirismo na América Latina, assenta-se não apenas na abolição da exploração do poder, como também "das hierarquias sociais e das categorias das vítimas de raça, etnia, classe, nação, gênero, sexo, idade, culturas. JCM é consciente dessas coisas". Ao não permanecer apenas na superação do poder constituído na exploração, "a luta de um poder para instaurar outro poder" formula um problema diferente. "É uma questão de libertação da sociedade, de suas próprias barbaridades. Consequentemente, não é uma luta pelo poder, é uma luta contra todo o poder".

No que diz respeito a abordagens polêmicas sobre o significado da revolução em Mariátegui, é preciso notar que muito da leitura do sociólogo peruano dirige-se contra a esquerda latino-americana, especialmente o PCP e o maoísmo. Trata-se de diferenciar radicalmente os aportes mariateguianos nessas duas tradições ortodoxas do cenário peruano, sobretudo na organização da luta armada de Sendero Luminoso, que, como sabemos, reivindicava-se "maoísta-mariateguista".

Como se pode perceber, Quijano é acompanhado por Mariátegui desde o princípio de sua trajetória intelectual e política. No entanto, as leituras feitas por AQ sofrem mudanças significativas em decorrência das próprias inflexões históricas continentais e mundiais a que o sociólogo peruano esteve atento. No capítulo anterior, mediante o prólogo de 1979 para a edição venezuelana redigido por Quijano, desenha-se a imagem de um Mariátegui indissociável da questão de classe, cruzamento entre o nascimento da classe operária peruana e a formação política do país: marxista irredutível, Mariátegui é um "revolucionário",

[279] Aníbal Quijano, Gustavo Gutierrez, Sinésio López, "Mariátegui contra la expropiación de la utopía". Op. cit., p. 49.

um "militante prático", um propositor de estratégias políticas e um estudioso dos problemas econômico-sociais do Peru.

Tais aspectos dessa figura "avermelhada", por assim dizer, causaram dissensos nas várias frentes da vida política peruana: contra a ordem oligárquico-imperialista, o nacionalismo democrático aprista e a direção oficial da IC. Em compensação, no conjunto de trabalhos vinculados à etapa da "colonialidade de poder", Quijano insere Mariátegui numa tradição filosófica e epistemológica, fazendo dele um formulador do modo de produzir conhecimento distinto dos aportes europeus. Trata-se de um pioneiro da "descolonização epistemológica" da teoria social latino-americana, o que torna seu marxismo ainda mais singular e consoante à "racionalidade alternativa". Os embriões da história, no arcabouço mariateguiano, são concebidos a partir de estudos sobre uma formação social concreta, na qual se combina uma série de modos de produção em uma totalidade histórica chamada de "heterogeneidade histórico-estrutural".

As conhecidas caracterizações que Perry Anderson aventa sobre "marxismo clássico" e "marxismo ocidental" são relevantes para entender as apropriações de Quijano sobre Mariátegui. Segundo o historiador britânico, a tradição clássica aceitava "a premissa de que era de importância vital decifrar as leis fundamentais do movimento capitalista na nova fase de seu desenvolvimento histórico"[280] e, por isso, exigia análise e explicação sobre as transformações do modo de produção capitalista geradas pela monopolização e pelo imperialismo. Ao mesmo tempo, era preciso preencher o universo político por meio de uma análise estratégica da luta de classes segundo uma perspectiva organizacional e tática. Com efeito, o mesmo poderia ser dito, em linhas gerais, da abordagem quijaneana sobre Mariátegui em 1978.

Por outro lado, na tradição "marxista ocidental", há um afastamento da economia e da política, que se aproximam da filo-

[280] Perry Anderson, *Considerações sobre o marxismo ocidental/ Nas trilhas do materialismo histórico*. Op. cit., p. 32.

sofia e ensejam debates sobre a questão do método, a primazia da epistemologia, a pluralidade de determinações, junção com sistemas do pensamento contemporâneo alheios ao marxismo e, muitas vezes, a ele antagônicos. A ênfase dessa tradição no estudo das superestruturas e a atenção especial às relações sociais intersubjetivas e suas variações assemelham-se, *mutatis mutandis*, à tônica da abordagem de Quijano encabeçada pela fórmula da "racionalidade alternativa". De qualquer maneira, tanto o Quijano de 1979 como o de 1991 "não são incoerentes entre si, mas é curioso que só a partir de 1991 este autor tenha visto algo que antes não menciona em absoluto na sua exegese de Mariátegui de 1979: que o próprio do marxismo mariateguiano era seu empenho de construir uma teoria da racionalidade alternativa à ocidental".[281]

A interpretação da fórmula "racionalidade alternativa" não passou isenta de críticas entre os estudiosos da obra de Mariátegui. Em *El marxismo de Mariátegui y su aplicación a los 7 ensayos*, o filósofo peruano David Sobrevilla dela diverge destacando três pontos. Em primeiro lugar, a expressão "racionalidade alternativa" não estaria exposta em nenhum dos textos de JCM, além de que o próprio Amauta teria elaborado críticas da ideia de "razão". Em segundo lugar, da "racionalidade alternativa" está ausente a preocupação em demonstrar os traços dessa outra racionalidade que Mariátegui supostamente buscara. Em terceiro lugar, o programa alternativo proporia uma abordagem excessivamente teórica "para caracterizar o marxismo do revolucionário peruano".[282] No entanto, no prólogo do livro de Sobrevilla, o italiano Antonio Melis assevera que a hipótese formulada por Quijano é "fecunda e não arbitrária". Ainda segundo o crítico italiano, talvez o "excesso de filologismo" de Sobrevilla oculte a percepção da noção de "racionalidade alternativa". Afinal, "embora seja verda-

---

[281] David Sobrevilla, *El marxismo de Mariátegui y su aplicación a los 7 ensayos*. Lima: Universidad de Lima/Fondo Editorial, 2012, p. 82.
[282] Idem, Ibidem.

de que Mariátegui não emprega a fórmula 'racionalidade alternativa', pode-se deduzir legitimamente esse conceito de sua obra".[283]

Ao adicionar um novo texto à terceira edição venezuelana dos *Sete Ensaios*, Quijano responde à crítica de Sobrevilla reconhecendo os limites de sua interpretação:

> Tem razão Sobrevilla quando afirma que em Mariátegui não se encontram esses termos, nem sinais explícitos de que se propõe a encontrar ou produzir qualquer racionalidade alternativa. E talvez também seja certo que esses não são os termos mais eficazes para dar conta dos momentos e zonas de rupturas da reflexão mariateguiana com o eurocentrismo dominante no "materialismo histórico", nem do ativo debate atual contra o eurocentrismo e pela reconstituição de modos diferentes de produção de subjetividade ou, mais geralmente, de um novo universo de subjetividades, de imaginário, de memória histórica, de conhecimento. Pois não se trata de encontrar uma racionalidade alternativa universal que substitua o eurocentrismo.[284]

Aos nossos olhos, o terceiro ponto levantado por Sobrevilla é legítimo, pois a leitura exclusivamente teórica de Mariátegui feita por Quijano suaviza, de certo modo, aspectos de sua trajetória, especialmente as atividades políticas que o levaram a travar contato com as classes populares (líderes indígenas, estudantis e operários). Como exemplos disso, podemos sublinhar a participação de JCM em congressos (o Terceiro Congresso Indígena), a breve porém factual atividade docente (nas Universidades Populares González Prada), a direção de revistas (*Claridad*, *Labor* e *Amauta*) e de organizações políticas e sindicais (Partido Socialista Peruano e Confederação Geral do Trabalho). Seriam essas atividades práticas "eurocêntricas"?

[283] Antonio Melis, "Prólogo: en busca del marxismo de Mariátegui". In: David Sobrevilla. *El marxismo de Mariátegui y su aplicación a los 7 ensayos*. Lima: Universidad de Lima/Fondo Editorial, 2012, p. 19.
[284] Aníbal Quijano, "Treinta años después: otro reencuentro. Notas para otro debate". In: José Carlos Mariátegui. *Siete ensayos de interpretación de la realidad peruana*. Op. cit. p. CXXV.

Ademais, Quijano não faz distinção entre revolução bolchevique e contrarrevolução stalinista. Ou seja, adere à "tese de continuidade" de uma "minoria conspiratória de bolcheviques que tomou o poder em 1917 por meio de um golpe de Estado, monopolizou o poder estatal para seu próprio benefício e, por meio da força bruta e do recurso ao terror, criou o partido-Estado autoritário".[285] Por que essa questão específica prejudicaria a análise sobre Mariátegui? Pois o marxismo de Mariátegui não se compreende sem a Revolução de Outubro. Antes mesmo de sua viagem à Europa, ele assumia orgulhosamente a denominação de "bolchevique"; admirou muitos dirigentes da revolução soviética, como Trotski, Lunatcharski e Lenin. Assim, dizer simplesmente que o bolchevismo é sinônimo de um marxismo-leninismo caricaturado por Stalin e, portanto, expressão do eurocentrismo significa ignorar processos complexos e descontinuidades ocorridos durante a década de 1920. Mariátegui vivenciou esse momento, de maneira distanciada e dispondo de informações desencontradas; no início da década de 1920, o movimento bolchevique ainda não havia desembocado no "culto da personalidade", na proibição do livre pensamento, na "verdade universal" do marxismo-leninismo, no totalitarismo burocrático, fato que só vem a ocorrer no começo da década de 1930, justamente quando Mariátegui morre prematuramente.

Ainda existe, evidentemente, uma diferença significativa entre as épocas de ambos os autores. No intervalo entre a morte de Mariátegui em 1930 e a época vivida por Quijano – curiosamente, nascido no ano da morte de JCM –, houve transformações profundas na realidade andina e latino-americana. Mariátegui abordou a questão indígena como problema nacional, a partir da tradição cultural e social peruana. Quijano, por seu turno, interessou-se em um primeiro momento pelas dinâmicas que

---

[285] Kevin Murphy, "Podemos escrever a história da Revolução Russa? Uma resposta tardia a Eric Hobsbawm". In: *Outubro*, São Paulo, n. 17, 2008, p. 48.

estavam em marcha no desenvolvimento desigual e combinado de seu país. Ele pertence a uma geração política e intelectual marcada pela transição histórica e, sobretudo, pela emergência e consolidação das ciências sociais e das lutas sociais e políticas na América Latina. Após vivenciar, ainda no Peru, a ascensão da esquerda revolucionária peruana, influenciada pela Revolução Cubana, e, já na estada do Chile, o ciclo político aberto em 1968, marcado pela ditadura de Juan Velasco Alvarado, Quijano testemunhou a inflexão histórica pela qual passou o mundo entre o final dos anos de 1970 e os acontecimentos de 1989 a 1991, dentre cujas consequências estava o declínio da esquerda política e do marxismo intelectual.

PARTE II. AS AVENTURAS DE MARIÁTEGUI NO BRASIL: contexto e trajetória de uma recepção tardia

Capítulo 3:
OUTSIDER CLÁSSICO: MARIÁTEGUI NAS MARGENS DAS CIÊNCIAS SOCIAIS

> *A América Latina parece uma história de encontros malogrados, realizações desencontradas. (...) Uma viagem que é sempre busca e negação, reconhecimento e recriação.*
>
> Octavio Ianni[285]

Na América Latina, o Brasil foi um dos países mais atrasados na recepção transnacional de José Carlos Mariátegui nas ciências sociais. O processo sobre a recepção marginal de sua obra é fruto de uma relação histórica de distanciamento entre Brasil e América Latina. Ademais, a tradição do pensamento latino-americano desempenhou um papel - quando muito - auxiliar na constituição das humanidades no Brasil, quando comparamos o peso da influência europeia e estadunidense.

Assim, discutiremos a difusão da obra de JCM no Brasil na fase de *gestação* e o primeiro momento de expansão da institucionalização das ciências sociais (até 1975, quando é publicado o livro *Sete ensaios* em português), tratando do debate dos seus textos, à medida que se dá a incorporação de seu pensamento aos trabalhos desenvolvidos pelos cientistas sociais. No entanto, cumpre ressaltar que essa inserção é feita de maneira *parcial*

---

[285] Octavio Ianni, *O labirinto latino-americano*, 2ª ed. Rio de Janeiro: Vozes, 1993, p. 7-8.

e *pendular*, sem uma reivindicação explícita, comumente ensejada por cientistas sociais que passaram por uma experiência política e/ou acadêmica fora do país.

A recepção de JCM se deu a partir das *margens* das ciências sociais, desde a década de 1960, quando a circulação de pesquisadores brasileiros na América Latina implicou um novo patamar de aproximação com referenciais teóricos e políticos da história do pensamento do continente. A rigor, a obra mariateguiana se manteve sempre na periferia do debate das ciências sociais no Brasil até o século XXI, reduzido a um número pequeno de intelectuais interessados, embora com uma iniciativa editorial promissora em meados da década 1970. Isso se confirma, inclusive, em Florestan Fernandes e Michael Löwy, dois sociólogos brasileiros de gerações distintas, que embora se interessem fortemente pela obra mariateguiana (por isso, estudados em um capítulo à parte), realizaram suas apropriações distante do sistema científico brasileiro – Florestan em um momento de desenraizamento das atividades universitárias e Löwy constituindo sua carreira universitária na França.

De todo modo, procuraremos seguir algumas questões concernentes à história da recepção de Mariátegui no Brasil, particularmente nas ciências sociais até *antes* da publicação de *Sete Ensaios* em português, em 1975, por meio de um conjunto de aspectos organizados nesse seguinte roteiro respondendo às questões não necessariamente nessa ordem: a) descrição do perfil dos cientistas sociais brasileiros e sua produção intelectual (apresentação de temas, estilos de trabalho e perspectivas de análise) que dialogaram com obra do intelectual peruano; b) ressaltar quais aspectos do arsenal mariateguiano foram apropriados para determinadas discussões nas ciências sociais; c) sua imagem difundida, possíveis filtragens interpretativas e os textos de maior audiência sobre o autor; d) apresentação das rotas de circulação (orais e escritas, livros, revistas, periódicos e jornais) pelas quais a obra de JCM chega aos cientistas sociais brasileiros.

I. Caminhos da socialização acadêmica e política

Em seu ensaio "Brazil and 'Latin America'", publicado na *Journal of Latin American Studies*, Leslie Bethell discute o fato de que nem os intelectuais nem os governos hispano-americanos e brasileiros consideravam o Brasil parte da "América Latina" - expressão que se referia somente à América Espanhola - pelo menos até a segunda metade do século XX.[287] "América Latina" era simplesmente outro nome para América Española. Não obstante a conhecida herança ibérica e católica que Brasil e América Espanhola têm em comum, escritores e intelectuais brasileiros, assim como hispano-americanos, tinham conhecimento das diferenças que os separavam: a geografia, a história (a luta de Portugal para se manter independente da Espanha e as formas distintas de colonização da América Portuguesa e da América Espanhola), a economia e sociedade brasileira baseadas na agricultura e escravidão, a língua, a cultura e as instituições políticas (de um lado, sistema republicano de governo dos países de "língua espanhola" e, de outro lado, sistema monárquico de governo no Brasil). No entanto, embora se tratasse de exceções, expoentes da intelectualidade brasileira, tais como Rui Barbosa, Manoel Oliveira Lima e José Veríssimo, são exemplos de autores e assinalar o lugar do Brasil na América com a finalidade de entender sua identidade e a questão da democratização numa referência mais ampla.[288]

No período entre guerras, esse distanciamento continua no âmbito das relações internacionais e das ideias. Existem pontuais exceções, como o escritor argentino Manuel Baldomero Ugarte (1875-1951) e o político mexicano José Vasconcelos (1882-1959), que defendem a inclusão do Brasil na "América La-

[287] Leslie Bethell, "Brazil and 'Latin America'". In: *Journal of Latin American Studies*. Cambridge, v. 42, n. 3, 2010, p. 457-485.

[288] Bernardo Ricupero, "A República e a descoberta da América: nova forma de governo e mudança identitária no Brasil da década de 1890". In: *Dados*, Rio de Janeiro, v. 61, n. 1, pp. 213-253, 2018.

tina". Por outro lado, no Peru, Haya de la Torre recorre à expressão "Indo-América". José Carlos Mariátegui, por seu vez, idealizava uma unidade em torno da "América Indo-Espanhola". Ele também utiliza eventualmente o termo "América Latina" com significado similar, baseado na percepção de uma matriz histórica comum entre os países, na busca por autonomia em relação a todo centro imperial e no resgate de uma tradição continental autóctone. Contudo, o Brasil permanece apartado nessa proposta.[289] Em suma, "América Latina", "Nuestra América", "América Ibérica", "Indo América" conotam discussões que tiveram pouca ressonância no Brasil.

Segundo Leslie Bethell, a maioria dos intelectuais e políticos dessa época adota a mesma atitude, mesmo porque essa geração de intelectuais estava interessada na formação de sua própria identidade nacional. Com efeito, na década de 1930, *Casa Grande e Senzala* (1933), de Gilberto Freyre, *Evolução Política do Brasil* (1933), de Caio Prado Júnior, e *Raízes do Brasil* (1936), de Sérgio Buarque da Holanda, são trabalhos inovadores sobre a formação da sociedade brasileira. Contudo, nenhum deles estabelece uma discussão que inclua os dilemas das nações latino-americanas.

É principalmente no pós II Guerra Mundial e com o advento da Guerra Fria que os Estados Unidos começam a pensar o Brasil como parte integrante de uma região chamada "Latin America". Para o historiador britânico, movida por questões de ordem econômica (comércio e investimento) e geopolítica (segurança), essa nova visão oficial dos estadunidenses de que as vinte repúblicas ao Sul do Rio Grande, incluindo o Brasil, formavam a América Latina influenciou fortemente governos e instituições na criação de entidades (ONGs, fundações, centros etc.) para criação de centros de pesquisas e atuação sobre o continente.[290] Afinal, a América Latina não era simplesmente

---

[289] José Carlos Mariátegui, "La unidad de la América Indo-Española". Em TNA, p. 13-16

[290] Leslie Bethell, "Brazil and 'Latin America'". In: *Journal of Latin*

um local geográfico, mas uma região problemática, e passava a fazer parte do assim chamado "Terceiro Mundo".

A partir de meados da década de 1940, emergem nas universidades dos EUA e da Europa os Latin American Studies, que crescem principalmente com o advento da Revolução Cubana. Esse campo de estudos reforça uma visão "integrada" da América Latina "apoiada no 'método comparativo', toma ares de ciência e adquire autonomia ideológica – indo para os currículos escolares, para os atlas, para os manuais e para as casernas, onde se alojam os fabricadores de 'doutrinas de segurança nacional'".[291] Desse modo, como afirma Immanuel Wallerstein, a ciência social "foi obrigada a se tornar geograficamente integrada. Tornou-se então legítimo, mas somente então, que pessoas chamadas sociólogos, historiadores ou cientistas políticos fizessem pesquisas sobre ou na África, Ásia ou América Latina".[292]

A situação das ciências sociais nos países da América Latina passa a estar no centro da atenção dos principais organismos internacionais (Divisão de Ciências Sociais da União Panamericana, Departamento de Ciências Sociais da Organização das Nações Unidas para a Educação, Ciência e Cultura – UNESCO, International Social Science Council e agências filantrópicas como Ford e Rockefeller). Como destaca o trabalho de Alejandro Blanco, essas instituições estavam determinadas "a difundir o modelo de um sistema intelectual moderno, voltado sobretudo ao desenvolvimento das ciências e da pesquisa empírica, especialmente das ciências sociais".[293] Tratava-se, pois, de

---

American Studies. Op. cit., p. 465.

291 Carlos Guilherme Mota, "As Ciências Sociais na América Latina: proposta de periodização (1945-1983)". In: Reginaldo Moraes, Ricardo Antunes, Vera B. Ferrante (orgs.). *Inteligência brasileira*. São Paulo: Brasiliense,1986, p. 287-288.

292 Immanuel Wallerstein, "A ascensão e futura falência da análise de sistemas-mundo". In: *O fim do mundo como o concebemos: ciência social para o século XXI*. Rio de Janeiro: Revan, 2002, p. 232.

293 Alejandro Blanco, "Ciências Sociais no Cone Sul e a gênese de uma

um "projeto de modernização de ensino e pesquisa nas ciências sociais", comprometido com uma perspectiva internacional, que visava "reformas nos planos de estudo e nos métodos de ensino, projetos de atualização bibliográfica e de unificação do vocabulário, criação de organizações profissionais das distintas disciplinas, e de centros e institutos de pesquisa".[294] São iniciativas incipientes mas profundamente significativas que assinalam um primeiro capítulo de formação de espaços regionais de produção sociológica no continente, e que proporcionaram trocas intelectuais entre as ciências sociais de língua espanhola e luso-brasileira em vias de institucionalização. A criação da Asociación Latinoamericana de Sociología (ALAS) ocorreu no Primeiro Congresso Mundial de Sociologia, organizado pela International Sociological Association (ISA), em Zurique, no ano de 1950; no ano seguinte realiza-se o I Congresso da ALAS em Buenos Aires; o II Congresso em 1953 no Rio de Janeiro.[295]

Patrocinada pela UNESCO, outra iniciativa transnacional entre os países da América Latina (com o Brasil incluído) foi a criação de um Centro Latino-Americano de Pesquisas em Ciências Sociais (CLAPCS), no Rio de Janeiro, em 1957, cujo primeiro diretor foi o sociólogo Luiz Aguiar Costa Pinto. Diversos sociólogos latino-americanos participaram dos seminários promovidos pela instituição. Nesse ínterim, a sociologia brasileira esteve conectada à problemática de diferentes países que compõem a América Latina através da revista trimestral

---

elite intelectual (1940-1965)". In: *Tempo Social*, Revista de Sociologia da USP, v. 19, n. 1, 2007, p. 102.

294 Idem, Ibidem.

295 Para mais detalhes sobre os primeiros congressos da ALAS, ver Alejandro Blanco, "La Asociación latinoamericana de Sociología: una historia de sus primeros congresos". In: *Sociologias*, Porto Alegre, UFRGS, 2005, n. 14, p. 22-49; e José Vicente Tavares dos Santos e Maíra Baumgarten, "Contribuições da Sociologia na América Latina à imaginação sociológica: análise, crítica e compromisso social". In: *Sociologias*, Porto Alegre, UFRGS, 2005, n. 14, p. 183.

do CLAPCS América Latina, o primeiro boletim continental de ciências sociais, em atividade de 1959 até 1976. Já à primeira vista, é possível notar que o boletim do CLAPCS inaugurou uma dimensão nova pelo enfoque geográfico de sua temática, com um total de 251 artigos (dos quais 113 em espanhol, 76 em português, 49 em inglês e 13 em francês), em sua maioria sobre temas do desenvolvimento da América Latina nos diferentes países. Foi nele que tivemos, portanto, um momento de "integração" dos estudos sobre América Latina.[296] Voltada para o ensino, outra criação decisiva para o desenvolvimento transnacional das Ciências Sociais na América Latina foi a Faculdade Latino-Americana de Ciências Sociais (FLACSO), em Santiago do Chile, em 1957, cujo primeiro diretor foi o espanhol José Medina Echevarría. Assim, o CLAPCS e a FLACSO foram partes de uma mesma iniciativa original "que transcendia os limites nacionais ou territoriais, com um programa nitidamente internacional", seja "em relação aos estudos realizados e ao recrutamento dos professores", seja "no que diz respeito à composição do corpo docente e à coordenação de suas atividades, inclusive o treinamento dos alunos".[297]

A crescente preocupação com países da América Latina, incluído o Brasil, culminou na criação da CEPAL, em Santiago, pelas Nações Unidas, em 1948, primeira organização internacional responsável por assuntos da "América Latina". Paulatinamente, a teoria do subdesenvolvimento elaborada pela CEPAL alcançou grande sucesso, cujo ápice encontra-se durante as décadas de 1950 e 1960, tornando-se o principal polo de influência teórico-doutrinária sobre a questão do desenvolvimento. Sob a liderança intelectual do economista Raúl Prebisch

---

[296] Lúcia Lippi Oliveira, "Diálogos intermitentes: as relações entre Brasil e América Latina". In: *Sociologias*, Porto Alegre, UFRGS, 2005, n. 14, p. 122.

[297] Alejandro Blanco, "Ciências sociais no Cone Sul e a gênese de uma elite intelectual (1940-1965)". In: *Tempo Social*, Revista de Sociologia da USP, São Paulo, v.19, n. 1, 2007, p. 105.

(1901-1986), os autores ligados à CEPAL foram capazes de impulsionar uma reflexão acerca do impacto do progresso tecnológico e do desenvolvimento dos governos latino-americanos em políticas desenvolvimentistas que tiveram impactos significativos sobre ideias e políticas econômicas na América Latina. No Brasil, o tema do desenvolvimento atraiu diversos setores, desde as "elites econômicas interessadas em uma política industrializante", que dependeu também das "características internas da teoria cepalina" (ajustes constantes no núcleo conceitual básico, no decorrer dos anos, e incorporação de novos temas e ênfases analíticas diversas), aos economistas e cientistas sociais. "O desenvolvimentismo cepalino encontrou um terreno particularmente fértil no Brasil, onde as suas teses tiveram alguns de seus mais criativos divulgadores (como Celso Furtado) e um ambiente altamente receptivo entre técnicos governamentais e empresários industriais".[298]

O economista Celso Furtado (1920-2004), com formação na França, foi o primeiro brasileiro a integrar o grupo de pesquisadores da CEPAL. A experiência cepalina lhe deu instrumentos para "redescobrir" o Brasil a partir de comparações entre países latino-americanos e seus próprios "obstáculos do atraso". Em livro de cunho autobiográfico, *A fantasia organizada*, Furtado revela que, a partir dos cotejamentos com a realidade de outros países, sua "verdadeira surpresa" foi a "descoberta do atraso brasileiro dentro da América Latina". Repetindo a percepção de muitos intelectuais, era como se somente conseguisse enxergar esse "outro" Brasil fora do país, na "planície". Nas palavras do autor, "era como se me descobrisse vítima de uma tramoia e remoía surdamente a pergunta: que razões haverá para esse atraso? Essa pergunta instalou-se dentro de mim como uma

[298] Renato Perim Colistete, "O desenvolvimentismo cepalino: problemas teóricos e influências no Brasil". In: *Estudos Avançados*. São Paulo. v. 15, n. 41, 2001, p. 21-34.

obsessão e por muitos anos pesaria em minhas reflexões. Valera a pena sair da cidade sitiada e vir observá-la da planície".[299]

Desse modo, a discussão sobre "centro" e "periferia" no pensamento brasileiro vincula-se a elaborações teóricas empreendidas desde a criação da CEPAL, as quais ocorrem no contexto latino-americano.[300] Isto é, a questão do *desenvolvimento* converteu-se a partir da metade dos anos de 1950 no tema-chave das ciências sociais na América Latina. Industrialização pelas substituições de importações, desequilíbrio externo, desemprego estrutural, deterioração dos termos de troca, proteção do mercado interno e papel do Estado no processo de desenvolvimento formaram o vocabulário cepalino, de fortes tintas economicistas, mas também aberto a outros campos do conhecimento, em especial as ciências sociais. Como afiança o sociólogo argentino Alejandro Blanco:

> Em todo caso, foi essa ênfase, tão típica da Cepal, na importância dos fatores sociais e institucionais no processo de desenvolvimento, assim como sua perspectiva focada mais na experiência histórica do que nos modelos dos manuais de macroeconomia, que permitiram que se estabelecesse essa aliança entre economistas e sociólogos, tão característica da produção sociológica do período e marcada também pela posição de relevo dos sociólogos, preocupados com as questões sociais vinculadas ao desenvolvimento econômico.

Mais adiante, argumenta:

> De acordo com essa nova posição, os problemas do desenvolvimento econômico latino-americano só podiam ser pensados em relação às características do sistema político, da estrutura social,

---

[299] Celso Furtado, *A fantasia organizada*. Rio de Janeiro: Paz e Terra, 1985, p. 56-57.

[300] Bernardo Ricupero, "O lugar do centro e da periferia". In: André Botelho e Lilia Moritz Schwarcz (orgs.). *Agenda brasileira: temas de uma sociedade em mudança*. São Paulo: Companhia das Letras, 2011, p. 92-101.

> do sistema de estratificação, da composição de suas elites políticas, econômicas, sociais e intelectuais, da natureza dos sistemas educativos e das taxas de crescimento da população, entre outros fatores. Daí em diante, a exploração dos "fatores favoráveis" ou "desfavoráveis" ao desenvolvimento tornar-se-ia praticamente uma obsessão de sociólogos, economistas e antropólogos. De qualquer modo, a implantação da problemática do desenvolvimento econômico não apenas arrancou as ciências sociais do isolamento no qual havia permanecido até então, como propiciou uma unificação de temas e programas na sociologia, que veio a conectar-se com uma expectativa ao mesmo tempo política e intelectual: o projeto de modernização da sociedade e de edificação de uma ciência do desenvolvimento e da mudança planificada.[301]

Com a UNESCO e a CEPAL, a temática do desenvolvimento tornou-se, portanto, assunto obrigatório nas reflexões e nas investigações dos cientistas sociais. Com efeito, um registro dessa unificação de temas e agendas de pesquisa entre os sociólogos brasileiros e os hispano-americanos pode ser encontrado, por exemplo, em um livro organizado em 1970 por Fernando Henrique Cardoso e Francisco Weffort, *América Latina: ensayos de interpretación sociológico-política*, no qual colaboram sociólogos latino-americanos de perspectivas teóricas distintas. No prefácio, os organizadores argumentam que a "sociologia latino-americana" não teria validade e sustentação caso pela expressão supusesse uma unidade teórica coesa e unificada. Na realidade, o que se sobrepõe às diversas escolas teóricas e suas numerosas combinações, de acordo com a preferência de cada autor, seria "uma problemática latino-americana do desenvolvimento". Não apenas como uma definição analítica de um objeto de investigação, mas de um "estado de espírito" – expressão para designar a "percepção difusa de uma situação comum de existência". Para os autores, "a preocupação pelo desenvolvimento tem sido o tema de quase toda uma geração, tema quase

[301] Alejandro Blanco, "Ciências Sociais no Cone Sul e a gênese de uma elite intelectual (1940-1965)". Op. cit., p. 104-105.

obrigatório na produção sociológica dos últimos anos".[302] Portanto, essas iniciativas de concessão de recursos promovidas por entidades multilaterais para montagem de centros de debate e investigação ajudaram a diluir o histórico desencontro entre América Latina e Brasil.

Do outro lado da moeda, entretanto, a fase de institucionalização das ciências sociais também pode ser explicada prioritariamente por iniciativas nacionais. Em vista de fundar um campo científico, a formação sociológica universitária era pautada pelas "normas, valores e ideais do saber científico", o que implicava a delimitação de fronteiras.[303] Na fase de institucionalização da América Latina, três casos parecem exemplares: São Paulo, Buenos Aires e Cidade do México, haja vista a importância dos artífices centrais da institucionalização da sociologia em seus respectivos países, Florestan Fernandes (1922-1995), Gino Germani (1911-1979) e Pablo González Casanova (1922-).[304]

Nos três casos, como examinam Luiz Carlos Jackson e Alejandro Blanco, "a sociologia foi implantada institucionalmente em grandes cidades em processo de metropolização, às voltas com transformações de peso na sociedade, na política e na cultura".[305] Malgrado os ritmos desiguais de cada processo nacional, Florestan, Germani e Casanova vivenciaram os processos da imigração europeia ocorrida em larga escala entre o último quarto do século XIX e as três primeiras décadas do século XX. Tais transformações sociais promoveram a constituição de uma

---

[302] Fernando Henrique Cardoso e Francisco Weffort, "Introducción". In: (orgs.). *América Latina: ensayos de interpretación sociológico-política.* Santiago: Universitaria, 1970, p. 14-15.

[303] Renato Ortiz, *Ciências sociais e o trabalho intelectual.* São Paulo: Olho D'água, 2002.

[304] Luiz Carlos Jackson e Alejandro Blanco. "O caudilho da sociologia mexicana: Pablo González Casanova e *A democracia no México*". In: *Tempo Social*, Revista de Sociologia da USP. São Paulo, v. 28, n. 3, 2016, p. 117- 143.

[305] Idem, p. 132.

"nova classe média urbana diretamente interessada e envolvida no sistema de educação superior criado pelas elites nativas e nas possibilidades de ascensão social por meio da profissionalização das novas disciplinas acadêmicas".[306]

No caso do Brasil, em especial na fase de institucionalização da disciplina, que se pode datar entre a Revolução de 1930 e o Golpe civil-militar de 1964, o desenvolvimento das ciências sociais atendeu às "demandas diferenciadas de grupos sociais emergentes e aos projetos formuladores ou encampados pelos setores políticos dirigentes".[307] Isto é, nenhuma iniciativa institucional nesse período está dissociada das "demandas do sistema político ou dos grupos empresariais atuantes nos mercados de ensino e produção cultural".[308] Durante as décadas 1940, 1950 e 1960, ampliaram-se significativamente os setores médios próprios de uma formação social, industrial e urbana, criando-se uma clientela para o ensino superior. O diploma de bacharel era garantia de acesso a um novo mercado de trabalho aberto pela ampliação das burocracias estatais e das empresas[309]. Nesse período, cabe registrar que nesse mesmo ensino superior, como assinala Antonio Candido, "o espanhol existe para nós como língua auxiliar". Revelando uma situação de acentuada assimetria, o crítico literário afirma que "no Brasil há ensino de espanhol nas escolas secundárias e há cadeiras de Literaturas Hispano-Americanas em universidades, nada ha-

[306] Idem, Ibidem.

[307] Sérgio Miceli, "Condicionantes do desenvolvimento das Ciências Sociais no Brasil (1930-1964)". In: (org.). *História das Ciências Sociais no Brasil*, vol. 1. São Paulo: Editora Sumaré, 2ª ed. Revista e ampliada, 2001, p. 91.

[308] Idem, p. 92.

[309] Helena Sampaio, *Evolução do ensino brasileiro (1808-1990)*. Documento de Trabalho 8/01. Núcleo de Pesquisa sobre Ensino Superior da Universidade de São Paulo, 1991, p. 14.

vendo de semelhante em relação à nossa língua na América de fala espanhola".[310]

Na constituição das ciências sociais, uma nova cultura intelectual foi gerada, caracterizada por órgãos especializados (editoras e periódicos), pela exigência da profissionalização, pela valorização do trabalho em equipe, pela imposição de uma linguagem científica e pela defesa do rigor teórico e da fundamentação empírica.[311] Em suma, verifica-se a profissionalização do cientista social como produtor intelectual. A sociologia prevalece fortemente sobre as outras duas disciplinas (antropologia e ciência política), constituindo-se como núcleo dos cursos de graduação criados no período. Não por coincidência, o perfil das pesquisas é geralmente orientado por temas amplos ligados ao processo de modernização do país, impulsionado no governo de Juscelino Kubitschek (1956-1960) e posteriormente com os anúncios das reformas de base do governo de João Goulart (1961-1964).

No Rio de Janeiro, o Instituto Superior de Estudos Brasileiros (ISEB), criado em 1955, tem Hélio Jaguaribe (1923-) como principal articulador. No ISEB, Alberto Guerreiro Ramos (1915-1982), Nelson Werneck Sodré (1911-1999) e Álvaro Vieira Pinto (1909-1987) também produzem trabalhos, cada um à sua maneira, em que a ideologia nacional-desenvolvimentista torna-se hegemônica, como "verdade do atual momento histórico". Caracterizado por um engajamento político intenso, nele se tratava de forjar uma iniciativa "exigida pela nação a fim de 'tomar consciência' de seu subdesenvolvimento e lutas pela superação desse estágio, mediante um esforço desenvolvimentista".[312]

---

[310] Antonio Candido, "Os brasileiros e a Nossa América". In: *Recortes*. São Paulo: Companhia das Letras, 1996, p. 130-131.

[311] Luiz Carlos Jackson e Alejandro Blanco, *Sociologia no espelho: ensaístas, cientistas sociais e críticos literários no Brasil e na Argentina (1930-1970)*. São Paulo: Editora 34, 2014, p. 31.

[312] Caio Navarro Toledo, *ISEB: fábrica de ideologias*. Campinas: Editora da Unicamp, 1997, p. 26.

Em São Paulo, no final da década de 1950, Florestan Fernandes liderou um grupo de cientistas sociais (Fernando Henrique Cardoso, Octavio Ianni, Marialice Mencarini Foracchi e Maria Sylvia de Carvalho Franco) no projeto "Economia e Sociedade no Brasil", dedicado a investigações amplas sobre o empresariado industrial, Estado e desenvolvimento, mobilização da força de trabalho, desenvolvimento econômico e mudanças sociais. Guiado por um ideal científico e teórico, o grupo também respondia a "uma obsessão política que nascia da cultura e gravitava dentro dela, irradiando-se para os problemas da época e os dilemas da sociedade brasileira, porque uma cultura autêntica impõe uma interação responsável entre intelectual e o seu meio ou seu tempo".[313]

Entrementes, a produção sociológica brasileira e latino-americana em seu período de institucionalização não foi homogênea do ponto de vista teórico, metodológico e temático, tal como também ocorreu nos centros acadêmicos e departamentais estadunidenses e europeus.[314] Essa condição heterogênea mostrou-se, com efeito, um assunto polêmico e produtor de dissensões no debate sociológico brasileiro da década de 1950. De um lado, encontrava-se o intuito de criar uma sociologia com padrão científico de excelência apoiada em referenciais estrangeiros; do outro lado, a proposta de uma sociologia autóctone que rompe ligações culturais e científicas com o estrangeiro. Independentemente dos condicionantes políticos, sociais e econômicos nesse debate, bem como dos argumentos a favor ou contra as posições em disputa, tais processos nacionais influem efetivamente na relação entre Brasil e América Latina.[315]

---

[313] Florestan Fernandes, "A geração perdida". In: *A sociologia no Brasil*. Rio de Janeiro: Vozes, 1976, p. 217.

[314] Octavio Ianni, "Sociologia e dependência científica". In: *Sociologia da sociologia latino-americana*. Rio de Janeiro: Civilização Brasileira, 1971, p. 41.

[315] Regina Crespo, "Visões de brasileiros sobre América Latina: do isolamento à integração". In: *Araucária*. Revista Iberoamericana de Filosofía, Política y Humanidades, n. 15, 2006, p. 20-35.

II. O pêndulo latino-americano: sociologia e marxismo

Outro processo relevante na história da sociologia brasileira, que transcende o campo acadêmico e suscita o interesse dos países latino-americanos, é a radicalização dos processos políticos ocorridos no continente. Experiências de governos como o de Jacob Arbenz (1948- 1954) na Guatemala e a mobilização social na República Dominicana, em 1966; as experiências socialistas da Revolução Cubana, em 1959, e no Chile, com o governo da Unidade Popular de Salvador Allende, entre 1970 e 1973, exercem forte impacto nas ciências sociais. Trata-se de um momento de descobrimento e ampliação de perspectivas políticas oferecido aos demais países latino-americanos. O tema América Latina/Brasil abre-se para uma variedade de problemas pertinentes ao exercício da sociologia da comparação: a questão sindical, a política de massa, os movimentos populistas, a dependência externa, os modelos de desenvolvimento econômico-social, a questão nacional, os tipos desenvolvimento, o imperialismo etc. Segundo Octavio Ianni,

> Dentre as peculiaridades que distinguem a produção sociológica brasileira da época, destaca-se a preocupação crescente com a América Latina. Às vezes os textos dão a impressão de que os autores estão descobrindo a América Latina pela primeira vez. Outras vezes sugerem que pensar a América Latina é uma forma de melhor pensar o Brasil. De qualquer forma, o interesse cada vez maior pelos problemas dos países latino- americanos é uma maneira de compreender as condições e as perspectivas de mudança e revolução no Brasil.[316]

O próprio Octavio Ianni seria um dos exemplos de um conjunto de sociólogos brasileiros que sairia a campo para superar o isolamento relativo do Brasil com relação ao mundo hispano-americano. Com efeito, chama atenção como sua produção inte-

[316] Octavio Ianni, *Sociologia da sociologia: o pensamento sociológico brasileiro*. São Paulo: Ática, 1989, p. 40.

lectual foi impactada não apenas pelos eventos políticos, como também pelo conhecimento da literatura sociológica e literária produzida na América Latina. Sua biblioteca particular, conservada pela UNESP/Araraquara, dispõe de um acervo significativo de livros e periódicos provenientes de todos os países do continente. Não por acaso, Antonio Candido destaca esse filão da obra e militância do intelectual nascido em Itu.

> Ora, Ianni pertence (...) à geração dos que "descobriram" a América Latina através da Literatura, da solidariedade a Cuba, do "nacionalismo" (este, construtivo) dos anos 50 e 60 e finalmente do exílio político. Isso os levou a repensar o nosso sistema de relações e o teor da nossa afetividade internacional (se é possível falar assim). Os seus escritos a respeito denotam a orientação política certa e a mais aguda sensibilidade em relação aos aspectos culturais.[317]

Assim, a radicalização dos processos políticos da América Latina teve ressonância no perfil do intelectual periférico: o engajamento em iniciativas culturais favoráveis a reformas de base e posteriormente contra os regimes civil-militares, justificado pela profissão intelectual do cientista social. Para Daniel Pécaut, no final dos anos 1950, "a palavra de ordem foi a adesão voluntária dos intelectuais às causas populares", a fim de se estabelecer um "corpo a corpo com a história", colocando o conhecimento a serviço da "realidade nacional" e da formação da sociedade. Ocorre uma explícita "valorização do 'povo', representando ao mesmo tempo a unidade latente da Nação e a energia potencial, cega talvez, mas irresistível, que impulsionava o país".[318]

---

[317] Antonio Candido, "Tentativa de perfil" In: Maria Izabel Leme Faleiros e Regina Aída Crespo (orgs.). *Humanismo e compromisso: ensaios sobre Octavio Ianni*. São Paulo: Editora da Universidade Estadual Paulista, 1996, p. 19. Ver também Caio de Souza Barbosa. "Terzo Mondo" em transe: Antonio Candido em Gênova e depois. *Revista do Instituto de Estudos Brasileiros*, São Paulo, 1(76), 2020, pp.105-125.

[318] Daniel Pécaut, *Os intelectuais e a política no Brasil: entre o povo e a*

No Rio de Janeiro e em São Paulo aparecem duas revistas culturais que receberam ampla e fecunda colaboração de cientistas sociais, provenientes de diferentes níveis da hierarquia acadêmica, e de intelectuais de esquerda, todos em meio ao processo de constituição de seus respectivos campos. Em particular, as revistas *Brasiliense* (1955) e *Civilização Brasileira* (1965) são empreendimentos marcados pela tensão criada pelo engajamento profundo do intelectual na política de seu país, para a qual colaborava inclusive a universidade, retrabalhados, principalmente, pelos "marcos divisórios do espectro doutrinário característico do pós-guerra, dos tempos da guerra fria, confrontando os defensores do 'ocidente' aos partidários do 'socialismo'".[319] Ambos mantinham uma sintonia permanente com diversas expressões intelectuais e artísticas da época, como as próprias ciências sociais, a filosofia, a literatura e o cinema.

Embora ligados ao PCB, Caio Prado Júnior e Moacir Félix, idealizadores das respectivas revistas como tribuna de combate e de reflexão crítica, desfrutavam de uma relativa autonomia em relação às teses políticas centrais do partido. "A *Revista Brasiliense* buscava afirmar-se [...] como órgão aberto e heterodoxo de divulgação e discussão da teoria marxista e dos caminhos para o socialismo", próprio de uma esquerda "não-oficial", pautando-se por discussões concentradas sobre a realidade brasileira e não necessariamente enquadradas pela rígida ortodoxia dos manuais soviéticos.[320] A *Civilização Brasileira*, por seu turno, "constituiu-se num espaço de reorganização das esquerdas desagregadas pelo golpe de 1964, ao mesmo tempo em que seu projeto editorial contemplava um amplo debate sobre a cultura como um novo campo de articulação das resistências". De um lado, "a organização dos intelectuais que passava em revisão as

nação. São Paulo: Ática, 1990, p. 5-6 e 181-182.

[319] Sérgio Miceli, "Condicionantes do Desenvolvimento das Ciências Sociais". Op. cit., p. 129.

[320] Idem, p. 130.

bases do seu engajamento e sua vinculação direta a uma instituição partidária, no caso o PCB"; de outro, "a afirmação da figura do intelectual livre, independente e crítico, alentado pelo mercado que oferecia o 'lugar' necessário para a concretização dessa mudança".[321]

Como tribuna política da esquerda, *Brasiliense* e *Civilização Brasileira* foram também canais de difusão de teses, argumentos e interpretações da "realidade latino-americana". A *Brasiliense* publica "O caudilho Colonial na América Latina", de Plínio de Abreu Ramos; "Aspectos de Subdesenvolvimento da América Latina", de Sousa Barros; "As eleições Argentinas", de Caio Prado Júnior; uma resenha sobre o livro *La batalla de Guatemala*, de Guillermo Toriello; "O Bergsonismo na Filosofia Latino-Americana", de Luís Washington Vita; "A Revolução Cubana", "Os Intelectuais Cubanos Unidos na Obra da Cultura, do Serviço do Povo e da Revolução", "Cuba, no II Aniversário da Vitória da Revolução", "O Congresso Continental de Solidariedade a Cuba", de Elias Chaves Neto; e "Integração Econômica na América Latina", de André Gunder Frank.[322]

Por sua vez, a carioca *Civilização Brasileira* também trazia análises sobre a América Latina: "A invasão da América Latina", de Paulo Francis; "Panorama visto de Havana", de Leo Huberman; "O custo das importações da América Latina", de André Gunder Frank; "O golpe argentino e os golpes", de Otto Maria Carpeaux; "Economistas latino-americanos nos países desenvolvidos", de Aníbal Pinto e Osvaldo Sunkel; "A Revolução Cubana e a teoria dos focos insurrecionais", de G. Luiz Araújo; "América Latina – próximo Vietname?" de John Gerassi; "Onde Guevara?", de Jamil Almansur Haddad; "Ideia e diagnóstico do

[321] Rodrigo Czajka, "A revista civilização brasileira: projeto editorial e resistência cultural (1965-1968)". In: *Revista Sociologia e Política*, Curitiba, v. 18, n. 35, p. 95 e 115.

[322] Todos os artigos citados foram publicados respectivamente nas edições da Revista Brasiliense, São Paulo n. 8, 1956; n. 14, 1957; n. 16, 1958; n. 21,1959; n. 25, 1959; n. 34, 1961; n. 34, 1961; n. 39, 1962.

Peru", de José Matos Mar; "A América Latina entre o trágico e a revolução" de Conrado Detrez; "Práxis, razão e história", de Adolfo Sanchez Vasquez; "Os Estados Unidos e a situação latino-americana", de Octavio Ianni.[323]

As duas revistas parecem representar também o parentesco entre cientistas sociais, ideias de esquerda e América Latina. Nesse sentido, a década de 1960 foi o começo na qual o marxismo conquistou uma posição mais cativa no cenário das ciências sociais hegemonizada outrora pela tradição do funcionalismo. A obra de Marx e dos marxistas circulava nos espaços externos às salas de aulas da universidade (partidos políticos, organizações, corredores, revistas, cafés etc.), ainda com muita reserva e cautela, através de brochuras, panfletos e manuais, hegemonizada pelo PCB.

No entanto, os argumentos e interpretações expostos pelo PCB sobre a "realidade brasileira", inspirados no materialismo-dialético e dotados de verniz positivista, encontravam-se em crescente descrédito. Com a crise do movimento comunista internacional, disparada com o informe de Nikita Kruschev sobre os crimes de Stalin e impactada pela Revolução Cubana de 1959, que "desmentia o marxismo oficial, pois não foi feita por operários, não foi dirigida pelo Partido Comunista e não respeitou a sequência de etapas prevista na teoria",[324] as críticas provenientes de círculos intelectuais inseridos no campo acadêmico e político ganhavam força e legitimidade.

Como se pode notar, os condicionantes externos aqui assinalados, em âmbito nacional, continental e internacional, ajudaram gradativamente a despertar o interesse pelo marxismo

---

[323] Todos os artigos citados foram publicados respectivamente nas edições da Revista Civilização Brasileira, Rio de Janeiro, v.1, n. 3, 1965; v. 1, n. 4, 1965; v. 2, n. 5/6, 1966; v. 2, n. 8, 1966; v. 2, n. 8, 1966; v. 3, n. 14, 1967; v. 3, n. 15, 1967; v. 3, n.16, 1967; v. 4, n. 17, 1968; v. 4, n. 18, 1968; v. 4, n. 18, 1968; v. 4, n. 21/22, 1968.

[324] Roberto Schwarz, "Um Seminário de Marx". In: *Sequências brasileiras*. São Paulo: Companhia das Letras, 1999, p. 107.

na universidade brasileira nos anos 1960, tanto para se estudar a obra de Marx "cientificamente" quanto para apropriar-se politicamente de seus instrumentos teóricos. É bem verdade que o autor d'*O Capital* já havia sido incorporado aos clássicos da teoria sociológica, sacralizada mundialmente na conjuntura do fim da Segunda Guerra Mundial marcada pela Guerra Fria. No entanto, como afiança Ruy Braga, historicamente verifica-se um "comportamento pendular da relação do marxismo com a sociologia acadêmica".[325] Os distintos "lugares" de origem, por assim dizer, de marxistas e acadêmicos, bem como seus respectivos objetivos, ocasionaram os (des)encontros entre suas *démarches*. Com efeito, o marxismo "nasceu fora do sistema escolar ou de pesquisa oficial, apoiado em movimentos e aparelhos institucionais criados pelas classes trabalhadoras"; já a sociologia "nasceu ligada a universidades, centros de pesquisa e associações vinculadas, direta ou indiretamente, aos Estados nacionais".[326] O estopim da Revolução Cubana contribui, então, para empurrar o pêndulo em direção a uma articulação entre marxismo e sociologia na América Latina.

Entre 1950 e 1960, o crescente prestígio do marxismo na seara universitária brasileira caracteriza-se por uma reação à instrumentalização típica do marxismo "soviético", bem como pelas transmutações do desenvolvimentismo no país. Dois empreendimentos intelectuais ocorridos independentemente em São Paulo e em Brasília são um registro notável da emergência de leituras do marxismo na universidade. Na capital paulista, em 1958, por meio da iniciativa de jovens professores da USP dentre os quais se destacam Octavio Ianni (1926-2004), Fernando Henrique Cardoso (1930-), Ruth Cardoso (1930-2008), José Arthur Giannotti (1930-), Paul Singer (1932-2018), Fer-

---

[325] Ruy Braga, "O pêndulo de Marx: sociologias públicas e engajamento social". In:______e Michel Burawoy. *Por uma sociologia pública.* São Paulo. Alameda, 2009, p. 76.

[326] Idem, p. 70, nota de rodapé.

nando Novais (1933-), e estudantes como Bento Prado Júnior (1937-2007), Francisco Weffort (1937-), Michael Löwy (1938-), Roberto Schwarz (1938-) e Gabriel Bolaffi (1943-2011), estabeleceu-se um núcleo de estudos que se torna o cultuado "Seminário d'*O Capital*". Por outro lado, na então recém-criada Universidade de Brasília (1962), Theotonio dos Santos (1936-2018), Vânia Bambirra (1940- 2015), Ruy Mauro Marini (1932-1997) e André Gunder Frank (1929-2005) decidem organizar um seminário contínuo de leitura d'*O Capital*.[327]

No plano geral, os dois grupos têm afinidades e diferenças importantes. Por um lado, os jovens leitores uspianos de Marx tinham certa "vocação científica do grupo", para usar o termo de um de seus participantes, marcada pela metodologia de lei-

[327] As pesquisas sobre os dois grupos de leitores brasileiros de Marx são acentuadamente assimétricas. Por um lado, o interesse acadêmico sobre a história do seminário d'*O Capital* da USP tem sido preponderante diante do grupo de Brasília. Isso, evidentemente, cria um desequilíbrio significativo na história do marxismo acadêmico brasileiro, bem como na história intelectual de cada um dos grupos. Inclusive, muitos sequer conhecem a existência de um grupo de leitores d'*O Capital* na década de 1960 na UnB. Para mais informações sobre o assunto, ver Roberto Schwarz, "Um Seminário de Marx". In: . *Sequências brasileiras*. Op. cit.; Roberto Schwarz (et al.). *Nós que amávamos tanto O Capital*. São Paulo: Boitempo, 2017; Lidiane Soares Rodrigues, *A produção social do marxismo universitário em São Paulo: mestres, discípulos e "um seminário" (1958-1978)*. Tese em História Social (Doutorado). Faculdade de Filosofia, Letra e Ciências Humanas (FFLCH). Universidade de São Paulo, 2012; Luiz Fernando da Silva, *Pensamento social brasileiro: marxismo acadêmico entre 1960 e 1980*. São Paulo: Corações & Mentes, 2003; José Henrique Bortoluci, "Modernidade periférica e descolonização epistêmica: a contribuição do marxismo paulista". In: *Revista Brasileira de Ciências Sociais*, v. 28, n. 83, 2013, p. 167-184; Deni Alfaro Rubbo, "Às voltas com o marxismo acadêmico paulista". In: *Estudos Avançados*, São Paulo, USP, v. 32, n. 92, 2018; Raphael Lana Seabra, "A teoria marxista da dependência: papel e lugar das ciências sociais da Universidade de Brasília. In: *Sociedade e Estado*, Brasília, v. 31, 2016, p. 1029-1050.

tura estruturalista, rigorosamente interna, importada da França. Por outro lado, os jovens professores da Universidade de Brasília provinham da militância política anti-stalinista, o que orientava o interesse prioritariamente político de sua leitura marxista. Com efeito, essa é uma diferença de perfil e de trajetória importante de se destacar entre os dois grupos: os jovens professores de Brasília, socializados no ativismo estudantil, vivenciam uma conversão do campo político para o campo acadêmico; ao iniciarem seus estudos de pós-graduação, encetam a leitura de Marx motivados por sua militância. Em contrapartida, o núcleo principal do seminário uspiano d'*O Capital* não teve contato imediato com movimentos políticos. Tratava-se de uma leitura animada pelo "espírito científico" da USP, cuja influência avançou sobre as pesquisas de doutoramento realizadas por cada um dos participantes.

Malgrado os modos distintos de leitura, a duração de cada empreendimento, assim como as singularidades de perfis e trajetórias, ambos marcavam igualmente uma maneira de diferenciar-se das ideias marxistas em voga no Brasil e criticá-las, reconhecendo-as como hegemonizadas pelos esquemas etapistas do stalinismo e do eurocentrismo. Outra característica comum é que, mesmo no grupo uspiano caracterizado por certo ideal de cientificidade, a leitura tinha como finalidade apreender as antinomias da própria "realidade brasileira". Isto é, tratava-se de produzir um marxismo coerente com realidades locais, sem decalque nem cópia dos esquemas de compreensão da realidade europeia, e que articulasse criativamente a simultaneidade dos tempos discordantes no capitalismo periférico de extração colonial. Curiosamente, esse afã em busca de um *marxismo local*, descolonizado, capaz "de olhar com imparcialidade dialética os paradoxos do movimento histórico ou, ainda, das ilusões de uma concepção linear do progresso",[328] não teve como inspiração, ao menos naquele momento, nenhum autor

[328] Roberto Schwarz, "Um Seminário de Marx". Op. cit., p. 114.

do "marxismo-latino-americano". Como veremos, o pêndulo latino-americano levará integrantes de ambos os grupos a conhecer Mariátegui como uma fonte criativa de reflexão sobre a realidade local munida da dialética marxista.

Durante a década de 1960, ocorre também no campo acadêmico e político um processo de segmentação e multiplicação de grupos marxistas. As primeiras traduções de Antonio Gramsci, Louis Althusser, Herbert Marcuse, Lucien Goldmann, Walter Benjamin, Jean Paul-Sartre, Theodor Adorno e Georg Lukács começam a circular na estrutura dos mercados de bens culturais (imprensa, editoras, revistas etc.). Trata-se de autores que eram associados aos ventos de radicalização política no mundo, e se enquadravam na assim chamada "nova esquerda" e na "contracultura". Em particular, a *Civilização Brasileira* atua como canal difusor privilegiado desses autores. No transcorrer dos anos, formam-se núcleos gramscianos, althusserianos, lukacsianos, adornianos etc., em resposta ao engajamento de muitos intelectuais brasileiros cujos objetivos passavam justamente pela quebra do monopólio dos manuais soviéticos mantido pelo PCB.[329]

---

[329] Ainda não há um estudo sistemático sobre a recepção do marxismo europeu no Brasil nas décadas de 1960 e 1970. Contudo, algumas indicações podem ser conferidas em Celso Frederico, "A política cultural dos comunistas". In: João Quartim de Moraes (org.). *História do marxismo no Brasil. v. 3 Teorias. Interpretações.* 2ª ed. Campinas, São Paulo: Editora da Unicamp, 2007, p. 337-372; Rodrigo Davi Almeida, *Sartre no Brasil: expectativas e repercussões.* São Paulo: UNESP, 2009; Gunter Karl Pressler, *Benjamin, Brasil: a recepção de Walter Benjamin, de 1960-2005.* São Paulo: Annablume, 2006; Michael Löwy, "Notas sobre a recepção crítica do althusserianismo no Brasil". In: Elide Rugai Bastos, Marcelo Ridenti e Denis Rolland (orgs.). *Intelectuais: sociedade e política, Brasil-França.* São Paulo: Cortez, 2003, p. 213-224; Lincoln Secco, *Gramsci e o Brasil: recepção e difusão de suas ideias.* São Paulo: Cortez, 2002; e Jorge Coelho Soares, *Marcuse no Brasil.* Campo Grande: CEFIL, 1999.

Ligada, curiosamente, ao PCB, uma nova geração de jovens militantes críticos do stalinismo e defensores da "autonomia intelectual", como Leandro Konder (1936-2014), Carlos Nelson Coutinho (1943-2012) e José Paulo Netto (1947-), é responsável por divulgações parciais das obras dos marxistas europeus. Segundo Carlos Nelson Coutinho, "nos anos 60, no Brasil ninguém levava a sério os manuais soviéticos". Se o ambiente dentro do partido após as denúncias dos crimes de Stalin era de maior "abertura", isso deve ser visto com parcimônia. A concordância da direção do PCB em aceitar que seus intelectuais mais jovens propusessem novos autores marxistas tinha, na realidade, uma contrapartida: a difusão desses autores restringia-se ao campo "filosófico", sem se imiscuir em noções políticas e estratégicas que poderiam ferir a linha política do partido. Conforme as palavras de Coutinho:

> Entretanto, existia uma "divisão do trabalho" tácita: nós, os intelectuais do Partido [PCB], podíamos apresentar e defender Gramsci e Lukács como "filósofos", mas a definição da linha política era algo reservado à direção do Partido. Por isso, por exemplo, foi muito unilateral a primeira recepção de Gramsci no Brasil: ele era apresentado por nós como o mais brilhante filósofo e crítico literário marxista, mas ficou em silêncio a inegável dimensão política de sua obra. Isto é: o caminho estava aberto para defender Gramsci como o promotor de uma "filosofia da práxis", mas não como teórico da "revolução no Ocidente", quer dizer, como uma alternativa aos paradigmas etapistas e rupturistas da III Internacional, a Internacional Comunista.[330]

Desse modo, mesmo o rito exegético dos textos marxianos não levava invariavelmente a um Marx "puro". Dentro do contexto brasileiro, toda leitura passaria explícita ou implicitamente por filtragens e combinações teóricas imprevisíveis. Se outrora

---

330 Carlos Nelson Coutinho, "A filosofia da práxis no Brasil". In: *Revista Praia Vermelha*, v. 22, n. 2, 2010, p. 105. (Entrevista concedida a Néstor Kohan).

a bibliografia limitava-se a cânones da ortodoxia como Marx, Lenin e Stalin, quando muito a Trotski. Doravante, as novas demandas impostas através da crítica dos soviéticos aumentam de maneira significativa o leque de autores palatáveis: Marx e Weber; Marx, Lukács e Sartre; Marx e Althusser; Marx e Goldmann etc. A nova geração de militantes e/ou cientistas sociais, em geral nascidos a partir de 1930, procurava diálogo com as novas tendências radicais que emergiam no cenário da esquerda, ao passo que a velha geração conservava desconfiança diante da emergência de autores marxistas.

No plano político, a multiplicação dos grupos marxistas foi ainda mais intensa. No contexto da Revolução Cubana, do Maio de 68 francês, da Guerra do Vietnã, da Primavera de Praga, da Revolução Cultural Chinesa, os PCs sofreram inúmeras cisões em seus quadros políticos e, consequentemente, novas organizações surgiram em cena. No Brasil, as inúmeras divergências entre as organizações políticas gravitavam acerca de temas como o caráter da revolução brasileira, as formas de luta para chegar ao poder e o tipo de organização necessária à revolução.[331] Há um progressivo aumento da mobilização estudantil nos grupos de esquerda, principalmente após o golpe militar instaurado em 1964. As leituras marxistas feitas pelos militantes dos grupos políticos, armados ou não, também recebiam a injeção dos arranjos entre Marx e Lenin, Trotski, Mao Tsé-Tung, Guevara, Carlos Marighella etc.

Nesse ínterim, a esquerda intelectual aprofunda o sentimento de pertencimento latino-americano, embora seus autores não se utilizem de personalidades da história do "marxismo latino-americano". A única exceção é a dos protagonistas da Revolução Cubana, Fidel Castro e "Che" Guevara. De fato, o desconhecimento sobre o tema é significativo, até mesmo pela escassez de trabalhos sobre o assunto, mas quiçá também pelo fato de que se

[331] Marcelo Ridenti, *O fantasma da revolução brasileira*. 2ª edição revista e ampliada, São Paulo: UNESP, 2010, p. 32.

associava instintivamente a história do "marxismo latino-americano" aos modelos esquemáticos vulgarizados pelos PCs. Como veremos mais adiante, essa situação mudará principalmente durante a experiência de exílio de alguns cientistas sociais brasileiros durante as décadas de 1960 e 1970, período em que se dá o efetivo descobrimento dos autores latino-americanos.[332]

Consequentemente à ditadura civil-militar em 1964 e a instalação do AI-5 em 1968, muitos cientistas sociais brasileiros iniciam sua "jornada" intelectual e política em países da América Latina.[333] A maioria dos que se identificavam com a esquerda

---

[332] Uma exceção é a trajetória intelectual de Oliveiros Ferreira (1929-2017). Professor de Ciência Política da USP, desde 1953, também atuou como jornalista por quase meio século n'*O Estado de São Paulo*. Especialista em assuntos militares e forças armadas, mal visto tanto pela esquerda quanto pela direita, defendeu em 1966 uma tese de doutorado sobre Haya de la Torre, intitulada "Nossa América, Indoamérica – a Ordem e a Revolução no pensamento de Haya de la Torre", publicada em livro em 1971. Cf. Oliveiros Ferreira, *Nossa América: Indoamérica*. São Paulo: EDUSP, 1971. Em um interessantíssimo ensaio sobre o pensamento político de Oliveiros e sua percepção da especificidade da América Latina, Gildo Marçal Brandão afiança a relação entre a escolha do objeto de pesquisa de doutorado com a vocação política de "revolucionário da ordem": "Salvo engano, mais do que em outros escritos, uma análise de *Nossa América: Indoamérica* teria muito a dizer não apenas sobre Haya de la Torre, pensador e político pouco estudado entre nós, mas também sobre a personalidade intelectual e a trajetória de seu autor. Pois o que parece atrair Oliveiros S. Ferreira na história do peruano é que este conseguiu, primeiro, ultrapassar a fase de formulação e transformá-la em ação; segundo, criar um partido político; terceiro, que à diferença de Mariátegui, tenha dado vida a um partido popular e não apenas classista; que procurava se manter no terreno da Terceira Internacional mas tentava usar o marxismo como uma ferramenta voltada para formular uma teoria da especificidade latino-americana para subsidiar um determinado tipo de revolução, não socialista: a da Ordem, considerada como antitética à Revolução". Gildo Marçal Brandão, "O revolucionário da ordem (O Brasil e a América Latina em Oliveiros S. Ferreira)". In: *Lua Nova*, São Paulo, n. 48, 1999, p. 134.

[333] Interessante constatar a diferença entre as gerações dos exilados

(no sentido de oposição ao regime militar) também começaram a se identificar com a "América Latina". Não se trata apenas, portanto, de afinidade ideológica e da solidariedade com colegas hispano-americanos durante a Guerra Fria. Na maior parte das vezes, tal afinidade era consequência de longos anos de exílio no Uruguai (até o golpe de estado em 1972), Chile (até o golpe em 1973), México e Venezuela. No bojo da crise social e política na América do Sul durante as décadas de 1960 e 1970, verifica-se uma "crise de retração da sociologia". Ela é enfrentada "paradoxalmente, como forma de resistência"; "ocorreu uma diversificação da sociologia latino-americana, caracterizada pela crise institucional da sociologia provocada pela repressão política e cultural dos regimes militares".[334] Da mesma maneira, fica evidente o impacto dessa experiência continental nas produções intelectuais dos sociólogos: de uma preocupação estrita com as particularidades da realidade brasileira, ganha ênfase o que havia de comum entre os países latino-americanos.

Desse modo, o processo de institucionalização das ciências sociais no Brasil, em sua fase de gestação e consolidação, pode ser entendido por condicionantes políticos, sociais, econômicos e culturais do país; contudo, também pode ser entendido a par-

---

brasileiros, a de 1964 e a de 1968, como aponta Denise Rollemberg. Em termos gerais, "associa-se a primeira geração àqueles que se identificavam com o projeto das reformas de base, ligados a sindicatos e a partidos políticos, como o PTB, ou ilegais como o PCB". A geração de 1968, por sua vez, "está identificada a militantes mais jovens, extremamente críticos às posições e práticas do PCB e do PTB, muitos originários do movimento estudantil". A maioria ainda não possuía "uma profissão definida e vivenciaram o exílio em seus anos decisivos de formação como indivíduos e profissionais". Denise Rollemberg, "Nômades, sedentários e metamorfoses: trajetórias de vidas no exílio". In: Daniel Aarão Reis, Marcelo Ridenti e Rodrigo Patto Sá Motta (orgs.). *O golpe e a ditadura militar: quarenta anos depois (1964-2004)*. Bauru: EDUSC, 2004, p. 283.

334 Maria Francisca Pinheiro Coelho; Lourdes M. Bandeira e Mariza Veloso. "Três olhares, um só foco: a sociologia na Universidade de Brasília". In: *Sociedade e Estado*. Brasília, 2016, v. 31, p. 932.

tir de injunções externas, como as iniciativas de interação continental. Com a criação de institutos de pesquisa e ensino em âmbito continental, como CEPAL, UNESCO, CLAPCS, FLACSO, que ganham paulatinamente reconhecimento e prestígio, a circulação e intercâmbio acadêmico estreitam a relação entre Brasil e América hispânica. Outros dispositivos dessa interação são compreendidos através dos processos de radicalização política que os países latino-americanos atravessam a partir do final da década de 1960, transformando a posição das ciências sociais também pela consolidação de uma agenda comum de pesquisa. Assim, no contexto da Guerra Fria e de acirramento dos polos conflitantes, a esquerda intelectual brasileira identifica-se gradativamente com a expressão de pertencimento "latino-americano", e os casos dos exilados (em especial no Chile) reforçam essa ideia, haja vista o impacto latino-americano que se constata em suas produções intelectuais.

III. Primeiros leitores: o descobrimento

No início da década de 1980, o equatoriano Agustín Cueva é um dos primeiros sociólogos a fazer um balanço da produção recente das Ciências Sociais latino-americanas. Um dos traços examinados pelo sociólogo equatoriano era a pouca ressonância do "marxismo latino-americano" nas teses, argumentos e intervenções desenvolvidos pelos cientistas sociais do continente. Estranhamente, pois, um contingente substantivo de cientistas sociais tinham influências provenientes do marxismo não apenas como um corpo de leituras cientificamente relevante como também para propósitos ligados à militância. Segundo Cueva, "quase não teve influência no desenvolvimento de nossas ciências sociais o marxismo latino-americano depreciativamente rotulado de 'tradicional'. Autores como o próprio Mariátegui, [Julio Antonio] Mella, Aníbal Ponce ou Rodney Arismendi eram simplesmente desconhecidos, em que pese constituírem os pilares fundamentais do pensamento contemporâneo da América Latina".[335]

O caso da recepção de José Carlos Mariátegui nas ciências sociais na América Latina parece exemplar desse vácuo apontado por Cueva. Não há uma reivindicação explícita de suas ideias, tampouco não se tem notícia de nenhum repertório autoral comum e práticas de leituras legitimadas e compartilhadas sobre a obra do intelectual peruano. Não apenas no Brasil (talvez o caso mais explícito), cuja recepção de Mariátegui "se deu tardia e timidamente",[336] mas até mesmo nas ciências sociais de países de língua castelhana sua recepção é circunscrita. Em geral, Mariátegui é apenas citado ou mencionado de modo ocasional, às vezes, transparecendo certo olhar do receptor de uma figura exótica no cenário intelectual da América Latina.

Na realidade, a possibilidade de entender a recepção de sua obra somente é possível no mergulho nas relações entre o campo intelectual e político. Isso porque o perfil dos leitores acadêmicos de Mariátegui são aqueles que, em geral, estabelecem um sentido atribuído à sua atividade, polarizada entre o empenho na sua dimensão específica e/ou na participação na vida pública. Orientado por diferentes "missões" políticas (nacionalismo, desenvolvimentismo, socialismo, dependentismo, democracia), os leitores de Mariátegui são condicionados pela história política nacional, adotando linhas de comportamento mais ou menos empenhadas politicamente conforme as circunstâncias. Desse modo, apresentaremos a seguir os cientistas sociais brasileiros (em sua maioria já mencionados neste capítulo) e adicionalmente alguns personagens de "fora" serão retratados conforme seja necessário.

---

[335] Agustín Cueva, "El pensamiento social latinoamericano (notas sobre el desarrollo de nuestras ciencias sociales en el último periodo)", In: *Latinoamérica. Anuario de Estudios. Latinoamericanos*, n. 14, México: CCYDEL/UNAM, 1981, p. 114.

[336] Luiz Bernardo Pericás, "José Carlos Mariátegui e o Brasil". In: *Estudos Avançados*, São Paulo, n. 68, v. 24, 2010, p. 337.

Uma nota adicional na história da recepção de Mariátegui no Brasil, mas importante registrar é, segundo informa Raúl Antelo em uma nota de rodapé, que o *Boletin Titikaka*, editado em Puno, entre 1926 e 1930, pelos irmãos Arturo (1898-1969), que assinava Gamaliel Churata e Alejandro Peralta Miranda (1899-1973), chegou a resenhar a obra de Mário de Andrade. O autor de *Macunaíma* teria conservado em sua biblioteca o último número da publicação, que era uma homenagem a Mariátegui.[337] Ademais, provavelmente o primeiro registro que se tem notícia de menção à Mariátegui numa revista brasileira é em 1935, isto é, apenas cinco anos depois da morte do jornalista peruano. Trata-se de um artigo intitulado "Os incas: origens e antepassados", do diplomata peruano José Pareja Paz Soldán (1913- 1997),[338] publicado na revista *A Ordem* – revista elaborada por intelectuais católicos que tinham como objetivo combater o projeto comunista (!).[339] Um fato no mínimo curioso...

É difícil precisar exatamente a entrada da obra de JCM no campo acadêmico da América Latina. Encontramos em 1941, na coleção de sociologia mais importante da América Latina, a "Sección Obras de Sociología", dirigida pelo espanhol José Medina Echavarría, a publicação de *Historia de la Sociología en Latinoamérica*, do sociólogo argentino Alfredo Povinã (1904-1986). Um dos principais expoentes da sociologia de cátedra, Povinã incluía o Brasil em um dos capítulos do livro e colabora-

---

337 Raul Antelo, "Ensaios críticos, Vanguarda e Intelectualidade – Guerreiro Ramos, o não contemporizador". In: *Ilha – Revista de Antropologia*, Florianópolis, v. 18, v. 1, 2016, p. 34 (nota de rodapé VIII).

338 Jose Pareja Paz Soldan, "Os incas: origens e antepassados". In: *A Ordem*, Rio de Janeiro, n. 57, abril de 1935, pp. 276-285. Disponível em: http://www.obrascatolicas.com/index.php?option=com_docman&task=cat_view&gid=60&Itemid=29. Acesso em 1/02/2018.

339 Ver Marco Antônio Machado Lima Pereira, "A revista *A Ordem* e o 'flagelo comunista': na fronteira entre as esferas política, intelectual e religiosa". In: *Revista Brasileira História*, São Paulo, v. 35, n. 69, 2005, pp. 279-300.

va na revista *Sociologia* em São Paulo (1939). Apresentando autores de cada país e suas principais obras, Mariátegui é mencionado ao lado de Francisco García Calderón, como "escritores" peruanos que possuem "algumas obras de caráter sociológico" como *Siete ensayos* e *Defensa del marxismo*.

Em 1941, a obra de Mariátegui era ainda bastante desconhecida para o público latino-americano, exceto em pequenos círculos intelectuais, como no Chile, Costa Rica e Argentina. No país de Jorge Luis Borges, alguns textos de Mariátegui haviam sido difundidos em revistas culturais entre a década de 1920 e 1930, intermediada pelo editor Samuel Glusberg.[340] Conforme apresentado na introdução deste trabalho, a recepção de Mariátegui até o fim da década de 1950 permaneceu em discussões pautadas entre os dois partidos mais importantes na esquerda peruana: o PCP e o PNA. Posteriormente, com a publicação de suas *Obras Completas*, em formato de bolso, com uma alta tiragem e preços baratos, sendo cada volume reeditado inúmeras vezes, a obra de Mariátegui passa por um processo de circulação intenso. Somado isso, essa projeção gradativa de seu nome e sua produção intelectual pelos círculos letrados do continente ganha um novo impulso com o regime militar de Velasco Alvarado (1968-1975) cuja parte da esquerda intelectual e militante latino-americana apoiou incondicionalmente. Aliás, parece que as peculiaridades do regime de Velasco colocam, de fato, o Peru e sua história, na geopolítica do conhecimento sociológico e político na América Latina.

Recorde-se também que a circulação de intelectuais peruanos era restrita nas redes continentais estabelecidas pelo continente em comparação aos argentinos, mexicanos, brasileiros e chilenos. Por exemplo, no *staff* técnico dos primórdios da CEPAL, recorda Celso Furtado, havia apenas um peruano, Jorge

[340] Para uma análise sobre a recepção de Mariátegui na Argentina ver Horácio Tarcus, *Mariátegui en la Argentina o las políticas culturales de Samuel Glusberg*. Buenos Aires: El Cielo por Asalto, 2001.

Rose, "filho de um aprista que se refugiara nos Estados Unidos, lá estudara e trabalhara no Bureau de Estatísticas. Considerava Haya de la Torre o único gênio vivo latino-americano, mas se envolvia pouco em discussões".[341] O economista brasileiro discorre sobre a imagem que a CEPAL exerceu nos países da América Latina numa época em que era difundido o documento *Problemas teóricos e práticos do crescimento econômico*, fruto de um amplo debate entre o corpo técnico da instituição. Nesse debate, o Peru se posicionava de modo marginal, "praticamente ignorando a existência da nova instituição nessa primeira fase de sua existência".[342] "Entre os países médios e grandes da região", o Peru, "aquele em que as elites mais distantes estavam do povo", concentrava profundas diferenças entre as "estruturas socioeconômicas da *costa*, com sua moderna agricultura de exportação, e da *sierra*, onde se concentravam as comunidades indígenas". Desse modo, dado essa dualidade histórico-estrutural, conclui Furtado, não seria estranho que surgisse no seio de debate intelectual um "ecletismo do discurso político de um Mariátegui ou de um Haya de la Torre",[343] sendo provavelmente a nação andina "o país em que mais rico foi o pensamento político, na primeira metade do século".

Recuando no tempo, tudo indica que o primeiro sociólogo a mencionar Mariátegui numa revista brasileira foi Guerreiro Ramos. Muitos anos antes de se incorporar no IBESP-ISEB e tornar-se uma referência incontornável de uma "sociologia pós-colonial",[344] o jovem sociólogo baiano colaborou com uma série de textos para a revista *Cultura Política*. Publicada entre 1941 e 1945, a revista fazia parte do projeto político e ideológico do Estado Novo, oficialmente produzido e divulgado pelo

---

341 Celso Furtado, *A fantasia organizada*, Op. cit., p. 54.

342 Idem, p. 102.

343 Idem, Ibidem, grifos nossos.

344 Ver Christian Edward Cyril Lynch, "Teoria pós-colonial e pensamento brasileiro na obra de Guerreiro Ramos: o pensamento sociológico (1953-1955)". In: *Cadernos CRH*, Salvador, v. 28, n. 73, 2015, pp. 27-45.

Departamento de Imprensa e Propaganda (DIP). *Cultura Política* contou com a colaboração de intelectuais ligados ao regime assim como autores de diferentes tendências político-ideológicas.[345] Naquele momento, influenciado pelo filósofo francês de orientação católica Jacques Maritain, o jovem Guerreiro Ramos flertava com a militância integralista e caracterizava-se por temas literários, de sensibilidade poética. Contudo, segundo Raul Antelo, já se esboçava "a categoria de sujeito epistêmico, como um ser de recusa capaz de conciliar, no entanto, o pensamento e a ação, a existência e o cálculo". Distinção importante "entre o *verdadeiro intelectual* e o *intelectual ilustrado* ou *livresco,* que mais adiante se configuraria como a diferença crucial entre a *sociologia em hábito* e a *sociologia em ato*".[346]

Nos números da revista *Cultura Política* de 1941, o sociólogo baiano, com 26 anos, decide abordar o problema do estudo da *literatura latino-americana* sob o princípio de que o "[...] o Brasil não se pode dissociar do continente americano [...]".[347]

---

345 Elide Rugai Bastos, "A revista Cultura Política e a influência de Ortega Gasset". In: Elide Rugai Bastos, Marcelo Ridenti e Denis Rolland (orgs). *Intelectuais: sociedade e política, Brasil-França.* Op. cit., p. 149.

346 Raul Antelo, "Ensaios críticos, Vanguarda e Intelectualidade – Guerreiro Ramos, o não contemporizador". In: *Ilha – Revista de Antropologia.* Op. cit., p. 22.

347 Guerreiro Ramos, "Literatura latino-americana (I)". In: *Cultura Política,* Rio de Janeiro, Ano 1, n. 3, 1941, p. 275. Ainda no mesmo texto, o autor elucida que "[...] nas futuras crônicas dêste lugar, será sempre considerado que *o Brasil não se pode dissociar do continente americano*, que exploraremos os planos da literatura latino-americana, ora apresentando uma visão de conjunto sôbre um período, uma época, ora estudando, especialmente, personalidades cujas obras sejam portadoras da teluricidade, da nota continental que nos interessa. Ser-nos-á fácil, numa espécie de método comparado, *aproximar a evolução literária americana da formação nacional* e encontrar, em uma e outra, pontos de contato que revelem uma semelhança de fisionomia histórica e social [...] Muito de nosso interesse [...] será dirigido para os atuais poetas, romancistas, novelistas, sociólogos e filósofos que, como no Brasil, estão dando às literaturas de seus países uma individualidade,

Rastreando personalidades da América Latina que tinham alcançado certo prestígio no meio cultural e literário, Ramos nomeia uma série de intelectuais como Ángel Rosenblat, Pedro Henríquez Ureña, Emilio Frugoni, Luís Alberto Sánchez, Moisés Sáenz, Franz Boas, José Vasconcelos, Haya de la Torre, Rodrigo González Chavez, Mariano Picón, Ricardo Rojas, Antenor Orrego, Luís Aguilar. Ainda segundo Raul Antelo, "(...) uma das fontes mais profícuas, para tanto, foi um autor então quase completamente desconhecido no Brasil: José Carlos Mariátegui".[348]

Assim como os autores mencionados pelo sociólogo brasileiro, Mariátegui seria mais um exemplo de maturidade "literária" e também um "publicista" latino-americano que teria percebido a necessidade de recorrer aos métodos sociológicos de pesquisa para conhecer a formação cultural e social do continente.[349] Naquele momento, o que chama atenção do jovem Guerreiro Ramos no pensador peruano é o ensaio "O processo de Literatura" – último e maior ensaio do livro *Siete Ensayos*. Para Raul Antelo, o motivo de atração desse ensaio pode estar na definição estabelecida por Mariátegui "em função de uma vontade afirmativa, já que seu temperamento era construtivo, e nada havia, a seu ver, de mais antitético que o boêmio puramente iconoclasta e dissolvente; daí que a sua missão diante do passado só pudesse ser a de votar contra, dizer não".[350] Outro fator apontado por Antelo que pode ser depreendido da leitura feita por Ramos, é que Mariátegui definia a literatura ou período nacional como expressão modulada e "de sua própria personalidade e seu próprio sentimento". *Id est*, o "caráter de exceção" fez com que Mariátegui optasse por "não sistematizar seu

---

enriquecendo-as de obras de ambiência genuinamente nacionais" Idem, Ibidem.

[348] Raul Antelo, "Ensaios críticos, Vanguarda e Intelectualidade – Guerreiro Ramos, o não contemporizador". In: *Ilha – Revista de Antropologia*. Op. cit., p. 24.

[349] Idem, Ibidem.

[350] Idem, Ibidem.

estudo conforme a classificação marxista, em literatura feudal ou aristocrática, burguesa e proletária" e sim "por um sistema de crítica e de história artística, que lhe garantisse a autonomia artística e, nesse sentido, entendia-o como um método de explicação e de ordenação".[351]

Desse modo, se Guerreiro Ramos "reivindicou o método" de Mariátegui, isso permaneceu circunscrito na esfera literária das modulações de análise e de metodologia de produção. Não há nenhum apontamento ou observação sobre a utilização *sui generis* do instrumental marxista de JCM na análise da formação econômico-social peruana inserido em um peculiar desenvolvimento histórico e internacional.[352] Curiosamente, no decorrer dos anos em que Guerreiro Ramos afirmou-se no campo intelectual, sobretudo pela postura engajada de estabelecer os contornos de uma sociologia moldada ao ambiente periférico brasileiro e latino-americano, não mobilizou o arsenal mariateguiano.

Em relação aos comunistas brasileiros, Mariátegui passou praticamente despercebido, restrito a um grupo bastante limitado do PCB. Em seu ensaio sobre a recepção de Mariátegui no Brasil, Luiz Bernardo Pericás recorda que na Primeira Conferência Comunista Latino-Americana de Buenos Aires, em 1929, mesmo não estando presente fisicamente (enviando dois delegados, Hugo Pesce e Julio Porto-carrero), o livro *Siete Ensayos* circulou entre os convidados do congresso e suas ideias foram amplamente divulgadas. Segundo o autor, "os quatro delegados brasileiros presente no encontro, Paulo de Lacerda, Leôncio Basbaum, Mário Grazzini e Danton Jobim, certamente tiveram acesso ao texto (ou pelo menos sabiam de sua existência e de seu conteúdo) e conheciam Mariátegui de nome".[353] Esse silêncio por parte do PCB em relação à Mariátegui perduraria até o

---

[351] Idem, Ibidem.
[352] Luiz Bernardo Pericás, "José Carlos Mariátegui e o Brasil". In: *Estudos Avançados*, p. 338.
[353] Idem, p. 339.

final da década de 1950. No entanto, é importante lembrar que depois de sua morte, em 1930, o "mariateguismo" é banido momentaneamente pelo PCP e o Comintern que entendiam como perigoso um pensamento "pequeno-burguês" e "populista". Ou seja, uma influência negativa para os quadros políticos do movimento comunista. Com o tempo, Mariátegui foi sendo paulatinamente integrado, reivindicado e enaltecido pelo PCB. Por isso, nem uma menção ao seu nome em intelectuais comunistas importantes na história do PCB, como Caio Prado Júnior, Octavio Brandão, Leôncio Basbaum e Heitor Ferreira Lima.[354] Embora não fossem cientistas sociais, suas respectivas contribuições teóricas flertavam com uma sociologia marxista de matrizes positivistas e dialéticas.

Apenas trinta anos depois da morte do Amauta, em 1960, o nome de Mariátegui será aludido explicitamente, por ocasião das homenagens realizadas por alguns setores da sociedade peruana. Publicada no órgão *Unidad* do PCP, Luís Carlos Prestes enviaria carta ao Comitê Central prestando tributo à Mariátegui ("Luís Carlos Prestes a nombre de comunistas y pueblos Brasileño expresa su homenagem a Mariátegui"), assim como publicaria na mesma edição do periódico um texto de Astrogildo Pereira "José Carlos Mariátegui y su obra".[355] De todo modo, poucos indícios de interesse sobre Mariátegui quanto mais algum empreendimento para sua difusão por parte dos comunistas brasileiros. De fato, Mariátegui não fazia parte do "santuário pagão" dos comunistas brasileiros.[356]

Todavia, o oficial de artilharia, Nelson Werneck Sodré, seria uma exceção de um intelectual da órbita comunista que utilizaria de Mariátegui em uma perspectiva sociopolítica. Esse fato ocorre no decorrer do pré-golpe de 1964, momento em que o

---

[354] Idem, p. 338, 341, 342.

[355] Idem, p. 341.

[356] Fernando Henrique Cardoso, por correio eletrônico, em 9 de março de 2017.

militante comunista desempenhava várias funções e cargos: debatia agudamente as reformas de base, desfrutava da recém-patente de General-de-Brigada, desempenhava atividades de ensino (cursos, pesquisas e livros) no ISEB e, por fim, mostrava um "amadurecimento de sua leitura sobre o caráter democrático do Brasil".[357] Segundo Pericás,

> Nelson Werneck Sodré era admirador dos *Sete ensaios* (a edição utilizada por ele era a chilena, publicada em 1955) e usou a obra como referência para seu curso no Instituto Superior de Estudos Brasileiros (Iseb) sobre a formação histórica do Brasil (que começou a ministrar em 1956), curso esse que resultaria, mais tarde, em seu livro *Formação histórica do Brasil* (...), de 1962. Nesse livro, ele citará os *Sete ensaios* extensamente em notas. Para alguns estudiosos do pensamento de Sodré, seu pioneirismo seria, até mesmo, ainda maior, já que ele teria fundamentado suas teses centrais em Mariátegui, teses essas incorporadas mais tarde no trabalho supracitado. Ele foi *possivelmente* o primeiro *marxista* brasileiro a utilizar a obra de Mariátegui sistematicamente. É interessante salientar que Sodré, ao contrário de alguns intelectuais que haviam reivindicado Mariátegui anteriormente usando um viés culturalista, irá utilizar sua obra a partir de uma perspectiva *política* e historiográfica.[358]

Outro intelectual que menciona Mariátegui é Leandro Konder, filiado ao PCB e parte de uma nova geração de intelectuais comunistas que se notabilizaram pela "tradução" e difusão de marxistas europeus fora da órbita do comunismo soviético. Em seu livro *Os marxistas e a arte*, publicado em 1967, o jovem Konder apresenta visões sobre a estética a partir de uma plêiade de autores russos e europeus do marxismo. Particularmente na exposição sobre Maiakóvski, embora, por um lado, Konder não esconda suas res-

[357] Paulo Ribeiro da Cunha, "Nelson Werneck Sodré". In: Luiz Bernardo Pericás e Lincoln Secco (orgs). *Intérpretes do Brasil: clássicos, rebeldes e renegados*. São Paulo: Boitempo, p. 92.

[358] Luiz Bernardo Pericás, "José Carlos Mariátegui e o Brasil". In: *Estudos Avançados*, p. 341, grifos do autor.

salvas sobre posições teóricas do poeta russo em relação aos clássicos e ao poder de duração das artes, por outro lado, defende-o no que concerne a exigência de "uma arte que fosse imediatamente acessível às massas populares" como "antidemagógica". Reforça essa posição em uma inesperada comparação com Mariátegui:

> A posição antidemagógica e antipopulista de Maiakóvski, em certos aspectos, lembra curiosamente a do pensamento do marxista peruano José Carlos Mariátegui, que escreveu, no final da década de 1920 "A demagogia é o pior inimigo da Revolução, tanto na política como na literatura. E o populismo é essencialmente demagógico".[359]

Uma das referências intelectuais de Leandro Konder era Otto Maria Carpeaux, outro autor que mencionaria Mariátegui. Por meio do pequeno ensaio e do artigo de jornal, meios de expressão que iriam condicionar a divulgação de suas ideias e a dinamização cultural de suas tomadas de posição, o crítico literário chegou ao Brasil na condição de exilado após a anexação da Áustria pela Alemanha, em 1939. Em sua nova pátria, Carpeaux colaborou intensamente no âmbito do jornalismo cultural brasileiro entre as décadas de 1940 e 1960. Ele tinha muito interesse sobre a história cultural, literária e política da América Latina. Não por coincidência, munido da consulta aos principais periódicos da Europa e dos Estados Unidos, o ensaísta já mostrava preocupação sobre a política internacional entre os Estados Unidos e o destino político da "América Latina" – o termo já inclui, evidentemente, o Brasil. Com o golpe militar em 1964, tornou-se um de seus principais críticos, escreveu no *Correio da Manhã* uma série de artigos centrando suas baterias sobre golpes, ditaduras e proibições que estavam transcorrendo no subcontinente. Reuniu essas intervenções no livro *A batalha da*

---

359 Leandro Konder, *Os marxistas e a arte*. Rio de Janeiro: Civilização Brasileira, 1967, p. 82.

América Latina,[360] com uma introdução sobre a Doutrina Monroe e as intervenções estadunidenses na América Latina ao longo dos séculos XIX e XX.[361]

Nesse contexto, ele escreve um pequeno texto "De Ariel a Caliban", de 1967, colaborando especialmente para revista *Mosaico*, editada pelo Diretório Central dos Estudantes (DCE), da Universidade Federal de Minas Gerais (UFMG) ligada a União Nacional dos Estudantes (UNE).[362] Naquele momento, a UNE radicalizava suas propostas políticas tomando como tema a aliança operária, estudantil e camponesa. Por isso, as contribuições à extinta revista tinham como perfil uma alta politização dos temas abordados.[363] Célebres personagens da peça *A Tempestade*, de William Shakespeare, inspirada nos eventos do Novo Mundo, Ariel e Caliban (e Próspero) transformaram-se em verdadeiras alegorias para intelectuais latino-americanos marcarem a diferença cultural e política contemporânea entre América Latina e EUA, ora para justificar o *status quo* existente, ora para repelir.[364]

---

[360] Otto Maria Carpeaux, *A batalha na América Latina*. Rio de Janeiro: Civilização Brasileira, 1965.

[361] Alfredo Bosi, "Relendo Carpeaux". In: *Estudos Avançados*, São Paulo, v. 27, n. 78, 2013, p. 288.

[362] Otto Maria Carpeaux, "De Ariel a Caliban". In: *Revista Mosaico*, DCE-UFMG, n. 5, abril de 1967. Assessoria e Informação da UFMG. Número do arquivo: Br_ddanbsb_at4_0002_0037-d.

[363] Theotônio dos Santos que tinha se formado na UFMG e se envolvido profundamente com os embates estudantis, nos contou que, mesmo distante da universidade mineira naquele momento (ele estava exilado no Chile), estava ciente da publicação da revista Mosaico organizada por diversos colegas militantes. Entrevista com Theotônio dos Santos em outubro de 2016 – São Paulo.

[364] Para uma interessante análise sobre a recepção da peça do dramaturgo inglês na América ver dois ensaios de Bernardo Ricupero, "Ariel na América: viagens de uma ideia". In: *Interseções*, Rio de Janeiro, v. 18 n. 2, dez. 2016, pp. 372-407 e "A Tempestade e a América". In: *Lua Nova*, São Paulo, n. 93, 2014, pp. 11-31.

Para o crítico literário, reinterpretando a peça shakespeariana à luz das definições de José Enrique Rodó no clássico *Ariel*, de 1900, e das políticas estadunidenses no continente, Caliban representado pelos EUA "não pensava em subjugar os intelectuais latino-americanos", mas sim fez de uma parte deles "parceiros concedendo-lhes migalhas de empreendimentos de colonizar economicamente" seus países e de transformá-los em "cínicos do apoliticismo". Assim, "Ariel é o bacharel que faz, no rico banquete de Caliban, os discursos de sobremesa".[364] Em suma, aos olhos de Carpeaux, Ariel representava os intelectuais conservadores aliados da burguesia local (para ele os representantes seriam a União Democrática Nacional em conluio com os militares), utilizando-se de argumentos tradicionais como a inferioridade racial das "massas de Caliban" para justificar a presença das ditaduras. Nesse novo uso dos símbolos do dramaturgo inglês, Carpeaux menciona Mariátegui como *previsão* desse desenlace.

> Ariel virou Caliban pela força e violência. Não admite outra oposição que a da força e violência, para pela força, suprimi-la. É esta realidade. Foi prevista. Recomendo a leitura de um grande livro, que data de 1928; o autor, José Carlos Mariátegui, foi marxista e escreveu *Siete ensayos de interpretación de la realidad peruana* que agora também é a nossa e à qual se aplicam as artes interpretativas e os conselhos práticos de todos os Mariáteguis deste continente. Não são Ariels. Mas saberão acabar com Calibanes.[365]

Desse modo não é de se espantar o conhecimento sobre um personagem como JCM. Afinal, Carpeaux tinha uma bagagem cultural enciclopédica sobre a cultura política, artística e literária do mundo "ocidental". Isso, evidentemente, incluiria a história do modernismo latino-americano e a nova poesia social, desde o peruano César Vallejo ao salvadorenho Roque Dalton,

---

[364] Otto Maria Carpeaux, "De Ariel a Caliban". In: *Revista Mosaico*, Op. cit., p. 48.

[365] Idem, p. 50.

passando pelo argentino Juan Gelman.[366] A América Latina não era vista por Carpeaux como uma curiosidade exótica, tampouco como uma região atrasada cultural e economicamente do modelo europeu. Em 1960, escreve um artigo "América Latina e Europa", publicado n'*O Estado de S. Paulo*, onde descreve o debate ocorrido numa mesa redonda sobre "o mundo latino-americano e a cultura europeia" em Gênova, dois anos antes, organizada e editada pela instituição internacional Columbianum. No debate contribuíram personalidades como Roger Bastide, Jean Cassou, Fernando Diez de Medina, Julian Gorkin, Haya de la Torre, Eugenio Montes e Ugo Spirito. Ainda fortes na época, a explicação das singularidades da América Latina plasmada pelas condições naturais e pelo fundamento racial e étnico seriam fortemente rechaçadas pelo autor. Além disso, o autor de *História da Literatura Ocidental* afiançava a necessidade da América Latina apropriar-se criticamente do pensamento europeu, nem copiá-lo, nem excluí-lo de seu horizonte, "pois dentro de um conjunto civilizatório as influências recíprocas são inevitáveis e necessárias e a civilização norte-americana faz parte da civilização euroamericana assim como latino-americana. É um fato".[367]

Depois do golpe civil-militar de 1964 e com o enrijecimento em 1968, se dá início o ciclo dos cientistas sociais brasileiros exilados. A experiência acadêmica e política em países hispano-americanos abriram possibilidades para entrar em contato com um mercado editorial diferente do brasileiro e com personalidades de uma formação intelectual com outros referenciais teóricos. Essa peculiar experiência possibilitou aproximar-se do contexto latino-americano e eventualmente do acesso ao conhecimento da obra mariateguiana.

---

[366] Otto Maria Carpeaux, *História da literatura ocidental*, volume IV. 3ª ed. Brasília: Senado Federal/Conselho Editorial, p. 2564-2565.
[367] Otto Maria Carpeaux, "América Latina e Europa". In: *Ensaios reunidos 1946-1971*, vol. II. Rio de Janeiro: Topbooks, 2006, p. 523.

É o caso do antropólogo Darcy Ribeiro (1922-1997). Seu itinerário no exílio constitui um capítulo à parte. De 1964 ao final da década de 1970, o fundador da UNB, até então chefe do Gabinete Civil da Presidência da República, é banido do Brasil, período em que trabalha em diversas universidades latino-americanas. O Uruguai foi o primeiro país em que Darcy se abrigou, ali desempenhou o posto de professor de antropologia na Universidade do Uruguai e aproximou-se de intelectuais uruguaios ligados ao semanário *Marcha*, como Carlos Quijano (1900-1984), Ángel Rama (1926-1983) e Eduardo Galeano (1940-2015), num circuito de resistência cultural e política do país. Dentre os diversos formatos publicados pela editora, como os *Cuadernos de Marcha* (1967-1974), revistas monotemáticas mensais dedicadas a temas políticos e culturais específicos e a coleção editorial Biblioteca de Marcha (1969-1974), esta última publicaria os *Siete ensayos* de Mariátegui em 1970.[368]

Permanecendo quatro anos no Uruguai, o antropólogo brasileiro partiu para Venezuela, onde foi contratado como professor de antropologia na Universidade Central da Venezuela (UCV). Em 1973, com a ascensão da Unidade Popular (UN) no Chile, Darcy muda-se com o objetivo de acompanhar o processo socialista chileno. Amigo pessoal de Salvador Allende (ele o conheceu no Uruguai), Darcy vira assessor do então presidente tendo acesso a todas as reuniões ministeriais e redigindo documentos oficiais.[369] Antes do golpe militar em 11 de setembro de 1973, Darcy partiria ao Peru a convite de Carlos Delgado, um dos principais intelectuais do governo militar de Juan Velasco Alvarado, permanecendo entre 1973 até 1976. Sob a tutela da Organização Internacional de Trabalho (OIT), órgão das Nações Unidas, a tarefa principal do antropólogo brasileiro no governo

---

[368] Mariana Villaça, "O semanário Marcha, Carlos Quijano e a configuração de um circuito cultural de resistência no Uruguai nos anos 1960-1970". In: *Hydra*. UNIFESP, São Paulo, v. 2, n. 3, 2017, p. 258.
[369] Darcy Ribeiro, *Confissões*. São Paulo: Companhia das Letras, 1887, p. 413.

militar consistia em criar um instituto de estudos sobre as formas de participação na propriedade e nas empresas peruanas.[370]

É possível encontrar os *Sete ensaios* de Mariátegui na bibliografia de pelo menos três livros do antropólogo brasileiro. *O processo civilizatório: etapas da evolução sócio-cultural*, cuja primeira edição data de 1968[371] e *As Américas e a civilização – processos de formação e causas de desenvolvimento desigual dos povos americanos*, publicado em 1970,[372] especialmente no capítulo "os Andinos". Em ambos, ele trabalha com a edição cubana de 1963. Já no trabalho *Configurações histórico-culturais dos povos americanos*, publicada em 1975,[373] utiliza da edição chilena dos *Sete ensaios* de 1955. Em *O processo civilizatório*, constam pequenas observações sobre o tipo de bibliografia apresentada e Darcy insere Mariátegui, assim como os sociólogos Sergio Bagú (1911-2002), Antonio García (1912-1982), Rodolfo Stavenhagen (1932-2016) e André Gunder Frank (1929-2005) como autores que trabalharam a noção de feudalismo na América Latina.[374]

De fato, embora de países, gerações e de posições diferentes no campo científico, o eixo comum dos cientistas sociais mencionados pelo antropólogo brasileiro gravitava na natureza das sociedades latino-americanas e o problema de seu caráter feudal ou capitalista. Essa discussão travada no campo acadêmico e político teve seu ápice nas ciências sociais latino-americanas durante a década de 1960 e 1970, envolvendo concepções teóricas e conduzindo a conclusões políticas díspares. Com efeito, ela cruzava com os vários debates postos pelo PCs,

---

[370] Idem, p. 415.

[371] Darcy Ribeiro, *O processo civilizatório: etapas da evolução sócio-cultural* [1968]. Petrópolis: Vozes, 9ª ed., 1987, p. 243.

[372] Darcy Ribeiro, *As Américas e a civilização – processos de formação e causas de desenvolvimento desigual dos povos americanos*. Petrópolis: Vozes, 1970.

[373] Darcy Ribeiro, *Configurações histórico-culturais dos povos americanos*. Rio de Janeiro: Civilização Brasileira, 1975, p. 138.

[374] Darcy Ribeiro, *O processo civilizatório*. Op. cit., p. 224.

a presença ou não de restos feudais no capitalismo e os agendados pela CEPAL, como o da possibilidade de superar ou não o subdesenvolvimento.

O sucesso do ensaio "Siete teses equivocadas sobre América Latina", do mexicano Rodolfo Stavenhagen, publicado pela primeira vez no jornal *El Día*, em julho de 1965 (republicado em várias revistas e coletâneas do continente durantes os anos subsequentes)[375] é um registro de que esse debate estava na "ordem do dia". Curiosamente, o antropólogo mexicano encontrava-se no Brasil alguns anos antes da publicação do ensaio, que não por acaso toma o Brasil como exemplo em vários argumentos. Entre 1962 e 1964, ele atuou como secretário-geral no CLAPCS, no Rio de Janeiro, e como responsável pela edição da revista *América Latina*.

Assim como tantas produções publicadas nessa época, o ensaio entrou no panteão da literatura sociológica latino-americana que promoveu um "acerto de contas" de fundamentação científica em relação a toda uma perspectiva analítica que havia readquirido prestígio e difusão depois da II Guerra Mundial: a abordagem dualista na compreensão da realidade social periférica sob pares conceituais – arcaico-moderno, rural-urbano, agrário-industrial, sociedade fechada-aberta, feudalismo-capitalismo.

Apesar das irredutíveis diferenças teóricas e ideológicas entre teóricos da "modernização", intelectuais do nacional-desenvolvimentismo *cepalino* e partidos comunistas atuantes no subcontinente, eram esses agentes que enveredavam para o diagnóstico (equivocado) da realidade latino-americana como "sociedades duais": existência de zonas rurais atrasadas e arcaicas como um obstáculo para a formação do mercado interno e para o desenvolvimento de um capitalismo "nacional" e "progressista"; o "progresso" se dará mediante a difusão dos

---

[375] Rodolfo Stavenhagen, "Siete tesis equivocadas sobre América Latina". In: *Sociología y subdesarrollo*. México: Editorial Nuestro Tiempo, [1965] 1972.

produtos do industrialismo nas zonas atrasadas; a "burguesia nacional" tem o interesse em romper o poder e o domínio da oligarquia latifundiária; o "desenvolvimento" é criação e obra de uma classe média nacionalista, progressista, empreendedora e dinâmica, e o objeto da política social e econômica de nossos governos deve ser estimular a mobilidade social e o desenvolvimento dessa classe; a "integração nacional" é produto da mestiçagem; a "integração nacional" só se realizará mediante uma aliança entre os operários e os camponeses, aliança que impõe a identidade de interesses dessas duas classes.[376] Limitadas a uma "causação funcional", todo esse conjunto de abordagens, teses e argumentos na esfera teórica e política foram confrontados e explicitados suas imprecisões. Na realidade, para Stavenhagen e sua geração de sociólogos, o enigma da realidade social latino-americana era desvendar as implicações sociológicas da coexistência de segmentos do arcaico e moderno em uma mesma sociedade e os resultados de integração entre agricultura e indústria, campo e cidade ou as diferentes forças produtivas.

Nesse sentido, o encontro dos textos de Mariátegui com receptores do campo acadêmico, no momento em que começavam a circular suas ideias com mais frequência pelo continente, foi um processo moroso e, muitas vezes, implícito na construção de uma determinada imagem e inserção de uma determinada tradição intelectual. Mariátegui aparecia como um autor cujas contribuições teóricas e políticas estavam voltadas em direção para problematizar as vertentes dualistas.

[376] Idem, Ibidem.

Capítulo 4:
SOCIOLOGIA BRASILEIRA NO EXÍLIO: CANTEIRO MARIATEGUIANO?

> *O exílio nos compele estranhamente a pensar sobre ele, mas é terrível de experienciar. Ele é uma fratura incurável entre um ser humano e um lugar natal, entre o eu e seu verdadeiro lar: sua tristeza essencial jamais pode ser superada. E, embora seja verdade que a literatura e a história contêm episódios heroicos, românticos, gloriosos e até triunfais da vida de um exilado, eles não são mais do que esforços para superar a dor mutiladora da separação.*
>
> Edward Said[378]

I. Intelectuais dependentistas e circulação regional no Chile

Entre 1964 e 1973, a cidade de Santiago abrigou uma quantidade expressiva de cientistas sociais, economistas, cientistas políticos e advogados exilados das ditaduras de seus países, principalmente brasileiros. Assim, a cidade tornou-se um destacado centro cultural e intelectual do continente, que desde a criação da Flacso e Cepal, era um polo irradiador transnacional em Ciências Sociais na América Latina cumprindo um grande papel integrador. "As ideias circulavam livremente", como testemunhou um dos brasileiros exilados.[379] Frequentou-se museus, saraus de poesia, festas, conferências acadêmicas, organizações políticas. Para Fernanda Beigel,

> A concentração e capital acadêmico em Santiago foi estimulada por vários fatores: a estabilidade institucional e a presença de

---

[378] Edward Said, "Reflexões sobre o exílio". In: *Reflexões sobre o exílio e outros ensaios*. Tradução de Pedro Maia Soares. São Paulo: Companhia das Letras, 2003, p. 46.

[379] Fernando Henrique Cardoso (com colaboração de Brian Winter), *O improvável Presidente do Brasil: recordações*. Rio de Janeiro: Civilização Brasileira, 2013, p. 107.

> organismos internacionais; o desenvolvimento da educação superior e a política de fortalecimento da pesquisa científica (estimulada pelo governo chileno através de fundos estatais e uma política agressiva de captação de ajuda externa); o papel de protagonista que a CEPAL exerceu com a Aliança para o Progresso e com a chegada de numerosos cientistas sociais sul-americanos, que foram decisivos no questionamento das correntes predominantes nas ciências sociais do período.[380]

Como estudantes, pesquisadores ou professores, muitos brasileiros que se interessavam pelo debate econômico e pelas transformações políticas daquele momento descobriram a "América Latina" quando participaram em cursos e seminários oferecidos pela Cepal através do Instituto Latinoamericano de Planificación Económica y Social (Ilpes), fundado em 1963. Outros se estabeleceram no Centro de Estudios Socio-económicos (CESO), criado em 1965, ligado à Universidad de Chile. Havia também, desde 1957, o programa de Estudios Económicos Latino-Americanos para Graduados (Escolalatina), a Escola de Sociologia Universidad de Chile e o curso de economia da Universidad de Concepción, que contava com assessoramento da Cepal.

Cada cientista social brasileiro exilado no Chile tinha um perfil diferente tanto na condição institucional que estavam quanto às motivações políticas e acadêmicas que o animavam. O conjunto de contribuições, polêmicas, críticas e "anticríticas" acerca da dualidade estrutural como uma das singularidades do continente ganhou um novo fôlego.[381] Conforme foi ressal-

---

[380] Fernanda Beigel, "A Teoria da Dependência em seu laboratório". In: *Crítica e Sociedade: revista de cultura política.* UFU, Minas Gerais, v. 4, n. 2, 2014, p. 76.

[381] Não iremos classificar os dependentistas a partir de categorias políticas como reformistas, estruturalistas, marxistas, neomarxistas etc., como comumente são realizados na maioria das pesquisas existentes sobre o tema. Elas estão imbuídas de acordos tácitos do pesquisador que valorizam ou desprezam um determinado autor de acordo com seu posicionamento político. Nesse sentido, a denominação "marxista"

tado, a partir da década de 1940, a questão do desenvolvimento incluía vários debates postos pelas ciências sociais como os estudos de "resistências à mudança"; pelo PCB, a presença ou não de restos feudais no capitalismo e a revolução "democrático- burguesa"; e os agendados pela Cepal, encampada pela teoria da "modernização" de matiz estrutural-funcionalista como possibilidade de superar ou não o subdesenvolvimento pelo crescimento industrial. Evidentemente as revisões teóricas radicais em curso estão involucradas com os sinais de crise política das sociedades latino-americanas. Segundo Florestan Fernandes, "embora as preocupações [sobre o desenvolvimento] se evidenciassem na década de 1950, foi nas décadas de 1960 e 1970 que elas atingiram o clímax científico e político. O desmascaramento das mistificações engendrou um clima propício para uma profunda revisão da história *real* (não a *oficial*) dos países da América Latina".[382] Isso se deve principalmente ao advento do enfoque dependentista surgido nos círculos acadêmicos em 1964 e tendo seu ápice no início da década seguinte.

---

parece um exemplo paradigmático, já que é impossível a (bizarra) utilização de um "marxômetro" (!). A classificação por categorias *sociais*, como o pertencimento institucional de cada um quiçá tenha mais utilidade, conforme os trabalhos citados de Beigel. Isso se aplica, inclusive, nos próprios agentes envolvidos. Não por acaso, a socióloga argentina assinala que as dissensões estabelecidas entre personagens e grupos ficavam, muitas vezes, em discussões tautológicas: "As classificações e as etiquetas estavam na ordem do dia. Isto os levava, em muitos casos, a discussões abstratas, voltadas antes para dirimir se a "Teoria da Dependência" era compatível ou não com os textos de Marx, em vez de indagar se a teoria era compatível ou não com a realidade histórica concreta que pretendiam explicar". Fernanda Beigel, "A Teoria da Dependência em seu laboratório". Op. cit., p. 80.

[382] Florestan Fernandes, "Prefácio: democracia, desenvolvimento e socialismo". In: *Democracia e desenvolvimento: a transformação da periferia e o capitalismo monopolista da era atual*. São Paulo: Hucitec, 1994, p. 10, grifos do autor.

Segundo Fernanda Beigel, o dependentismo não teria surgido como uma teoria, "mas como um *problema teórico*, no registro de uma linha de reflexão coletiva e interdisciplinar que procurava rediagnosticar o subdesenvolvimento". Isto é, "a dependência foi concebida como uma *situação histórica*, que ocorria no interior de certas condições nacionais e internacionais como resultado da estrutura internacional de desenvolvimento".[383] Ainda segundo a socióloga argentina, ela não surge como "uma *imposição externa*, e sim como uma *relação* entre países industrializados e dependentes". A crítica das políticas de desenvolvimento e as novas condições política trazidas pelos *dependentistas* (isto é, acadêmicos que desenvolvem esse enfoque a partir de espaços institucionais diferentes e de interpretações heterodoxas e conflitivas), levaram "ao questionamento de temas como a racionalidade da estrutura produtiva, os princípios da legitimidade dos estados latino-americanos e a luta pelo poder".[384]

O caso dos dependentistas em seus anos mais produtivos (1964-1973) repete e ilustra de maneira mais precisa o tipo de apropriação feita na figura de Mariátegui. A bem da verdade, a associação entre Mariátegui e a "teoria da dependência" é reforçada pelos intelectuais que se debruçaram especialmente sobre a história e as teorias do dependentismo. Provavelmente, o primeiro a trazer à luz essa relação foi o sociólogo italiano Marco Ingrosso. O título de seu trabalho já faz uma alusão explícita, *Modelos socioeconómicos de interpretación de la realidad latinoamericana: de Mariátegui a Gunder Frank*, publicado originalmente em italiano em 1973 e, cinco anos depois, em espanhol. Na breve apresentação de Ingrosso, o intelectual peruano é trazido como um *precursor* de novas gerações de pesquisadores (em especial André Gunder Frank) que baseavam suas interpretações e análises em modelos conflitivos baseados nos

[383] Fernanda Beigel, "A Teoria da Dependência em seu laboratório". Op. cit., p. 78.
[384] Idem, Ibidem.

conceitos de "dependência cultural", "heterogeneidade estrutural", "formações periféricas do capitalismo", "estrutura polarizada metrópole-satélite" e de "incorporação histórica".[385] Cinco anos depois, Rubén Jiménez Ricárdez, que redigiu um extenso prólogo para uma coletânea de textos de Mariátegui publicada no México, também constata a "afinidade eletiva" entre o modo de interpretação da realidade entre Mariátegui e "teoria da dependência". Para Jiménez Ricárdez, naquele momento, era uma surpresa "que os teóricos da dependência não tivessem reconhecido Mariátegui como um de seus precursores".[386]

Em seu trabalho *Latin American Theories of Development and Underdevelopment*, Cristóbal Kay analisou a contribuição das ciências sociais da América Latina para a "teoria do desenvolvimento" destacando vertentes como o paradigma estruturalista, a análise do colonialismo interno, os estudos sobre marginalidade e a teoria da dependência. Nesse mapeamento, o pesquisador chileno associa a formação da "escola dependentista latino-americana", que logrou reconhecimento internacional durante as décadas de 1960 e 1970, a discussões teóricas e políticas sobre as obras de Haya de la Torre e de Mariátegui. Dentro de um quadro quase caricatural, o autor estabelece uma classificação política desse embate teórico baseada em duas correntes: a "reformista-estruturalista" e a "marxista-revolucionária". Para ele, apesar da evidente diferença entre as duas correntes, o que as une "é que ambas refutam, a teoria neoclássica e a da modernização e definem o subdesenvolvimento como o resultado de um processo mundial de acumulação capitalista na qual de maneira permanente reproduz os dois polos do sistema mundial".[387]

---

[385] Marco Ingrosso, *Modelos socioeconómicos de interpretación de la realidad latinoamericana: de Mariátegui a Gunder Frank*. Editorial Anagrama: Barcelona, 1978 [1973], p. 18-22 e 37-38.

[386] Rubén Jiménez Ricárdez. "Prólogo". In: José Carlos Mariátegui. *Obra política*. Cidade do México: Ed. Era, 1978, p. 46.

[387] Cristóbal Kay, "Teorías latino-americanas del desarrollo". In: *Nueva Sociedad*, Buenos Aires, n. 113, 1991, p. 102. Kay desenvolveu mais

Durante a década de 1990, em que a "ressurreição" da teoria da dependência é motivada não apenas pelas transformações econômicas do continente, mas também pela necessidade de uma visão de conjunto que supere a fragmentação analítica entre as esferas econômica, política e cultural,[388] reaparece a associação entre Mariátegui e "teoria marxista da dependência" nos escritos de novos estudiosos dessa tradição crítica. Na mesma trilha de Ingrosso e Kay, o sociólogo Carlos Eduardo Martins argumenta, com efeito, que os "primeiros brotos" da teoria da dependência surgem na década de 1920 em autores como Mariátegui. Isto é, a tese segundo a qual as classes dominantes estavam inseridas na divisão do trabalho da economia mundial, em uma relação entre interno e externo "já se insinuava em Mariátegui".[389]

Não podemos ignorar um testemunho de Enzo Faletto na década de 1990, rememorando seus anos como participante ativo do círculo dependentista na década de 1960, no Chile, em que Mariátegui é mencionado. Já como aposentado da CE-

---

sistematicamente sua pesquisa no livro *Latin American Theories of Development and Underdevelopment*. Londres: Routledge Library Editions, 1989.

388 Fernanda Beigel, "Vida, muerte y resurrección de las 'teorías de la dependencia'. In: AA. VV. *Crítica y Teoría del pensamiento social latinoamericano*. Buenos Aires: CLACSO, 2006, p. 306-307.

389 "Mariátegui, por exemplo, afirmava a existência de uma burguesia interna compradora e latifundista articulada aos interesses imperialistas. Ele confrontava as teses da III Internacional ao descartar a revolução democrático-burguesa pela decorrente debilidade desses segmentos frente ao imperialismo, em razão de sua incapacidade para revolucionar as forças produtivas. Externo e interno aí se articulavam". Carlos Eduardo Martins, *Globalização, dependência e neoliberalismo na América Latina*. São Paulo: Boitempo, 2011, p. 239. Recentemente, em um artigo na *Crítica marxista*, Raphael Seabra procurou indicativos teóricos que ratifiquem a "antecipação mariateguiana em relação a teoria da dependência. Ver Raphael Lana Seabra, "Por un debate acerca de las anticipaciones mariateguianas a la teoría de la dependencia". In: *Crítica Marxista*, Campinas, n. 41, 2015, pp.69-88.

PAL, o sociólogo ítalo-chileno recorda-se do ensaio de *Ideología sobre el desarrollo económico en América Latina*, de 1961 em que Albert Hirschman fazia um mapeamento histórico do pensamento social latino-americano desde a independência dos países do continente. A releitura do ensaio de Hirschman despertou em Faletto, naquele momento, o desejo "de situar o tema das origens da chamada *Teoria da Dependência* como um momento de história das ideias em nossa região".[390] Nesse sentido, Faletto está de pleno acordo com a menção feita por Hirschman sobre a importância que adquiriram as ideias de Haya de la Torre e Mariátegui: "seus pensamentos estão politicamente motivados, mas são inegáveis contribuições na definição das opções econômicas dos países na região". Faletto entende que Mariátegui, "resgatava do passado indígena para que a partir dele e baseando-se na organização comunitária agrária, fosse possível construir um futuro socialista em seu país e talvez naqueles com similar condição".[391]

Essa similaridade entre Mariátegui e a teoria social do dependentismo foi também colocada *durante* o período de maior produtividade dos dependentistas por um intelectual brasileiro que, muito embora não tenha se exilado no Chile e participado *tête-à-tête* dos diversos debates existentes, foi extremamente influenciado por eles: Octavio Ianni. A produção intelectual de Octavio Ianni entre as décadas de 1960 e 1980 é um exemplo não apenas do "estilo" sociológico uspiano, como também de incorporar temas, discussões e autores da sociologia crítica latino-americana que emergia fortemente na década de 1960.[392] Como um dos professores da USP cassado em 1969, ele iria para o México e Estados Unidos, e retornaria para o Brasil integran-

[390] Enzo Faletto, "Los años 60 y el tema de la dependencia". In: *Estudos Avançados*, São Paulo, v. 12, n.33, 1998, p. 109.

[391] Idem, Ibidem.

[392] Em uma entrevista com Sedi Hirano, ele afirma que conheceu a obra de Mariátegui a partir de uma conversa com Octavio Ianni. Entrevista com Sedi Hirano, setembro de 2017.

do na *think-tank* do Centro Brasileiro de Análise e Planejamento (Cebrap). O sociólogo nascido em Itu, interior paulista, foi o primeiro *sociólogo marxista independente* (isto é, sem vínculos com o PCB) a mencionar explicitamente Mariátegui a partir de um conjunto de problemas que a sociologia crítica latino-americana questionava profundamente.

> Quando se coloca a problemática do "subdesenvolvimento" em termos de colonialismo interno, dependência estrutural e imperialismo modificam-se essencialmente a colaboração teórica e as implicações práticas da questão. A partir deste ponto, a problemática sociológica do "subdesenvolvimento" implica no abandono da perspectiva sincrônica e funcionalista em que se fundamenta a análise dualística e o princípio da causação circular.[393]

Antes mesmo da publicação em português dos *Sete ensaios* com o prefácio de seu "mestre", Florestan Fernandes, Mariátegui é mencionado por Ianni em *Sociologia da sociologia latino-americana*, de 1971 e *O imperialismo na América Latina*, de 1973. Ele tinha à disposição dois livros das obras completas editadas pela Editora Amauta, *Siete Ensayos* (edição de 1965) e *Ideología y Política* (primeira edição de 1969). Aos olhos do sociólogo, a originalidade do intelectual peruano estaria plasmada principalmente nos estudos sobre o imperialismo, a dependência e a burguesia local no continente. Para Ianni, as investigações sobre relações, processos e estruturas de tipo imperialista não haviam sido estudadas suficientemente, restritas às obras de Lenin e Rosa Luxemburgo. Nem mesmo os partidos políticos da esquerda latino-americana dispuseram de um quadro teórico aceitável para desenvolver o debate, a pesquisa e a interpretação da problemática do imperialismo.[394] Mariátegui seria uma exceção à regra de um vácuo nos estudos sobre imperialismo. Embora a noção da *dependência* indicasse a proposição de no-

[393] Octavio Ianni, *Sociologia da sociologia latino-americana*. Op. cit., p. 55-56.

[394] Idem, p. 164 e 177-178.

vas questões tornando-se uma categoria *analítica* das ciências sociais latino-americanas, ela era também uma categoria *histórica*, pois indicava a efetiva retomada da problemática do imperialismo. Não existiria imperialismo sem dependência nem independência sem imperialismo para Octavio Ianni e, consequentemente, na sua apropriação sobre o marxista peruano.[395]

> (...) poucos foram os estudos consistentes produzidos sobre as relações e estruturas de tipo imperialista. Neste sentido, é sintomático que a obra de José Carlos Mariátegui (...) continue talvez inigualada. A dependência e o imperialismo foram assuntos proibidos em universidades; ou os políticos e intelectuais nela interessados não dispuseram de condições para vencer o peso das ideologias oficiais, nativas ou metropolitanas.[396]

Desse modo, Octavio Ianni utilizou Mariátegui também como um *antecipador* sobre a relação dependência, imperialismo e burguesia local. Os impasses históricos de uma classe dependente dos centros hegemônicos não foram capazes de romper com liames externos, impondo bloqueios econômicos, políticos, sociais e culturais nas sociedades periféricas. Nessa condição, forjando, em certo sentido, sua situação de dependência, somente lhe interessa a "soberania" da nação desde que estejam salvos os arranjos com o capital estrangeiro. Esse tipo de conclusão (política) no pensamento de Octavio Ianni ligava-se diretamente às recentes experiências políticas da América Latina e a "oportunidade histórica" perdida pelas burguesias de liderarem a "transformação capitalista".

Portanto, os diagnósticos levantados por Mariátegui couberam como uma luva nas análises de Octavio Ianni na década de 1970 através do *clima quente* que ocorria na América Latina.[397]

---

395 Octavio Ianni, *Imperialismo na América Latina*. 2ª ed. Rio de Janeiro: Civilização Brasileira, 1988 [1973], p.138-139.

396 Idem, p. 184.

397 Podemos mencionar outros trabalhos do sociólogo paulista que incorpora Mariátegui em sua produção intelectual. Ver Octavio Ianni,

Como veremos, principalmente essas intervenções políticas lhe garantiram prestígio na tradição marxista das ciências sociais latino-americanas não somente para os dependentistas militantes do CESO, como também Florestan Fernandes e Michael Löwy farão leituras sobre JCM seguindo nessa mesma direção.

Todavia, caberia perguntar se de fato os dependentistas brasileiros ocuparam postos em centros de pesquisa no Chile leram Mariátegui. Segundo Fernanda Beigel, encontram-se informações sobre o conjunto de saberes que formou essa constelação crítica da sociologia latino-americana. Segundo a autora, "além da reflexão sobre o legado estruturalista, da leitura de Marx e do recurso a Weber", existiu também um intenso diálogo com "os saberes desenvolvidos previamente na região, que analisou a relação histórica entre as estruturas e a mudança social".

> Um destes esforços foi *Economía de la sociedad colonial: ensayo de historia comparada de América Latina*, publicado em 1949, por Sérgio Bagú. (...). Bagú pretendia constituir uma história unificada da América Latina com base em documentos coloniais disponíveis e na leitura de escritores latino-americanos que realizaram contribuições similares entre a década de 1920 e a de 1940 – José Carlos Mariátegui, Caio Prado Jr., Rodolfo Puiggrós, Silvio Zavala, Alberto Zum Felde, Luis Valcárcel, Volodia Teitelboim.[398]

De qualquer modo, caberia indagar se os trabalhos de Mariátegui eram usados nos cursos de capacitação da CEPAL ou IPES, se *Siete ensayos* constava na bibliografia de algum curso da economia e de sociologia da Universidad do Chile ou da Universidad de Concepción; se era mencionado nos diversos círculos dependentistas materializados na constituição de centros estáveis de pesquisa. Se havia, de fato, algum interesse na difusão, circulação

---

Classe e nação. Petrópolis: Vozes, 1986, p. 71,75, 87 e 92; *O labirinto latino-americano*, Op. cit.; *Enigmas do pensamento latino-americano*. IFCH/UNICAMP, 2004. (Primeira versão).

[398] Fernanda Beigel, "A Teoria da Dependência em seu laboratório". Op. cit., p. 78-79.

e debate de aspectos da obra de Mariátegui nas salas de aula, nos centros de pesquisa e também em espaços informais (como as tertúlias noturnas nos cafés e nas casas), *provavelmente* isso foi feito pelos *dependentistas* que já tinham algum conhecimento prévio do autor peruano ou que interagiram com as ideias do autor no espaço da militância política que alguns frequentavam.

Um aspecto fundamental para a compreensão de Mariátegui para a formação do pensamento dependentista passa pela análise de quais tipos de produtos bibliográficos de (e sobre) Mariátegui eram difundidos e circulavam no Chile. Sobre essa recepção do intelectual peruano, trabalhos de Fábio Moraga Valle e Delicia Araya Rivera e de Patricio Gutiérrez Donoso realizam um mapeamento das "ideias" mariateguianas nos diferentes períodos da história chilena do século XX.[399] Um dos canais de difusão da obra mariateguiana no Chile foi de revistas culturais: *Índice*, revista de Santiago, publicou um conjunto de artigos que reproduziu a polémica entre Mariátegui e Haya de la Torre; *Atenea, revista mensual de Ciencias, Letras y Arte,* editada pela Universidad de Concepción. Destaque para *Babel, revista de arte y critica*, editada entre 1939-1951, dirigida por Samuel Glusberg (sob o pseudônimo de Enrique Espinoza), gestor cultural argentino radicado no Chile a partir de 1935 que manteve correspondência com Mariátegui. Muitos textos do pensador peruano foram publicados na revista, assim como textos com a própria assinatura de Glusberg).[400]

O primeiro livro de Mariátegui publicado no Chile foi *Defensa del marxismo – Polémica revolucionaria,* de 1934, pela Editorial Cultural de Santiago, com prefácio de Wald Frank, em uma edição não autorizada pela família. Cinco anos depois, *Biogra-*

---

[399] Patricio Gutiérrez Donoso, "La recepción del pensamiento de José Carlos Mariátegui en Chile (1926 a 1973)". In: *Analecta. Revista de Humanidades*, Chile (Viña Mar), n. 4, 2010, pp. 35-50 e Fabio Moraga Valle y Delicia Araya Rivera, "José Carlos Mariátegui o el viaje inconcluso". In: *Anuario mariateguiano*, n. 6, Lima: Amauta, pp. 270-283, 1994.

[400] Patricio Gutiérrez Donoso, Op. cit., p. 41.

fía de José Carlos Mariátegui, de Armando Bazán, "discípulo" e amigo de Mariátegui, é impressa pela editora Zig-Zag. Bazan escreveu também outros textos sobre JCM na revista *Aurora* e no diário *La Opinión*. Em 1955, aparece em Santiago, pela coleção "Nuestra América" da Editorial Universitaria, dirigida pelo futuro do governo da Unidad Popular, Clodomiro Almeyda, os *Siete ensayos*, apresentada por Guillermo Rouillon.[401]

A despeito das iniciativas de revistas culturais e de um pequeno grupo de intelectuais, era difícil no Chile acessar uma bibliografia ampla de e sobre Mariátegui. Nem mesmo os comunistas chilenos, que em tese poderiam ser os agentes de difusão da obra de Mariátegui, o fizeram. Na realidade, o silêncio dos Partidos Comunistas latino-americanos em relação a Mariátegui até final da década de 1950 explica-se pela submissão à Internacional Comunista que, por sua vez, via na figura de Mariátegui um "populista" e "romântico". Desse modo, pode-se afirmar que, até o final da década de 1960, o pensamento de Mariátegui no Chile jamais tenha sido estudado sistematicamente, permanecendo preso a homenagens póstumas (revista *Gong*, dirigida por Oreste Plath), referências pontuais e difusões esparsas de textos e excertos. É somente durante o período da Unidade Popular (1970-1973) que se publica *José Carlos Mariátegui: su vida e ideario, su concepción del realismo*, de Yerko Moretic, em 1970, editado pela la Universidad Técnica del Estado (UTE).[402] Ligado ao Partido Comunista Chileno, Moretic realizou um estudo sobre a dimensão estética e o realismo na obra do intelectual peruano. Outras características atualmente associadas ao pensamento de Mariátegui continuavam desconhecidas no Chile, justamente aquelas que posteriormente lhe renderam o status de "clássico do marxismo latino-americano", como a de intérprete da formação sócio-histórica peruana, de promotor de uma con-

[401] Idem, p. 43.
[402] Idem, p. 44.

cepção específica do marxismo, de defensor do papel da religião e da questão indígena na ação revolucionária.

No rol das homenagens, destaca-se a do poeta Pablo Neruda em um dos volumes das Ediciones Populares de las Obras Completas. Dos vinte volumes editados no Peru pelos familiares do Amauta entre 1959 e 1970, *Poemas a Mariátegui* (número nove) era uma edição especial com xilogravuras e versos redigidos por escritores latino-americanos em homenagem ao pensador peruano. A redação do prólogo do livro ficou a cargo do autor de *Cien sonetos del amor*, que via em Mariátegui "um examinador que ensinava, um professor que colocava as mãos na tarefa e no homem para amalgamar e dirigi-los na História". E, ainda, completa: "Eu digo: professor, irmão, vamos continuar cantando para você, continuaremos chamando-te. Dessa forma, nossos povos não estarão sozinhos em sua difícil ascensão à liberdade e à dignidade".[403]

Por fim, em 1968, por ocasião dos quarenta anos de *Siete ensayos*, a Editora Amauta publicou uma edição especial no formato de *princeps* da estampa de outubro de 1928. Um exemplar foi oferecido ao presidente Salvador Allende, que respondeu em uma carta datada do dia 2 de novembro de 1972 ao embaixador do Chile no Peru, Luis Jeres Ramíres, ressaltando a importância de Mariátegui em sua própria formação política.

> Senti uma grande emoção ao receber o exemplar do livro *Siete ensayos de Interpretación de la Realidad Peruana*, editado pela viúva e os filhos do eminente pensador marxista, José Carlos Mariátegui. Precisamente, esse trabalho tem sido um dos elementos básicos de minha formação como combatente social e como militante sem vacilação pelo Partido Socialista Chileno (PSC), do qual tenho a honra de ser um de seus fundadores. E agora, com a experiência que acolhe diariamente no exercício da minha posição como Presidente da República, conquista revolucionária ganhada

[403] Pablo Neruda, "Prólogo". *Poemas a Mariátegui*. Lima: Amauta, 1959, p. 14.

> da pelas pessoas do meu país, valorizo ainda mais as análises e as teses do ilustre pensador peruano, falecido prematuramente.[404]

Voltando aos *dependentistas* que conheciam a obra mariateguiana antes de suas respectivas estadias no Chile: Agustín Cueva (1932-1992) e Aníbal Quijano. O sociólogo equatoriano afirmava que para "(...) os andinos de minha geração (...) Mariátegui jamais foi um desconhecido".[405] Não se sabe se Cueva estava ligado a algum grupo de pesquisa chileno com foco no dependentismo, mas é provável que tenha frequentado cursos e seminários promovidos pelas instituições e centros que pautavam o debate. Com efeito, entre 1970 e 1972, o autor d'*Entre la ira y la esperanza* foi docente de Teoria Literária na Universidad de Concepción, posto ao qual chegou por "acasos objetivos": Cueva fora convidado algumas vezes para ministrar cursos de literatura no Chile quando era diretor da Escola de Sociologia da Universidad Central do Equador. Durante uma dessas visitas, em 1972, "aconteceu no Equador o golpe militar que impediu a provável eleição de Velasco Ibarra. Dessa maneira, estava vedada, por razões políticas, a volta de Agustín a seu país e decidida sua permanência no Chile". Proveniente da área de teoria literária, Cueva foi atraído por assuntos enfrentados pelos dependentistas e passou a intervir em discussões e polêmicas teóricas e políticas que se encontram no centro de sua produção intelectual, notadamente do livro *El desarrollo del capitalismo en América Latina*, publicado em 1977 pela editora mexicana Siglo XXI, com inúmeras edições e traduzido em diversos idiomas.

---

[404] Salvador Allende, "Carta de Salvador Allende a Luis Jerez Ramírez, 2 de novembro de 1972". In: *Anuario mariateguiano*. Lima: Amauta, n. 9, 1997, p. 219.

[405] Agustín Cueva. "El marxismo latinoamericano: historia y problemas actuales" [1987]. In: Alejandro Moreano (org.). *Entre la ira y la esperanza y otros ensayos de crítica latinoamericana.* Buenos Aires/ Bogotá: CLACSO – Siglo del Hombre Editores, 2008, p. 180.

Outro difusor andino de Mariátegui foi o sociólogo já estudado Aníbal Quijano. Ele defende sua dissertação de mestrado na Flacso, na capital chilena, para onde retorna, já como professor ligado à UNMSM, para uma longa estada de 1965 a 1971. Nesse ínterim, Quijano desempenha funções institucionais atreladas à pesquisa e à docência: professor visitante no Centro de Investigaciones de Historia Americana na Universidad de Chile, entre 1965 e 1968; professor do Cies, da Universidad de Chile, entre 1967 e 1968; professor na Escolatina, na capital chilena, em 1969; e pesquisador do Programa de Investigaciones sobre Urbanización y Marginalidad (Pium), na Divisão de Assuntos Sociais dirigida pelo espanhol cepalino José Medina Echavarría, entre 1966 e 1971.

Desse modo, não é negligenciável a possibilidade de que o círculo de dependentistas brasileiros tenha se aproximado da obra mariateguiana através de um repertório bibliográfico constituído por Quijano, haja vista que, no Chile, o sociólogo peruano era figura familiar em espaços institucionais em que estavam estabelecidos os cientistas sociais brasileiros. Ali Quijano conheceu Fernando Henrique Cardoso, Francisco Weffort, Ruy Mauro Marini, Vânia Bambirra e Theotônio dos Santos, com quem estabeleceu vínculos intelectuais, políticos e afetivos que marcaram profundamente sua própria trajetória. Ademais, como vimos, o que credenciou Quijano decisivamente como referência nos estudos mariateguistas foi sua participação como prefaciador da edição dos *Siete ensayos* da prestigiosa editora venezuelana Biblioteca Ayacucho, em 1978, publicada em homenagem ao quinquagésimo aniversário da obra.

Portanto, nas décadas de 1960 e 1970, em meios intelectuais universitários e políticos de Santiago e de Concepción, os intelectuais brasileiros exilados no Chile seguramente tiveram contato, direta e/ou indiretamente, com a obra mariateguiana difundida por, dentre outros, Agustín Cueva e Aníbal Quijano.

II. (Des)encontros com o dependentismo brasileiro

Em 1966, chega ao Chile o casal de brasileiros Theotônio dos Santos (1936-2018) e Vânia Bambirra (1940-2015), que, demitidos sumariamente da UnB, viviam na clandestinidade em São Paulo desde o golpe civil-militar de 1964 no Brasil. Por intermédio de Fernando Henrique Cardoso, Florestan Fernandes sugere ao sociólogo chileno Eduardo Hamy Berr que ambos se integrem ao CESO, centro fundado entre 1965 e 1966 e ligado à Facultad de Ciencias Económicas da Universidad de Chile.[406] Com efeito, dentre os dependentistas que se exilaram no Chile, houve aqueles que dividiam demandas acadêmicas com atividades militantes e, para eles, o CESO desempenhou papel fundamental.

Três anos depois, no final de 1969, Ruy Mauro Marini (1932-1997) desembarca no Chile e, em 1971, passa a integrar o CESO como pesquisador contratado. Antes disso, o "descobrimento da América Latina" de Marini deu-se também durante sua passagem pelo México – seu primeiro exílio. Graças ao contato com Gunder Frank, professor da Unam que posteriormente se integrou ao CESO, Marini adaptou-se à vida intelectual e política, conseguindo um posto de professor no Centro de Estudios Internacionales (CEI) do Colégio do México e no Centro de Estudios Latinoamericanos da Faculdad de Filosofia da Unam.[407] No Chile, teve curta passagem pelo Instituto Central de Sociología da Universidad de Concepción e uma intensa atividade como militante do Movimento de Izquierda Revolucionaria (MIR) chileno, cuja lembrança Marini assim descreve: "num ambiente dessa natureza, é difícil distinguir o que foi atividade acadêmica e o que foi atividade política".[408] De fato, sua entrada no CESO coincidiu com um ambiente altamente politizado na

---

406 Fábio de Oliveira Maldonado, "50 anos do giro dependentista: entrevista com Juan Cristóbal Castro". In: *Cadernos Ceru*, São Paulo, v. 28, n. 2, 2017, p. 281.

407 Ruy Mauro Marini, "Memorial", Op.cit., p. 82.

408 Idem, Ibidem.

sociedade chilena, tanto que "durante a presidência de Allende, o Instituto trabalhou em assembleia permanente".[409] Formou-se, inclusive, o Comitê da Unidade Popular do CESO, com atividades de elaboração de cadernos de formação política.

Também membros do CESO e militantes convictos, Marco Aurélio Garcia (1941-2017) cursou filosofia e direito na Universidade Federal do Rio Grande do Sul (UFRGS) e Eder Sader (1941-1988) e Emir Sader (1943-) cursaram ciências sociais na USP. Os irmãos militavam na Organização Revolucionária Marxista Política Operária (Polop), bem como Bambirra, dos Santos e Marini. Entre 1971 e 1973, o seminário geral do CESO dedicou-se à análise da "transição socialista" na União Soviética, com ênfase na leitura da obra de Lenin, sob coordenação de Marta Harnecker.[410]

Durante esse período no Chile circularam diversos periódicos de brasileiros exilados que mantinham oposição à ditadura militar, tais como *Resistência*, *Unidade e Luta*, *Palmares*, *Cartas Chilenas*, *Frente Brasileño de Informaciones e Campanha*. Em um estudo sobre esses documentos, Fabio Lucas da Cruz identifica dois posicionamentos no perfil dos jornais analisados. Em primeiro lugar, revistas/jornais voltados mais à informação sobre o Brasil e a luta travada contra a ditadura no Brasil e no exílio. Em segundo lugar, impressos dedicados à propagação e discussão de projetos revolucionários.[411] Neste último, se insere o jornal *Campanha* cujo lema "Fazer do exílio uma campanha de luta" propunha unir "toda a comunidade de exilados num momento internacional de construção da vanguarda revolucionária".[412]

---

409 Fernanda Beigel, "A Teoria da Dependência em seu laboratório". Op. cit., p. 83.

410 Ruy Mauro Marini, *Memorial*, Op. cit., p. 85.

411 Fabio Lucas da Cruz, *Frente Brasileño de Informaciones e Campanha: os jornais de brasileiros exilados no Chile e na França (1968-1979)*. Dissertação de Mestrado (História Social). Faculdade de Filosofia, Letras e Ciências Humanas, 2010, p. 46.

412 Idem, Ibidem.

Com uma tiragem mensal de seis mil exemplares, o periódico foi o único jornal de exilados brasileiros que conseguiu reestruturar-se em Paris após o golpe chileno de 1973, construiu uma ampla rede de leitores e tinha um projeto político que colocava o jornal como principal instrumento revolucionário.[413] Simpatizante da Quarta Internacional do Secretariado Unificado (SU), *Campanha* pertencia ao grupo Fração Bolchevique, que teve origem em 1970, a partir de uma dissidência da OCML-PO (Organização de Combate Marxista Leninista – Política Operária), grupo carioca conhecido como "Nova Polop".[414]

Nesse contexto, o espaço de discussão das ideias mariateguianas era aparentemente inexpressivo. Embora nenhuma menção ao marxista andino conste do memorial e das obras principais de Bambirra, de dos Santos e de Marini, o segundo afirmou, entretanto que todos eles haviam se habituada à leitura de Mariátegui (embora não rotinizada) e tinham consciência das controvérsias que perpassavam sua figura.[415] O processo crescente de difusão e internacionalização de sua obra durante as décadas de 1960 e 1970 estava ainda marcado por uma intensa disputa tanto do nacionalismo de verniz aprista e velasquista, quanto do marxismo do PCP, ainda que se possa encontrar empreendimentos que apontem a "desestalinização" de Mariátegui sem negar sua filiação marxista.

Outro ponto significativo foi que, mesmo assumindo a relevância do pensador peruano, Theotônio dos Santos mostrou-se reticente diante da "onda mariateguista" daquela época, propagada por diferentes organizações políticas peruanas (das governamentais às guerrilheiras), notadamente na década de 1970, o que coloca explicitamente a questão da cautela do marxista brasileiro diante das intensas disputas do legado mariateguista

---

413 Idem, p. 97.

414 Idem, p. 98-99.

415 Entrevista com Theotonio dos Santos em outubro de 2016 – São Paulo.

no Peru. O fato é que a forte perspectiva transdisciplinar do debate científico latino-americano abria possibilidade de inserir o "marxista peruano" no rol de autores canônicos do pensamento social e do marxismo.[416] A dificuldade, entretanto, é precisar o momento exato dessa leitura.

Reunindo informação e reflexão em vista da concretização da "ação revolucionária", *Campanha* publicou entre 1972 e 1973, quatro documentos políticos de Mariátegui, todos redigidos em 1929.[417] Posteriormente, quando o jornal se reorganizou em Paris já sob o título *Cadernos de Campanha*, publicou-se em português "A Crise Mundial e o Proletariado Peruano", conferência proferida em 1923,[418] e uma sugestiva crônica "Como conheci Mariátegui", assinado pelo pseudônimo Mino Ribas.[419]

Campanha foi uma fonte amplamente consultada pelos integrantes brasileiros do CESO – é o que já se podia supor tendo-se em vista o "capital militante" significativo e das trajetórias políticas de Theotônio dos Santos, Bambirra, Marini e dos irmãos Sa-

[416] Theotonio dos Santos, *Teoria da dependência: balanço e perspectivas*. Florianópolis: Insular, 2015, p. 20.

[417] José Carlos Mariátegui, "Punto de vista anti-imperialista". In: *Campanha*, Santiago de Chile, n.3, 28 de novembro de 1972, p. 17; José Carlos Mariátegui, "Organización sindical en la América Latina", "La Federación Americana y del América Latina" e "El Congreso Sindical Latinoamericano de Montevideo". In: *Campanha*, Santiago de Chile, n.3, 28 de novembro de 1972, p. 17. Caixa: ASMOB/periódicos/ Emb 10 a 17 em Centro de Documentação e Memória da UNESP. Caixa: ASMOB/periódicos/ Emb 10 a 17 em Centro de Documentação e Memória da UNESP.

[418] José Carlos Mariátegui, "A crise mundial e o proletariado peruano". In: *Cadernos de Campanha*. Paris (França), n. 3, 1975, p. 10-13. Caixa: ASMOB/periódicos/ Emb 10 a 17 em Centro de Documentação e Memória da UNESP.

[419] Mino Ribas, "Como conheci Mariátegui" e "A crise mundial e o proletariado peruano". In: *Cadernos de Campanha*. Paris (França), n. 3, 1975, p. 8-9. Caixa: ASMOB/periódicos/ Emb 10 a 17 em Centro de Documentação e Memória da UNESP. O anonimato dos colaboradores do jornal impediu que identificássemos o autor da crônica inusitada.

der na Polop. De fato, o jornal publicou textos de Marco Aurélio Garcia, Eder Sader e Emir Sader. Significativamente, Theotônio dos Santos declara que foi através desse periódico que pela primeira vez entrou em contato com textos de Mariátegui.[420]

Por sua vez, Ruy Mauro Marini aproximou-se do MIR chileno, que, influenciado pelo brasileiro, passou a compor um boletim no interior do *Campanha*. Adotando a guerrilha como "estratégia revolucionária", o MIR e outros agremiações da esquerda radical chilena editaram a revista *Punto Final* (1965-1973), da qual os integrantes do CESO eram leitores assíduos e também contribuíram com textos, como foi o caso de André Gunder Frank, uma das principais referências da "teoria marxista da dependência", intelectual latino-americanicista de origem alemã, com formação na economia, que estivera em Santiago e no CESO.[421] No trigésimo número (primeira quinzena de junho de 1967) da *Punto Final*, que era publicada quinzenalmente, o poeta argentino exilado no Chile, Julio Huasi (1935-1987), publica "Mariátegui, el revolucionário". Nas duas páginas dedicadas ao pensador peruano, Huasi aproxima JCM como herdeiro mais inclinado à revolução cubana do que à URSS e enfatiza também que sua construção do socialismo jamais deixou de recorrer à crítica da arte e literária.[422]

---

[420] Entrevista com Theotonio dos Santos. São Paulo em outubro de 2016.

[421] Em seu livro *El subdesarrollo del desarrollo – un ensayo autobiográfico*, André Gunder Frank relata a produção de um manuscrito sobre "participação popular" para División de Asuntos Sociales da Cepal, e considerada pelas Nações Unidas como "excessivamente radical". O texto foi posteriormente publicado em seções separadas, duas delas, "Sobre el problema indígena", publicada em 1967 e "Estructura económica rural y poder político campesino", publicada em 1969. Ver André Gunder Frank, *El subdesarrollo del desarrollo – un ensayo autobiográfico*. Caracas: Nueva Sociedad 1991, p. 40-41. Curiosamente eram temas propícios para mobilizar o arsenal mariateguiano; no entanto, não há nenhuma referência nos textos à Mariátegui.

[422] Julio Huasi, "Mariátegui, el revolucionario". *Punto Final*, n. 30, 1967.

Não se poderia deixar de notar que, ao procurarem debater "a via chilena ao socialismo", os brasileiros do CESO que simpatizavam com o MIR – como os irmãos Eder e Emir Sader, ademais, Marini tornara-se membro do Comitê Central –, tiravam conclusões que coincidiam, em grande medida, com as proposições mariateguianas. No debate dos grupos da esquerda radical acerca da "transição ao socialismo", entre 1970 e 1963, o MIR alertava que o governo da Unidade Popular rompesse definitivamente com o Estado burguês (a "tomada do poder imediata" em contraposição a uma revolução socialista sob via pacífica), não buscasse qualquer tipo de conciliação reformista "dentro da ordem". Apontava também que uma política anti-imperialista efetiva não se fazia aliando-se a extratos da pequena burguesia chilena.[423] Em termos bem gerais, o engajamento político dos marxistas-dependentistas na revolução chilena converge com algumas ideias políticas de Mariátegui, especialmente sua concepção de revolução latino-americana não teria que passar por uma etapa "democrática-burguesa" e na constatação da impossibilidade do desenvolvimento autônomo de uma economia nacional capitalista na América Latina. Para eles, e em uníssono com o marxista andino, todos eles herdeiros do bolchevismo e críticos do stalinismo, somente uma "revolução socialista" poderia solucionar os impasses históricos de um país de extração colonial.

Sem dúvida, o reconhecimento explícito da contribuição mariateguiana ocorre apenas no início dos anos 1990, quando Marini organizou, junto com Márgara Millán, a coletânea *La teoría social latinoamericana* (em três tomos).[424] Marini tece

---

423 Ruy Mauro Marini, *El reformismo y la contrarrevolución. Estudios sobre Chile*. México: ERA, 1976.

424 Com excertos de textos dos principais pensadores sociais e políticos latino-americanos, dentre os quais Caio Prado Júnior, Sérgio Bagú, Julio César Jobet, Rafael Ramos Zapata, Silvio Frondizi, José González, Raúl Prebisch, Gino Germani, Celso Furtado, Aníbal Pinto, José Luis Ceceña, Alonso Aguilar, Guillermo O'Donnell, Florestan Fernandes, Luis

considerações sobre Mariátegui na introdução do livro e três excertos de Mariátegui ("Esquema de la evolución económica", "El problema del indio" e "La unidad latino-americana") constam no primeiro tomo dessa volumosa edição.[425] Para Marini, o primeiro filão da teoria da dependência "é durante a década de 1920 que começa a constituir-se um pensamento latino-americano crítico e original".[426] Ele ainda acrescenta que através da realização de interpretações e propostas inovadoras dedicadas a explicar situações "regionais" (Ramiro Guerra), "continentais" (Haya de la Torre) e "nacionais" (Mariátegui) "assentavam-se as bases de uma tradição original e independente na teorização da região".[427]

Um último sociólogo brasileiro que também participa da experiência no exílio e também entrou em contato com JCM foi Fernando Henrique Cardoso, que lecionava na Sociologia da USP como professor assistente e orientando de Florestan Fernandes. Embora tivesse "flertado" com o PCB durante sua juventude, escrevendo para a revista *Fundamentos*, porta-voz do partido, o futuro presidente do Brasil deu completamente as "costas" à organização quando os soviéticos invadiram a Hungria em 1956 – ele tinha vinte e cinco anos. Foi também um dos idealizadores do Seminário d'*O Capital* ao lado de José Artur Gianotti.[428] "Acusado"

Mairam etc. compõem gerações de cientistas sociais dependentistas, inclusive com seus "desafetos".

[425] José Carlos Mariátegui, "Esquema de la evolución económica", "El problema del indio" e "La unidad latino-americana". In: Ruy Mauro Marini e Márgara Millan (orgs). *Teoria social latino-americana: textos escogidos* (tomo I). México: UNAM/CELA, 1994, pp. 47-78.

[426] Ruy Mauro Marini, "Presentación". In: Ruy Mauro Marini e Márgara Millan (orgs). *Teoria social latino-americana.* Op. cit., p. 9.

[427] Idem, p. 10.

[428] "Na década de 1950, as obras de Karl Marx dificilmente eram estudadas no mundo acadêmico brasileiro; ele ficava quase exclusivamente confinado aos dogmas da esquerda ideológica. Decidimos estuda-lo não só porque suas obras falavam dos problemas de transformação de uma sociedade injusta, mas também porque achávamos que sua

de ser um "militante" e levando a fama de "marxista" por conta desses empreendimentos, o próprio Cardoso sempre procurou justificar-se dessas "etiquetas" que claramente geravam desconforto.[429] O golpe militar de 1964 interrompe o exercício do ofício docente com um mandado de prisão. Pouco depois, Cardoso viaja para Buenos Aires e permanece provisoriamente no apartamento do sociólogo José Nun. Em uma visita de Nuno Fidelino Figueiredo, antigo colega da Faculdade de Economia da USP, este apresenta um convite segundo o qual o sociólogo espanhol José Medina Echevarría, conhecido pela tradução da obra de Max Weber em castelhano, oferecia um emprego na sede da Cepal.

Cardoso permaneceu em Santiago por volta de quatro anos. Além de estabelecer vínculo de pesquisador da Cepal, ele também deu aulas de sociologia nas escolas de Economia e Sociologia na Universidad de Chile e também na FLACSO. Ademais, arquitetou o "Seminário Santiago", com um pequeno grupo de exilados brasileiros cujos participantes foram Leon Hirszman, Paulo Alberto Monteiro de Barros, Almino Affonso, Plínio de Arruda Sampaio. Em suas memórias Cardoso recorda que "o grupo era muitos mais declaradamente político que aqueles

---

visão tinha sido distorcida pelos comunistas, que exerciam um certo monopólio de Marx, o que parecia errado". Fernando Henrique Cardoso (com colaboração de Brian Winter), *O improvável Presidente do Brasil: recordações*. Op. cit., p. 74.

[429] "O rótulo é enganoso, pelo menos no sentido tradicional. As obras de Marx de fato me inspiraram, mas antes por seu rigoroso método analítico do que pelas dogmáticas visões novecentistas sobre o capitalismo e a revolução. Todos nós sabíamos que o Brasil da década de 1960 não era a França dos anos 1840. A invasão soviética da Hungria tinha acabado com quaisquer fantasias róseas que acaso tivéssemos sobre a vida num país comunista. Pelo contrário, voltamos a atenção para a maneira como Marx identificava as estruturas de classe – os vários níveis de renda e os grupos de interesse da sociedade – e aquilo por que lutavam, que considerávamos extraordinariamente lúcida e relevante". Fernando Henrique Cardoso (com colaboração de Brian Winter), *O improvável Presidente do Brasil: recordações*. Op. cit., p. 75.

anteriores encontros sobre Marx [na USP], transformando-se num *think tank* que refletia a diversidade dos exilados".[430] É apenas na experiência do exílio que Cardoso se perceberá como "latino-americano". Nas suas palavras:

> Foi em Santiago que me despertei para o conceito de "América Latina". Hoje ele me parece perfeitamente natural, mas a ideia da região como um bloco político e cultural não estava disseminada na época. Nós simplesmente não acreditávamos que o Brasil, com sua herança portuguesa e sua extensão continental, tivesse muita coisa em comum com o Peru, a Venezuela ou o México. (...) Só ao entrar na CEPAL em 1964, trabalhando com outros exilados de toda a região, é que me dei conta de que na verdade os países latino-americanos eram muito semelhantes.[431]

Curiosamente, foi um dos autores brasileiros do círculo dependentista não-marxista que se apropriou pontualmente de Mariátegui. Já restabelecido no Brasil e como um dos responsáveis do Centro Brasileiro de Análise e Planejamento (Cebrap), Fernando Henrique Cardoso acrescentou o ensaio "Estado e sociedade no Brasil" ao livro *Autoritarismo e democratização*, publicado em 1975, e nele discutiu a necessidade de marcar diferenças e inter-relações entre Estado e classes como "princípio ativo de análise política". Cardoso entende que era preciso se espelhar na "guarida de obras dos analistas mais conscientes do processo histórico", como Mariátegui e Haya de la Torre, "polos opostos da literatura latino-americana" e "exemplos de estilo de análise política dos problemas do estado que, neste aspecto, não incorrem nos vícios do simplismo". [432] Também afirma:

> Mariátegui, discutindo o regionalismo e o centralismo no Peru, mostra, simultaneamente, a base real dos problemas regionais no nível ecológico e dos meios de comunicação, a exploração do in-

[430] Idem, p. 108-110.

[431] Idem, p. 105-106

[432] Fernando Henrique Cardoso, *Autoritarismo e democratização.* Rio de Janeiro: Paz e Terra, 1975, p. 166.

> dígena, o jogo político que, diferentemente em épocas diversas, os partidos fizeram com a questão regional, as relações entre "gamonalismo e regionalismo", as possibilidades efetivas de redefinição do papel do centralismo e o apoio que essa tendência logrou nos grupos locais e, assim por diante.[433]

E, ainda, acrescenta:

> Noutros termos, [Mariátegui] mostrou que se bem existem problemas reais de "desigualdade regional", estes se recriam politicamente na pugna entre interesses de poder. (...) sem negar a força dos interesses econômicos presentes na situação, exagerando-a mesmo, às vezes, Mariátegui analisa com detalhe a importância específica que o centralismo e o regionalismo tiveram como "fator poder" no Peru.[434]

Considerando o ensaio "Regionalismo y centralismo" de *Siete ensayos* – Cardoso tinha um exemplar da 11ª edição das *Ediciones Populares de las Obras Completas*, de 1967 –, é na esfera metodológica de análise, particularmente na associação entre a "ordem social do estado e da economia", que Cardoso registra os méritos do pensador peruano. Segundo o autor, ainda que se valesse "sem disfarces" de "conceitos normativos" em suas análises e que visse na "liberação indígena a mola do processo político peruano", Mariátegui não teria deixado de notar que a "Teoria do Estado se relê à luz dos objetivos postos pela luta de classes".[435] Desse modo, seu objetivo ao apresentar esquematicamente Mariátegui e Haya (este, especialmente sua análise sobre a Revolução Mexicana) não era "avaliar a adequação entres os esquemas de interpretação propostos, o curso histórico e os valores implícitos", e sim ressaltar um "estilo de análise global, tradicional se se quiser assim qualificar, mas que estruturava as diferenças e oposições existentes entre sociedade, estado e

[433] Idem, p. 167-168.
[434] Idem, p. 168.
[435] Idem, p. 170.

economia, sem dissolvê-las na síntese".[436] O "estilo de análise global" tão inspirador para geração da sociologia crítica latino-americana que esquadrinhava as antinomias da formação histórica parecia com seus dias contados com o período que as ciências sociais a nível mundial começava a mergulhar: a "crise paradigmática" fazendo com que as reinterpretações de caráter totalizante perdessem terreno em favor de estudos profissionais-especializados.

Curiosamente, a incorporação de Mariátegui na análise entre sociedade e estado feita pelo autor de *Capitalismo e escravidão no Brasil meridional* coincide com a publicação de um prefacio para a edição brasileira de *Sete ensaios* de JCM e *A Revolução burguesa no Brasil* de seu antigo mentor, Florestan Fernandes.

Por que, todavia, os dependentistas marxistas não tematizaram as ideias de Mariátegui? Reforça essa dúvida o fato de que o CESO teve na produção de um marxismo coerente com realidades locais uma de suas marcas, sem decalque nem cópia dos esquemas de compreensão da realidade europeia, bem como procurou compreender a simultaneidade dos tempos discordantes do capitalismo periférico. E, curiosamente, tal perfil não se inspirou de modo explícito em autores do "marxismo latino-americano"...

Os dependentistas marxistas brasileiros priorizaram a discussão de autores do "marxismo clássico", tanto do ponto de vista teórico quanto do político, isto é, dedicaram-se à apreciação de táticas e estratégias para a "revolução socialista" latino-americana. Marx, Engels, Lenin, Trotski e, em menor grau, Rosa Luxemburgo foram suas principais referências, assim como autores marxistas a eles contemporâneos como André Gunder Frank, ao passo que autores da chamada "nova esquerda" e da "contracultura" que emergiam na América Latina principalmente depois da revelação pública dos crimes de Stalin em 1956, como Antonio Gramsci, Herbert Marcuse, Lucien Gold-

[436] Idem, p. 171.

mann, Walter Benjamin, Georg Lukács e Henri Lefebvre, não fizeram parte de seu repertório. Ao lado destes encontra-se José Carlos Mariátegui, compondo um conjunto de autores que aparecia como um repertório *alternativo* ao marxismo oficial. Por ocupar posição periférica na "geopolítica do conhecimento" constituída segundo as hierarquias epistêmicas estabelecidas entre Europa e América Latina, a figura de Mariátegui tornava-se, assim, ainda mais singular diante dos marxistas europeus.

As intervenções frequentemente esquemáticas de Mariátegui, especialmente nos últimos dois anos de sua vida (1928-1930), traziam orientações para uma estratégia socialista, do ponto de vista da organização política, distanciada da APRA. Não por acaso tais escritos, como vimos no item anterior, foram difundidos pelo jornal *Campanha* e na coleção organizada por Marini e Millán. Contudo, Mariátegui tinha uma concepção peculiar acerca do marxismo, pois embora se manifestasse positivamente sobre Lenin, Trotski e os demais revolucionários russos, também apreciava pensadores distantes do marxismo (e até mesmo francamente antimarxistas) como os franceses Georges Sorel e Henri Bergson, os italianos Benedetto Croce e Piero Gobetti e os alemães Friedrich Nietzsche e Oswald Spengler, dentre outros. O marxismo quéchua de Mariátegui caracterizava-se pelas relações profundas com a cultura andina de seu país e, por sua vez, peso significativo na tradição de luta e resistência do campesinato-indígena enquanto sujeitos políticos capazes de transformações radicais na sociedade. Para o autor peruano, o marxismo consiste em uma "análise concreta da situação concreta" *e* também em uma manifestação "heroica", "mística", "ética", isto é, em uma irretocável "fé social" no movimento revolucionário. Essas concepções são flagrantemente distantes da formação intelectual dos dependentistas marxistas, inclinados ao estudo das dinâmicas e contradições do capitalismo mundial na periferia e na elaboração de uma análise política estratégica da luta de classes na América Latina.

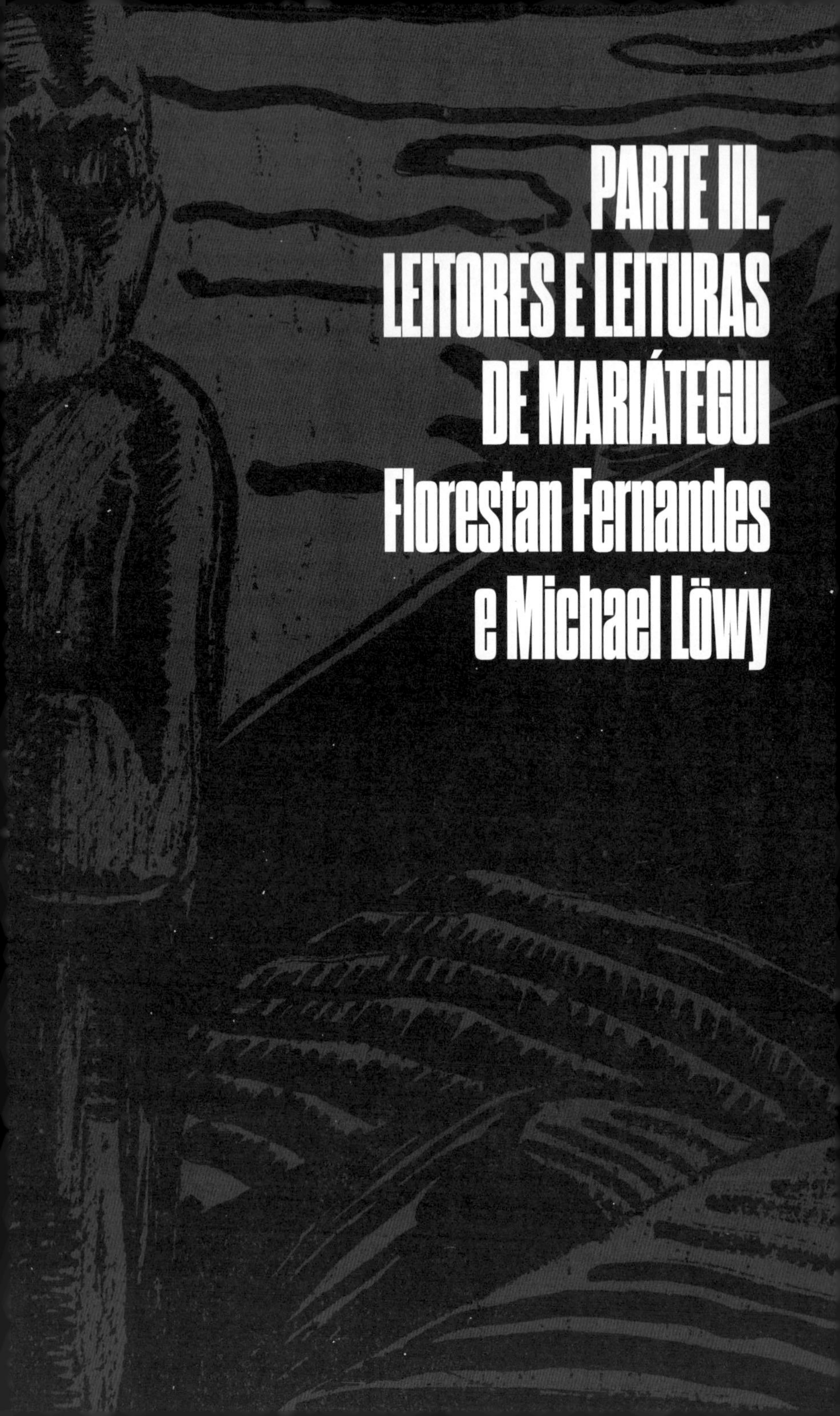

PARTE III. LEITORES E LEITURAS DE MARIÁTEGUI

Florestan Fernandes e Michael Löwy

Capítulo 5: FLORESTAN FERNANDES E OS MOINHOS DE VENTOS DA AMÉRICA LATINA

> *(...) ando um pouco fora dos trilhos. A civilização industrial capitalista é universalmente poluída. Mas sente-se a poluição com maior intensidade na parte mais oprimida de sua periferia. Faço o que posso, mas sempre perguntando-me: depois que alguém faz o que pode, o que ele deve fazer? E, na verdade, não sei...*
>
> Florestan Fernandes[437]

I. Marxismo "impuro" de um sociólogo desajustado

De todos os sociólogos brasileiros mencionados, Florestan Fernandes foi o leitor que se envolveu de maneira mais intensa com a obra de Mariátegui. Desse modo, procuraremos no entrelaçamento entre as esferas social, intelectual e política destacar as tomadas de posição do sociólogo paulistano nas leituras e publicações que realizou de Mariátegui, por meio da historicidade de sua trajetória, do destaque aos interlocutores e episódios sociologicamente relevantes.

A primeira publicação de Florestan Fernandes tratando de José Carlos Mariátegui data de 1975 e consiste num prefácio

[437] Florestan Fernandes, "Carta de Florestan Fernandes à Darcy Ribeiro, 19 de março de 1976". DR/CR – Correspondência Geral. Subsérie. Correspondentes Fernandes, F. Fundação Darcy Ribeiro. Universidade de Brasília.

ao livro *Sete ensaios de interpretação da realidade peruana*, traduzido por Salvador de Obiol e Caetano Lagrasta a partir das "Edições Populares" organizado pela família de Mariátegui, para editora Alfa Ômega.

Qual era a posição no espaço das ciências sociais e da política que desfrutava Florestan na época em que escreveu sobre Mariátegui? Desde já, não optaremos por trabalhar com a proposição formulada por Barbara Freitag, que desenvolve a tese de "ruptura epistemológica" na obra de Fernandes, com uma primeira fase "acadêmico-reformista" e, em seguida, "político-revolucionária".[438] Essa proposição ortodoxa em termos de dicotomia, por traçar um "antes" e "depois" na trajetória, parece insuficiente para dar conta do perfil de envergadura como Florestan. Dependendo de quem foi o receptor, adotar os parâmetros dessa divisão rígida faz com que comumente consagre-se uma das fases em detrimento da outra. Por um lado, os bajuladores da "fase acadêmica" entendem o período posterior como publicismo puro e produção de panfletos ideológicos, em tom de desqualificação. Do outro lado, os adoradores da "segunda fase" entendem a primeira etapa como um momento limitado de sua "consciência de classe". Evidentemente, essa recusa metodológica não significa não reconhecer os evidentes pontos inflexões na sua densa e multifacetada produção.

Beirando os cinquenta e cinco anos de idade no ano da publicação do SEIRP no Brasil, Florestan Fernandes era uma referência incontornável na sociologia brasileira. Em 1941, ingressa no curso de Ciências Sociais na USP; depois, preenche o exercício de professor assistente, ocupado por Roger Bastide, em 1945. Ao concluir as pesquisas de mestrado e doutorado sobre os Tupinambás, ele defenderá sua tese de livre-docência em 1953, "alçando-se aos níveis superiores da hierarquia da carreira acadêmica" e atingindo "a maturidade profissional ou institucional

[438] Barbara Freitag, "Florestan Fernandes: revisitado". In: *Estudos Avançados*, USP, São Paulo, v. 19, n. 55, 2005, p. 231-243.

e a maturidade intelectual".[439] Instalado na cadeira de Sociologia I, Florestan atuou como diretor de pesquisa, chefe de equipe e formador de discípulos.[440] Nesse contexto de institucionalização das ciências sociais como disciplina, o sociólogo paulistano redefiniu os critérios de excelência intelectual imprimindo um novo *ethos* profissional no afã de construir uma sociologia como um domínio técnico social científico, sob um regime intenso de produção científica.[441] Assim, Florestan logrou um posto incontestável de *scholar* em um frutífero diálogo entre a "sociologia profissional" – na defesa dos padrões acadêmicos de pesquisa – e a "sociologia crítica" – estabelecendo uma dimensão civilizacional moral e pública.[442]

---

[439] Sylvia Gemignani Garcia, *Destino ímpar: sobre a formação de Florestan Fernandes*. São Paulo: Editora 34, 2002, p. 13.

[440] Idem, Ibidem. Ver também a pesquisa de Carolina Pulici, *Entre sociólogos: versões conflitivas da "condição de sociólogo" na USP dos anos 1950-1960*. São Paulo: EDUSP/FAPESP, 2008.

[441] Cf. Maria Arminda do Nascimento Arruda, "Sociologia no Brasil: Florestan e a Escola Paulista de Sociologia", em Sérgio Miceli (org.), *História das ciências sociais no Brasil*. São Paulo: Sumaré, 1995. Fernando Henrique Cardoso, um de seus "discípulos", recorda de *estilo* de Florestan: "Cada um tinha um estilo, mas o que marcou a presença de Florestan Fernandes é que ele era o trabalhador intelectual que inaugurava para nós e inaugurava no Brasil (incentivado, é certo, por alguns professores americanos e outros franceses, da Escola de Sociologia e Política e da Faculdade de Filosofia) um modo novo de encarar a sociologia. Ninguém lhe fez sombra até hoje, nessa capacidade de criar escola". Fernando Henrique Cardoso, "A paixão pelo saber". In: Maria D'Incao Angela. *O saber militante: ensaios sobre Florestan Fernandes*. São Paulo/Rio de Janeiro: UNESP/Paz e Terra, 1987, p. 24-25. Ver também Octávio Ianni, "A sociologia de Florestan Fernandes". In: *Estudos Avançados*, São Paulo, v. 10, n. 26, 1996, pp. 25-33

[442] Cf. Ruy Braga, Sylvia Gemignani Garcia e Leonardo Mello Silva, "Sociologia pública: considerações a partir do Brasil", em Ruy Braga, Michael Burawoy. *Por uma sociologia pública*. São Paulo: Alameda, 2009, pp. 257- 260.

Um testemunho da importância de Florestan Fernandes não apenas para as ciências sociais no Brasil, mas também seu alcance no âmbito transnacional é um curioso episódio ocorrido em Londres com Carlos Guilherme Mota – amigo de Florestan. Em uma de suas viagens à capital londrina, em 1977, o historiador brasileiro, amargurado, conversava com o afamado Eric Hobsbawm sobre os entraves da abertura política no Brasil. "Lá, ele falou: 'Por que você está tão aborrecido? Vocês têm no Brasil um dos maiores intelectuais do mundo e da história'. Perguntei para ele: 'Quem é?'. Ele respondeu: 'Florestan Fernandes'. Isso foi uma coisa muito fraterna".[443]

Durante o itinerário político-intelectual de Florestan Fernandes, especialmente entre as décadas de 1960 e 1970, houve diversos episódios, acontecimentos e processos tanto no seio da universidade quanto na vida política do país que foram decisivos na sua biografia e inflexões ulteriores. Campanha em defesa pela Escola Pública; invasão dos alunos do Mackenzie na Faculdade de Filosofia, Ciências e Letras da USP, na rua Maria Antonia; aposentadoria compulsória do cargo que ocupava na USP em 1969 com o Ato Institucional nº5; exílio que culminou em atividades docentes no Canadá (University of Toronto) até 1971; retorno ao Brasil, permanecendo isolado politicamente e na qualidade de desempregado.

Para nosso interesse, é importante ressaltar nesse conjunto complexo de acontecimentos, muitos deles concomitantes, elementos *a partir de* sua expulsão da cadeira de Sociologia e sua estada no Canadá, aos quarenta e oito anos de idade. Trata-se de uma fase turbulenta na vida política e social da sociedade brasileira e provavelmente a maior crise pessoal, intelectual e política enfrentada por Florestan. Para a estudiosa Sylvia Garcia, essa crise "atingiu, em especial, seu entendimento da função

---

[443] Entrevista com Carlos Guilherme Mota, em setembro de 2017. Ver também Carlos Guilherme Mota, "Florestan: memória e utopia". In: AA. VV. *Florestan ou o sentido das coisas.* São Paulo: Boitempo, 1998, p. 11.

revolucionária da ciência, em geral, e da sociologia, em particular, no mundo moderno, colocando-o frente ao desafio de uma profunda rearticulação do quadro fundamental de referência de sua posição teórica e política e de sua atuação profissional".[444] Como testemunha sua filha Heloisa Fernandes, desvinculado daquilo que considerava a razão de sua vida – a universidade – Florestan sofre a experiência de "homem marginal" semelhante à do bororo Tiago Marques Aipobureu sobre o qual escrevera aos vinte e cinco anos.[445] Dentro dos leques possíveis em 1969, acantonar-se no Canadá, seria um itinerário de exceção em comparação aos seus pares de profissão que seguiram para Chile, Peru, França e Inglaterra.[446]

Sem a família, Florestan viaja para lecionar na Universidade de Montreal, na condição de *Latin American in Residence*, provavelmente em agosto de 1969. Seu retorno ao Brasil dar-se-á em dezembro de 1971.[447] A princípio, Florestan calculava per-

---

[444] Sylvia Gemignani Garcia, *Destino ímpar:* sobre a formação de Florestan Fernandes. Op. cit., p. 22.

[445] Heloisa Fernandes, As chaves do exílio e as portas das esperanças (Mimeo); Florestan Fernandes, "Tiago Marques Aipobureu: um Bororo Marginal". In: *A investigação etnológica no Brasil e outros ensaios*. São Paulo: Global, 2009, pp. 97-127

[446] Lidiane Soares Rodrigues, "Marx em três tempos de Florestan". In: *Dois Pontos*. Op. cit., p. 100.

[447] Entre os biógrafos e analistas de FF, a informação apresentada da duração de sua estadia no Canadá é comumente de três anos. Não obstante, de acordo com algumas de suas correspondências, tudo indica que Florestan tenha partido no final de agosto de 1969 e retornado ao Brasil em dezembro de 1971. Ou seja, uma estadia de dois anos e quatro meses. Nesse período viajou para os Estados Unidos, México e Chile para congressos e conferências. De todo modo, é preciso salientar que esse momento da trajetória de Florestan entre seu exílio e retorno ao Brasil em 1971 até voltar ao trabalho docente em 1976 no *Sedes Sapientiae* e no curso de extensão cultural e nos cursos de pós-graduação da PUC-SP, tem sido pouco reconstruído em detalhes acerca das atividades intelectuais e políticas em que trabalhava. Sem dúvida, como foi ressaltado, trata-se da fase mais delicada de Florestan

manecer um ano no norte da América[448] e retornar ao Brasil com um emprego fora do eixo universitário, pois o artigo 3º do Ato Institucional nº 10 fechava as portas para exercer qualquer tipo de atividade de ensino, pesquisa e tecnológica. No entanto, esse prazo prolongou-se por mais quinze meses quando pediu demissão do posto na Universidade. Naquele contexto, recebia notícias sobre a situação do Brasil e de colegas presos chegavam. Através de sua filha recebe o comunicado de que a polícia o procurara duas vezes em sua residência no Brasil.[449] São conhecidos os sentimentos de melancolia, tristeza, saudades e insegurança pelo qual o sociólogo vivenciou o trauma de uma saída involuntária. "(...) ando no fundo do poço – cansado do meu trabalho, cansado de ser professor e até cansado da comida, da cidade e do tipo de vida que levo em Toronto. Acho que atingi o limite da saturação"; "Quanto à minha vida aqui, ela é literalmente uma merda. (...). Não me encontro mais com minha profissão e detesto a condição de expatriado por simulação. Sei muito bem que ando por uma trilha irracional".[450]

Fernandes, tanto em termos pessoais quanto profissionais. Uma exceção é o trabalho de Lidiane Rodrigues. *Entre a academia e o partido: a obra de Florestan Fernandes (1969-1983)*. Dissertação em História Social (Mestrado). FFLCH, Universidade de São Paulo, 2006.

448 Florestan Fernandes, "Florestan Fernandes por ele mesmo". In: *Estudos Avançados*, USP, São Paulo, v. 10, n. 26, 1996, p. 150 (organizada por Barbara Freitag).

449 Florestan Fernandes foi fichado pelo Departamento Estadual de Ordem Política e Social de São Paulo (DEOPS-SP) e vigiado durante suas atividades públicas entre 1961 a 1982 conforme consta no Arquivo Público do Estado de São Paulo. Seção DEOPS – Fichas. Disponível em <http://www.arquivoestado.sp.gov.br/site/acervo/repositorio_digital/deops_ficha> Acesso em: 18/07/2018.

450 Florestan Fernandes, "Florestan Fernandes por ele mesmo". In: *Estudos Avançados*, Op. cit., p. 150 e 156, respectivamente. Ambas as cartas são endereçadas para Barbara Freitag de Toronto (em 1.12.1970 e 16.10.1971).

Parte desse sentimento de angústia deságua nas condições profissionais futuras que Florestan (não) teria ao seu retorno no país. Em sua correspondência, percebemos algumas tentativas do sociólogo brasileiro na busca de trabalhos remunerados de natureza intelectual, como, por exemplo, em algum posto na Companhia da Editora Nacional. Por outro lado, ele também recusa convites de trabalho de centros de pesquisa (internacionais e nacionais, como o Cebrap) devido a princípios políticos que, naquele momento, se agarra fortemente. Com efeito, isso potencializa seu estado psicológico atormentado, pelas possibilidades que rejeita. Em um conhecido excerto de uma missiva, afirma a dificuldade crescente de estabelecer "uma ponte entre o que sou e o que faço e o que desejaria ser e fazer". Diante desse quadro, olhava-se com ironia, "pois me especializei em dar murros em ponta de faca e agora que me vejo lançado realmente no *mercado*, como mercadoria estimada em dólares, sinto que minhas técnicas estão superadas e que seria melhor vender sorvetes numa rua quente de São Paulo do que ser professor de sociologia no Norte das Américas".[451] Esse paradoxo entre a angústia por um emprego e a recusa de propostas por ele coloca "a conduta individual como carente de sentido quando referida à racionalidade pragmática do mundo, porque resulta de uma extrema fidelidade a certa concepção totalizante da razão, que se nega a ajustar-se às condições do presente".[452]

Em uma carta endereçada à Darcy Ribeiro, poucos meses antes de retornar ao Brasil, Florestan coloca as condições precárias de emprego que teve que submeter para concretizar seu regresso.

> E quanto ao emprego: ninguém me dá nem para carregar papel sujo. Os mais fleumáticos me dizem que temem por minha causa; os menos, falam francamente que não querem se arriscar. O

[451] Idem, p. 150

[452] Sylvia Gemignani Garcia, *Destino ímpar: sobre a formação de Florestan Fernandes*. Op. cit., p. 22-23.

> máximo que arranjei foi um trabalho sem remuneração e sem *status* algum na Editora Nacional. Se os livros venderem, terei comissões; caso contrário, levo pau. (...). Não acho que a aposentadoria seja garantida; quem tirou o emprego, tira também o resto. Embora um emprego não seja uma segurança, pelo menos é algo concreto... Se ela [Miriam] topar mesmo a loucura, embarco-me sem nada. Hoje temos poucos amigos. Assim mesmo, algum valerá por mim e, se acontecer o pior, espero que os Fernandes de hoje não sejam piores do que eu. Já vivi quase vegetalmente, como diria o G. Freire, que nunca precisou disso.[453]

Curiosamente, o passado de menino pobre reatualiza-se nessa fase, como uma condição de "negação do estado dado de coisas que marcou sua infância e juventude reaparece como a única posição eticamente defensável ao sociólogo em crise aos 50 anos de idade".[454] De fato, a condição de *desajustado* que o caracteriza tão forte nessa etapa dramática de sua vida, implicava esse *déjà vu* em uma biografia oriunda do submundo dos lumpemproletariados. Como avalia José de Souza Martins, a biografia de Florestan "é a história dos sem-história", do "desenraizamento", mas um "desenraizamento criador e revelador".[455] Mesmo sua admissão no curso universitário, mostrava que suas origens eram modestas se comparado ao perfil dos ingressos nos cursos da USP.

De todo modo, o retorno ao Brasil continuou na posição *fora do lugar*. Enquanto seus colegas escoravam-se no Cebrap, ou em outros centros, Florestan segue sem vínculo com uma instituição ou um centro de pesquisa. Nessa época, parte da atividade que lhe restou inclinou-se por intermédio de traba-

---

[453] Florestan Fernandes, "Carta de Florestan Fernandes à Darcy Ribeiro, 20 de setembro de 1971". DR/CR – Correspondência Geral. Subsérie. Correspondentes Fernandes, F. Fundação Darcy Ribeiro. UnB.

[454] Sylvia Gemignani Garcia, *Destino ímpar: sobre a formação de Florestan Fernandes*. Op. cit., p. 23.

[455] José de Souza Martins, *Florestan: sociologia e consciência social no Brasil*. São Paulo: EDUSP, 1998, p. 31.

lhos para editoras. Especialmente, a coordenação da Coleção Grandes Cientistas Sociais na Editora Ática, a direção da coleção Pensamento Socialista, junto à Editora Hucitec. Também colaborou regularmente para diversos periódicos oficiais e "alternativos" e foi um dos responsáveis pela criação de *Contexto* e *Debate e Crítica.*

Entrementes, no plano intelectual-político, a proscrição em Toronto também fornece elementos cruciais de novas leituras e introdução de temáticas. O marxismo enquanto campo de estudo reflexivo e de atuação prática ganha prioridade em seus horizontes intelectuais, principalmente, sobre a condição do sociólogo e da sociologia em países da periferia capitalista. Ao mesmo tempo, nota-se nesse período o aparecimento de uma produção de caráter autorreflexivo de Florestan, uma espécie de Florestan por Florestan, realizando um balanço de sua trajetória, de sua visão de mundo, das incertezas e convicções das tomadas de posição, das relações com a universidade e dos temas estudados durante sua trajetória.[456]

É na cidade canadense que Florestan Fernandes se enxerga como um *sociólogo marxista*, ponto de vista manifesto na tentativa de conciliar a condição de sociólogo *e* de socialista. Pode-se até afirmar esse período de sua trajetória como o mais *ortodoxo*, rompendo com o papel do professor catedrático da universida-

---

[456] Trata-se de textos que se diferenciam pela perspectiva pessoal da abordagem que FF realizou de si mesmo. São eles: Florestan Fernandes, *A sociologia no Brasil*. Petrópolis: Vozes, 1977, especialmente os capítulos VIII e IX; *A condição de sociólogo*. São Paulo: Hucitec, 1978 (Entrevista concedida a A. T. Menezes Arruda, C. Navarro Toledo, J. F. T. Lima e U. T. Guariba Neto); "Florestan Fernandes: história e histórias". In: Amélia Cohn (org). *Florestan Fernandes. Série Encontros*. Rio de Janeiro: Beco Azougue, 2008 (Entrevista concedida a Alfredo Bosi, Carlos Guilherme Mota e Gabriel Cohn em São Paulo, Museu da Imagem e do Som, 26 jun. 1981); "Florestan Fernandes por ele mesmo". In: *Estudos Avançados*, São Paulo, v. 10, n. 26, 1996, p. 129-172 (Organização Barbara Freitag); *A contestação necessária*. Expressão Popular: São Paulo, 2015 [1995].

de cujo perfil assentava-se nas formulações de uma "civilização científica" ancorada em valores democráticos.[457] "A única vez em que, como professor, me ajustei ao papel intelectual de sociólogo marxista, de maneira bastante *dogmática*, foi durante o período em que estive em Toronto. Lá, de fato, talvez como medida de autodefesa, tentei quebrar essa sobreposição de papéis, que põe os de sociólogo em um lado e os socialistas em outro".[458] Um comportamento claramente distinto de quando Florestan lecionava na USP: "me ajustei aos papeis de professor, acima de tudo, como um professor eclético, dando naturalmente igual importância às diferentes correntes da sociologia sem privilegiar o marxismo".[459]

Um exemplo desse reposicionamento no campo científico e político são suas meditações (intranquilas) sobre a noção da condição social do sociólogo e da sociologia e os fins práticos dos modelos explicativos. Os propósitos e funções de natureza prática nas ciências sociais estariam bloqueados pelos "padrões dominantes de conhecimento" para converter as descobertas da sociologia em "forças societárias".[460] É como se Florestan retornasse obsessivamente ao tema da Sociologia Aplicada, publicada em 1960,[461] época em que buscava uma perspectiva

---

[457] Maria Arminda do Nascimento Arruda, "A sociologia de Florestan Fernandes". In: *Tempo Social*, Revista de Sociologia da USP, v. 22, n. 1, 2010, p. 13.

[458] Florestan Fernandes, *A condição de sociólogo.* São Paulo: Hucitec, p. 156, grifos nossos.

[459] Idem, Ibidem.

[460] Florestan Fernandes, "Sociólogos: os novos mandarins?". In: *A sociologia no Brasil.* Rio de Janeiro: Vozes, 1976, p. 266 e 268. O texto foi redigido originalmente em inglês, durante o mês de outubro de 1969, um mês depois da chegada de Florestan no Canadá e apresentado em evento realizado pelo próprio Departamento de Sociologia da qual passou a fazer parte.

[461] Florestan Fernandes, "A Sociologia Aplicada: seu campo, objeto e principais problemas". In: *Ensaios de Sociologia Geral e Aplicada.* São Paulo: Livraria Pioneira Editora, 1960, pp. 93-159.

intervencionista para sociologia por meio da adesão à investigação racional cientificamente fundamentada no campo da moderna tradição sociológica. Nesse momento, as possibilidades de conhecimento racional através e pela ciência estariam definitivamente abortadas, pois "foram por igual absorvidas e controladas por forças extra-anticientíficas".[462] Fracassada, a condição de ciência desvincula-se aos valores gerados pela "civilização ocidental" e passa a se identificar ao socialismo – "a única revolução, que poderia gerar o ambiente externo e o clima de valores requeridos pela ciência, é a que poderia resultar do socialismo igualitário e democrático".[463]

Na realidade, o envolvimento do sociólogo paulistano com o marxismo era de longa data, tanto do ponto de vista prático quanto teórico, mas com peso diferenciado durante os anos de universitário. Durante meados da década de 1940, o jovem Florestan, iniciando seu mestrado na Escola Livre de Sociologia e Política (ELSP), filia-se à organização Partido Socialista Revolucionário (PSR), ligada à IV Internacional fundada por Leon Trotski, por intermédio de Hermínio Sacchetta (1909-1982), ex-militante do PCB e dirigente do PSR. Embora sua passagem tenha sido efêmera como militante da pequena organização trotskista foi fundamental para sua formação intelectual e política.[464] Em primeiro lugar, essa mediação tornava-o próximo do movimento cultural e político na luta contra o Estado Novo.

[462] Florestan Fernandes, "Sociologia, modernização autônoma e revolução social". In: *Capitalismo dependente e classes sociais na América Latina.* Rio de Janeiro: Zahar, 1975, p. 124. O texto foi escrito em abril de 1970 e, posteriormente, apresentado no X Congresso Latino-Americano em Santiago (Chile), agosto/setembro de 1972.

[463] Idem, Ibidem.

[464] Cf. Vladimir Sacchetta, "Florestan Fernandes: o sociólogo militante". In: *Estudos Avançados*, São Paulo, v. 10, n. 26, 1996, p.51-54; Florestan Fernandes, "Depoimento sobre Hermínio Sacchetta". In: Hermínio Sacchetta. *O caldeirão das bruxas e outros escritos.* Campinas: Pontes Editores, 1992.

Em segundo lugar, é nesse espaço clandestino de atividades (reuniões, assinaturas de manifestos) que descobre autores do "marxismo clássico", como Marx, Engels, Lenin e Trotski. Em terceiro lugar, Florestan é designado a traduzir, a partir das versões em espanhol, francês e inglês, a *Contribuição à crítica da economia política*, de Karl Marx, publicada em 1946 com uma introdução pela Editora Flama, que tinha o objetivo de publicar os clássicos da literatura marxista.[465]

Embora traduzir um texto de Marx e escrever uma introdução fosse uma tarefa de ordem militante, ficou nítido que a apropriação sobre Marx em 1946 de Florestan tinha interesse de relacioná-lo com as "modernas ciências sociais" em uma discussão pautada pelo método de trabalho científico.[466] Isto é, tratava-se de refletir a posição de Marx junto à ciência moderna, como avalia Lidiane Soares, apoiando-se em referenciais localizados mais nas ciências sociais do que em marxólogos/marxistas.[467] Como aluno do curso de mestrado o "aprendiz de sociólogo" estava crescentemente absorvido pelos parâmetros acadêmicos de trabalho. Não por coincidência, confessará mais tarde Florestan, que o comprometimento "mais como sociólogo que como ativista político" na elaboração textual foi também um descobrimento dos "caminhos que me levariam à *perspectiva sociológica*, que defendo, e à *prática sociológica*, que me

---

[465] Eliane Veras Soares, *Florestan Fernandes: o militante solitário.* São Paulo: Cortez Editora, 1997, p. 39; Haroldo Ceravolo Sereza, *Florestan, a inteligência militante.* São Paulo: Boitempo: 2005, p. 75.

[466] Florestan Fernandes, "Introdução à Contribuição à Crítica da Economia Política de Karl Marx". In: Osvaldo Coggiola (org). *Em busca do socialismo: últimos escritos & outros textos.* São Paulo: Xamã, 1995 [1946]. O trabalho completo da introdução foi publicado apenas em 1959/1960 em Florestan Fernandes, "Marx e o pensamento sociológico moderno". In: *Ensaios de Sociologia Geral e Aplicada.* São Paulo: Livraria Pioneira, 1960, pp. 301-342. Uma análise sobre as diferenças das publicações, de 1946 e 1959 pode ser conferida em Lidiane Soares Rodrigues, "Marx em três tempos de Florestan". In: *Dois Pontos*, Op.cit., p. 93.

[467] Idem, p. 94.

impus".[468] Fica claro que se o marxismo acompanha Florestan em toda sua trajetória intelectual e política, essa relação pode ser explicada pela variação da vinculação institucional que ele tinha em cada época que interpretou Marx.[469]

Por sugestão do próprio Sacchetta, Florestan se afastou do PSR para dedicar-se inteiramente à carreira científica. "Não podia ser um militante devotado a todos os papéis e obrigações ao mesmo tempo, pois logo entraram em cena as teses (de mestrado e de doutorado), que iriam ser uma fonte de atrito constante com os companheiros".[470] De todo modo, essa marcante experiência militante e intelectual lhe garantiu, aos seus olhos, possibilidades mais cuidadosas na formação de sociólogo que adentrava, "(...) me ajudou a vencer o forte intelectualismo abstrato inerente à minha recente formação universitária".[471]

Ademais, a opção pelo socialismo e a crescente prática política através de ações concretas de oposição à ordem existente foi também uma maneira de reatar os fios desencapados com sua própria biografia, provindo de uma condição humilde, tendo trabalhado desde moço como engraxate, biscateiro, auxiliar de garçom, entre outras atividades. "(...) que me pôs face a face com o desafio, que vinha de minhas origens humanas, e que me mostrou, pela primeira vez, que o sociólogo, que brotava e crescia dentro de mim, devia responder a esse desafio e identificar-se com os ideais socialistas de reforma e revolução sociais que ele implicava".[472] De fato, um olhar retrospectivo sobre a constituição de sua trajetória, percebe-se que o intelectual nas-

---

468 Florestan Fernandes, "Em busca de uma sociologia crítica e militante". In: *A sociologia no Brasil*. Petrópolis: Vozes, 1977, p. 172-173.

469 Ver Lidiane Soares Rodrigues, Marx em três tempos de Florestan. In: *Dois Pontos*. Op. cit.

470 Florestan Fernandes, *A contestação necessária*. São Paulo: Ática, 1995, p. 159.

471 Florestan Fernandes, "Em busca de uma sociologia crítica e militante". Op. cit., p. 172.

472 Idem, Ibidem.

cido na capital paulista provavelmente nunca tenha se sentido inteiramente confortável com o afastamento da militância.

Durante sua trajetória como assistente e professor da cadeira de Sociologia da USP, entre 1945 a 1969, o diálogo estabelecido com outras tendências que estava enfrentando nas ciências sociais, especialmente os clássicos (além de Marx, Weber e Durkheim), foi tão ou mais forte que sua condição de socialista. Portanto, não era um constrangimento intelectual orientar-se em outros referenciais teóricos para trabalhos empíricos que não fosse necessariamente o instrumental marxista *stricto sensu*, já que havia obrigações institucionais para provar. Afinal, esse orgulhoso "ecletismo balanceado" convergia "para o significado lógico e empírico específico de cada solução metodológica e de cada contribuição teórica".[473] Em vários trechos de suas autorreflexões – já como um marxista com vocabulário politizado – recorda sobre isso de modo positivo, inclusive como antídoto para uma eventual formação dogmática, fechada em si mesmo.[474] "Apesar da minha condição de socialista militante, não tentei vincular a estratégia de trabalho apontada exclusivamente ao marxismo. Tanto no plano de ensino quanto no da pesquisa não procurei romper com o ecletismo, herdado dos professores europeus e posto por mim em outra órbita, com uma compreensão mais rigorosa da interdependência dos vários modelos de explicação sociológica".[475] De fato, em longo

[473] Idem, p. 196.

[474] "Eu era militante do movimento de esquerda, extremado, eu poderia ter ficado um marxista dogmático; de lá para cá, ter superado o Caio Prado Júnior em matéria de preocupação pela dialética. E no entanto não fiz isso, estudei simultaneamente antropologia, sociologia, um pouco de psicologia, alguma economia, alguma filosofia, muita história. Quer dizer, fiz uma coisa que os marxistas que não são o próprio Marx às vezes chamam de orientação eclética". Florestan Fernandes, "Florestan Fernandes: história e histórias". In: Amélia Cohn (org). *Florestan Fernandes*. Op. cit., p. 110.

[475] Florestan Fernandes, "Em busca de uma sociologia crítica e militante".

prazo, as incursões à literatura e interpretação sociológica clássica e aos seus contemporâneos (americanos e europeus) lhe renderam o balanço de uma formação oxigenada e aberta ainda que rigorosa. Na militância que Florestan exerceu, de quando executava suas atividades de docente e pesquisador na USP, a posição socialista não foi um referencial precípuo para solucionar os impasses da universidade. "Foi muito mais em termos do que é, ou deveria ser, uma universidade numa sociedade pobre, com problemas graves de desenvolvimento econômico, social e político".[476] Isso lhe rendeu naturalmente autocríticas severas quando realizado o balanço de sua trajetória, que é compreendida nessa reviravolta de sua condição de intelectual: "(...) eu também engoli mitos, eu mitifiquei a universidade: eu acreditei que a universidade tinha uma dinâmica que fosse capaz de ultrapassar as contingências do meio ambiente".[477]

Com as mudanças abruptas na sua trajetória, em termos pessoais, acadêmicos, profissionais e políticos, *a partir de sua estada* no Canadá a aproximação com a literatura marxista e os estudos sobre as revoluções na periferia (Russa, Chinesa e Cubana)[478] são consumidas boa parte de suas horas, já que "dispunha de muito tempo para leituras intensivas". A preocupação de Florestan com os problemas da sociedade brasileira prossegue; porém, estabelecido por estudos comparados entre as sociedades de periferia.

Contudo, a opção por uma "sociologia da comparação", no limite, era também fruto do movimento ditatorial que se consolidava na América Latina. Investigar processos análogos poderia iluminar o processo histórico-social da modernidade brasileira e abrir novos aportes. Assim, sua passagem na cidade

---

Op. cit., p. 196.

[476] Florestan Fernandes, "Florestan Fernandes: história e histórias". Op. cit., p. 117.

[477] Idem, p. 119.

[478] Florestan Fernandes, "Em busca de uma sociologia crítica e militante". Op. cit., p. 204.

fria de Toronto como professor foi também a oportunidade de encontrar uma bibliografia inexistente no Brasil e a oferta de cursos, em 1970-1971, como "Política e Governo na América Latina" e, em 1971, "Política no Terceiro Mundo"; doravante sob a imagem de um *sociólogo socialista do Terceiro Mundo.*[479] Dividindo a disciplina com um professor australiano, lhe coube às explanações sobre a América Latina.[480] De suas exposições no curso, o que começou a chamar atenção foi o especial caso cubano, que reservou um terço das aulas.[481] Anos depois, com a publicação *Da guerrilha ao socialismo: a revolução cubana*,[482] em 1979, livro constituído pelos roteiros de aula de um curso de pós-graduação na PUC no mesmo ano, Florestan recorda que sua preocupação com a revolução cubana transformou-se com o andar do tempo. Em um primeiro momento, em 1961, importava o significado da revolução cubana para os demais países da América Latina; em segundo momento, quando estava em Toronto, e sob a circunstância histórica de ditaduras, "ficava evidente o que Cuba representava no conjunto de forças mundiais, que movimentavam a história contra a estratégia da contrarrevolução preventiva".[483] Portanto, não há dúvidas que

[479] Carlos Guilherme Mota, "Florestan: memória e utopia". Op. cit., p. 13.

[480] O interesse de Florestan pela produção bibliográfica de países da América Latina se confirma, por exemplo, nas oitenta e oito páginas de fichamentos, divididos em dois blocos menores, praticamente todas elas em língua inglesa. Nestes blocos há uma vasta bibliografia histórica, política e sociológica, toda em inglês, de países como: Cuba, Guatemala, Venezuela, Bolívia, Colômbia, Haiti, Chile, Argentina, República Dominicana, México, Peru e Brasil. É possível que esse arsenal bibliográfico de Florestan tenha sido coletado justamente na sua permanência no Canadá. Biblioteca Comunitária/ Decore/Fundo Florestan Fernandes 02044667 (Gaveta 03).

[481] Florestan Fernandes, "Florestan Fernandes: história e histórias". Op. cit., p. 133.

[482] São Paulo: T. A. Queiroz, 1979.

[483] Florestan Fernandes, *Da guerrilha ao socialismo: a revolução cubana*. Op. cit., p. 5.

o interesse pela história contemporânea da América Latina renasce a partir da "criação de um problema" redefinido pelo referencial marxista.[484]

A relação entre América Latina e o sociólogo paulistano era definida por uma conexão mais diretamente intelectual, por meio de atividades de intercâmbio acadêmico (congressos de sociologia latino-americanos) com cientistas sociais de sua geração (por exemplo, Pablo González Casanova, Orlando Fals Borda, Gérard Pierre-Charles, Charles Wagley) iniciada provavelmente no final da década de 1950.[485] Doravante, com a afluência em outro patamar com o marxismo, a relação com o continente se torna mediada pelo diálogo intelectual e político, que se aproxima desde cientistas sociais engajados às figuras históricas do continente identificado com o ideário da esquerda (José Martí, Che Guevara, JCM).

Sob um patamar de real (re)aproximação de Florestan com o universo de esquerda marxista quiçá o momento mais emblemático desse liame seja quando o autor finaliza a introdução do *Livro de Leituras sobre o Lenine* em 1973.[486] Não é preciso aqui se alongar na hercúlea força alicerçada no trabalho diuturno e metódico que Florestan fez ao debruçar-se sobre as dezenas de tomos na obra de Lenin, inclusive com marcações e anotações à margem. Impressionado com a obra do revolucionário russo, Florestan chegou afirmar ironicamente em carta que o mundo

---

[484] Cf. Diogo Valença de Azevedo Costa, "Florestan Fernandes e a América Latina", *Boletín Onteariken*, n. 10, p. 48-62.

[485] Cf. um interessante trabalho sobre a circulação internacional de Florestan Fernandes em Alejandro Blanco; Antonio Brasil Jr.. (2018), "A circulação internacional de Florestan Fernandes". *Sociologia & Antropologia*, Rio de Janeiro, v. 8, n. 1, p. 69-107.

[486] Florestan Fernandes. "Florestan Fernandes por ele mesmo". In: *Estudos Avançados*, USP, São Paulo, v. 10, n. 26, 1996, p. 158; Florestan Fernandes, "Introdução". In: Florestan Fernandes (org). *Lenin*. São Paulo: Editora Ática, 1978, p. 7-50.

havia perdido um "*scholar* completo e apaixonado".[487] Na apresentação, publicada apenas em 1978, a apropriação sobre Lenin não anula as marcas de sua formação sociológica. Como assevera Lidiane Rodrigues é "possível encontrar no tipo de conhecimento produzido por Lenin, um representante exemplar de seu próprio projeto ideal de produção científica, mesclando o paradigma da 'Sociologia Aplicada' às finalidades da 'Sociologia da revolução'".[488]

A hipótese de uma articulação entre "Sociologia Aplicada" e uma "Sociologia da revolução" merece atenção. Conforme descrito em seu ensaio em 1960 sobre a aplicação da sociologia,[489] segundo Florestan, as exigências práticas de uma intervenção racional no que tange à sociologia ofereceria os seguintes elementos: a) "as bases racionais para a escolha dos fins e dos meios, tendo-se em vista as exigências da situação e a conexão delas com as tendências espontâneas de alteração do sistema social considerado"; b) "os pontos de referência para organização institucional e grupal das atividades práticas, os quais são fornecidos pela capacidade de prever o que poderá

---

[487] "Ando relendo Lenin... Volto a um universo que me fascina, hoje ainda mais que no passado. É a primeira vez que leio os seus escritos de juventude (dos quais só conhecia o livro sobre o desenvolvimento do capitalismo na Rússia). O mundo perdeu um 'scholar' completo e apaixonado (o que é incomum entre os 'scholars'). Espanta-me como aos 23 e aos 24 anos ele já tinha um domínio profundo de Marx e plena segurança no manejo do método dialético (especialmente do materialismo histórico). Havia me acostumado tanto à imagem dominante política, que encontro grande sedução em alargar as vias de compreensão do homem e do seu talento". Florestan Fernandes, "Carta endereçada a Barbara Freitag em 26 de outubro de 1972", citado em Eliane Veras Soares, *Florestan Fernandes: o militante solitário*. Op. cit., p. 78.

[488] Lidiane Soares Rodrigues, *Entre a academia e o partido*. Op. cit., p. 56.

[489] Florestan Fernandes, "A Sociologia Aplicada: seu campo, objeto e principais problemas". In: *Ensaios de Sociologia Geral e Aplicada*. Op. cit., 93-159.

acontecer mesmo sistema".[490] Nesse excerto, sobressai a possibilidade e capacidade de *previsão da teoria* com o objetivo de identificar elementos fundamentais e permanentes de um determinado processo (sem que com isso ignore situações sociais novas, "imprevisíveis"), assim como a especial importância nas ciências sociais da *interdependência entre teoria e aplicação*, foi percebida e assinalada pelos mais renomados sociólogos. Particularmente em Marx, a intervenção prática não se restringiria apenas na esfera da racionalização do trabalho científico-social, mas transcenderia para esfera dos movimentos políticos e sociais. Esse efeito instrumental das funções práticas do conhecimento sociológico descuidava – na ótica de Florestan–, "lamentavelmente as possibilidades de constituir-se uma disciplina sociológica especial, voltada para o estudo sistemático dos problemas de aplicação, como eles podem ser entendidos na esfera do trabalho científico".[491]

De todo modo, com o trabalho sobre o pensamento de Lenin, Florestan o colocaria em uma linhagem *sui generis* de *Sociologia Aplicada subversiva*. Afinal, o revolucionário russo concentrou sua atenção no significado da prática para a verificação da teoria e na exploração do conhecimento científico a serviço de uma racionalidade coletiva chamada revolução. Em Lenin, a sociologia da *aplicação* concentrar-se-ia na esfera da *estratégia política*, isto é, nas "condições concretas da ação política e da transformação política, *quando se focaliza dialeticamente as relações de classes como relações de poder*".[492] Nos seus trabalhos de orientação empírica, Lenin manteve-se ancorado aos instrumentais teóricos e metodológicos oferecidos pelas ciências sociais marxistas para investigação e explicação científica das formações sociais concretas: compreensão de uma "realidade específica" e de uma "pers-

[490] Idem, p. 112.

[491] Idem, p. 112-113.

[492] Florestan Fernandes, "Introdução". In: Florestan Fernandes (org). *Lenin*. São Paulo: Editora Ática, 1978, p. 17.

pectiva histórica", "observação experimental dos fenômenos", "respeito aos dados de fato", "ênfase nas funções heurísticas".[493] Interdependência entre teoria e aplicação, previsibilidade teórica na análise concreta de situações concretas, instrumentalidade movida por ideais e ambições de origem extracientífica, seriam as percepções notáveis de Florestan sobre Lenin. Em suma, *aplicar* a dialética marxista na análise científica e na ação política.

O conhecido papel de publicista que Florestan atribui à Lenin ("Lenin tinha plena consciência de que era um intelectual e de que sua preeminência política procedia de sua produção teórica e prática como 'publicista'"[494]) e que também estudiosos se referem ao próprio Florestan[495] deve ser visto com prudência. Afinal, sua formação sociológica não se apaga na sua adesão integral ao socialismo. Não se torna um publicista *puro*, pois a condição de sociólogo integra-se ao socialismo e ganha novos significados. É preciso entender que Florestan está livre das obrigações institucionais que existiam enquanto era professor da USP, assim como o prestígio de integridade intelectual e política que havia acumulado em sua trajetória. Evidentemente que o caráter de propagandear ideias de autores socialistas e, por vezes, utilizá-las em suas intervenções políticas, imediatas e de longa duração, existe, como veremos a seguir, mas sua produção não se restringe a isso. De todo modo, aspectos dessa caracterização sobre Lenin a partir de Florestan e sua posição desajustada no campo acadêmico será frutífero para o entendimento de outro intelectual-militante trazido por Florestan: José Carlos Mariátegui.

II. Arquétipo de uma sociologia crítica e militante

Ainda que seja importante reconhecer o papel de Florestan Fernandes como o primeiro impulsionador da obra mariateguia-

---

[493] Idem, p. 23, 28, 30

[494] Idem, p. 13-14.

[495] Paulo Silveira, " Um publicista revolucionário". In: Maria D'Incao (org). Op. cit., p. 287-291.

na no Brasil, já que ele seria o autor do prefácio do livro *Sete Ensaios* faz-se necessário relativizar essa afirmação, mediante a uma contextualização do processo de produção do livro e seus agentes, escorando-se em documentos e entrevista.

Na realidade, a sugestão da publicação do principal livro de JCM não seria do sociólogo brasileiro e sim do proprietário da Empresa Alfa Ômega e Diretor Editorial, Fernando Celso de Castro Mangarielo.

Estudante de Estudos Orientais da USP, Mangarielo passou a morar no Conjunto Residencial da USP quando seu curso foi transferido da Rua Maria Antônia para Cidade Universitária, onde passou a cuidar da Banca da Cultura, um espaço de vivência frequentado por alunos e professores. Uma experiência com um ganho profissional significativo, pois esse posto não o fez apenas estabelecer contatos com um número expressivo de livrarias e livreiros, como também foi o propulsor para fundar uma nova editora, a Alfa Ômega, alguns anos depois, junto com sua esposa Claudete Machado.

Uma vez instalada a empresa, em janeiro de 1973, sob o lema de publicar "o pensamento crítico brasileiro" a constituição da linha editorial da Alfa-Ômega dialogou fortemente com intelectuais e docentes ligados à USP. O apoio dos intelectuais foi essencial para o fortalecimento da editora, que mesclava contribuições tanto de perfil acadêmico quanto da produção da militância política, notadamente marxista. Essa relação fica mais evidente quando percebemos que nos primeiros anos de atuação, de 1973 a 1976, a Editora Alfa-Ômega tivesse entre os 44 títulos publicados, 16 de autoria de docentes da USP.[496]

Particularmente sobre o principal livro de JCM, Fernando "Moscou" – como chamavam seus amigos – narra à história de como ocorreu o empreendimento:

---

[496] Sandra Reimão; Flamarion Maués; João Elias Nery. "Alfa-Ômega: o pensamento crítico em livro". In: *Intercom: Revista Brasileira de Ciências da Comunicação*, São Paulo, v. 38, n. 1, 2015, p. 174.

> Conversando com um jovem professor da USP – eu não lembro o nome dele –, que soube quem era Mariátegui. Eu convivia com ele no CRUSP. Como ele sentiu que eu estava sensível e motivado para publicar obras de novos autores desconhecidos, me disse: "Eu tenho um amigo que pode fazer a tradução". E apresentou meu amigo Salvador Obiol de Freitas. E o Salvador fez a tradução com esmero e motivação de peruano que ele é.[497]

Na pasta de produção do livro *Sete Ensaios* é possível observar a correspondência estabelecida entre a editora brasileira e a editora Amauta, especialmente com Javier Mariátegui durante a feitura do livro. Há, por exemplo, o aviso de que o livro já estaria traduzido "dentro do maior rigor possível". Curiosamente, em um primeiro momento a introdução seria encomendada para Miguel Urbano Rodrigues (1925-2017) – militante histórico do Partido Comunista Português (PCP).[498] Exilado no Brasil por causa da ditadura fascista que transcorria em Portugal, o jornalista comunista recorda da ideia do projeto através de uma passagem no Peru no ano de 1970.

> Em Lima tinham-me falado da importância de Mariátegui. Dias depois, em Cusco, entrei numa livraria e vi numa estante os *Siete ensayos de interpretación de la realidad peruana*. Foi no início de novembro de 1970. Comprei o livro e comecei a lê-lo no hotel; quase não dormi nessa noite. Senti algo próximo do deslumbramento. Recordo que ao longo da vida adquiri outros exemplares; ofereci uns e perdi outros. Antes de regressar a Portugal em l974, consegui que uma editora de São Paulo, a Alfa Ômega, publicasse no Brasil os *Siete Ensayos*, com um prefácio de Florestan Fernandes.[499]

---

[497] Segundo Fernando Mangarielo, em entrevista com Deni Alfaro Rubbo, São Paulo em novembro de 2017.

[498] "Carta de Claudete Machado a Javier Mariátegui, em 6 de agosto de 1974". Pasta de Produção "Realidade Peruana". Acervo particular de Fernando Mangarielo.

[499] Miguel Urbano Rodrigues, "Atualidade de Mariátegui". In: *Diálogos do Sul*. Portugal. 12/04/2017. Disponível em: http://operamundi.uol.com.br/dialogosdosul/atualidade-de-mariategui/12042017/. Acesso em: 17/01/2018.

Entretanto, a pedido do próprio jornalista português o nome sugerido para substitui-lo para redação do prefácio do livro foi de Florestan Fernandes.[500] Não custa lembrar que a amizade entre Miguel Urbano e o sociólogo brasileiro havia iniciado na década de 1960 e perdurou por toda vida.[501] Muito desse laço afetivo pode ser explicado também pelo interesse político de Florestan sobre a evolução política portuguesa no século XX.[502] Nas cartas de Miguel Urbano Rodrigues para Florestan Fernandes durante 1974 e 1975 em Lisboa, os assuntos são sobre angústias familiares e questões políticas.[503] Não há nelas registro sobre a futura edição de *Siete ensayos* em português. Seja como for, é possível, inclusive, que Florestan tenha sugerido ao amigo português a editora de Mangarielo para aventar a proposta. O próprio Florestan publicaria em 1975 um livro de sua autoria na editora.[504]

O importante desses relatos é constatar o interesse desses três personagens como impulsionadores na primeira publicação de

[500] "Carta de Claudete Machado a Javier Mariátegui, em 6 de agosto de 1974". Pasta de Produção "Realidade Peruana". Acervo particular de Fernando Mangarielo.

[501] Miguel Urbano Rodrigues, "Reencontro com Florestan Fernandes". In: *ODiario.info*. Portugal. 20/02/2016. Disponível em: https://www.odiario.info/reencontro-com-florestan-fernandes/ Acesso em: 17/01/2016.

[502] Para mais detalhes sobre a relação com Portugal, ver Lincoln Secco, "A sociologia como previsão: Florestan e a Revolução dos Cravos". In: AA. VV. *Florestan ou o sentido das coisas*. São Paulo: Boitempo, 1998, p. 75-99.

[503] Miguel Urbano Rodrigues, "Carta a Florestan Fernandes, Lisboa, 29 de outubro de 1974". UFSCar – Biblioteca Comunitária/Decore. Fundo Florestan Fernandes (nº 02.09.0662); Miguel Urbano Rodrigues, "Carta a Florestan Fernandes, Lisboa, 12 de dezembro de 1974". UFSCar – Biblioteca Comunitária/Decore. Fundo Florestan Fernandes (nº 02.09.0664); Miguel Urbano Rodrigues, "Carta a Florestan Fernandes, Lisboa, 28 de agosto de 1975". UFSCar – Biblioteca Comunitária/Decore. Fundo Florestan Fernandes (nº 02.09.0660).

[504] Florestan Fernandes, *A Universidade brasileira: reforma ou revolução?* São Paulo: Alfa Ômega, 1975.

Mariátegui no Brasil. Desse modo, não foi por incentivo *apenas* de Florestan Fernandes que a Editora Alfa Ômega logrou editar o livro de JCM. Uma convergência de interesses editoriais e políticos, laços de amizade e acontecimentos ocasionais protagonizados por três figuras que ocuparam espaços distintos no campo político. Um editor, um militante comunista, um sociólogo. Evidentemente que a figura simbólica de maior audiência entre os três personagens era o nome de Florestan Fernandes, o que possivelmente impactou de modo positivo a circulação do material. Publicado em 1975, *Sete ensaios* teve uma tiragem de quatro mil exemplares. Mais três reimpressões foram feitas, com três mil exemplares cada. Um total de 13 mil exemplares entre meados da década de 1970 e 1980. Ademais, foi o primeiro empreendimento que editor utilizou-se da competência de tradutores, o que demarcou um novo degrau, pois o trabalho de tradução demandava outras aptidões. O livro não se transformou em *best-seller* se comparado com a venda de 265 mil exemplares vendidos do *Olga* e os 125 mil de *A Ilha*, ambos do Fernando Morais e pela mesma editora.[505] Contudo, *Sete ensaios* esteve longe de significar um fracasso de vendas.[506]

Um material inédito de Florestan Fernandes remanescente desse processo que culminou na publicação do livro de JCM é um manuscrito – provavelmente uma primeira versão do prefácio dos *Sete ensaios*. O pequeno texto foi encontrado em um velho arquivo de aço, na residência do proprietário da editora, Fernando Mangarielo.[507]

---

[505] Segundo Fernando Mangarielo, entrevista com Deni Alfaro Rubbo, São Paulo, novembro de 2017.

[506] Antes mesmo da publicação brasileira era possível consultar em um jornal de grande circulação do Peru (Expresso) a tradução do prefácio em castelhano de Florestan e o registro da importância do trabalho em português na trajetória editorial da obra de Mariátegui. Cf. "Mariátegui en português", In: *Revista Dominical Expresso*, Lima, Domingo 29 de dezembro de 1974, p. 6-9. Pasta José Carlos Mariátegui – A 1047. Casa de las Américas, Havana (Cuba).

[507] O "achado" teve um caráter tão fortuito que nem mesmo Mangarielo

Aproximadamente com mil e quinhentas palavras, o manuscrito está datilografado em vinte páginas. É possível perceber que durante a revisão Florestan realizou algumas correções no corpo do texto. Na maioria delas são pequenos reparos e alterações de caráter formal. No entanto, em alguns trechos, podemos observar a censura de algumas frases formuladas pelo sociólogo brasileiro, o que se supõe, de algum modo, que ele não ficara satisfeito com determinada formulação ou simplesmente não via como indispensável à informação ou o argumento exposto. De qualquer modo, independente das rasuras ou não no corpo do texto, é curioso constatar que pouco do que foi escrito permaneceu na versão oficial publicada como prefácio; não obstante, do ponto de vista do conteúdo os textos obviamente se completam. É importante frisar que tanto esse manuscrito esquecido quanto o prefácio publicado, foram redigidos provavelmente no segundo semestre de 1974.

Anos depois, como coordenador da Coleção Grandes Cientistas Sociais, Florestan convidou dois professores de História da Universidade Estadual Paulista/*campus* Assis, Manoel Lelo Bellotto e Ana Maria Martinez Corrêa, para organizar a coletânea *José Carlos Mariátegui*.[508] Seria a primeira publicação no Brasil de artigos de Mariátegui reunidos em um livro, além de uma introdução e um levantamento bibliográfico sobre sua vida e pensamento político. Resultado de cursos de pós-graduação ministrados pelos autores sobre América Latina, o livro foi lançado em 1982, tempo de muita dificuldade para dar cabo ao empreendimento solicitado por Florestan. Afinal, compor uma bibliografia sobre um autor peruano declaradamente socialista ou, até mesmo a própria escolha de investigar a formação social

---

tinha ciência da existência desse documento, a bem da verdade, totalmente justificado, já que o editor acumulou em seu arquivo particular a pasta de produção de todos os livros publicados pela empresa Alfa Ômega.

[508] Manoel L. Belloto e Anna Maria M. Corrêa (org.), *José Carlos Mariátegui*. São Paulo, Ática, 1982.

do continente latino-americano era vista com desconfiança pelos signatários da ditadura civil-militar, além da dificuldade de conseguir bibliografia adequada.[509] Dois anos antes, Jaime Pinsky, historiador e editor das revistas *Debate & Crítica* e *Contexto*, organizou a coletânea *Questão nacional e marxismo* – e dedicou a Florestan Fernandes! –, com textos de Marx, Kautsky, Otto Bauer, Rosa Luxemburgo, Lenin, Trotski, Ho Chi Minh e outros revolucionários, inspirado na seleção feita por Georges Haupt e Michael Löwy, *Les marxistes et la question nationale (1848-1914)*, publicada na França em 1974. Na seleção de textos, é possível constar o "Ponto de vista anti-imperialista" de Mariátegui.[510]

Não se pode deixar de mencionar os dois primeiros estudos unitários em português sobre Mariátegui. O primeiro no formato de artigo "O contexto histórico-social de Mariátegui" de José Paulo Netto, publicado na *Encontros com a Civilização Brasileira*, em 1980,[511] que em nome da revista faria do texto uma homenagem ao cinquentenário de sua morte. O segundo foi a brochura *José Carlos Mariátegui: redescobrir a América*, publicado em 1983, pela Editora Brasiliense através da coleção Encanto Radical, uma série de livretos biográficos de grandes personalidades da história. Com mais de oitenta títulos, a coleção não fazia refe-

---

[509] Segundo Ana Maria Martinez Corrêa, entrevista com Deni Alfaro Rubbo, São Paulo, novembro de 2017.

[510] É curioso o comentário que Pinsky desfere ao texto de Mariátegui fazendo um paralelo com as teses do PCB: "O pequeno texto de José Carlos Mariátegui (...) é uma típica análise de conjuntura balizada por uma concepção originalmente gradualista da História. Mais de trinta anos depois, os teóricos do PCB iriam propor ao V Congresso do partido, em 1960, algo não muito distinto do texto do peruano". Jaime Pinsky, "Prefácio". In: *Questão nacional e marxismo*. São Paulo: Editora Brasiliense, 1980, p. 15. Como veremos a seguir, a interpretação política de Florestan Fernandes, sobre "Ponto de vista anti-imperialista" encontra-se radicalmente diferente de seu admirador.

[511] José Paulo Netto, "O contexto histórico-social de Mariátegui". In: *Encontros com a Civilização Brasileira*. Rio de Janeiro: Civilização Brasileira. v. 21, 1980, p. 31-52.

rência necessariamente a personagens “radicais”. Segundo Yolanda Prado, a Danda, uma das diretoras da Brasiliense, o que deveria haver era, na realidade, “um encanto radical entre o biógrafo e o biografado”.[512] De qualquer forma, o autor escolhido para escrever uma minibiografia de Mariátegui com um perfil “transgressor” foi o argentino Héctor Alimonda (1949-2017). Nascido em Punta Alta, ele havia se formado em Sociologia pela UBA e perseguido pela ditadura militar argentina, exilando-se no Brasil em 1976. Desde então, realizou seus estudos de pós-graduação (na FLACSO e USP) sobre estado, economia e classes sociais na Argentina, com orientação de Francisco Weffort.[513] O trabalho sobre Mariátegui foi traduzido por Carlos Nelson Coutinho que nessa época já se consagrava como um dos principais responsáveis pela difusão e interpretação de Gramsci e Lukács no Brasil. Lembrando que Coutinho também havia escrito a quarta capa da edição em português de SEIRP.

Passemos para outro ponto por meio da seguinte indagação: qual era o material que Florestan Fernandes tinha disponível sobre Mariátegui para compreender sua trajetória e seu pensamento? Na biblioteca particular do sociólogo é possível encontrar livros de JCM, lidos e anotados que parecem ter-lhe suscitado grande interesse. Antes de avançarmos no que Florestan tinha especificamente disponível, no que destacou e no que anotou nas obras do marxista peruano, cabe registrar a importância desse universo particular que era sua biblioteca e, por extensão, do ofício de seu trabalho intelectual – isto é, livros, leituras, grifos, anotações.

Eram mais de treze mil títulos, sem contar aqueles que eventualmente foram extraviados, emprestados (e não devolvidos)

---

[512] “Brasiliense retoma seu ‘Encanto Radical’”. In: *Folha de S. Paulo*. 19/10/2002. Disponível em: http://www1.folha.uol.com.br/fsp/ilustrad/fq1910200214.htm Acesso em 01/02/2018.

[513] “Em memória de Hector Alimonda (1949-2017)”. Disponível em: http://r1.ufrrj.br/cpda/blog/2017/05/16/em- memoria-de-hector-alimonda-1949-2017/ Acesso: 02/02/2018.

ou simplesmente vendidos. Essas são apenas algumas das razões pelas quais não devemos pretender que a análise da biblioteca de Florestan determine o que ele tenha lido. De qualquer forma, até o final da vida, Florestan tinha na memória praticamente todos os livros e revistas que possuía.[514] Em depoimento, Heloisa Fernandes, filha de Florestan, afiança:

> Seus livros eram sua fortuna, mas não fetiches a serem limpos, ilustrados, encadernados. Tal como só as crianças sabem fazer com seus tesouros, seus livros eram valores de uso, lidos e relidos por um leitor ativo, atento, exigente, que anota, escreve, rabisca, grifa, a tal ponto que, muitas vezes, restam, afinal, dois textos: o do próprio autor e o do seu leitor![515]

Quais eram, então, os livros de (e sobre) Mariátegui que Florestan possuía em sua biblioteca? Conforme o quadro abaixo, são ao todo onze livros disponíveis: quatro *de* Mariátegui (*Siete Ensayos*, *Historia de la crisis mundial*, *Defensa del marxismo*, *Ideología y Política*) oriundos da coleção "obras completas" conhecidas como edições populares; oito *sobre* Mariátegui, dentre eles quatro do peruano Ricardo Lunes Vega (dois deles com dedicatória do autor a Florestan), um livro organizado pelo marxista argentino José Aricó e um exemplar do primeiro número da revista peruana *Anuario Mariateguiano*, de 1989, dirigida por Antonio Melis e Alberto Tauro. Há, ainda, dois exemplares de um livro que o sociólogo Aníbal Quijano organizou e prefaciou pela editora mexicana Tierra Firme, ambos também com dedicatória. Além disso, Florestan também tinha em seu acervo boletins (como o *Boletín Informativo del Centenário de José Carlos Mariátegui*), cartazes, pôsteres sobre JCM com fotos, especialmente de comemorações de seu centenário, em 1994.[516]

---

[514] Heloisa Fernandes, "Amor aos livros – reminiscências de meu pai em sua biblioteca". In: VV. AA. *Florestan ou o sentido das coisas*. São Paulo: Boitempo, 1998, p. 49.

[515] Idem, Ibidem.

[516] UFSCar – Biblioteca Comunitária/ Decore. Fundo Florestan

Quadro 5.1 Livros de Florestan Fernandes em sua biblioteca particular

1. José Carlos Mariátegui. *Siete ensayos de interpretación de la realidad peruana.* 20ª ed. Lima: Amauta, 1972 (com grifos e anotações, 1 exemplar).
2. José Carlos Mariátegui. *Ideología y Política.* Lima: Amauta, 10ª ed. 1979 (com grifos e anotações em alguns artigos, 1 exemplar).
3. José Carlos Mariátegui. *Historia de la crisis mundial.* Lima: Amauta, 6ª ed. 1979 (com grifos e anotações no primeiro capítulo, 1 exemplar).
4. José Carlos Mariátegui. *Defensa del marxismo.* Lima: Amauta, 9ª ed. 1980 (com grifos e poucas anotações, 1 exemplar).
5. Ricardo Luna Vegas. *José Carlos Mariátegui. 1984-1930 Ensayo biográfico.* Lima: Editorial Horizonte, 1986 (sem grifos nem anotações, 1 exemplar).
6. Ricardo Luna Vegas. *Mariátegui y el Perú de ayer, de hoy y de mañana.* Lima: Ediciones Rincon Rojo, 1ª ed. 1981 (sem grifos nem anotações, 1 exemplar).
7. Ricardo Luna Vegas. *Introdução a Mariátegui.* Lima, Causachun, 1ªed. 1975 (sem grifos nem anotações, 1 exemplar).
8. Ricardo Luna Vegas. *Mariátegui, Haya de la Torre y la verdad histórica.* Lima, Retama, 1978 (com grifos e anotações, 1 exemplar).
9. José Aricó (org.). *Mariátegui y los orígenes del marxismo latino-americano.* México: Pasado y presente, 1978 (sem grifos nem anotações).
10. VV. AA. Revista *Anuario Mariateguiano.* Lima, Amauta, n.1, 1989. (sem grifos nem anotações).
11. Anibal Quijano (org.). *Jose Carlos Mariátegui: textos básicos.* México, Tierra Firme, 1991. (grifos e anotações somente no prólogo, 2 exemplares).[1]

Fernandes (nº 4111/ nº6631/ nº 6632/ nº 6633/ nº 7507).

Para entender a importância da presença dos volumes acima listados na biblioteca de Florestan cabe um rápido parêntese sobre as "Obras Completas" de JCM. Como foi exposto no terceiro capítulo, a coleção inicialmente dotada de vinte volumes, abarcava apenas os textos do retorno da viagem à Europa, em 1923, até a morte, em 1930, ou seja, um conjunto de produção de sete anos.[517] Em comparação com a bibliografia disponível atualmente, os livros que Florestan possuía – ao menos os que hoje se encontram em sua biblioteca – representam uma pequena parcela da obra de Mariátegui, mas no contexto e época em que foram adquiridos consistiam nos principais livros disponíveis. Há, portanto, razões suficientes para identificarmos um enorme interesse da parte do sociólogo marxista em adquirir parte substantiva dos livros que estavam ao seu alcance.

Não custa lembrar que Mariátegui publicou apenas dois livros em vida: *La Escena Contemporánea* (1925) e o *Siete Ensayos* (1928). Presente na biblioteca de Florestan, este último foi grifado e anotado abundantemente, do começo ao fim, especialmente nos três primeiros capítulos. Aliás, esse livro é com a edição mais antiga do que todos os outros, de 1972. Provavelmente foi o primeiro livro que leu de Mariátegui. É verdade que o pensador peruano tinha alguns poucos livros em preparação, que foram lançados postumamente. Um deles, *Defensa del Marxismo – polêmica revolucionária*, originalmente publicado em 1956, teve poucos grifos e apenas uma pequena anotação do sociólogo brasileiro. É o caso do livro *Historia de la crisis mundial*, um ciclo de conferências que Mariátegui fez na Universidade Popular González Prada, durante o biênio de 1923/1924, através da reunião de versões completas e parciais, estas últimas encontradas nos diários da época. Dele, Florestan grifou apenas

517 Luiz Bernardo Pericás, "Mariátegui, os *Sete Ensaios*, a APRA e a Internacional Comunista". In: Luciana Aliaga, Henrique Amorim e Paula Marcelino (org.), *Marxismo: teoria, história e política*. São Paulo: Alameda, 2011, p. 119.

o texto da primeira conferência intitulado "A crise mundial e o proletariado peruano". *Ideología y Política* também é um livro com artigos esparsos. Escritos políticos e sindicais, polêmicas em periódicos, teses políticas, ideologia de linhas editoriais de periódicos e revistas caracterizariam a tônica dos artigos e documentos. Florestan grifou vários trechos e algumas anotações à margem de oito deles: "El problema de las Razas en la América Latina" (apenas a primeira parte), "Punto de Vista Anti-imperialista", "Antecedentes y Desarrollo de la Acción Clasista", "Hacia la Confederación General de Trabajadores del Perú", "La Central Sindical del Proletariado Peruano", "La Confederación General de Trabajadores del Perú", "Estatutos y Reglamentos de la 'Oficina de Auto-educacion Obrera" e "Principios Programáticos del Partido Socialista".

Para compreender o tipo de leitura executada de Florestan em relação à Mariátegui em sua integralidade o trabalho apenas de exegese não é suficiente. Como temos insistido, a contextualização de seu itinerário intelectual e político, isto é, a elucidação do percurso do sociólogo, as condições sociais dessa leitura, ilumina as apropriações feitas sobre o autor dentro de um conjunto de interpretações possíveis. Definitivamente, não está em questão sentenciar se a interpretação x ou y é mais correta ou incorreta sobre JCM.

Até o momento, apresentamos o material disponível que Florestan tinha de Mariátegui (livros de JCM com anotações, manuscritos e a publicação de um prefácio), embora não seu conteúdo, assinalando também sua importância na divulgação das ideias do intelectual peruano no Brasil, em uma prática crescentemente publicista do autor. Optamos por inserir suas avaliações sobre JCM (desde anotações secundárias, esboço de um manuscrito não publicado e naturalmente o prefácio) relacionando com o contexto de produção e circulação da obra *A revolução burguesa no Brasil* (RBB),[518] publicada em 1975.

[518] São Paulo: Globo, 2005 [1975].

Não se trata de uma escolha fortuita. Aliás, não é exatamente a primeira vez que essa aproximação é aventada.[519] Em primeiro lugar, porque *Sete ensaios* consta na "bibliografia de referência". Ela estaria na tipologia organizada por Florestan segundo a qual "podem ter alguma relação direta ou indireta com pontos de vista e com ideias que perfilhamos".[520] Em segundo lugar, porque *um* dos momentos de leitura da obra mariateguiana levada a cabo por Florestan está próximo da finalização d'*A revolução burguesa no Brasil*. Lembremos que a conclusão do prefácio do *Sete ensaios* é datada entre 8/9 de outubro de 1974, o que nos leva deduzir que o autor d'*A sociologia numa era de revolução social* estudou sistematicamente o livro *provavelmente sob o contexto de produção de RBB*. Em terceiro lugar, as afinidades entre as abordagens, em seu aspecto sociológico e político entre os dois personagens são tão significativas quanto o entusiasmo de Florestan dedicado a Lenin. Isso não significa, contudo, que Florestan tenha se dedicado apenas naquele momento para leitura da obra mariateguiana; como veremos adiante, ele conheceu posteriormente outros textos de Mariátegui. De qualquer maneira, mesmo lidos e produzidos em momentos diferentes, o conjunto da produção de Florestan sobre JCM (prefácio, manuscrito e anotações), possui uma mesma perspectiva de análise.

Ressalte-se também que, como foi argumentada no capítulo cinco deste trabalho, a obra mariateguiana fora utilizada de maneira marginal pelos cientistas sociais latino-americanos

---

[519] Por exemplo, na primeira brochura biográfica sobre o intelectual peruano no Brasil, traduzida por Carlos Nelson Coutinho, o autor argentino Héctor Alimonda afirma, embora não explique que em RBB Florestan leva em conta sugestões de Mariátegui. Héctor Alimonda, *José Carlos Mariátegui: redescobrir a América*, São Paulo, Brasiliense, 1983, p. 86. Ver também Héctor Alimonda, "Florestan Fernandes: el saber militante". In: *Anuario mariateguiano*, Lima, Amauta, n.8, 1996, pp. 277-279.

[520] Idem, p. 425.

durante a década de 1970. Há um reconhecimento genérico de seu legado por parte de poucos marxistas inseridos no campo das ciências sociais; contudo, pouco reivindicado. Desse modo, embora tivesse uma reputação significativa no campo político na América Latina, Mariátegui não era propriamente uma *tendência* no campo das ciências sociais durante a década de 1970.

Certamente esse simbólico posto de *outsider* no campo científico era uma virtude para que Florestan Fernandes acantonasse a obra de Mariátegui em seu quadro de referenciais teóricas e políticas. Ademais, tratava-se de um intelectual oriundo do Peru – um país de um sistema intelectual precário e sem prestígio, inclusive no sistema universitário latino-americano. Avesso às (re)leituras da moda, Florestan tinha enorme desconfiança desse processo de leitura dos representantes contemporâneos das ciências sociais e do marxismo (este último já em processo de segmentação no Brasil) – tendências que ocorreriam tanto no campo da "direita" quanto da "esquerda" nas ciências sociais.

> Fui pouco suscetível às modas. No entanto, acompanhei as tendências, as modificações. Procurei aproveitar os autores que se tornaram sucessivamente importantes, tanto na Europa quanto nos Estados Unidos. Não fiquei alheio a essa oscilação. Mas, de outro lado, procurei me proteger da sedução fácil porque acho que a marca negativa do intelectual brasileiro é a rapidez com que ele adere às transformações da moda do exterior. Isso não se aplica só contra conservadores ou liberais; aplica-se também com a esquerda. Eu acompanhei várias "ondas": vi como Lukács foi substituído por Sartre; Sartre por Goldmann, depois Althusser.[521]

Enquanto boa parte dos marxistas brasileiros orientava-se para divulgação e leitura de autores ligados ao assim chamado "marxismo ocidental",[522] Florestan direcionava-se na *contramão* pela leitura e reivindicação dos clássicos do marxismo – Marx, Le-

---

[521] Florestan Fernandes, *A condição de sociólogo*. Op. cit., p. 158.

[522] Perry Anderson, *Considerações sobre o marxismo ocidental/Nas trilhas do materialismo histórico*. Op. cit.

nin, Trotski. Não por acaso, a obra de JCM insere-se no mesmo patamar *clássico* do pensamento latino-americano.

> Este livro [Sete Ensaios] dispensa qualquer apresentação. É uma obra lúcida e notável, que já granjeou, desde que foi publicada, suficiente reconhecimento de valor para ser incluída entre os *principais clássicos do pensamento latino-americano*. Quanto à sua significação para as correntes socialistas, já foi estabelecido o consenso de que ela é a mais importante obra marxista latino-americana.[523]

Nesse sentido, há aqui uma importante afinidade entre RBB e *Sete ensaios*. Ambos são ensaios de interpretação histórica de longa duração sobre seus respectivos países, um marco nos estudos sobre o desenvolvimento do capitalismo em sociedades de periferia. Seus autores, ainda que tenham trilhado caminhos diferentes em suas formações, dispõem de um farto conhecimento intelectual. Ambos não temeram em recorrer ao diálogo com outras referências teóricas e metodológicas distantes do marxismo (e, em alguns casos, contrários a ele) para desenvolver suas análises. Finalmente, Florestan e Mariátegui empreenderam análises dos processos econômicos, sociais, políticos e culturais do Brasil e do Peru distante do da concepção da história regida por etapas inexoráveis segundo o "marxismo oficial".

Florestan ressaltou, ainda que rapidamente, a importância de Mariátegui em duas circunstâncias. Em um dos ensaios ("A Universidade em uma sociedade em desenvolvimento") no livro *Circuito fechado*, publicado em 1977, o sociólogo paulista agrega na nota explicativa o livro *Sete ensaios* como uma referência "não só para o leitor avaliar por si próprio o atraso com que o movimento de reforma universitária se desencadeia no Brasil; também para que ele tome contato com a amplitude pedagógica, intelectual e política daquele movimento na América Espanhola da década de 20".[524] Já no afamado ensaio "Reflexões

[523] Florestan Fernandes, p. XIII e XV, grifo nosso.
[524] Florestan Fernandes, *Circuito fechado*. 2ª ed. São Paulo: 1979, p. 142.

sobre as 'Revoluções Interrompidas' (uma rotação de perspectivas)", de 1981, composto no livro *Poder e contrapoder na América Latina*,[525] insere o intelectual peruano como exemplo de "investigação científica engajada" na América Latina, juntamente com Caio Prado Júnior e Sérgio Bagú. Nesse caso, o objetivo do texto era questionar até que ponto a transformação capitalista nos países latino-americanos não rompeu completamente "com formas coloniais de exploração do trabalho e nos quais as classes se tornaram *burguesas* através e atrás do desenvolvimento do capitalismo".[526] Tanto Mariátegui como Caio Prado e Sérgio Bagú, segundo Florestan, "antecipariam conclusões da esquerda revolucionária" dos anos 1970 ao desvendarem o caráter especial do capitalismo em países de origem (neo)colonial.

Haveria outra indicação entre o pensador peruano e Florestan. Inserido na história da recepção d'*A Revolução Burguesa no Brasil*, Carlos Guilherme Mota recorda de uma temporada na Universidade do Texas em Austin (EUA), em 1976, que passara com o amigo Florestan. Na ocasião, um colóquio interdisciplinar foi realizado sobre o recente livro lançado pelo sociólogo brasileiro com vários convidados ilustres, entre os quais brasileiros e estadunidenses, tais como Emília Viotti da Costa, Paulo Silveira, Richard Graham, Silviano Santiago, David Jackson, Bernardo Berdiehewsky etc. O evento fora organizado pelo amigo e historiador brasileiro Carlos Guilherme Mota e o professor da casa Fred P. Ellison. Um dos palestrantes daquele seminário seria lembrado pelo historiador brasileiro: o "saudoso" Alejandro Losada, intelectual peruano, estudioso da literatura latino-americana, "que na ocasião elaborou interessante paralelo entre Mariátegui e Florestan".[527] Sabe-se que, um ano depois,

[525] Florestan Fernandes, "Reflexões sobre as 'Revoluções Interrompidas' (uma rotação de perspectivas)". In:_. *Poder e contrapoder na América Latina*. Rio de Janeiro: Zahar, 1981, p. 72.

[526] Idem, Ibidem.

[527] Carlos Guilherme Mota, "Florestan: memória e utopia", AA.VV. *Florestan Fernandes ou o sentido das coisas*, Op. cit., 1998, p. 18.

Losada publicou um ensaio sobre a literatura latino-americana a partir do ponto de vista marxista (em especial inspirados nos trabalhos do jovem Lukács e de Antonio Candido), na extinta revista *Contexto*, da qual Florestan fazia parte da comissão editorial.[528] Embora não tenhamos conseguido acesso ao conteúdo da palestra de Losada, é possível fazer constar por meio de um testemunho de um dos organizadores do evento que ouviram a conferência de Losada.

> Alejandro Losada tinha uma coisa de tipologia intelectual com periodização. No Peru foi assim, no outro país assim. Caio Prado corresponde na Argentina a Rodolfo Rui Goz (?). Sempre tem um cara parecido em cada país. Quem é o Florestan do México. O Gilberto Freyre de Cuba – Fernando Ortiz. Dentro do esquema do Alejandro Losada, havia uma perspectiva histórica a partir de um mapeamento da intelectualidade latino-americana. Ele gostava muito de um escritor peruano: José María Arguedas. Quando ele fazia a comparação entre Florestan e Mariátegui, ele fazia uma decupagem no tempo. Mariátegui lá atrás e Florestan depois. Foi lá no próprio Texas, Austin, que o próprio Alejandro falou em público. Não era muita gente. Lá ele falou para Florestan e ele ficou emocionadíssimo. Para o Florestan, ser comparado à Mariátegui era uma realização. Eu acho Mariátegui mais interessante que Gramsci. Mas, eu sou um leitor. Porém, Mariátegui me parece mais sofisticado, usa Freud. É um intelectual bem aberto.[529]

Uma das declarações fora dos temas selecionados de Florestan encontra-se no livro-entrevista, publicado em 1978 sob o título *A condição de sociólogo*. Curiosamente o sociólogo marxista, em um primeiro momento, destaca como Mariátegui foi pródigo por realizar um balanço crítico, integral e decisivo do movimento modernista no Peru (especialmente no ensaio sobre a literatura dos *Sete ensaios*). Em suas palavras, "aí [em Mariátegui] temos,

---

[528] Alejandro Losada, "Os sistemas literários como instituições sociais na América Latina". In: *Contexto*, São Paulo, Hucitec, n. 2, 1977.

[529] Segundo Carlos Guilherme Mota, entrevista com Deni Alfaro Rubbo, São Paulo, novembro de 2017.

de fato, uma interpretação densa, crítica e negadora do Peru. O Peru do passado, o Peru do presente, desembocando em uma concepção totalizadora e integradora da transformação do Peru através de uma revolução socialista".[530] Ainda segundo Florestan, os modernistas brasileiros ficaram aquém do papel crítico que lhes caberia da sociedade brasileira. Eles teriam aberto concessões justamente para aquilo que deveriam fazer oposição. Afinal, o "modernismo é a negação da consciência burguesa, o *anti* da consciência conservadora".[531] Trata-se da conhecida troca de farpas entre a geração modernista e os *scholars* da USP que receberam a alcunha de "chato-*boys*". Nesse contexto de disputas, a obra mariateguiana com sua "densidade crítica" deveria servir como parâmetro de análise do que ocorreu no modernismo no Brasil. "Eu gosto de usar o paralelo com Mariátegui porque ele é didático e nos mostra, de uma vez e para sempre, o que o movimento modernista 'deveria ser', mas não foi. Compare-se *Os Sete ensaios* com a produção dos nossos modernistas".[532] Não por acaso, nas breves anotações à margem que fez do último ensaio do *Sete ensaios*, presente em sua biblioteca particular, Florestan insinua que se deve comparar o processo de modernismo peruano com o do Brasil, especialmente através da revista modernista *Colónida* (fundada em 1916), que "*equivale* ao modernismo aqui [no Brasil]" (nosso itálico).[533]

---

[530] Florestan Fernandes, *A condição de sociólogo*. São Paulo: Hucitec, 1978, p. 36.

[531] Ibidem, p. 35

[532] Ibidem, p. 33.

[533] No prefácio, o crítico literário Antonio Candido critica o posicionamento negativo do amigo sociólogo em relação ao movimento modernista e a comparação equivocada com Mariátegui: "Florestan sempre deu importância capital à fundação da Universidade e da nossa Faculdade. Mas talvez seja meio injusto quando a compara com o movimento modernista. São coisas diferentes, com funções históricas diferentes, e não podem ser comparadas como ele faz. Ele fala de modernismo como se fosse uma empresa de cunho político que não correspondeu ao que se esperava; e é sintomático que lembre

Curiosidades à parte, a leitura de Florestan realizada sobre JCM está inserida no contexto da produção de ideias contida especialmente na terceira parte de RBB. Isto é, sob uma chave marxista que o sociólogo brasileiro apropria-se e interessa-se por Mariátegui. De maneira geral sua operação explicativo-compreensiva é cimentada sob um vocabulário ao qual remete invariavelmente à Lenin e seu léxico da priorização do político: "revolução", "transição para o socialismo", "teoria e prática", "dominação imperialista", "revolucionário", "organização", "consciência" e "movimentos de massa".

Não obstante, as marcas da formação sociológica novamente não estão dissipadas. Muito pelo contrário: são as bases científicas da reflexão mariateguiana que fornecem legitimidade, credibilidade e consagração. O caráter de precursor ("nosso irmão mais velho") de introduzir uma agenda de temáticas similar àquelas estabelecidas pela "sociologia do desenvolvimento" durante a década de 1960 e 1970. A vocação intelectual do trabalho é identificada com o processo revolucionário de transformação da sociedade capitalista. Vejamos alguns trechos:

> Isso não quer dizer, apenas, que os sete ensaios preservam toda a atualidade que possuíam quando foram escritos e publicados, esparsamente e em livro. Quer dizer, também, que o ponto de vista geral a que aderiam e expunham, pela primeira vez, de forma sistemática e orgânica, acabou tanto nos meios intelectuais e universitários, quanto no movimento socialista. E, mais que isso, quer dizer que uma realidade revolucionária inevitável plasma

---

Mariátegui em detrimento dos nossos escritores daquela vanguarda. Ora, Mariátegui era um político, um militante de esquerda, um líder de alto porte, que era também escritor. O seu alvo era outro. Creio que Florestan minimiza a carga específica de fantasia e liberdade criadora que são fundamentais no domínio da arte e da literatura, e que devem constituir a pedra de toque para avaliar movimentos como o modernista, em cujos participantes o papel ideológico e a ação prática são por assim dizer subprodutos". Antonio Candido, "Prefácio". In: Florestan Fernandes, *A condição de sociólogo*. Op. cit., p. VIII.

> um *pensamento científico revolucionário*. Mariátegui é o *nosso "irmão mais velho"*, numa cadeia de longa duração, a qual mostrou sua primeira florada na década de 1920, atingiu um clímax histórico com a revolução cubana, mas que somente agora conquista a esfera propriamente profissional da pesquisa histórico-sociológica, dentro e fora das universidades. Assim, o livro que prefigurava o "espírito do futuro" converteu-se, em pouco menos de meio século, graças à persistente e inexorável pressão dos fatos sobre a cultura, na "ambição comum" da *verdadeira mentalidade científica* que se abre simultaneamente para o *conhecimento*, a *explicação e* a *transformação* das sociedades da América Latina.[534]

> Mariátegui não se afirma apenas como pioneiro. Ele promove as primeiras *análises concretas*, de uma perspectiva marxista, de vários temas cruciais: a formação do capitalismo na Espanha, a irradiação do capitalismo da Europa para a América Latina, as transformações da dominação imperialista sob o impacto do aparecimento e fortalecimento da grande corporação ou da presença norte-americana, e, sobretudo, as relações entre base econômica e as estruturas sociais e de poder da sociedade peruana, nas várias fases do período nacional. Em uma *linguagem extremamente densa mas muito clara*, ele sempre resume o essencial, partindo com frequência dos resultados das melhores *investigações* já realizadas, cujo aproveitamento e *análise crítica* ele nunca esconde dos leitores.[535]

Assim como a leitura praticada em Lenin, Mariátegui também é um modelo do projeto científico e político de sociólogo e socialista, ou melhor, um representante exemplar do que Florestan entende por *sociologia crítica e militante* na América Latina. Sociologia "crítica" como capacidade do entendimento científico, objetivo e racional dos problemas histórico-sociais de longa du-

---

[534] Florestan Fernandes, "Prefácio". In: José Carlos Mariátegui, *Sete ensaios de interpretação da realidade peruana*, op. cit., p. XVI, grifo nosso. [O prefácio foi republicado no livro organizado por Enrique Amayo e José Antonio Segatto, *J. C. Mariátegui e o marxismo na América Latina*. Araraquara: UNESP/ FCL, 2002].

[535] Idem, p. XVIII, grifo nosso.

ração do país; sociologia "militante" como criação de um projeto socialista revolucionário. A amarração dessa responsabilidade do intelectual da prática da *dissensão* tão defendida por Florestan[536] verifica-se em JCM não apenas na tensão crítica que estabeleceu com as iniquidades da sociedade peruana e na figura pública pela luta da negação da ordem existente em seu país. Ela pode ser contemplada também no terreno do estilo da escrita de JCM – linguagem "densa" e "clara" – correspondente às funções da ciência ("densa") e da literatura engajada e de combate político ("clara"). Ademais essa intrínseca vinculação entre ciência e socialismo, produção teórica e prática política, fornecia novamente as interações entre "Sociologia Aplicada" com a "Sociologia da revolução". Há um pouco de Florestan tanto em Lenin quanto em Mariátegui.

> As metas que se propõe explicitamente são as mesmas que iriam impor, reiteradamente, daí em diante, às várias gerações de cientistas sociais da América Latina. Primeiro, contribuir para a *crítica* socialista dos problemas e da história do Peru; segundo, concorrer para a *criação* de uma versão peruana do socialismo. A única diferença saliente entre sua posição e a nossa consiste em que o estilo de *pensamento crítico e militante* penetrou e se instalou nas universidades, lutando dentro delas pelo direito à existência e travando sua batalha seja para libertar a "técnica professoral" da esterilidade, seja para saturar o "espírito universitário" com as *exigências revolucionárias da ciência e da transição para o socialismo.*[537]

> Não foi o marxismo que levou Mariátegui à revolução. Ao revés, foi sua inquietação intelectual e seus anseios políticos revolucionários, ambos intrinsecamente peruanos embora universalizados e universalistas, que o levaram ao marxismo. (...). Ela põe em primeiro plano o elemento político: 1º) indiretamente, quanto ao significado do materialismo histórico como método para conhe-

---

[536] Florestan Fernandes, "A revolução burguesa no Brasil: prefácio à edição mexicana". In: *Brasil: em compasso de espera.* São Paulo: Hucitec, 1980, p. 70.

[537] Florestan Fernandes, "Prefácio", In: José Carlos Mariátegui, *Sete ensaios de interpretação da realidade peruana*. Op. cit., p. XVI, grifo nosso.

> cer a realidade, nesse caráter, servir de base à consciência social crítica e à ação política revolucionária; 2º) diretamente, no plano da organização e da direção dos movimentos sociais de massa para fins políticos especificamente revolucionários ("dentro da ordem" e "contra a ordem").[538]
>
> O que ficou desse intento revolucionário, que se iniciou e se esgotou como um momento da teoria (embora uma *teoria orientada para a prática*)? A julgar pelos ensaios reunidos neste livro [*Sete ensaios*] (...) ficou a proposição de uma ótica revolucionária, que não é um ersatz intelectual, mas uma resultante coerente da *aplicação* do materialismo histórico à interpretação da realidade peruana (e, por desdobramento e ampliação, da realidade latino-americana).

Mesmo negando reiteradamente estar "livre dos moldes acadêmicos" e dos padrões do trabalho universitário, o conhecimento sociológico acumulado de Florestan ao longo de sua trajetória não se desvencilha dele facilmente. Ora, por um lado, ênfase na análise científica e objetiva mariateguiana desenvolvida para compreensão das vicissitudes da formação histórica do seu país. Por outro lado, reticências e críticas para outras dimensões teóricas subjetivas que compõem o arsenal mariateguiano.

> A justeza dessa posição anti-positivista, contudo, não impediu que Mariátegui – tal como os três autores citados [Gramsci, Lukács e Karl Korsch] – caísse no extremo oposto: o seu marxismo passa a assumir traços "irracionalistas" de exacerbado voluntarismo subjetivista, que o levaria a afirmar posteriormente que a revolução socialista deve ser encarada como o "mito do nosso tempo", como algo similar a um "ideal religioso". ~~Em seu combate ao reformismo social-democrata, Mariátegui atribuía excessiva importância injustificada a Georges Sorel, o teórico do anarco-sindicalismo e do mito da greve geral como base para a ação socialista.~~[539].

[538] Idem, p. XVII.

[539] Florestan Fernandes. Manuscrito sobre JCM. Pasta de Produção "Realidade Peruana". Acervo particular de Fernando Mangarielo. Conforme descrito sobre o perfil do manuscrito citado escolhemos deixar a parte tachada por Florestan.

De qualquer modo, independentemente da dimensão negativa selecionada pelo autor (influência "idealista"), a leitura daquilo que entende como contribuição positiva de JCM (a forma de análise da realidade peruana concreta), isso não significa que o sociólogo brasileiro realize uma leitura passiva e ingênua. As margens também servem a diversas correções (e advertências) de textos lidos por Florestan. Por exemplo, nos *Sete ensaios* – o caso mais paradigmático das correções –, Florestan questiona em diversos momentos algumas formulações: se Mariátegui afirma que o problema do índio deve ser explicado numa chave econômica social e não pelo mecanismo administrativo, jurídico ou eclesiástico, Florestan, sem deixar de concordar com o argumento, escreve que o problema também toca em outras fibras, já que a "política" e a "estru. [estrutura] de poder e dominação estiveram tb. [também] presentes!" – curiosamente um argumento tipicamente weberiano! Trata-se de um apontamento de feição mais metodológica, mas não deixa de ser curioso que não há uma única nota de Florestan exclusivamente sobre a questão indígena, já que esse era um tema conhecido pelo autor que havia publicado *A organização social dos Tupinambá* e *A função social da guerra na sociedade Tupinambá* – certamente uma de suas contribuições mais originais. Talvez porque o indígena andino e o indígena brasileiro, especialmente o Tupinambá, fossem completamente distintos. Se Mariátegui afirma que "a conquista foi um ato político", Florestan questiona "e não econômico?". Se Mariátegui nomeia as tradições comunitárias do campesinato indígena peruano como "comunismo inca", Florestan faz a seguinte indagação: "e o tipo de estratificação existente?". Exemplos não faltam nessa direção...

III. A Revolução burguesa no Brasil encontra os Sete ensaios

Sobejamente conhecida, a história da produção RBB tem momentos diferentes da trajetória do sociólogo brasileiro. Foram praticamente dez anos para a execução da obra, entre 1964 e 1974. O projeto de RBB é gestado, desenvolvido e apresentado não como uma pesquisa integralmente acadêmica, mas principalmente como uma *resposta política* a uma situação política: o golpe civil-militar de 1964.[540] Essa era a intenção de Florestan Fernandes, "redigir o que me parecia ser o protesto político de um sociólogo".[541] Com esse perfil particular, o autor pretendia desenvolver um "ensaio livre" com uma "linguagem mais simples possível, resumir as principais linhas de evolução do capitalismo e da sociedade de classes no Brasil". Ledo engano. Ora, o ensaio livre "não está isento do peso de mais de trinta anos de atividade acadêmica, o livro, denso como costuma ser toda a produção sociológica de Florestan Fernandes, ainda apresenta passagens que precisam ser lidas e relidas para se tentar compreender bem o seu significado".[542] Posteriormente, Florestan reconheceu que a limitação dessa linguagem densa do trabalho prejudicava a intenção política do livro.[543]

O tema do problema da *dinâmica da sociedade de periferia* tem seu início no final da década de 1950 sob um conjunto de investigação empírica e trabalho de interpretação rigorosa através do projeto "Economia e Sociedade no Brasil". A publicação dos resultados desses trabalhos, muitos dos quais feitos sob orientação de Florestan, o instigaram a buscar reformulações sobre as categorias históricas do capitalismo, o regime de clas-

[540] "O golpe de Estado de 1964 obrigou-me a procurar uma explicação sociológica que suplantasse a visão tradicional e conciliadora da formação e desenvolvimento da sociedade brasileira, forjada e mantida pelas elites intelectuais das classes dominantes (no passado e presente)". Florestan Fernandes, "Respostas às intervenções: um ensaio de interpretação sociológica crítica". In: *Encontros com a Civilização Brasileira*. Rio de Janeiro: Civilização Brasileira, n. 4, 1978, p. 200.

[541] Florestan Fernandes, *A condição de sociólogo*. Op. cit., p. 145.

[542] José Albertino Rodrigues, "Uma síntese original". In: Maria Angela D'Incao (org.). Op. cit. p. 230.

[543] Florestan Fernandes, *A condição de sociólogo*. Op. cit., p. 145.

ses, o Estado e suas diferenças específicas nas condições brasileiras. Nesse contexto, destaca-se seu trabalho *A integração do negro na sociedade de classe*[544] em uma construção histórica das transições entre o trabalho escravo e o trabalho livre. Transgredia-se, então, o estudo de relação racial encerrado em si numa análise que introduzia a problemática da sociedade de classe no capitalismo. Ou melhor, a complexa (e difícil) transição entre raça e classe, dentro de um processo histórico de formação de uma sociedade altamente complexa que, simultaneamente, impulsiona e retém sua dinâmica.

Essa abordagem diacrônica e sincrônica que produz uma interpretação original em Florestan Fernandes sobre o destino histórico do Brasil. Enquanto a literatura sobre o país insistia em separar desenvolvimento e mudança, de um lado, e obstáculos do desenvolvimento de outro, como a vertente dualista, em Florestan, ao contrário "as duas coisas viriam juntas. (...) uma das peculiaridades do modo de pensar em Florestan é esta, de juntar, de trabalhar simultaneamente num bloco aquilo que em outros aparece separado".[545] "Aqui a investigação sobre o negro me permitiu ir além das fronteiras da extinção do indígena, dos povos livres. Eu pude apanhar toda a dinâmica da sociedade escravista e toda a passagem do escravismo para o trabalho livre e as limitações que isso sofre. E com isso a minha inteligência da revolução burguesa na periferia ganha uma outra dimensão".[546]

Como veremos a seguir, entre idas e voltas, a espinha dorsal de RBB expressa uma análise sobre o processo histórico de formação da sociedade de classes e a introdução de elementos burgueses no próprio centro da estrutura social brasileira. Descrevendo pro-

---

544 São Paulo: Ática, 1978 [1965].

545 Gabriel Cohn, "Florestan Fernandes: grandes problemas, grandes interlocutores". In: Vera Alves Cepêda; Thiago Mazucato (orgs). *Florestan Fernandes, 20 anos depois – um exercício de memória*. São Carlos: Ideias Intelectuais e Instituições: UFSCar, 2015, p. 35.

546 Florestan Fernandes, p. 131.

cessos de mudança estrutural de longa duração, o ponto de partida é a Independência em 1822 até o golpe civil-militar de 1964.

De toda forma, o livro foi projetado no segundo semestre de 1965, quando Florestan estava como *visiting scholar* nos Estados Unidos, para ministrar um curso na Universidade de Columbia (Nova York) e escapar de novas possibilidades reais de prisão no Brasil.[547] A primeira parte foi escrita em 1966, no semestre seguinte. Nesse momento, Florestan ofertou um curso optativo "Formação e Desenvolvimento da Sociedade Brasileira" na USP.[548] A bibliografia, aulas e seminários certamente serviram de base para a sistematização da redação do "manuscrito" da primeira parte e o "fragmento" da segunda. Na ocasião, o trabalho circulou restritamente entre seus principais colaboradores, com aceitação e críticas sobre suas hipóteses.[549]

---

547 Haroldo Ceravolo Sereza, *Florestan, a inteligência militante*. Op. cit., p. 149.

548 Naquela ocasião, o sociólogo José de Souza Martins cursava a graduação em ciências sociais e trabalhou na disciplina como assistente de ensino de Florestan. "Ele me fez uma lista de autores, que eu só conhecia parcialmente, para discutir com seus alunos em seminário. Essa lista incluía Euclides da Cunha, Alberto Torres, Gilberto Freyre, Nestor Duarte, Joaquim Nabuco, Victor Nunes Leal e outros, sobretudo, os pré-sociólogos. Foi um privilégio inesquecível ter acompanhado suas aulas e estudado com os alunos os textos que ele indicara". José de Souza Martins, *Florestan: sociologia e consciência social*, Op. cit., p. 28.

549 Há poucas informações sobre a discussão de "bastidores" sobre a colaboração crítica *antes* da publicação de RBB. Isto é, pareceres sobre primeira e segunda parte do livro. Florestan afirma que a recepção de RBB em 1966 foi feita "sob um clima de controvérsia" tanto que "alguns desentendimentos com certos colaboradores da cadeira de Sociologia I deixaram-me incerto (impedindo-me de publicar o que já estava pronto)". Os interlocutores desse diálogo – mencionados na dedicatória do livro – foram provavelmente Octavio Ianni, Fernando Henrique Cardoso, Marialice Mencarini Foracchi, Maria Sylvia de Carvalho, Luiz Pereira, José de Souza Martins e Gabriel Cohn. Há informações de que José Albertino Rodrigues também leu e comentou a primeira versão. Embora atravessado por laços afetivos e profissionais, esse pequeno

Entre 1967 e 1968 tarefas especialmente de caráter prático como a participação vinculada ao ensino e ao movimento universitário interromperam a continuação do livro. Conforme apresentado no item II deste trabalho, nos anos que se seguiram, Florestan esteve associado como professor titular na Universidade de Toronto. A terceira parte do livro intitulada "Revolução Burguesa e capitalismo dependente" dividida em três capítulos ("A concretização da Revolução Burguesa"; "Natureza e etapas do desenvolvimento capitalista"; "O modelo autocrático-burguês de transformação capitalista"), foi escrita entre o segundo semestre de 1973 e o primeiro semestre de 1974 – "adaptando-os aos meus pontos de vista atuais".[550] Como era de se esperar, os dois últimos capítulos seriam, na avaliação de Florestan, "a parte mais importante da contribuição teórica que porventura esta obra possua".[551] Portanto, esse intervalo entre as redações, "uma distância de dez tumultuados anos na vida do autor",[552] criou nuances importantes na composição do livro. Nas três partes que compõem o conjunto da obra se detecta influências teóricas e metodológicas desiguais e combinadas entre os períodos.

---

seleto aglutinado por Florestan através da cadeira de Sociologia I era um "grupo dentro do qual se entrechocavam personalidades fortes, intelectualmente vigorosas e ambiciosas". No Canadá, Florestan parece ter sido incentivado a dar continuidade do projeto do livro por Atsuko Haga, formado em ciência sociais na USP na década de 1950 e que fazia uma especialização na área de sociologia urbana em Toronto, em 1970, ou seja, mesma época que Florestan lecionava. Heloisa Fernandes teria ajudado na organização da terceira parte, redigida entre 1973/1974, Florestan Fernandes, *A revolução burguesa no Brasil*. Op. cit., p. 25; Florestan Fernandes, "Em busca de uma sociologia crítica e militante". Op. cit., p. 192. Florestan Fernandes, *A condição de sociólogo*. Op. cit., p. 144 e 157.

[550] Florestan Fernandes, *A revolução burguesa no Brasil*. Op. cit., p. 25.

[551] Idem, ibidem.

[552] José de Souza Martins, *Florestan: sociologia e consciência social*, Op. cit., p. 22.

Está fora de nossos objetivos esquadrinhar uma análise exaustiva das noções, perspectivas e modalidades teóricas adotadas pelo autor na feitura da obra, mas apenas telegrafar diferenças de abordagens dissonantes no interior do trabalho. Concordamos com a socióloga Maria Arminda do Nascimento Arruda quando afiança que a originalidade de RBB assenta-se na "*combinação de tradições teórico-metodológicas diversas*, que resultam numa interpretação densa, de grande magnitude, tornando esse texto altamente fecundo e inovador à compreensão da sociedade brasileira".[553] Na mesma perspectiva, Gabriel Cohn acentua esse caráter desigual e combinado de influências sociológicas, "a modalidade própria de ecletismo, temperado (...), não está na construção desse ou daquele conceito: está no modo como ele incorpora as diversas vertentes metodológicas e teóricas na própria análise".[554]

As modalidades metodológicas e teóricas de acesso à observação de processos sociais concretos e na categorização de situações de classe que pulsam em RBB estão baseadas no tripé "clássico" da sociologia moderna: Max Weber, Émile Durkheim e Karl Marx. A constituição da ação dos agentes sociais da revolução burguesa (por exemplo, o "fazendeiro", o "homem de negócio", o "capitão de indústria") pautando-se nos papéis e funções que cumprem regidos por determinados valores; a explicação de como ocorrem às persistências, os processos que são reiterativos, o tempo de duração na interação entre pessoas ou grupos; captação das grandes transformações histórico-sociais (fases de acumulação do capital: "eclosão de um mercado capitalista moderno", "expansão do capitalismo competitivo" e "irrupção do capitalismo monopolista").[555] Em RBB, "os valores

---

553 Maria Arminda de Nascimento Arruda, "Arremate de uma reflexão: *A Revolução Burguesa no Brasil* de Florestan Fernandes". In: *Revista USP*, São Paulo, n. 29, 1996, p. 63, grifo nosso.

554 Gabriel Cohn, "O ecletismo bem temperado". In: Maria Angela D'Incao (org.), *O saber militante*... Op. cit. p. 51.

555 "Se na primeira parte é notória a presença de Max Weber e suas categorias interpretativas, nem por isso o funcionalismo de Émile

e instituições recebem a mesma atenção atribuída às estruturas econômicas e sociais. As percepções humanas da realidade e seus projetos ideológicos são tão importantes quanto a realidade impessoal de forças econômicas".[556]

Mesmo com a feição de "ecletismo bem temperado", essa separação temporal na constituição de RBB, a primeira e segunda parte pulsam mais nas contribuições de Weber e Durkheim, enquanto a terceira parte está identificada com a concepção materialista histórica de Marx e, principalmente, de Lenin, acarretou sentenças, no mínimo, questionáveis. A tendência, por exemplo, dada as contribuições do marxismo na terceira parte do livro, de fazer da obra a imagem de um *modelo de análise materialista histórica*, como se tivesse um único padrão de análise na história do marxismo.

A sentença só poderia ser auferida se retificada na seguinte questão: qual modelo de análise do materialismo histórico se trata? Cunhar a obra RBB de marxista só seria possível sob duas condições fundamentais: um "marxismo bem temperado", em diálogo constante com outras correntes não-marxistas – nesse caso estabelecendo pontes metodológicas e teóricas com os precursores da sociologia compreensiva e funcionalista; um marxismo *sui generis* fora dos receituários de cunho eurocêntrico, pois adota uma "perspectiva de interpretação histórica livre de etnocentrismos".[557] Em suma, um marxismo infenso aos recursos adotados pelo marxismo oficial.

Durkheim está ausente, do mesmo modo que a estrutura geral do discurso ganha sentido numa interpretação dialética do processo histórico". José de Souza Martins, "Prefácio à quinta edição". In: Florestan Fernandes. *A revolução burguesa no Brasil*. Op. cit., p. 21.

[556] Emília Viotti da Costa, "A Revolução Burguesa no Brasil". In: *Encontros com a Civilização Brasileira*. Rio de Janeiro: Civilização Brasileira, n. 4, 1978, p. 180.

[557] Florestan Fernandes, *A revolução burguesa no Brasil*. Op. cit., p. 31.

Ou ainda, poder-se-ia afirmar RBB como um exemplo de "marxismo-weberiano".[558] Aliás, essa seria uma afinidade oculta com *Sete ensaios*. Embora Mariátegui não conhecesse os escritos de Max Weber, publicados somente em alemão na década de 1920, ele leu os trabalhos do espanhol de Ramiro de Maeztu que faz alusões constantes ao sociólogo de Heidelberg. Para Michael Löwy, as reflexões de JCM "sobre a relação entre protestantismo e capitalismo têm uma semelhança extraordinária – às vezes quase ao pé da letra – com as teses de Weber", embora recorra às passagens de Engels e Marx para reforçar essa relação. "Ele utiliza uma terminologia – *consanguinidad* – quase idêntica à *wahlverwandtschaft* de *A ética protestante*".[559]

De todo modo, para compreensão da última parte de RBB, de feição claramente marxista, outro trabalho publicado três anos antes, *Capitalismo dependente e classes Sociais na América Latina*, pode ser visto como uma prévia, pois apresenta abordagens temáticas e utilização de instrumentos de análises.[560] Os processos sociais concretos como a expansão do mercado interno, as conexões de dependência com o exterior, a autonomia nacional são equacionados com as noções de ordem social competitiva, classe como formação social específica, dependência e imperialismo.

Florestan Fernandes tratou em destacar que o componente histórico regular das nações latino-americanas acentuaria uma "tradição colonial de subserviência" razão pela qual manteria um forte componente histórico-político-cultural de "cegueira nacional", estimulada e controlada "a partir de fora". Os países latino-americanos tornar-se-iam subordinados – através de suas grandiosas reservas de matérias-primas – do capital internacional sofrendo os efeitos conjuntos de dominação política e do in-

---

[558] Michael Löwy, "O marxismo weberiano no Brasil". In: *A jaula de aço: Max Weber e o marxismo weberiano*. São Paulo: Boitempo, 2014, p. 7.

[559] Idem, p. 116-117.

[560] Florestan Fernandes, *Capitalismo dependente e classes sociais na América Latina*. Op. cit., 1972

tercâmbio desigual e combinado. Durante os séculos existiriam padrões e formas de dominação externa, que se diferenciavam entre si (coloniais, neocoloniais, dependência). Uma expansão e difusão em escala limitada de novas instituições e de novas modalidades modernas de associação para interação entre interesses locais e nacionais, embora apenas para "perpetuação das estruturas econômicas constituídas sob o antigo sistema colonial".[561]

Os países latino-americanos estariam diante de uma real encruzilhada, afinal, a mesma dominação externa que estimula a "modernização" e o "crescimento" é aquela que impediria qualquer integração nacional ou qualquer autonomia real. Por isso, as vicissitudes na ordem institucional ou no controle financeiro seriam só realizadas através do setor estrangeiro: "ela prova que uma economia satélite ou dependente não possui as condições estruturais e dinâmicas para sobrepujar nacionalmente, pelos esforços de sua burguesia (isto é, *lato sensu*, os setores dominantes das classes alta e média), o subdesenvolvimento e suas consequências".[562]

Ao contrário do discurso nacional-desenvolvimentista e do PCB que tinham uma agenda política em remover o atraso por meio da modernização política e do desenvolvimento econômico, o sociólogo brasileiro, assinalaria que a América Latina não estaria propriamente "atrasada" e muito menos "condenada". Por outras palavras: o "atraso" havia chegado ao seu fim "embora de maneira sombria e dolorosa".[563] Um padrão que o sistema de produção das sociedades periféricas, integrado como parte de um processo de expansão do capitalismo moderno "não é nativo e tampouco engendrou linhas autônomas de desenvolvimento autônomo".[564] O desenvolvimento capitalista que prevalece na

---

[561] Idem, "Padrões de dominação externa na América Latina". In: *Capitalismo Dependente...* Op. cit., p.16.

[562] Idem, "Classes sociais na América Latina". In: *Capitalismo Dependente...* Op. cit., p. 101.

[563] Idem, Ibidem.

[564] Idem, p. 127

América Latina é um capitalismo originariamente sem autonomia, que organiza seu desenvolvimento para absorver e para preservar a dominação externa. Toda modernização provida de um capitalismo *desviante* não apresentaria nenhuma analogia com a realidade dos países centrais. A modernização periférica dissemina-se, assim, de forma *induzida* e *dependente*, o que exige um conjunto de novas instituições, técnicas sociais e orientações de valores. Trata-se de uma equação desproporcional: quanto mais aumenta o grau de possibilidade de desenvolvimento científico-tecnológico nas sociedades periféricas há uma diminuição da possibilidade real de criar um padrão de modernização relativamente econômico. O aumento representa um passo a mais, ou melhor, um novo momento de subordinação na unidade do espaço econômico internacional e, desse modo, na manutenção, ampliação e intensificação das relações de dependência.

É nessa perspectiva a discussão engendrada em RBB. Trata-se de discutir a história dos agentes humanos da revolução burguesa, à luz da gênese das fases de acumulação capitalista dependente e sua especificação:[565] a consolidação do poder burguês e da dominação burguesa configuradas na recomposição das estruturas de poder. Renovação e recomposição do padrão de dominação segundo as injunções da ordem social emergente e de expansão. Paulo Silveira afirma que Florestan trabalharia simultaneamente em dois níveis em RBB: a estrutura e história.[566] A estrutura capitalista implicando na contradição entre as classes sociais e o caráter *dependente* suscitando as formas de dominação externa. Isso resulta na "dupla articulação econômica" da estrutura da sociedade brasileira: o *externo* e *interno*. Articulação externa percebida como modalidades de dependência que ocorrem de fora para dentro; articulação interna como as formas de produção

[565] Maria Arminda de Nascimento Arruda, "Arremate de uma reflexão...", Op. cit., p. 59.

[566] Paulo Silveira, "Estrutura e história". In: *Encontros com a Civilização Brasileira*. Rio de Janeiro: Civilização Brasileira, 1978, n. 4, p. 186-189.

dos setores de produção.[567] Na busca de decifrar a peculiaridade da revolução burguesa em um país da periferia do capitalismo mundial, Florestan procura esclarecer os mecanismos da "dupla articulação" dialeticamente plasmada nos agentes sociais que vivenciam aquela condição estrutural e se concretizou como história. Em síntese, a dialética entre a estrutura e a historicidade em RBB significa que "mantendo viva a estrutura complexa com dupla articulação do capitalismo dependente e, ao mesmo tempo, mostrando como ela se concretiza historicamente".[568]

Como assinalamos em outro tópico, na estadia em Toronto, o recurso heurístico de estudo das análises comparadas de processos da América Latina ajudaram o intelectual paulista decifrar as antinomias do processo de dominação burguesa no Brasil através de um caso exemplar denominado por Florestan de "estágio" ou "teoria de incorporação".[569] Partindo de um país periférico dentro de um amplo quadro de desenvolvimento da economia capitalista mundial,[570] a *teoria da incorporação* configura entendimento das formas distintas de modalidades nos espaços de crescimento econômico e de desenvolvimento sociocultural e político nos países periféricos em relação aos países centrais.[571] Daí a possibilidade em demarcar a revolução

---

567 Idem, p. 187.

568 Idem, p. 188.

569 Florestan Fernandes, "Em busca de uma sociologia crítica e militante". Op. cit. p. 203; Florestan Fernandes, *A condição de sociólogo*. Op. cit., p. 99.

570 O pressuposto metodológico de análise histórica da formação social do país inserido no desenvolvimento do capitalismo como sistema mundial também foi trabalhado pelo marxista brasileiro Caio Prado Júnior. Para uma interessante análise comparativa entre Florestan e Caio Prado Júnior ver Bernardo Ricupero, "Florestan Fernandes e as interpretações do Brasil". In: Vera Alves Cepêda; Thiago Mazucato (orgs). *Florestan Fernandes, 20 anos depois – um exercício de memória,* Op. cit., pp. 47-63.

571 Um cuidadoso estudo de Miriam Limoeiro Cardoso sobre o processo de criação da "nova maneira de pensar" (ou a "criação de um problema") o Brasil na obra de Florestan Fernandes, especialmente na construção do conceito de capitalismo dependente como uma forma assumida

burguesa como um *conceito estrutural* e/ou uma *categoria histórica* sob a noção de dominação imperialista *e* dependência.[572] *A simultaneidade de trabalhar os dois conceitos juntos com a teoria da incorporação seria um dos eixos estruturantes de análise sociológica de Florestan acerca da revolução burguesa.* Esse posicionamento era também uma maneira de insurgir-se com a perspectiva sociológica adotada pelas ciências sociais estadunidenses e europeias que rejeitava a assim chamada teoria da incorporação e, mais ainda, a noção de imperialismo.[573]

Assim, o que estava diante não era um "desenvolvimento capitalista em si mesmo", mas a adaptação de certas transforma-

---

pelo capitalismo, mostra com desde 1959-1960, o sociólogo paulista trabalha com o par conceitual de autonomia/heteronomia. A dimensão externa do caráter heteronômico, enquanto dependência econômica, social, política, ideológica e moral; e internamente, através do sistema das classes sociais, classes que apoiam aquela dependência mas que, em determinadas condições, podem opor-se a elas. Ver Miriam Limoeiro Cardoso, "Florestan Fernandes: a criação de uma problemática". In: *Estudos Avançados*. São Paulo, v. 10, n. 26, 1996, p. 89-128.

572 Na mesma direção, em um ensaio dedicado à categoria de revolução de Florestan, José Paulo Netto assinala que o sociólogo brasileiro "incorpora a lição de Mariátegui" de revolução. "Esta reivindicação traveja o universo intelectual de Florestan e permeia a sua recuperação marxiana e marxista". O marxista brasileiro recorda de uma afirmação de Mariátegui publicada no editorial da revista *Amauta*, "Aniversario y balance", em 1928: "A própria ideia de Revolução, nesta América de pequenas revoluções, presta-se a muitos equívocos. Temos de reivindicá- la rigorosa e intransigentemente". José Paulo Netto, "A recuperação marxista da categoria de revolução", em Maria Angela D'Incao (org.), *O saber militante*..., Op. cit., p. 301.

573 "Tive vários conflitos com colegas americanos, mais do que com europeus, por causa disso. Pois, assim como ficam doentes quando ouvem falar em imperialismo, se irritam diante do uso consistente do conceito de dependência e da difusão dessa teoria. Eles preferem lidar com conceitos abstratos, evasivos, para explicar as coisas, não dar 'nomes aos bois' e confundir os vários processos na vala comum da 'teoria da modernização', vista unilateralmente como modernização dependente e controlada de fora". Florestan Fernandes, *A condição de sociólogo*. Op. cit., p. 112.

ções da economia ao "dinamismo em expansão das economias centrais". Não se poderia gerar, desse modo, um desenvolvimento capitalista autônomo e autossustentado, "projetando-a no âmago de relações de dependência constante, que não deixavam espaço histórico para a repetição das evoluções do capitalismo na Inglaterra, na França e nos Estados Unidos, ou na Alemanha e no Japão".[574]

No modelo clássico dos países centrais a temporalidade econômica e política são sincrônicas. Há um processo acelerado de integração do poder em bases nacionais, pressão da classe média baixa, pequena burguesia e operários e uma burguesia mais aberta para fazer avançar o "radicalismo burguês". Do outro lado da moeda, no modelo da periferia há uma discordância da temporalidade política e econômica da revolução burguesa na periferia. Para Florestan,

> O tempo político foi retardado como condição mesma para que o tempo econômico fosse aprofundado e acelerado, em detrimento da grande maioria e para privilegiar ainda mais uma pequena minoria, na qual se incluem os parceiros dos centros imperiais. Nunca existiu um regime democrático no Brasil, se se entender por esse conceito uma democracia de participação ampliada.[575]

O quadro acima descrito sobre a interpretação executada por Florestan Fernandes sobre a peculiaridade da revolução burguesa no Brasil é também o contexto particular para entender o que o sociólogo paulista elegeu positivamente de sua leitura sobre Mariátegui para reforçar as hipóteses aventadas em RBB.

Como foi visto, Florestan Fernandes enxerga na produção mariateguiana, especialmente *Sete Ensaios*, a expressão de uma precoce trajetória política e intelectual ligada a uma atividade de "sociologia crítica e militante" *avant la lettre*. No contexto da "contrarrevolução burguesa", Florestan rejeita qualquer elabora-

---

[574] Florestan Fernandes, *A revolução burguesa no Brasil*. Op. cit., p. 277.
[575] Idem, p. 148.

ção teórica que desloque a questão da ação política revolucionária. Em outras palavras, o científico e o político sob o prisma da compreensão aguda da sociedade peruana, dos impasses do desenvolvimento do país, do drama de uma revolução burguesa que convive com uma democracia de baixa intensidade. O empreendimento de JCM desde os enfoques analíticos ao conteúdo político seria explicitamente similar, espelhando as próprias observações e conclusões que o sociólogo brasileiro apresentava.

> [...] no plano analítico e explicativo suas observações e conclusões mostram-se corretas e encontram quase total corroboração nas investigações recentes. Que nos sirvam de exemplo suas breves mas luminosas análises do processo de revolução burguesa no Peru, com suas vicissitudes, atrofiamento e consequências negativas para a revolução nacional peruana. Aliás, todos os seus enfoques que se voltam para relações de classe (em termos de dominação ou em termos de conflito), no passado e no presente, são sempre muito elegantes e precisos, invariavelmente ricos de significação teórica e de conteúdo político.[576]

Talvez uma das questões mais prementes na leitura de Florestan e na interpretação que realizava das particularidades do capitalismo periférico no circuito mundial tenha sido a relação intrínseca e simultânea entre estruturas coloniais e capitalismo. Aos olhos de Florestan, nem sempre Mariátegui construiu essa relação de maneira satisfatória. Às vezes, transparece uma certa ideia de sociedades duais em se tratando dos modos de produção, mas de maneira residual, já que na maior parte dos momentos, podemos ver uma colocação contrária. Por exemplo, quando Mariátegui trata do problema da terra, afiança que "as raízes do feudalismo estão intactas. Sua subsistência é responsável, por exemplo, pelo atraso de nosso desenvolvimento capitalista. (...) Sobre uma economia semifeudal não podem prosperar nem funcionar institui-

---

[576] Florestan Fernandes, "Prefácio". In: José Carlos Mariátegui, *Sete ensaios*, Op. cit., p. XVIII-XIX.

ções democráticas feudais".[577] Florestan notifica à margem dessas duas afirmações uma observação: "única limitação: focaliza o interno sem o externo como concomitante". Para Florestan não é que a aristocracia latifundiária da colônia conservou de maneira intacta seus "direitos feudais" sobre a terra, apesar do advento da república. Na realidade, ela conservou as estruturas coloniais de dominação e poder econômico e político. Em outras notas, o sociólogo segue na mesma direção: "em vez de feudal = preservação de estruturas coloniais", "a regra = a burguesia capitalista que perpetua a[s] estruturas coloniais!". Haveria também uma diferença sutil, mas importante entre os termos "colonial" e "neocolonial". País de raízes tipicamente coloniais, com advento da república mas sem romper com as estruturas de dependência, o Peru expressa, na verdade, uma *economia neocolonial.* Por isso, Florestan "corrige" a afirmação mariateguiana segundo a qual "a economia do Peru é uma economia colonial" – ele anota, "seria melhor – neocolonial".

Tais anotações significam uma forte preocupação de Florestan na *caracterização* das formações das economias periféricas (colonial, neocolonial e dependente) e na *combinação* (e, consequentemente, nas distorções) que elas assumem, em uma conexão entre passado e presente, jamais como um processo plenamente realizado. A continuidade com o passado colonial, também ocorreria com o processo de independência peruana, principalmente pelo envolvimento da burguesia com a aristocracia fundiária. As correções, como também nos comentários (prefácio e manuscrito), parecem, ora mais uma *atualização* dos termos adotados, ora malgrado a "desordens categoriais" por Mariátegui – referenciais dos modos de produção tendo como paradigma à Europa Ocidental.

> E se [Mariátegui] perfilhou uma terminologia que hoje é considerada inadequada – e portanto infeliz – isso ocorre em poucos passos, como no tratamento analítico que dá à assimilação da or-

[577] José Carlos Mariátegui, *Siete ensayos de interpretación de la realidad peruana* [1928]. Em SEIRP, p. 53.

> ganização colonial ao modelo feudal e à discussão da tenacidade dos resíduos feudais no Peru moderno.[578]
>
> No primeiro dos seus *Sete ensaios* – o que trata da evolução econômica do Peru –, Mariátegui mostra como o caráter colonial sobredetermina todas as formas internas da economia peruana. Não nega [que] esta se caracterize pelos modos de produção que assinalaram a história europeia, isto é, que também apresenta elementos escravistas, feudais ou capitalistas. Mas assinala que, apesar de se verificar evolução interna, ela ocorre sempre no quadro de uma reprodução ampliada das relações coloniais de dependência externa.[579]
>
> Esse caráter colonial (ou dependente) é o principal obstáculo, segundo o autor dos *Sete ensaios*, à formação no Peru de uma sociedade autenticamente nacional, integrada e moderna. A Revolução da Independência não foi uma revolução democrático-burguesa; embora criasse uma constituição formalmente liberal, não mobilizou os camponeses (em outras palavras, a população indígena) e não destruiu o latifúndio feudal, sobre o qual se assentava a dependência colonial. O Peru, assim, "não possuía uma classe burguesa capaz de organizar um Estado viável e sólido". Essa ausência de uma comunidade nacional integrada se vai refletir nos níveis da instrução e da literatura (aos quais Mariátegui dedica dois belos ensaios), impedindo que a cultura peruana ao superar os falsos extremos de um "indigenismo" limitado e de cosmopolitismo vazio – se convertesse numa cultura autenticamente nacional e popular.[580]

Desse modo, Mariátegui afirma que as burguesias nacionais não têm nenhuma inclinação para admitir a necessidade de lutar pela "segunda independência". Inexiste um programa de autonomia nacional, um nacionalismo revolucionário. A impotência das

---

578 Florestan Fernandes, "Prefácio". In: José Carlos Mariátegui, *Sete ensaios*, Op. cit., p. XVIII.

579 Florestan Fernandes. Manuscrito sobre JCM. Pasta de Produção "Realidade Peruana". Acervo particular de Fernando Mangarielo.

580 Idem, ibidem. Em outro trecho do manuscrito, Florestan chega a dizer: "Mariátegui não usou o termo "dependência", mas talvez tenha sido o primeiro a colocar essa categoria no centro de suas análises da realidade econômico-social da América Latina".

burguesias para conjugar uma revolução nacional (unificação da nação e emancipação da dominação imperialista) com uma revolução democrática (abolição de todos os resíduos de escravidão; liquidação de todas as formas "pré-capitalistas" de exploração; distribuição de terra do campesinato). Na Indo-América, "a aristocracia e a burguesia crioulas não se sentem solidárias com o povo pelos laços de uma história e de uma cultura comuns".[581] Sublinhando essa frase, Florestan escreve a seguinte nota ao lado: "bravo! (por que se cometeram tantos erros depois desses escritos?)". Certamente, ele se refere aos Partidos Comunistas da América Latina que adotaram como estratégia política a aliança com a burguesia "nacional" na crença de uma "etapa democrático-nacional e antifeudal" da revolução no continente.[582] Não por acaso, na conclusão do texto em que Mariátegui afirma sua postura antiimperialista e revolucionária – "somos antiimperialistas porque somos marxistas, porque somos revolucionários, porque opomos ao capitalismo o socialismo como sistema antagônico"[583] –, Florestan destaca o excerto em um tom de lamentação e escreve: "deveria ter sido a base pol. [política] dos PCs na Al. [América Latina]". Essa conduta política catastrófica dos Partidos Comunistas na América Latina é realçada novamente por Florestan à margem de uma longa nota de rodapé nos SEIRP: "não existe 'burguesia progressista'... = já antes de 1928 = portanto, o erro da estratégia dos PCs na Al = não é resultado da falta de percepção intel. [intelectual] da real. [realidade]!".

Fica claro que a hipótese de Mariátegui acerca de uma burguesia impotente no subcontinente agradou o sociólogo marxista. Ainda, no documento "O problema das raças na América

---

[581] José Carlos Mariátegui, "Punto de vista anti-imperialista". Em IyP, p. 88.

[582] É verdade que Mariátegui em um determinado momento insinua que a burguesia argentina, onde seria "numerosa e rica", poderia ser uma exceção à regra, ou seja, "progressista", ainda que isso fosse improvável. Florestan adverte para qualquer resquício de esperança desse tipo: "enganou-se!".

[583] José Carlos Mariátegui, "Punto de vista anti-imperialista". Em IyP, p. 95.

Latina", texto publicado em 1929, Florestan destaca os seguintes trechos: "uma burguesia medíocre, débil, formada no privilégio" e "a maior falta que se pode imputar à classe dominante da república é não ter sabido acelerar, com uma inteligência mais liberal, mais burguesa, mais capitalista de sua missão, o processo de transformação da economia colonial em economia capitalista". Em prognóstico, Mariátegui afirma que sempre haverá colaboração das burguesias do subcontinente enquanto a política imperialista conseguir manipular os sentimentos e as formalidades da soberania nacional dos estados, "enquanto não se vir obrigada a recorrer à intervenção armada e à ocupação militar".[584] Trecho esse sublinhado pelo sociólogo brasileiro como "correto", já que era exatamente isso que estava ocorrendo nos países latino-americanos na década de 70. Florestan faz o seguinte comentário à margem: "que pena! (nem mesmo pelas razões capitalistas)". Ou seja, as burguesias jamais iriam aderir a tal projeto, mesmo por um programa capitalista autônomo. Essa avaliação política imperialista no subcontinente estaria totalmente ausente na teorização aprista, segundo Mariátegui, e também pelos epígonos "stalinistas", como completa Florestan.

Não por acidente, o texto que mais chamou atenção do sociólogo brasileiro, do começo ao fim, foi "Ponto de vista Antiimperialista", tese apresentada à Primeira Conferência Comunista Latino-Americana (Buenos Aires, junho de 1929). Ao que tudo indica, Florestan apreciou positivamente o documento redigido pelo intelectual peruano. Isso se confirma no final do texto, em que Florestan escreve o seguinte comentário: "Provavelmente = o escrito mais pertinente e criador de M. [Mariátegui] = suas conclusões só se tornariam empiricamente evidentes para os imperialistas com o relt. [relatório] Rockeffer [Rockefeller]; e globais para esquerda rev. [revolucionária] na década de 60 – um antecipador". Em vários trechos ele escreve palavras à margem como "certo", "correto", "bravo!", boa!", mostrando-se entusiasmado e

584 Idem, p. 89.

sintonizado com as ideias desenvolvidas, especialmente com a caracterização política, social e econômica que Mariátegui endereça às burguesias latino-americanas.

A proposta política aparece, um ano depois, no texto já analisado "Ponto de Vista Antiimperialista", além de desenvolver com maior profundidade a caracterização de uma burguesia frágil e conservadora. É provável que Florestan não conhecesse esse texto antes da publicação d'*A revolução...*, pois a edição que possuía era de 1979. Arriscamos a dizer que caso tivesse lido antes, certamente seria um texto amplamente trabalhado no livro de 1975.

IV. "Max Weber a serviço do comunismo"

Durante os anos que transcorrem a publicação d'*A revolução burguesa no Brasil*, Florestan Fernandes torna-se paulatinamente grande interventor do debate público na abertura política e na campanha das Diretas-Já. Encarna a figura do "sociólogo público" definido por Michael Burawoy, como aquele que entende a "política como um diálogo democrático" e levanta determinadas temáticas para um público extra-acadêmico. Não por acaso, a sociologia pública é "frequentemente uma avenida para os marginalizados" acantonado também perfis particulares como "exilados da academia".[585] Ocupando o posto de professor titular da PUC-SP, o intelectual paulista passa a escrever regularmente na *Folha de S. Paulo*, em um momento que os aparelhos ideológicos de hegemonia estavam mais abertos à oposição à ditadura. Como de costume, Florestan não amenizou o discurso politizado e radical em seus textos que havia adotado alguns anos: "com um discurso classista franco, abusando de referências políticas e intelectuais até pouco censuradas na grande imprensa",[586] o horizonte socialista continuava

[585] Michael Burawoy, "Por uma sociologia pública". In:_Ruy Braga. *Por uma sociologia pública*. São Paulo: Alameda, p. 39.

[586] Haroldo Ceravolo Sereza, *Florestan, a inteligência militante*. Op.

sendo avaliado enquanto possibilidade única de realizar, efetivamente, a condição de cidadania e de real democratização. Entregue à vida política do país, Florestan participa de inúmeros encontros, reuniões e debates públicos. Apesar de alguma resistência, ingressa no Partido dos Trabalhadores (PT) e se elege duas vezes deputado federal por São Paulo, nas legislaturas de 1987 a 1990 e de 1991 a 1994.[587]

Durante a campanha eleitoral à Câmara dos Deputados, em julho de 1990, um opúsculo intitulado "Em defesa do socialismo", o teórico político peruano volta a ser mencionado. Eis as palavras iniciais de Florestan: "o título deste escrito lembra Mariátegui que reuniu vários ensaios em um famoso livro: *Em Defesa do Marxismo*. As oscilações históricas provocam essas recorrências".[588] A provocação contida na última frase sugere justamente atualizar os referenciais ancorados no marxismo em meio à hecatombe da burocracia do assim chamado "socialismo real". Um ano antes de sua morte, é com essa mesma intenção que Florestan vai redigir um artigo exclusivamente sobre a "atualidade do marxismo" através do projeto teórico-político de Mariátegui.

Resultado de um convite dos editores do *Anuario Mariateguiano*, revista peruana que tinha como objetivo divulgar os trabalhos sobre JCM – e no ano de 1994, estava dedicando um número especial ao centenário do nascimento do pensador peruano –, Florestan escreveu um ensaio intitulado "Significado atual de José Carlos Mariátegui".[589] Esse texto também foi com-

---

cit., p. 172.

[587] Uma estimulante análise sobre a trajetória de Florestan como deputado federal encontra-se em Elaine Veras Soares, *Florestan Fernandes: o militante solitário*. Op. cit.

[588] Florestan Fernandes, "Em defesa do socialismo". In: Florestan Fernandes, *Em busca do socialismo: últimos escritos & outros textos*. São Paulo: Xamã, 1995, p. 201.

[589] Florestan Fernandes, "Significado actual de José Carlos Mariátegui". In: *Anuario Mariateguiano*. Lima: Amauta, n. 6, 1994, pp. 81-87. [O

pilado como um dos capítulos de um de seus livros póstumos, *A contestação necessária: retratos intelectuais de inconformistas e revolucionários.*[590] Trata-se de um livro composto de perfis variados de intelectuais e militantes "inconformistas" e "rebeldes" cujas trajetórias, ideias e atuações públicas ensejam uma preocupação longínqua de sua posição de sociólogo e socialista.

Em um tom muitas vezes afetivo, Florestan compartilha aspectos biográficos e dívidas intelectuais estabelecidas com amigos durante sua jornada na universidade, como Roger Bastide, Antonio Candido, Octávio Ianni, Fernando Azevedo; e no campo político, nomes como Luís Carlos Prestes, Gregório Bezerra, Carlos Marighella, Caio Prado Júnior, Hermínio Sacchetta, Cláudio Abramo e Henfil. Há também textos sobre Luiz Inácio Lula da Silva, José Martí e Mariátegui.

Na construção dos perfis "aparece um Florestan mais direto e pessoal, mais empenhado e sofisticadamente socialista e mais transdisciplinar".[591] Desvencilhado das obrigações científicas e institucionais que moldaram parte de sua trajetória acadêmica no passado, sua figura está plasmada sob um prestígio intelectual e político no espectro do debate público nacional. Exemplo desse reconhecimento de sua trajetória é a homenagem que o velho sociólogo recebe da Universidade de Coimbra a qual lhe concede o título de doutor *honoris causa* da instituição.[592] Seguindo o perfil de produção intelectual de seus últimos trabalhos, o livro "expõe

---

texto também foi publicado com mesmo título, no mesmo ano, em português na *Revista Universidade e Sociedade*. Brasília, n. 7, 1994].

[590] São Paulo: Expressão Popular, 2015 [1995].

[591] Carlos Guilherme Mota, "Florestan ou a tradição do inconformismo". In: *História e contra-história: perfis e contrapontos.* São Paulo: Globo, 2010, p. 390.

[592] Paulo Silveira, "Florestan conhece o mestre da Revolução dos Cravos". *Folha de S. P* (Ilustrada) São Paulo. 25/09/2016. Disponível em: <http://www1.folha.uol.com.br/ilustrissima/2016/09/1815975-florestan-fernandes-conhece-o-mestre-da-revolucao-dos-cravos.shtml>. Acesso em: 10/01/2018.

a face engajada de Florestan, nas quais salientam-se o caráter crítico e suas adesão incondicionada ao socialismo"[593] e "atrelados aos imperativos éticos impostos a si próprio".[594]

Com relação ao ensaio dedicado especificamente à JCM, trata-se de um ensaio relativamente curto, mas denso, instigante, com um turbilhão de ideias, conexões inesperadas. De certo modo, mais do que um artigo de perfil acadêmico, o texto é, sobretudo, uma intervenção política intempestiva e refinada. Interessante notar que na introdução do livro, Florestan faz a seguinte observação sobre as (suas) motivações que o fizeram escrever sobre JCM naquele momento. A intenção eminentemente política seria revelada: através da figura de Mariátegui e de seu projeto teórico-político, Florestan "testaria" a validade das ideias de "fim das ideologias" e dos *slogans* "desaparecimento do socialismo" e "morte do comunismo".

> (...) recorri a uma simulação fecunda: o que faria José Carlos Mariátegui nesta era de incerteza para o socialismo? Ele sucumbiria à moda e à propaganda demolidora do marxismo nas nações capitalistas hegemônicas? Minha suposição é que Mariátegui possuía uma personalidade incorruptível e indomável. Baseio-me no fato de que ele foi pioneiro em duas frentes: na pugna com conservadores, que encaravam o marxismo como ilusão; e na crítica a companheiros que não avançavam com sua fibra e perspicácia na interpretação da situação histórica peruana e latino-americana. Não cedeu o passo. Levou seus combates às últimas consequências, oferecendo a todos as mesmas respostas de quem sabe o que e por que faz. Em consequência, sua figura admirável eleva-se como exemplo em um universo de oportunismo e capitulação.[595]

---

593 Maria Arminda do Nascimento Arruda, "Um pensador social". *Folha de S. P.* São Paulo. 21/01/1996.

594 Lidiane Soares Rodrigues, "Necessidade e contestação". In: *Teoria e Debate.* n. 135. São Paulo. 01/04/2015. Disponível em: <https://teoriaedebate.org.br/estante/a-contestacao-necessaria-retratos-intelectuais-de-inconformistas-e-revolucionarios/>. Acesso em 10/01/2018.

595 Florestan Fernandes, 2015 [1995], Op. cit., p. 41.

No fundo, são questões de ordem política e teórica que Florestan está fazendo a si mesmo diante da encruzilhada histórica que a esquerda mundial encontrava-se. Por exemplo, deslindar as contradições do capitalismo monopolista da era vulgarmente conhecida como "globalização". Não há dúvida de que essa era uma das preocupações candentes do escritor paulista nos últimos anos de sua vida. Desse modo, Florestan extrai empréstimos do capital simbólico da figura de Mariátegui e torna-se seu "porta-voz" sobre as possíveis indagações que supostamente faria o ensaísta andino.

> Nos dias que correm, Mariátegui (...) encontraria dentro de si a indagação fundamental: como representar e explicar a totalidade histórica intrínseca ao capitalismo monopolista automatizado? O que ele promete de novo à evolução da humanidade e da "civilização pós-moderna"? O que ele reserva aos de baixo, à "escória", "ao trabalhador mecânico" inativo, aos estratos inferiores e intermediários das classes médias? O que ele remete e arranca da periferia, subcapitalista ou em desenvolvimento capitalista, e àqueles países nos quais a lenta transição para o socialismo não foi ainda arrasada?[596]
>
> Vejo em Mariátegui o intelectual marxista mais puro e apto para perceber o que sucedeu; e, se estivesse vivo, para traçar os caminhos de superação que ligam dialeticamente a terceira revolução capitalista à plenitude madura do marxismo revolucionário.[597]

É provável que o sociólogo uspiano coloque Mariátegui nessa família de intérpretes sobre a dinâmica do capitalismo de seu tempo, já que este esteve impulsionado em vista de um projeto de "investigação macro-histórica de modelo marxista" na qual procurou estudar a formação e o desenvolvimento do capitalismo no Peru. Desse modo, teria tido a capacidade de "observar, representar e explicar *processos históricos de longa duração* e de

---

[596] Florestan Fernandes, "Significado atual de José Carlos Mariátegui", Op. cit., p. 81-82.
[597] Idem, p. 83.

uma proposta revolucionária concomitante, que vincula dialeticamente passado, presente e futuro".[598]

No arremate da reflexão sobre aspectos da obra e da teoria de JCM, podemos observar um argumento que se repete em vários pontos do texto. Florestan procura fazer uma forte distinção entre a concepção particular de marxismo adotado pelo intelectual peruano e o marxismo "oficial" soviético. Recordemos que essa alegação inexiste em suas reflexões sobre o Amauta durante a década de 1970. Aliás, foi assinalado o tom "leninista" de questões e seletividade de temas políticos que o interessavam naquele momento. Sem dúvida, o vocabulário continua eivado de tintas de radicalidade e politização permanente.

É provável que a introdução desse novo elemento deva-se, em grande parte, através da leitura que Florestan realizou da coletânea do livro sobre JCM, *Textos básicos*, publicado em 1991, organizado e prefaciado por Aníbal Quijano.[599] Em sua biblioteca particular, o sociólogo uspiano tinha um exemplar desse livro com dedicatória do autor e também grifos e anotações no prefácio redigido pelo sociólogo peruano. Ambos eram amigos de longa data e cultivavam a interlocução de suas obras sociológicas. Embora não tenha sido encontrado nenhum intercâmbio epistolar entre Florestan e Quijano, há um testemunho do segundo sobre o primeiro, a propósito de seu falecimento.[600]

Ademais, ambos frequentaram o IEA na USP, fundado em 1986, por Carlos Guilherme Mota, Alfredo Bosi, Paul Singer, Gerhard Malnic, Herch Moysés Nussenzveig e José Galízia Tundisi. Os três primeiros constituíram estreitos vínculos políticos, intelectuais e afetivos com Florestan Fernandes, em diferentes momentos de sua trajetória. Também laços de amizades e ati-

---

598 Idem, p. 8.

599 José Carlos Mariátegui, *Textos basicos de José Carlos Mariátegui* (Seleção, prólogo e notas introdutórias de Aníbal Quijano). Lima-México: Fondo de Cultura Económica, 1991.

600 Aníbal Quijano, "Florestan Fernandez: una biografía completa". In: *Estudos Avançados*. São Paulo, USP, v.10, n. 26, 1996, pp. 63-69.

vidades profissionais no Brasil construídas por Quijano concentraram-se nas figuras ligadas ao IEA e de Florestan Fernandes. O sociólogo brasileiro participou de palestras promovidas pelo IEA,[601] enquanto Quijano exerceu a função de professor visitante em 1992/1993 por meio das atividades específicas de projetos e cátedras encabeçadas pela mesma instituição. Enfim, ambos eminentes sociólogos tinham um forte apreço pela obra mariateguiana e seus amigos em torno do IEA foram certamente receptores dessa influência.[602]

De toda forma, o fato é que no prólogo de Quijano continha uma crítica política e teórica aguda sobre o "totalitarismo da burocracia soviética" e sua difusão positivista e evolucionista adotados pelo marxismo "oficial". O marxismo de Mariátegui, por seu turno, estaria colidindo com essas proposições. Em Quijano, a manifestação dessa fundamental distinção seria uma orientação focada em uma "racionalidade alternativa" à filosofia da história da Europa Ocidental.[603] Isto é, o marxismo de Mariátegui ancorava-se em um processo de "descolonização epistemológica". Florestan incorpora essa perspectiva assinalada pelo sociólogo peruano. Desse modo, mais do que constar

---

[601] Carlos Guilherme Mota, "Presença de Florestan no IEA". In: *História e Contra-história*... Op. cit., p. 213-222.

[602] Especialmente os professores Carlos Guilherme Mota e Alfredo Bosi. O primeiro mostrou-se extremamente receptivo com as ideias mariateguianas e a importância na sua formação intelectual latino-americana. Em alguns de seus textos, o historiador brasileiro sugere estudos comparativos entre JCM, Caio Prado Júnior e Florestan. Entrevista com Carlos Guilherme Mota, setembro de 2017. Já o crítico literário chegou a publicar um ensaio sobre o intelectual peruano e as relações entre a produção marxista e a literatura. Ver Alfredo Bosi, "A vanguarda enraizada: o marxismo vivo de Mariátegui". In: *Estudos Avançados*. São Paulo, v. 4, n. 8, 1990, pp. 50-62.

[603] Ver Deni Alfaro Rubbo, "Aníbal Quijano em seu labirinto: metamorfoses teóricas e utopias políticas". *Sociologias*, Porto Alegre, v. 21, p. 240-269, 2019.

na bibliografia e na epígrafe do trabalho, a hipótese de Quijano permeia os elementos trabalhados no ensaio de Florestan.

A primeira tentativa de desmistificar a ideia de que "o socialismo está morto" – e talvez a principal do texto – é defender um Mariátegui crítico implacável das ideologias do progresso. De fato, a defesa da ideia de desenvolvimento do capitalismo e da ideologia do progresso como motor inexorável da história se fez presente tanto no espectro político conservador quanto no "revolucionário". A perspectiva eurocêntrica marxista, por exemplo, se limitava a transplantar mecanicamente para a América Latina os modelos de desenvolvimento socioeconômico que explicam a evolução histórica da Europa ao longo do século XIX, como se a periferia do mundo capitalista fosse uma mera repetição do espaço central. Essa crítica da perspectiva eurocêntrica, especialmente *dentro* do marxismo – ele recorre à autoridade de Marx como figura resistente a ela – será enfatizada inúmeras vezes ao longo de "O significado atual de José Carlos Mariátegui". Acrescenta-se o reforço das diferenças de caráter prático e teórico entre o marxismo soviético e o marxismo engendrado por JCM. Assim, pelo esforço de interpretação histórica livre de etnocentrismos (ou muito próximo disso), Mariátegui lido por Florestan foi aquele que "se propôs a enriquecer o marxismo fora e acima dos eixos eurocêntricos", priorizando uma visão totalizante da realidade social peruana. Vejamos alguns trechos:

> Sua convicção era clara: os progressos do capitalismo redundam em aumento geométrico da barbárie. Essa realidade sempre foi subestimada de uma *perspectiva eurocêntrica*. Um marxista peruano, todavia, não tem porque enganar-se a respeito. Basta olhar para trás ou para o presente. Êxitos e progressos trazem consigo contradições crescentes – no extremo fatal implosivas.[604]

[604] Florestan Fernandes, "Significado atual de José Carlos Mariátegui", Op. cit., p. 80-81, grifos nossos.

> As *ilusões eurocêntricas* difundiram uma ótica revolucionária que não procede de Marx nem de Engels, identificados com os proletários e suas miseráveis condições de vida na passagem da reprodução simples para a acumulação acelerada. Nada ruiu "para sempre".[605]
>
> Marx referiu-se uma vez aos vários marxismos possíveis. *O erro decorrente das primazias eurocêntricas e bolchevique*, no seio do marxismo como filosofia política, emana de uma obnubilação histórica. (...) Patenteia-se, pois, o quanto Mariátegui *transcendeu à órbita do marxismo triunfante do seu tempo* e o quanto ele compartilha conosco na necessidade de ir mais longe ou perecer.[606]
>
> Mas intuiu para onde caminhava o capitalismo monopolista – visível em suas entranhas na América Latina, e no Peru de modo especial – e *apreendeu com dolorosa clareza os entrechoques entre a teoria e a prática marxista na URSS* (e como eles se equacionavam externamente, graças à arquitetura e à relação entre meios e fins na Internacional Comunista).[607]
>
> (...) Afastou-se o quanto pôde de algo como a heresia vulgar. Sem confundir, porém, o marxismo com os desvios mais ou menos graves da revolução russa pós-bolchevique e sua irradiação internacional.[608]

Todavia, Mariátegui não é apenas um subterfúgio para a transmissão das ideias contestadoras que almeja difundir Florestan. A utilização da obra de JCM como meio para assomar aos processos sociais, especialmente os de transformação socialista da sociedade de periferia, de fato, existe. Contudo, Florestan não despreza a relevância histórica da trajetória do personagem. Mesmo sendo um texto de apreço e homenagem, o papel de sociólogo se faz presente na observação da história de vida e no potencial de explicá-las, "descobrir as determinações históricas e sociais que as teceram e que definiram rumos e perfis".[609]

---

[605] Idem, p. 82, grifos nossos.

[606] Idem, ibidem, grifos nossos.

[607] Idem, p. 83, grifos nossos.

[608] Idem, p. 86.

[609] José de Souza Martins, "Vida e história na sociologia de Florestan Fernandes (reflexões sobre o método da história de vida)". In: *Florestan...* Op. cit., p. 88.

Para José de Souza Martins, o sociólogo paulista teria uma preocupação teórica e histórica com a biografia que não merece ser desprezada. Particularmente, "um significativo interesse pelas biografias que 'contrariam' a história, como é o caso da sua".[610] Seus trabalhos publicados sobre João Camargo (ex-escravizado e líder carismático de Sorocaba) e Tiago Marques Aipobureu (índio bororo do Mato Grosso, retirado do meio tribal e educado pelos missionários salesianos), ainda na década de 1940, e o de Lula (nordestino e sindicalista dos metalúrgicos do ABC e candidato à presidência) buscavam explicar a história concreta da trajetória de cada personagem. "Neles, Florestan Fernandes investiga como se dá sociológica e historicamente a produção da biografia, a construção da trajetória pessoal do biografado".[611] Todavia, essa atitude metodológica não se aplicaria no caso do trabalho sobre JCM; afinal, o objetivo não seria *apresentar* nem sua trajetória e nem sua obra intelectual e política.

O procedimento adotado por Florestan toma a trajetória de JCM a partir de sua "discreta defesa intransigente do marxismo" – uma formulação bastante curiosa, um pouco enigmática. Ao inserir JCM nesse campo, utiliza-se do recurso do confronto entre personalidade e sociedade peruana, entre biografia e história. Florestan procura extrair posições do itinerário mariateguiano que exponha significado a partir dos imperativos éticos políticos cultivados para si. No caso em tela, Mariátegui ocupa a posição de *estranho* na "comunidade" do mundo comunista, por adotar escolhas teóricas e políticas diferentes da oficial. Como também se localiza novamente em desencontro de posições políticas adotadas com a sociedade peruana (discrepâncias com o regime de Augusto Leguía e com Haya de la Torre). É possível que seja um exemplo de "biografia liminar", isto, é "de pessoas que se encontram no limite de situações históricas",[612] de expe-

[610] Idem, ibidem.

[611] Idem, p. 89.

[612] Idem, p. 92.

riências dramáticas e rupturas dolorosas. Enfim, esse conjunto de informações contribui para entender não apenas o perfil de Mariátegui, mas também o de Florestan.

Embora a conexão entre sociólogo e socialista tenha tido pesos em diferentes momentos da trajetória de Florestan Fernandes, como foi visto neste capítulo, mesmo em seus momentos mais "dogmáticos", sua relação com o PCB jamais se converteu em uma escolha concreta para exercer sua atividade intelectual e política, ainda que tenha avaliado a possibilidade. De alguma maneira, o PCB expressou teórica e politicamente os preceitos da Internacional Comunista e do "marxismo-leninismo", bem como a consagração da liderança mundial do stalinismo. Os dilemas do Brasil estavam amparados pela leitura mecânica em grau elevado, o que levou a diagnósticos com os quais eram opostos aos de Florestan.

> Eu vivi a minha vida toda querendo ser militante do Partido Comunista, mas queria que o Partido Comunista fosse revolucionário. E acabei não podendo entrar para o Partido Comunista, o que inclusive foi uma grande frustração para mim e mostra a falta de imaginação sociológica. Eu pensei que depois dessa experiência dramática que nós tivemos, com essa ditadura prolongada, o Partido Comunista iria tomar o caminho correto. A minha surpresa foi grande, porque realmente não acho esse o caminho correto. Quando surge o nome de comunista para o partido socialista revolucionário, para o setor revolucionário da social-democracia, ele surge porque já se coloca o problema da transição e a transição tem como alvo não a desagregação do capitalismo mas a construção dos caminhos para o comunismo. Por isso ficou a denominação de Partido Comunista.[613]

Como se sabe, a militância partidária ocorreu apenas em duas ocasiões: na efêmera participação no PSR "trotskista" na década de 1940 e no ingresso do PT em 1986. O jovem Florestan, o velho Florestan. Isso não o isentou de estabelecer vínculos pessoais

[613] Florestan Fernandes, "Florestan: história e histórias". Op. cit., p. 147.

com personalidades ligadas à organização como, por exemplo, Luís Carlos Prestes e Caio Prado Júnior. No plano internacional, o comunista português Miguel Urbano Rodrigues foi seu amigo até o final da vida. Do Partido Comunista Peruano, conheceu pessoalmente Ricardo Luna Vegas, um comunista da velha guarda que publicou livros sobre Mariátegui durante a década de 1970 e 1980.[614] Não custa lembrar que esse reconhecimento de pioneiro das ideias de Mariátegui no Brasil já tinha sido notado pelo comunista peruano Ricardo Luna Vegas,[615] autor do qual Florestan tinha alguns livros em sua biblioteca. No entanto, o reconhecimento do divulgador das ideias mariateguianas no Brasil não amenizou a leitura franca que Florestan realizou de seus livros. Tudo indica, pelas poucas anotações que fez não ter ficado impressionado positivamente com a leitura que Luna Vegas realizou sobre JCM. Mais uma vez, assim como Mariátegui, a opção pelo marxismo de Florestan estava completamente *desajustada* em relação às tomadas de posição do "comunismo" internacional.

Em síntese, o Mariátegui de Florestan possui um marxismo crítico e independente não apenas por sua contribuição criativa à reflexão da formação social peruana, mas também como uma das tentativas mais significativas do campo marxista de romper com o evolucionismo, a ideologia do progresso linear e o eurocentrismo. Dessas lições resulta um posicionamento *sui generis* na tradição sociológica clássica: "as equações de Mariátegui classificaram precisões contidas na tradição clássica, paradoxalmente como se ele fosse um Max Weber a serviço do comunismo (repetindo, de certa maneira, a tragédia de Gramsci)".[616]

---

[614] Ricardo Luna Vegas, "Un gran divulgador brasileño de Mariátegui". In: *La República*, Lima, 14/12/1982. Pasta José Carlos Mariátegui – A 1044. Casa de las Américas, Havana (Cuba).

[615] Ricardo Luna Vegas, *Historia y trascendencia de las cartas de Mariátegui*. Lima: S. ed.,1985, p. 86.

[616] Florestan Fernandes, "Significado atual de José Carlos Mariátegui", Op. cit., p. 86.

Florestan Fernandes não foi apenas um divulgador da obra mariateguiana no Brasil. É verdade que somente o fato de recepcionar uma figura de proa da história do marxismo latino-americano já seria de grande relevância. "Mariátegui é o nosso 'irmão mais velho'", disse certa vez Florestan. "Irmão" não só em termos biográficos (há inegáveis semelhanças, a origem social humilde, o autodidatismo, por exemplo), mas por uma afinidade analítica e política. Fato é que diante da vastidão da obra de Florestan, Mariátegui figura como uma referência teórica marxista *decisiva* no itinerário de Florestan, como foram Marx e Lenin, e como expressão *importante* de como estudar um país da periferia do sistema do capitalismo monopolista através do método marxista. Ele não constitui *a* matriz teórica das reflexões do sociólogo brasileiro, mas não deixa de ser uma *referência indispensável* que tratou com profundidade, esforço e lucidez dos dramas sociais e históricos da América Latina. De todo modo, Mariátegui lido por Florestan faz parte da árvore genealógica da sociologia "crítica" e "engajada" na América Latina – e muito provavelmente a semente principal dessa "família" que teve bons frutos durante a década de 1960 e 1970. Isso fica evidente não apenas nos textos, entrevistas e intervenções em que sociólogo brasileiro dirige-se explicitamente ao nome Mariátegui, mas também nas anotações que fez a margem de diversos textos do pensador peruano, e também seu manuscrito, até então inéditos ao público, não deixando de realizar uma leitura rigorosa e atenta.

Capítulo 6:
MICHAEL LÖWY: ENTRE REVOLUÇÃO PERMANENTE E ROMANTISMO-REVOLUCIONÁRIO

> *Fiquei de queixo caído diante da segurança com que meu novo amigo torcia o nariz para obras consagradas e preferia outras de reputação nula ou duvidosa, mas que falavam a seu (ou nosso) interesse cru.*
>
> Roberto Schwarz[617]

I. Atravessando fronteiras: a constelação latino-americana

"Homem de muitos mundos", tal como diria Leonardo Boff.[618] Brasileiro de nascença, naturalizado francês, socialista por convicção, Michael Löwy é incontestavelmente uma das figuras intelectuais mais notáveis cujo projeto teórico-político situa-se na renovação radical do marxismo contemporâneo. Com uma produção diversificada e prolongada desde o início da década de 1960, Löwy é autor de dezenas de livros e centenas de ensaios, traduzidos em mais de vinte e cinco idiomas. Provavelmente, é um dos raros brasileiros a alcançar esse patamar e consagração. Em termos de sua circulação transnacional, é difícil encontrar um trabalho acadêmico atualmente na área de sociologia marxista produzida que não mencione algum trabalho de sua autoria. Lembrando também que Michael Löwy escreve seus trabalhos originalmente em francês (e eventualmente em inglês), o que faz a circulação ampliar-se significativamente por serem línguas de prestígio na república mundial das letras, diferentemente de Florestan Fernandes (em português) e de Aníbal

[617] Roberto Schwarz, "Aos olhos de um velho amigo". In: Ivana Jinkings; João Alexandre Peschanski (orgs.). *As utopias de Michael Löwy: reflexões sobre um marxista insubordinado.* São Paulo: Boitempo, 2007, p. 155.
[618] Leonardo Boff, "Prefácio". In: *As utopias de Michael Löwy*..., op. cit., p. 15.

Quijano (em castelhano), esses últimos permanecendo restritos ao campo brasileiro e hispano-americano, respectivamente.

Com uma forte ressonância no continente latino-americano, os ensaios de Michael Löwy acerca do pensamento de JCM, todos eles traduzidos para o português e espanhol, circulam fortemente na maioria das investigações acadêmicas ligadas ao tema do "marxismo latino-americano", seja para ratificar, seja para rejeitar suas hipóteses. Provavelmente seus trabalhos sobre JCM têm uma recepção muito mais forte no Brasil e na América Latina do que na França, país em que o pensador peruano tem uma audiência limitada e ocasional. Nota-se também que além de produtor de uma determinada leitura e de participação de discussões acadêmicas, Löwy cumpre a função de difusor da obra mariateguiana no Brasil. Não por coincidência, muitos das novas gerações de leitores brasileiros quando tomam contato pela primeira vez sobre a vida e obra Mariátegui o fazem muitas vezes sob o filtro da interpretação de Löwy.

Intelectual cosmopolita e itinerante, ou como próprio Löwy se autodefine, "judeu um tanto errante, nascido no Brasil de pais vienenses, tendo vivido em São Paulo, Ramat-Aviv e Manchester e se instalado (definitivamente) em Paris"[619] desde 1969, a recepção no prestigioso CNRS em 1977, do qual é pesquisador emérito aposentado, o credenciaram como intelectual "europeu" de ponta. Através da análise de expressões decisivas da cultura marxista – Karl Marx, Rosa Luxemburgo, Georg Lukács, Walter Benjamin, Che Guevara, Lucien Goldmann, entre outros –, bem como por meio da crítica cultural materialista e da sociologia da religião, Löwy expôs dilemas e atualizações abertos pela teoria social crítica diante da transição histórica engendrada pelo capitalismo contemporâneo. Apesar de manter-se atualmente com uma alta produtividade, os alicerces da

[619] Michael Löwy, *Redenção e utopia: o judaísmo libertário na Europa Central*. São Paulo: Companhia das Letras, 1989, p. 11.

obra löwyana, em grande medida, já estão consolidados, o que justifica um estudo de sua trajetória e produção intelectual.

Segundo Marcelo Ridenti, é curioso "que sua obra nunca tenha se debruçado mais detidamente sobre a sociedade brasileira, nem sobre qualquer intelectual conterrâneo".[620] Contudo, o Brasil e a América Latina sempre foram objeto de uma atenção especial em sua atividade militante, acadêmica, intelectual e sentimental. Como testemunha o sociólogo e amigo Ricardo Antunes, a vivência no Norte do Mundo não fez com que Löwy abdicasse de uma "forte alma latino-americana".[621] Isso se aprofunda pelas características itinerantes de sua formação familiar. Filhos de judeus austríacos vindos da Europa Central durante a década de 1930 sob ameaça nazifascista, em um momento em que crescia a comunidade judaica no país,[622] a América Latina tornou-se simbolicamente um território de acolhimento e no decorrer de sua trajetória transformou-se em um dos reservatórios de esperanças (e ilusões) revolucionárias para Löwy. A união dessas duas tradições – o judaismo-alemão e a latino-americana – serão fundamentais para criar um trabalho original e novo situado na França. Assim, a América Latina não é apenas uma longínqua memória da juventude de Löwy, mas uma ponte de contatos permanente, um espaço que frequenta regularmente e uma região em que a influência de seu pensamento é considerável.

---

[620] Marcelo Ridenti, "Romântico e errante". In: *As utopias de Michael Löwy*... Op. cit., p. 170-171.

[621] Ricardo Antunes, "Anotações sobre uma bela singularidade". In: *As utopias de Michael Löwy*... Op. cit., p. 20.

[622] Entre 1920 e o início da Segunda Guerra Mundial, provenientes do Império Russo, dos Balcãs e da Europa Central, houve um crescimento significativo da comunidade judaica que contava com uma população aproximadamente de cinquenta mil pessoas. René Daniel Decol, "Judeus no Brasil: explorando os dados censitários". In: *Revista Brasileira de Ciências Sociais*, v. 16, n. 46, 2001, p. 151.

Não custa lembrar que o intelectual franco-brasileiro fez parte de uma geração – assim como Florestan e Quijano, dezoito e oito anos mais velhos que ele, respectivamente – que se comoveu profundamente com o triunfo da Revolução Cubana. Nas palavras de um de seus amigos de geração: "Um processo heterodoxo como o cubano trazia a atualidade da revolução até nós, e nos chegava pelas mãos do Michael, que teve toda sua trajetória ligada ao socialismo, à confiança na revolução, à ética revolucionária, à indissolubilidade entre teoria e prática".[623] De fato, embora tenha se radicalizado antes de 1959, autoproclamando-se "marxista", "a espetacular radicalização da Revolução Cubana e sua opção socialista em 1960-1961 fizeram de Cuba, durante muitos anos, um componente essencial do coquetel marxista com que se nutriu toda minha geração".[624]

A Revolução Cubana colocou o continente latino-americano no horizonte de reflexão teórica e política dos intelectuais e militantes socialistas brasileiros. Não por outra razão, durante seu itinerário, Löwy dedicou parte substantiva de sua produção intelectual à história do pensamento marxista latino-americano, especialmente o de Che Guevara e o de José Carlos Mariátegui. Posteriormente, sob o projeto de revivificar o materialismo histórico por meio do romantismo revolucionário, buscou traçar afinidades e influências entre o cristianismo da libertação e a tradição marxista,[625] acompanhou a ascensão e a particularidade histórica dos movimentos camponeses e indígenas,[626] principalmente o Exército Zapatista de Libertação

[623] Emir Sader, "Apologia da militância revolucionaria". In: *As utopias de Michael Löwy*. Op. cit., p. 164.

[624] Ivana Jinkings e Emir Sader, "Entrevista com Michael Löwy". In: *Margem Esquerda*. Op. cit., p. 11.

[625] Ver Michael Löwy, *A guerra dos deuses: religião e política na América Latina*. Rio de Janeiro: Vozes, 2000.

[626] Ver Michael Löwy, "Le marxisme en Amérique Latine de José Carlos Mariátegui aux zapatistes du Chiapas". In: *Actuel Marx*, Paris, n. 42, 2007, p. 25-35.

Nacional (EZLN) e o Movimento dos Trabalhadores Sem Terra (MST). Para Löwy, esses fenômenos contemporâneos, em alguma medida, exprimem a ruptura com os paradigmas da civilização (capitalista) moderna. Esses três momentos na relação entre Löwy e a cultura política latino-americana, de que fala Enzo Traverso, o impacto do guevarismo, a descoberta de JCM e a teologia da libertação, constituiu as bases do horizonte político anticapitalista do sociólogo marxista. Nas palavras do historiador italiano: "Michael era ao mesmo tempo, o sociólogo, o historiador, o analista crítico e certamente mais do que um 'espectador comprometido'; ele tem sido um sábio conselheiro e, em alguns casos, um ativista ativo".[627]

Como assinala Marcelo Ridenti a geração de Löwy educada na vigência da Constituição de 1946, não enfrentou um trauma ético-cultural - como, por exemplo, o próprio Löwy, posteriormente, buscou traçar na formação do jovem Lukács e a Primeira Guerra Mundial. Ao contrário, a fornada geracional da qual Löwy é fruto "foi criada em clima democrático e de esperança, apesar da Guerra Fria e a das desigualdades seculares da sociedade brasileira, com as quais se esperava romper por intermédio do desenvolvimento".[628]

No processo de formação de sua visão política, Löwy mostrou-se, ainda adolescente, socialista internacionalista precoce e convicto, bem como militante confesso. Tutorado por Paul Singer (1932-2018), que também fazia parte do círculo de exilados na comunidade judaica austríaca no Brasil e militava no movimento sindical e operário, fora dos quadros do Partido Comunista e da social-democracia. Isso levou o jovem Löwy a inclinar-se com organizações às quais seu preceptor tinha afini-

---

[627] Enzo Traverso, "Le marxisme libertaire de Michael Löwy". In: Vincent Delecroix e Erwan Dianteill (orgs.). *Cartographie de l'utopie: l'œuvre indisciplinée de Michael Löwy*. Paris: Sandre Actes, 2012, p. 28.

[628] Marcelo Ridenti, "Romântico e errante". In: *As utopias de Michael Löwy*... Op. cit., p. 169.

dades políticas e estabelecer vínculos de amizade e identidade política com perfis *distantes* da cultura política stalinista.

Além da participação na União Estadual dos Estudantes (UEE), foi na criação da Liga Socialista Independente (LSI) em 1955, onde formou-se um pequeno grupo de militantes "luxemburguistas", dentre eles, Alberto da Rocha Barros, Hermínio Sacchetta, os irmãos Eder e Emir Sader e Maurício Tragtenberg. São muito interessantes os testemunhos de Michael Löwy sobre os vínculos políticos e afetivos com alguns desses personagens da militância marxista brasileira, que exerceram uma influência marcante na sua formação política-intelectual. No plano intelectual, da influência "luxemburguista" do professor e economista Paul Singer, passando pelo tema da crítica à burocracia do cientista social autodidata Maurício Tragtenberg (1919-1998) – este último também um "judeu errante", oriundo de uma família de camponeses da Ucrânia, que havia se instalado primeiro no Rio Grande do Sul e depois na capital paulista:[629]

> Na realidade, eu me considerava um discípulo de Paul Singer. Foi ele quem me iniciou na obra de Rosa Luxemburgo. Lembro que por volta de 1953-54 ele estava no Partido Socialista e distribuiu um panfleto protestando contra a invasão da Guatemala. Mas depois de um ano ele se decepcionou com o partido, e aí começaram as discussões para se criar um novo grupo, a Liga Socialista Independente. Tenho a impressão de que em conversas e discussões com Paul Singer aprendi tanto quanto na universidade. Do ponto de vista da formação intelectual e política marxista, ele foi uma espécie de universidade particular para mim.[630]
>
> Conheci o Maurício há quase meio século, em meados dos 50. A primeira vez que o vi foi por ocasião de uma conferência sobre Kafka: já não me lembro dos detalhes, mas sem dúvida se tratava

[629] Ver Maurício Tragtenberg, *Memórias de um autodidata no Brasil*. São Paulo: Escuta, 1999.

[630] Ângela de Castro Gomes e Daniel Aarão Reis, "Um intelectual marxista: entrevista com Michael Löwy". In: *Em Tempo*, Rio de Janeiro, v. 1, n. 2, 1996, p. 168.

> do problema do indivíduo esmagado por um aparelho burocrático – um tema que o ocupou durante toda a vida. Para mim foi uma descoberta sensacional: me abriu novos horizontes, revelou paisagens desconhecidas e despertou interesse que perduram até agora. Se até hoje continuo pesquisando e trabalhando sobre Kafka, se trata de uma das muitas dívidas que tenho para com meu velho amigo Maurício. Passei a frequentar outras conferências dele, sobre temas do socialismo e do marxismo, cujo espírito libertário rompia com os esquemas autoritários e dogmáticos do stalinismo e da Guerra Fria então dominantes no seio da esquerda brasileira.[631]

A convicção militante o fez escolher o curso de ciências sociais na USP, no final da década de 1950 então sediado na rua Maria Antônia, onde foi aluno de Florestan Fernandes, Octávio Ianni, Antonio Candido, Fernando Henrique Cardoso, Aziz Simão, dentre outros.[632] Nos tempos de graduação, tornou-se amigo de Gabriel Bolaffi e Roberto Schwarz, este último também filho de judeus austríacos. Inseparáveis nos tempos de faculdade, apelidado nostalgicamente de "os três mosqueteiros", o renomado crítico literário traça um perfil de seu amigo Löwy na qual logrou a combinação entre "militância revolucionária" e "vida escolar bem planejada":

> Era excelente aluno, lia e fichava o que os professores pediam, entregava os trabalhos na data prevista, era militante político assíduo, pontual nas passeatas, ia aos concertos, via os filmes, fazia corte às moças, de meio-dia à uma ouvia a Hora dos mestres, um programa de música clássica na Gazeta, gostava de jogos surrealistas, que ensinava a amigas e amigos, e, até onde sei, era um filho muito dedicado, o que se poderia chamar um bom menino.[633]

---

[631] Michael Löwy, "Maurício Tragtenberg, espírito libertário". In: Doris Accioly Silva e Sonia Alem Marrach (orgs.). *Maurício Tragtenberg. Uma vida para ciências humanas*. São Paulo: Editora UNESP, 2001, p. 31-32.
[632] Ivana Jinkings e Emir Sader, "Entrevista com Michael Löwy". In: *Margem Esquerda*. Op. cit., p. 10.
[633] Roberto Schwarz, "Aos olhos de um velho amigo". In: *As utopias de Michael Löwy*... Op. cit., p. 157.

Michael Löwy também participou por cerca de um ano e meio do Seminário d'*O Capital* e diferentemente do perfil de seus professores uspianos cultivados em um "marxismo acadêmico", o jovem estudante de ciências sociais procurava participar das discussões, na maior parte das vezes, de natureza abstrata e intelectual, como um aprendizado para amadurecer seu engajamento político visto, por alguns, como motivo de chacota.[634] Não por acaso, no início década de 1960, paralelamente ao seminário, participa na fundação da Polop, um grupo mais "ecumênico", composto por figuras como Theotônio dos Santos, Moniz Bandeira, Vânia Bambirra, Ruy Mauro Marini, Juarez Guimarães, Eric Sachs, dentre outros. Encabeçando uma crítica à proposta do PCB de uma revolução democrático-burguesa do país, a Polop representou um papel importante naquele debate ao apresentar propostas alternativas à do PCB fundadas na constatação de que o Brasil era um país plenamente capitalista e na afirmação do caráter socialista da revolução – traço, inclusive, que marcará os diagnósticos dos expoentes da Teoria Marxista da Dependência.[635]

---

[634] Aos olhos dos principais agentes do Seminário existia praticamente uma "impossibilidade objetiva" entre reflexão da pesquisa acadêmica e engajamento político, o que transformava o perfil de Löwy em um contra-exemplo no grupo. "José Artur Gianotti, por exemplo, diante dos avisos de Löwy de que não poderia comparecer à próxima sessão em função de alguma atividade militante, ironizava o jovem iludido: 'Lá vai o escoteiro fazer a sua boa ação!'. Não surpreendentemente, tais brincadeiras irritavam 'profundamente' o jovem cioso da responsabilidade militante, embora igualmente cuidadoso nos estudos, tal qual revelam os testemunhos da época". Fabio Mascaro Querido, *Resistência intelectual e engajamento político em Michael Löwy e Daniel Bensaïd: afinidades benjaminianas.* Tese de Doutorado (Sociologia). Instituto de Filosofia e Ciências Humanas, 2016, p. 73-74.

[635] Para uma análise da trajetória da POLOP, ver Marcelo Badaró Mattos, "Em busca da revolução socialista: a trajetória da Polop (1961-1967)". In: Marcelo Ridenti; Daniel Aarão Reis (orgs.). *História do marxismo no Brasil.* v. 5. Campinas: Editora da Unicamp, 2007, p. 197-225.

Entre o término da graduação e o trabalho como assistente do professor Wilson Cantoni na Faculdade de Filosofia, Ciências e Letras de São José do Rio Preto, Löwy recebe a notícia da aprovação de uma bolsa que havia prestado para fazer seu doutorado com Lucien Goldmann na França em 1961. Além da fascinação que nutria desde adolescência pela cultura francesa, em especial pela simbologia das revoluções do passado e da manifestação surrealista, foi a leitura "deslumbrante" e "iluminada" de *Ciências Humanas e Filosofia* de seu futuro orientador, graças ao seu amigo Bolaffi, que fez com que Löwy tomasse a iniciativa de realizar seus estudos na França.

Em Paris, participa de vários cursos e seminários ministrados por Alain Touraine, Jean Hippolyte, Herbert Marcuse, Henri Lefebvre, Raymond Aron e Georges Haupt. Em 1964, aos 25 anos de idade, Löwy defende sua tese de doutorado sobre a teoria da revolução do jovem Marx, mostrando as inflexões políticas e teóricas na trajetória do jovem intelectual alemão, especialmente na superação de um comunismo-especulativo que desemboca em uma nova visão de mundo "científica" e "revolucionária".[636] Terminada a tese, Löwy embarca para Israel por motivos familiares (sua mãe e seu irmão moravam lá), permanecendo quatro anos dedicando-se mais ao trabalho docente do que à pesquisa. Depois de alguns desentendimentos com o diretor do Departamento de Ciências Políticas da Universidade de Tel-Aviv, local onde trabalhava, Löwy retorna para Europa em 1968, em Manchester (Inglaterra), a convite de Peter Worsley.

A militância política que havia esfriado na estada em Israel renasce em Manchester. A organização política da qual fazia parte, a Polop, havia se desintegrado em seu (quarto) congresso nacional de 1967, quando ocorreu um racha na organização reconfigurando-se em uma nova sigla Partido Operário Comunis-

---

[636] Michael Löwy, *A teoria da revolução no jovem Marx*. São Paulo: Boitempo, 2012.

ta (POC).[637] Através das conversas com o amigo e companheiro de militância Emir Sader que estava na Europa, concluem que deveriam se aproximar da organização trotskista da Quarta Internacional, ligada ao nome de Ernest Mandel.

Assim, Löwy ingressa na Ligue Communiste (LC).[638] Ligado à seção francesa da Quarta Internacional do Secretariado Unificado, a organização política tinha influência "trosko-guevarista". Embora a formação "luxemburguista estrita" de Löwy já carregasse um balanço crítico em relação a Trotski, muito por conta de diálogos com militantes brasileiros não-stalinistas, e em certos casos, dissidentes do "trotskismo",[639] isso não foi empecilho

---

[637] As dissidências continuaram e deram origem a dois grupos guerrilheiros: em Minas Gerais e Rio de Janeiro, os Comandos da Libertação Nacional (Colina) e em São Paulo, na Vanguarda Popular Revolucionária (VPR). Marcelo Ridenti, "As esquerdas camadas urbanas 1964-1974". In: e Daniel Aarão Reis (orgs.). *História do marxismo no Brasil: partidos e movimentos após os anos 1960*. Campinas: Editora Unicamp, 2007, p. 119-120.

[638] A partir de 1973, a LC passou a ser chamada de Ligue Communiste Révolutionnaire (LCR).

[639] Como foi o caso, por exemplo, da experiência da prática militante, atravessado por diversas correntes do marxismo, do jornalista e advogado Hermínio Sacchetta (1909- 1982). "Desde o primeiro momento impressionou-me a força de convicção, a energia espiritual, o ardor combativo do "Velho" (como o chamavam afetivamente os mais jovens aderentes da Liga). (...) Combinando sua formação no PCB no começo dos anos 30, sua passagem pelo trotskismo e sua adesão ao luxemburguismo nos anos 50, Sacchetta formulava uma orientação política que ia categoricamente à contrapelo dos lugares comuns da esquerda brasileira desta época. Recusando o populismo, o nacionalismo, a ideologia do desenvolvimento e a política das reformas, ele insistia obstinadamente na necessidade de uma orientação classista, internacionalista, socialista-revolucionária. O inimigo era o capitalismo nas suas duas versões: a sociedade burguesa Ocidental e o capitalismo de Estado soviético". Michael Löwy, "Testemunho". In: Hermínio Sacchetta. *O caldeirão das bruxas e outros escritos políticos*. Campinas: Ponte, 1992, p. Disponível em: <https://www.marxists.org/portugues/sachetta/1991/caldeirao/05.htm> Acesso em: 01.08.2017. Ver também Ângela de

para seu ingresso. Na realidade, a LC expressava uma renovação política na esquerda radical francesa, já que era dirigida por jovens intelectuais ligados aos ventos libertários de 1968,[640] como Alain Krivine, Henri Weber, Janette Habel e Daniel Bensaïd e um relativo peso dos intelectuais e professores na composição interna da organização. Além das referências históricas como a Revolução Russa e de autores como Lenin e Trotski (e seu rechaço às formas stalinistas), o interesse pela Revolução Cubana e pela luta armada na América Latina pelos dirigentes da LC foi fundamental para que Michael Löwy estabelecesse um elo político com a organização. Especialmente o fascínio de Löwy pela figura de Ernesto Guevara manifestava-se pelo compromisso ativo inspirado pela motivação ética-voluntarista do socialismo e pela dimensão humanista, sendo ele o protagonista de um livro monográfico.[641] Ademais, essa forte identificação política era também, evidentemente, uma identificação com suas raízes de "latino-americano" nascido no Brasil e vivendo na Europa sem um posto de emprego fixo. De militante de base, Löwy ingressou no Comitê Central da organização durante a década de 1970 e participou ativamente de suas atividades políticas.[642]

Castro Gomes e Daniel Aarão Reis, "Um intelectual marxista: entrevista com Michael Löwy". Op. cit., p. 170.

640 Para uma análise sobre o movimento estudantil-operário de 1968, ver Álvaro Bianchi e Ruy Braga, "1968 e depois: os estudantes e a condição proletária". In: *Outubro*, São Paulo, v. 17, 2008, p. 15-40.

641 Cf., Michael Löwy, *La pensée de Che Guevara*. Paris: Maspero, 1970.

642 Esse vínculo político com uma organização francesa ligada à IV Internacional, fundada por Trotski, fez com que Löwy acompanhasse a trajetória dos grupos trotskistas na América Latina. Ver, por exemplo, Michael Löwy, "La IV Internacionale en Amérique latine: les années 50". In: *Cahiers Leon Trotsky*, Grenoble, n. 70, p. 99-109, jun.2000a; e Dainis Karepovs, José Castilho Marques Neto e Michael Löwy, "Trotsky e o Brasil". In: João Quartim de Moraes (org.). *História do marxismo no Brasil*. v. 2 (os influxos teóricos). Campinas: Editora Unicamp, 2007, p. 229-254.

> Depois do Maio de 1968 (embora eu não estivesse na França, acompanhei de perto), logo fiquei entusiasmado com um dos grupos que participaram das manifestações – e que me pareceu de longe o mais interessante – a Juventude Comunista Revolucionária, que tinha duas referências: Trotski e Che Guevara. Na época, Che Guevara já era pra mim muito importante – uma referência fundamental; e eu sempre tive simpatia por Trotski. No Brasil, eu cheguei em certa época a discutir com trotskistas e tal – mas com algumas reservas, devido a minha formação luxemburguista. Assim, mesmo com alguns desacordos, diante da situação nova que se abriu com o Maio de 68, achei que o mais interessante mesmo era esse pessoal da IV Internacional, que também não eram dogmáticos. Eu dizia que minha referência era mesmo a Rosa Luxemburgo e tudo bem, nunca se colocou muito problema – não se exigia uma ortodoxia doutrinária. Mesmo porque Ernest Mandel, que era o principal teórico, gostava muito de Rosa.[643]

Ao retornar para a França, Löwy deparou-se com um cenário político e acadêmico diferente de quando redigiu sua tese de doutoramento. A leitura de Marx proposta por Althusser ganhava leitores e seguidores e consolidava-se como legítima para muitos intelectuais marxistas, principalmente com a publicação de *Pour Marx*, em 1965, e a sua separação rígida entre ciência e ideologia e uma visão "anti-humanista" de Marx. Influenciado politicamente por Che Guevara e teoricamente por Goldmann, Löwy enxergava negativamente o *boom* althusseriano como um novo modelo de análise (neo)positivista e entra fortemente na peleja. Não é coincidência, em um ensaio de 1970, que sua ênfase em *O Capital* de Marx seja "no desvendamento das relações entre os homens atrás das categorias reificadas da economia capitalista", em vez de substituir o conceito teórico de homem (ou sujeito humano) ao de "suporte de relações de produção". Destaque também para a leitura segundo a qual a apreensão

[643] Ana Vládia Cruz e Yuri Martins Fontes, "Entrevista exclusiva com Michael Löwy". In: *Mouro*, Núcleo de Estudos d'O Capital, n. 5, v. 8, 2013, p. 262. Disponível em <http://www.mouro.com.br/Entrevista_MichaelLowy.pdf>. Acesso 05/09/2017.

de Marx foi historicamente específica do modo de produção capitalista, isto é, o caráter histórico das categorias econômicas. Em suma, para Löwy, "o pensamento de Marx é humanismo *porque* é humanista: se Marx insiste tanto na diferença entre Natureza e História é porque, para ele, os homens são o 'sujeito' da história (eles a *fazem*)".[644]

Em um acaso que não deixa de ser irônico, Löwy, que ainda não tinha um emprego fixo, indicado por Emir Sader, assume o cargo de assistente do althusseriano Nicos Poulantzas na Universidade de Vincennes (Paris VIII). As discordâncias políticas e teóricas entre os dois intelectuais não barrou a convivência amigável e simpática com Poulantzas durante os cursos. Como recorda Löwy, "total divergência e perfeita amizade". Provavelmente, essa influência dominante na França das teses althusserianas reforçou o ângulo "trosko-luxemburguista" e "lukcasiano-goldmaniano" de Löwy em direção a um marxismo historicista e humanista.

Assim, nesse momento, situado entre a tensão de um "voluntarismo humanista" e um "determinismo historicista", a militância política e atuação acadêmica de Michael Löwy ancorou-se nos seguintes legados da "ciência proletária revolucionária": a "paixão amorosa, política e intelectual" por Rosa Luxemburgo;[645] o fascínio pelo espírito e imaginação rebelde do surrealis-

---

[644] E completa: "E seu método é revolucionário precisamente por ser humanista-historicista: as relações de produção capitalistas não são totalmente independentes dos homens, eternas, imutáveis, como as leis da natureza; são produzidas pelos homens e podem ser trocadas pelos homens numa revolução. Enfim, o método de Marx é historicista-revolucionário porque se situa do ponto de vista do proletariado, o único ponto de vista que permite apreender esse caráter transitório do capitalismo ultrapassando o 'horizonte das perspectivas' burguesas". Michael Löwy, "L'Humanisme historiciste de Marx ou relire Le Capital". In: *L'Homme et la Société*, Paris, n. 17, 1970, p. 122, grifos do autor.

[645] Isabel Loureiro, "Rosa Luxemburg selon Michael Löwy". In: *Cartographie de l'utopie*. Op. cit., p. 81-90.

mo;[646] a aproximação com relação à figura de Trotski (embora se distanciasse de algumas de suas teses); a dimensão "humanista" e "antiburocrática" de Guevara; a pesquisa de tese de doutoramento sobre a trajetória político-intelectual do jovem Marx e suas inflexões políticas de fontes inspirado no marxismo "humanista" e "historicista" do método dialético da sociologia da cultura de Lucien Goldmann – e, consequentemente, do jovem Lukács fundamentalmente em *História e Consciência de Classe*[647] e do conceito do "ponto de vista do proletariado".

Brasileiro-europeu, surrealista-socialista, "trotskista-lukacsiano", "luxemburguista-goldmaniano" são "arranjos incomuns", de que fala Schwarz, que não se impõe uns aos outros, mas gostam de colaborar, são inseparáveis e que, no limite, marcam a singular trajetória de Löwy nesse momento. Toda essa constelação de autores utilizados por Löwy, uma parte deles, ligados ao assim chamado marxismo "clássico" como rejeição ao stalinismo e outra parte próximos ao marxismo "ocidental" de caráter historicista e humanista antípodas da vertente althusseriana. Além da franca oposição ao grande guru da época do marxismo francês, Löwy também se caracterizará no decorrer de sua trajetória intelectual mesmo com as inflexões vindouras, por adotar metodologicamente uma sociologia da cultura basicamente estrangeira das correntes tradicionais dominantes das ciências sociais francesas (lembrando que Lucien Goldmann era romeno), o que faz dele, de muitas maneiras, um *outsider*.[648]

---

[646] Roberto Schwarz, "Aos olhos de um velho amigo". *As utopias de Michael Löwy*... Op. cit., p. 156-165.

[647] Georg Lukács, *História e Consciência de Classe*. São Paulo: Martins Fontes, 2003.

[648] "Para além do estruturalismo, Michael permaneceu impermeável – isso foi provavelmente uma das condições da elaboração de sua obra – a toda uma tradição sociológica francesa que vai de Durkheim à Bourdieu". Enzo Traverso, "Le marxisme libertaire de Michael Löwy". In *Cartographie de l'utopie*..., p. 30.

II. Dissidente *avant la lettre* e "profeta" heterodoxo

Durante sua militância política na década de 1970, na corrente "trotskista" da LC, Michael Löwy assume a visão marxista de uma história aberta, com bifurcações e encruzilhadas, que deságua no interesse pela *teoria do desenvolvimento desigual e combinado*. Trata-se de um antídoto contra interpretações "etapistas" e "dualistas", que concebem o progresso unicamente em termos de avanços e recuos sobre um mesmo eixo cronológico. Com efeito, uma das teses marxistas mais amplamente assimiladas, particularmente no domínio da economia política, a teoria do desenvolvimento desigual e combinado foi também responsável pela crítica do imperialismo e por romper com o evolucionismo, com a ideologia do progresso linear e com o eurocentrismo.[649]

Em 1980, Löwy publica dois trabalhos fundamentais para a história das ideias marxistas nas sociedades periféricas, fruto de sua militância política "trotsko-guevarista" e de seu interesse pela América Latina. Em primeiro lugar, a antologia *Le marxisme en Amérique latine*, com longa introdução e, ulteriormente, com pequenas modificações, em castelhano (1982) e português.[650] Em segundo lugar, *The Politics of Combined and Uneven Development*, publicada em inglês, originalmente sob encomenda do historiador britânico Perry Anderson e da New Left Books,[651] no qual Löwy descortina o desenvolvimento teórico da revolução permanente nos países capitalistas periféricos, assim como realiza uma análise concreta sobre as diversas revoluções socialistas do século XX.[652]

---

[649] Michael Löwy, "A teoria do desenvolvimento desigual e combinado". In: *Outubro*, São Paulo, n. 1, 1998, p.73.

[650] Michael Löwy (org.), *O marxismo na América Latina: uma antologia de 1909 aos dias atuais*. São Paulo: Fundação Perseu Abramo, 2ª edição ampliada, 2006.

[651] Segundo Michael Löwy, em correspondência com Deni Alfaro Rubbo em agosto de 2015.

[652] Michael Löwy, *A política do desenvolvimento desigual e combinado:*

Nesse último livro, consta a apresentação e reconstrução teórica e política do "marxismo aberto" de Leon Trotski, cuja análise histórica é tingida por "saltos súbitos", "fusões contraditórias" e "combinações inesperadas", em contraposição à concepção de história realizada por etapas inexoráveis, segundo um modelo abstrato de processo histórico. De fato, Trotski entendia que, desde o advento do capitalismo, as nações capitalistas periféricas organizaram-se no cruzamento de temporalidades heterogêneas, que atendiam aos litígios do capitalismo internacional, e foram fundadas na contradição que se estabelecia entre as forças internas e externas do desenvolvimento desigual e combinado do capitalismo periférico.

Segundo Löwy, eram três as características metodológicas fundamentais que assentavam a teoria da revolução permanente de Trotski: a adoção do ponto de vista da totalidade para a análise dialética do mercado mundial e da luta de classes;[653] o caráter aberto da historicidade social, uma concepção dialético-crítica do desenvolvimento histórico como processo contraditório;[654] a síntese dialética entre o particular e o universal da formação social russa e das tendências gerais do desenvolvimento capitalista. Do ponto de vista de sua estratégia política, Trotski estabelecia, *sob hegemonia proletária*, um programa combinado de medidas democráticas, nacionais e socialistas, ou melhor, uma transição ininterrupta da revolução democrática para a socialista.

Não custa recordar que exatamente na época da publicação de *The Politics of Combined and Uneven Development*, o processo da revolução sandinista incendiava o imaginário político e intelectual da esquerda mundial, assim como outros processos da periferia também seguiam em aberto, o que indicava a possibilidade de revoluções em países periféricos. Para Löwy, inclusive,

---

a teoria da revolução permanente. São Paulo: Sundermann, 2015.

[653] Idem, p. 68.

[654] Idem, p. 70.

essa seria uma das consequências da teoria do desenvolvimento desigual e combinado: o "privilégio dos retardatários". Isto é, os países periféricos podiam tornar-se precisamente a vanguarda da transformação futura,[655] de forma que as revoluções sociais do século XX viriam a confirmar essa hipótese. Isso fez com que Löwy se debruçasse sobre uma análise comparativa das revoluções em curso na Iugoslávia, China, Cuba, Vietnã e Nicarágua. Entretanto, se a teoria da revolução permanente supostamente explicasse as revoluções sociais nos países capitalistas periféricos, como afirma Löwy, ela teria, ao mesmo tempo, incontornáveis limites, propriamente sociológicos, acerca do papel das classes sociais no processo revolucionário – particularmente, camponeses e intelectuais de origem "pequeno-burguesa".

Comentando o livro *The Politics of Combined and Uneven Development*, Roberto Schwarz recoloca o alcance e os limites dessa empreitada em seu contexto:

> Pois bem, até os anos 1970, a série das revoluções em países periféricos pareceu dar certa razão a Trotski, no que respeita à conquista do poder. Na etapa subsequente, contudo, quando se tratava de construir a sociedade superior e alcançar o bem-estar dos países adiantados, o peso do determinismo econômico reapareceu com toda força, ao passo que o voluntarismo revolucionário se mostrou insuficiente. Enquanto o desenvolvimento desigual e combinado do capitalismo se renovava e se aprofundava velozmente, a política da revolução permanente chegava a um impasse, menos porque fosse impensável o assalto ao poder por uma vanguarda, e mais porque o caminho ulterior em direção do socialismo parecia bloqueado.[656]

Mesmo com as revoluções periféricas abortadas,[657] o desafio do desenvolvimento desigual e combinado mostrou-se um recurso

---

[655] Michael Löwy, "A teoria do desenvolvimento desigual e combinado". In: *Outubro*, Op. cit., p. 78.

[656] Roberto Schwarz, "Aos olhos de um velho amigo". In: *As utopias de Michael Löwy...* Op. cit., p. 160.

[657] Não por acaso, os capítulos sobre as revoluções sociais na periferia do

analítico fundamental nos mais diferentes contextos nacionais periféricos. Inaugurando um tipo de reflexão autóctone, por assim dizer, a teoria tornou-se cada vez mais imprescindível na medida em que o movimento de expansão do capitalismo industrial e financeiro se internacionalizou nas últimas décadas.

Nesse mesmo contexto, Löwy propõe alguns *pontos de referência* formados pelas diferentes tendências e vertentes do pensamento marxista latino-americano no século XX. A ênfase do texto seria dada sobre a *problemática da natureza da revolução* (permanente) na periferia do sistema-mundo. Metodologicamente, ela buscou tratar a evolução do pensamento marxista no quadro das lutas políticas em cada período histórico da América Latina, sem deixar de lado o movimento operário internacional. Ademais, a antologia *Le marxisme en Amérique latine* incorporava documentos "de diferentes correntes do marxismo (...), inclusive das correntes minoritárias, esquecidas pela história oficial dos universitários (e pela dos partidos comunistas)".[658]

Por expor a importância analítica e política de autores e "correntes minoritárias" subterrâneas ao marxismo oficial latino-americano (leia-se "trotskista"), o trabalho de Löwy mostrava um painel de espaços políticos acirrados, desiguais e combinados: elaboração de uma estratégia e de uma tática política, alianças de classes, via armada ou pacífica ao socialismo. Como se pode perceber, tratava-se de um empreendimento de natureza "essencialmente política e militante".[659]

---

capitalismo analisadas por Löwy a partir da teoria do desenvolvimento desigual e combinado foram suprimidos em uma nova edição em inglês de 2010, pela editora Haymarket (Chicago), trinta anos depois de sua edição, por serem consideradas "superadas". Segundo Michael Löwy, em correspondência com Deni Alfaro Rubbo em agosto de 2015.

[658] Michael Löwy, "Pontos de referência para uma história do marxismo na América Latina". Op. cit., p. 65.

[659] Lucie Bullick. "Löwy, Michael. Le marxisme en Amérique latine, Anthologie". In: *Études Internationales,* Paris, n. 131, 1982, p. 202.

> A motivação imediata é a de um latino-americano que quer conhecer a história do marxismo no continente. Tanto no Brasil como na França este era um capítulo pouco estudado. A ausência de uma antologia séria orientou a pesquisa nesta direção. Outra motivação era pensar esta história de um ponto de vista socialista/revolucionário, contra o etapismo stalinista (este é a componente "trotskista"). Um ponto de vista revolucionário que desemboca na Revolução Cubana e no guevarismo da Organización Latinoamericana de Solidariedad (OLAS)[660] e das organizações guerrilheiras latino-americanas. Mas a preocupação era também de resgatar figuras históricas que já colocavam esta perspectiva – Mariátegui ! – e eventos históricos prefigurando as lutas revolucionárias dos anos 1960 e 1970: o levante comunista em El Salvador (1932).[661]

Para o intelectual franco-brasileiro, a controvérsia central na história do marxismo latino-americano, no plano das ideias políticas, esteve entre a perspectiva eurocêntrica e o ponto de vista "concreto-dialético", "deixando de lado o eclético e exótico indo-americanismo, que tende a ultrapassar as fronteiras

[660] "Depois do sucesso da reunião da Tricontinental e diante da proliferação das guerrilhas na América Latina, Cuba convocou uma conferência para fundar um movimento de solidariedade e de coordenação da luta no continente, chamado Organização Latino-Americana de Solidariedade (Olas, que em castelhano quer dizer "ondas"). A reunião realizou-se em Havana, de 31 de julho a 10 de agosto de 1967, sob o impacto da divulgação da carta de Ernesto Che Guevara a Fidel Castro, revelando que se encontrava numa frente guerrilheira, reunindo todas as organizações que de alguma forma compartilhavam das propostas estratégicas da Revolução Cubana. Em sua declaração geral, a conferência se definiu como uma organização dos movimentos anti-imperialistas no continente resumiu a trajetória intervencionista dos Estados Unidos na região, fez um balanço das estratégias aplicadas até ali e optou abertamente pela luta armada e pelos movimentos guerrilheiros como instrumento de luta pela emancipação dos povos da América Latina". Emir Sader, "Olas". In: *Latinoamérica: Enciclopedia Contemporánea de América Latina y el Caribe.* Madrid: AKAL Ediciones, 2009, p. 909-910.

[661] Segundo Michael Löwy, em correspondência com Deni Alfaro Rubbo em fevereiro de 2018.

do marxismo".[662] Não obstante, o excepcionalismo indo-americano estabeleceu-se como uma tentação ao marxismo desde os seus primórdios. Sinteticamente, o primeiro, em nome da especificidade, da unicidade, do desenvolvimento histórico latino-americano, abandona as categorias fundamentais do marxismo; o eurocentrismo, por outro lado, consistiria na transposição mecânica e inadequada para o continente dos parâmetros e análises elaborados na Europa para países metropolitanos e conhecedores de um amplo e profundo desenvolvimento capitalista. Esta posição, segundo o autor, caracterizada pelos PCs, esforçou-se por transportar mecanicamente para a América Latina uma versão rígida e unilateral do "modelo" de desenvolvimento da Europa Ocidental.

Em meio a esse contexto teórico-político, a obra de Mariátegui destaca-se como expressão teórica mais *vigorosa* e *original* no primeiro período da história do marxismo por adotar uma posição *política* claramente na contramão do pensamento das duas tendências descritas: a estratégia política de uma revolução socialista. A teoria do desenvolvimento desigual e combinado, por seu turno, evidentemente encontrou abrigo na posição "dialético-concreta", até pelas características que a definem como matriz teórico explicativa, como foi apresentado no item anterior.

Para Michael Löwy, as críticas à noção de "burguesia nacional", à doutrina do "feudalismo" e aos esquemas etapistas que caracterizavam o marxismo soviético latino-americano eram voz corrente na esquerda antistalinista. Exemplo disso são as análises de trotskistas brasileiros, como o trabalho "Esboço de uma análise da situação econômica e social do Brasil", de Mário Pedrosa e Lívio Xavier.[663] Ademais, na historiografia latino-a-

---

[662] Idem, p. 13.

[663] Mário Pedrosa e Lívio Xavier. "Esboço de uma análise da situação econômica e social do Brasil". Fúlvio Abramo e Dainis Karepovs. *Na contracorrente da história: documentos da Liga Comunista Internacionalista (1930-1933)*. São Paulo: Brasiliense, 1987.

mericana, o debate acerca da natureza capitalista ou semifeudal da economia colonial esteve no cerne das controvérsias teóricas e políticas na América Latina. Com a articulação entre elementos semifeudais e o capitalismo, investigações sobre a formação histórica das classes sociais do historiador Caio Prado Júnior, do argentino Sérgio Bagú e do chileno Marcelo Segall são outros bons exemplos dessa vertente.

Por sua vez, historiadores latino-americanos trotskistas, Milcíades Peña (1933-1965), Adolfo Gilly (1928-) Luís Vitale (1927-2010) "vão utilizar a teoria do desenvolvimento desigual e combinado para analisar a articulação entre elementos escravistas ou semifeudais com o capitalismo, sempre insistindo sobre a predominância deste último".[664] Os dois últimos, ambos argentinos e naturalizados mexicano e chileno, respectivamente, com postos em universidades, foram militantes com os quais Löwy estabeleceu um sólido contato durante sua trajetória não somente para organização da coletânea, mas por afinidades teóricas e políticas, admiração intelectual e por militarem em organizações trotskistas.

Contudo, a heresia do desenvolvimento desigual e combinado não se limitou a influenciar trotskistas e historiadores latino-americanos. O advento da Revolução Cubana foi a chancela que "abriu uma mudança capital na história do marxismo latino-americano e na própria história da América Latina".[665] Aos olhos de Löwy, o próprio processo cubano era uma demonstração concreta da "possibilidade objetiva de uma revolução combinando tarefas democráticas e socialistas em um processo revolucionário *ininterrupto*".[666]

---

[664] Michael Löwy, "A teoria do desenvolvimento desigual e combinado". In: *Outubro*. Op. cit., p. 80.

[665] Michael Löwy, "Pontos de referência para uma história do marxismo na América Latina". In: *O marxismo na América Latina*. Op. cit., p. 43.

[666] Idem, p. 45, grifo do autor.

Ademais, a Revolução Cubana foi o estímulo necessário para a penetração e o desenvolvimento de uma ciência social marxista criativa nas universidades latino-americanas. No esforço de atualização do instrumental teórico marxista e sob os mais diferentes campos temáticos de pesquisa (movimento operário, sindicalismo, populismo, marginalidade, dependência e subdesenvolvimento, questão agrária etc.), autores latino-americanos debruçaram-se sobre a especificidade da reprodução contraditória das relações de produção capitalistas em seus respectivos países.[667] De maneira explícita ou não, muitos deles se utilizaram de elementos da teoria do desenvolvimento desigual e combinado para tentar dar conta das particularidades das formações sociais em questão e das raízes socioeconômicas dos movimentos de libertação.[668] Evidentemente, tratava-se de vertentes e autores (Rodolfo Stavenhagen, Florestan Fernandes, André Gunder Frank, Ruy Mauro Marini, Aníbal Quijano, Octávio Ianni etc.) cujas biografias eram distantes dos esquemas apegados à ideologia "modernizadora" e às teses "dualistas".

Para Löwy, a teoria do desenvolvimento desigual e combinado teve como maior representante na história do marxismo latino-americano o nome de José Carlos Mariátegui. Trata-se do precursor desse modelo de análise entre o específico e o universal, anterior à dogmatização burocrática e ao triunfo do stalinismo na década de 1930. Com efeito, Mariátegui concebe o marxismo como um "método" flexível, aberto e crítico, e não como "uma corrente de princípios de consequências rígidas, iguais para todos os climas históricos e todas as latitudes sociais"; pois, "em cada país, em cada povo, opera e atua sobre o ambiente, sobre o meio, sem descuidar de nenhuma de suas

---

[667] Para uma análise sobre a influência da teoria do desenvolvimento desigual e combinado entre os intelectuais brasileiros, ver Felipe Demier, "A lei do desenvolvimento desigual e combinado de León Trotsky e a intelectualidade brasileira". In: *Outubro*, São Paulo, n. 16, 2007, p. 75-107.

[668] Michael Löwy, *A guerra dos deuses:* Op.cit. ,1998, p. 79.

modalidades".[669] É verdade que a expressão "desenvolvimento desigual e combinado" não estaria exposta em nenhum dos escritos do intelectual peruano. Não obstante, deles se pode deduzir essa ideia, principalmente da análise mariateguiana sobre a formação social peruana e o papel das comunidades rurais indígenas dentro de um processo revolucionário socialista.

Michael Löwy conhece a obra de JCM desde os tempos de estudante universitário na USP, no final da década de 1950. *Provavelmente*, tomou conhecimento pela primeira vez do autor peruano por meio de algum opúsculo sobre marxismo na América Latina em que Mariátegui era, quando muito, apenas coadjuvante no debate das ideias socialistas. Ressalte-se que o tema que o atraiu foi eminentemente político: a proposta de uma alternativa socialista para América Latina.[670] De acordo com Luiz Bernardo Pericás,

> Michael Löwy também se entusiasmaria com o pensamento de Mariátegui no mesmo período, em meados da década de 1970, quando comprou a coleção de suas obras completas numa visita que fazia ao México. Ele já havia realizado uma conferência em 1960, para um círculo marxista na USP, sobre o "socialismo na América Latina", na qual fizera extensa referência ao teórico peruano. Esse fato, por si só, já o coloca, mesmo que marginalmente, entre os pioneiros do mariateguismo no Brasil. Mas sua palestra teria sido preparada a partir de fontes secundárias. Quando a edição francesa dos *Sete ensaios* foi lançada pela Maspero, a obra naquele momento, contudo, não lhe chamou atenção. Só mesmo quando adquiriu a [obra] mariateguiana no México é que começou a estudar *sistematicamente* o autor de *La escena contemporánea*.[671]

Ao que tudo indica, o entusiasmo de Michael Löwy pelo conjunto da obra de Mariátegui é precedido, em um primeiro mo-

---

669 José Carlos Mariátegui, "Mensaje al Congreso Obrero". Em IP, p. 112.

670 Segundo Michael Löwy, em correspondência com Deni Alfaro Rubbo em agosto de 2017.

671 Luiz Bernardo Pericás, "José Carlos Mariátegui e o Brasil". In: *Estudos Avançados*, São Paulo, v. 24, n. 68, 2010, p. 346.

mento, por um vivo interesse na constituição da história da recepção das ideias políticas do marxismo na América Latina, onde o sociólogo situa o pensamento de Mariátegui no coração do marxismo crítico latino-americano. Caracterizado por um forte interesse político nessa fase de sua produção, a leitura de Löwy eleva Mariátegui à condição de pensador da América Latina, e não apenas à de intelectual datado que reflete sobre temas crônicos da vida nacional peruana. Contudo, outras dimensões da obra mariateguiana ficariam ausentes nesse momento.[672]

> Nos anos 1970, começo a aprofundar estes estudos. Aproveitando as minhas viagens ao México, eu ia a um sebo da capital, que tinha muita coisa; fui juntando para me documentar. Comecei a preparar aquela antologia sobre o marxismo da América Latina – que saiu no fim dos anos 1970. E, realmente, de todos esses pensadores latino-americanos, quem mais me impactou foi Mariátegui. Já nessa época comecei a estudá-lo. Mas embora entusiasmado, eu ainda não tinha, naquela época, chegado a ter uma boa compreensão da importância de sua obra. Quer dizer, eu o via um pouco num contexto mais específico. Mas já naquela época eu dizia que ele era o pensador marxista mais importante da América Latina.[673]

Precursor de uma "síntese dialética entre o universal e o particular", tal como assevera Michael Löwy,[674] *Siete ensayos de interpretación de la realidad peruana* pôs em prática uma análise marxista da formação social latino-americana concreta. A leitura do Peru baseava-se na unidade substantiva do tempo histórico que, ao mesmo tempo, desenvolvia uma multiplicidade de determinações. Na proposta formulada no primeiro capítu-

---

[672] Segundo Michael Löwy, em entrevista com Deni Alfaro Rubbo e Luiz Bernardo Pericás em novembro de 2012. Voltaremos a esse assunto no próximo item.

[673] Ana Vládia Cruz e Yuri Martins Fontes, "Entrevista exclusiva com Michael Löwy". In: *Mouro*. Op. cit., p. 267.

[674] Michael Löwy, "Pontos de referência para uma história do marxismo na América Latina". Op. cit., p. 17.

lo desse livro ("Esquema da evolução econômica"), Mariátegui entende que a formação histórico-social peruana ancora-se em uma perspectiva "estrutural, global e histórica"[675] de elementos desiguais, contraditórios e combinados. Com efeito, a originalidade histórica e teórica da experiência peruana decorria da coexistência de três economias distintas (economia "feudal", "comunista indígena" e "burguesa").[676] O "feudalismo" (ou "semifeudalidade"), "servidão" e "capitalismo" não constituiriam modos de produção separados atuando em um mesmo território. Desse modo, os estudos de JCM sobre o Peru mostrariam a imbricação entre capitalismo, feudalismo e, na verdade, a sobrevivência de tradições indígenas pré-colombianas, cuja combinação tornaria a sociedade peruana "explosiva".[677]

De fato, entre a Europa Ocidental e a região latino-americana ocorria uma interdependência conflitiva que devia ser definida em sua especificidade. As relações de produções na história andina eram completamente diferentes das relações análogas na história europeia. A "recusa da ideologia do progresso e da imagem linear e eurocêntrica da história universal",[678] traço essencial do marxismo de Mariátegui, explica o problema em torno da sobrevivência do coletivismo agrário nas comunidades indígenas.[679]

Nem mesmo o advento da Conquista suprimiu as características coletivistas da comunidade indígena herdadas das antigas co-

---

675 Edgar Montiel, "Un pionnier péruvien de l'analyse sociale: José Carlos Mariátegui (1895-1930)". In: *Revue Internationale des Sciences Sociales*, Paris, v. 31, 1979, p. 190-197.

676 José Carlos Mariátegui. *Siete ensayos...* [1928]. Em SEIRP, p. 28.

677 Segundo Michael Löwy, em correspondência com Deni Alfaro Rubbo em agosto de 2017.

678 Alberto Flores Galindo. "La agonía de Mariátegui. La polémica con la Komintern". In: *Obras completas*, tomo IV. Op. cit., p. 434.

679 Como foi visto anteriormente, o sociólogo peruano Aníbal Quijano designa a análise do "desenvolvimento desigual e combinado" como "heterogeneidade histórico-estrutural". Ela representaria a confluência entre o "marxismo crítico latinoamericano" e a perspectiva da "descolonização epistemológica".

munidades autossuficientes *ayllus*. Mariátegui denominou essa formação social de "comunismo agrário".[680] Independentemente do uso da terminologia e das limitações impostas ao conhecimento sobre a sociedade inca, Mariátegui insistia no "comunismo agrário" como um ritmo social e histórico que poderia ser um instrumento para recuperar a tradição histórica peruana. As relações culturais e o caráter capitalista da (super)exploração do campesinato indo-americano tinham forma distinta das relações entre os camponeses pequenos proprietários da França do século XIX. Desse modo, Mariátegui rompia, segundo Löwy, com uma concepção rígida de história universal sobre a evolução humana segundo o marxismo da Internacional Comunista (IC).

Essas formulações tiveram um impacto decisivo nas diferentes posições políticas defendidas na primeira Conferência Comunista Latino-Americana (Buenos Aires, 1929). Para a Internacional Comunista, o Peru era uma sociedade agrária "semicolonial e feudal" e o papel da burguesia "nacional" era entendido como "progressista". A consequência prática disso era a proposta de uma revolução democrático-burguesa. Para os delegados peruanos e para Mariátegui,[681] tratava-se de um mundo onde coexistiam temporalidades discordantes nas relações sociais peruanas: o incipiente capitalismo com o feudalismo herdado da colônia e do comunismo agrário. Assim, o coletivis-

[680] Noventa anos depois da publicação do *Siete ensayos*, comentadores de Mariátegui (incluindo Löwy), mesmo os mais entusiasmados, parecem coincidir acerca de que o termo "comunismo agrário" seja um dos pontos fracos do arsenal mariateguiano. Ver, dentre outras, a famosa crítica de Robert Paris. "José Carlos Mariátegui et le modèle du 'communisme' inca". In: *Annales. Économies, Sociétés, Civilisations*. Paris, v. 21, n. 5, 1966, p. 1065-1072.

[681] Não custa lembrar que, incapacitado fisicamente de participar da conferência, Mariátegui enviou duas teses, sobre a questão indígena ("O problema das raças na América Latina") e sobre a questão imperialista ("Ponto de vista anti-imperialista"), por meio de dois delegados peruanos, Hugo Pesce e Julio Portocarrero.

mo comunal poderia servir de base para o desenvolvimento do socialismo no Peru.[682] Não por coincidência, Michael Löwy[683] aponta uma "afinidade eletiva" entre a concepção das comunidades rurais indígenas levantada por Mariátegui e os argumentos expostos por Marx na correspondência com os populistas russos, que rompem com a interpretação unilinear e evolucionista do materialismo histórico.[684]

Diante do diagnóstico do amálgama de diferentes ritmos nas relações sociais de produção na periferia do capitalismo mundial, uma das consequências políticas mais importantes de Mariátegui foi assinalar a incapacidade de um desenvolvimento capitalista autônomo no Peru, dominado pelo imperialismo e pela propriedade agrária. Ainda que Mariátegui demonstrasse ambiguidade na estratégia adotada pela IC na China, ele se recusava a aplicar a mesma orientação na América Latina: a burguesia "nacional" estaria impossibilitada de encabeçar um projeto democrático e revolucionário no Peru, pela sua fraqueza e insegurança econômica. A única solução encontrada diante da combinação explosiva de ritmos dissonantes no Peru seria a de um socialismo indo-americano como parte de um processo de revolução mundial.

---

682 Cf. Alberto Flores Galindo. "La agonía de Mariátegui. La polémica con la Komintern". In: *Obras completas*, tomo IV. Op. cit., p. 410.

683 Michael Löwy, "Dialética revolucionária contra a ideologia burguesa do progresso". In: Karl Marx e Friedrich Engels. *Lutas de classes na Rússia*. São Paulo: Boitempo, 2013, p. 14-15.

684 "Na realidade, [Mariátegui] não conheceu o Marx das quatro redações d'*O capital*, nem o estatuto abstrato do desenvolvimento do conceito do capital etc., mas assentou-se claramente numa práxis política perfeitamente delimitada à América Latina. Nesse sentido, é preciso localizá-lo na tradição iniciada por Marx na década de 1870 e depois de sua 'virada' [os escritos sobre a Rússia]: a práxis, a realidade histórica determina a teoria – e não o contrário". Enrique Dussel. "Del último Marx a América Latina". In: *El último Marx (1863-1882)*. México: Siglo XXI, 1990, p. 282.

Nessa breve apresentação em que Michael Löwy evidencia o marxista peruano, a atenção é voltada especialmente para sua *intensa atividade política*: 1) a rejeição de Mariátegui em torno do APRA (Aliança Popular Revolucionária Americana); 2) a participação indireta na I Conferência Comunista Latino-Americana através do envio de duas teses; 3) a decisão de não tomar partido no conflito entre Stalin e a Oposição de Esquerda, apesar da admiração pela figura do comandante do exército vermelho. Também, o relevo da mediação política pode ser confirmado na própria seleção de textos para compor a antologia nessa primeira edição: *Carta Colectiva del Grupo de Lima* (1929) e *Punto de Vista Antiimperialista* (1929) – ou seja, dois registros e documentos claramente carregados de posicionamento político.[685] No primeiro texto, "prova" da discordância com a APRA; no segundo texto, um documento político profundamente heterodoxo – há quem diga, inclusive, que seja um dos textos mais "trotskistas" de Mariátegui.[686]

Assim, em Löwy, o marxismo antidogmático e antipositivista de Mariátegui permitiu não só problematizar, mas rejeitar totalmente a hipótese política de revolução democrático-burguesa na América Latina defendida por Stalin, optando, contrariamente, por uma estratégia política que combinaria simultaneamente tarefas socialistas e democráticas, objetivos agrários e anti-im-

---

685 Das inúmeras reedições para diversas línguas que da antologia, as mudanças basicamente voltaram-se para a inclusão ou exclusão de textos, notadamente na adição da seção "Novas tendências". Na edição brasileira de 2006 e chilena de 2007, por exemplo, apenas "Ponto de Vista Antiimperialista" permaneceu do original e acrescentou-se a inclusão de três textos: "Aniversario y Balance" (1928), um balanço editorial do segundo aniversário da revista *Amauta*, "Prólogo a Tempestad en los Andes" (1927), e "El problema de las razas en América Latina", fragmento do comunicado enviado à Conferência Comunista de 1929, dedicado aos problemas dos camponeses indígenas e sua inserção na luta de classes.

686 Segundo Gustavo Codas, entrevista com Deni Alfaro Rubbo, São Paulo, novembro de 2017.

perialistas. A escolha política dever-se-ia principalmente a uma compreensão não linear da dinâmica da história e à combinação *sui generis* de ritmos históricos distintos no desenvolvimento capitalista dos países latino-americanos. Afinal, essa atitude intransigente frente às versões fatalistas e lineares da história "permite Mariátegui libertar-se do evolucionismo stalinista, com sua versão rígida e determinista da sucessão das etapas históricas, que o Comintern do fim dos anos 20 estava começando a disseminar por toda América Latina".[687] Aos olhos de Löwy, uma das conclusões políticas mais fortes de Mariátegui é a formação de uma burguesia nacional peruana diferenciada, pois demonstraria na prática uma *incapacidade* de realizar o projeto de "revolução democrática" na economia e no Estado, por sua subordinação congênita à burguesia industrial europeia.

II. Um Mariátegui "trotskista": polêmica com Agustín Cueva

A circulação da antologia organizada e introduzida por Michael Löwy evidentemente ganhou um número expressivo de leitores principalmente com sua versão em castelhano, pela editora mexicana ERA, publicada apenas dois anos depois, em 1982, do lançamento original em francês.[688] Muito além de apresentar um panorama das ideias marxistas no continente através de farta bibliografia, ficava visível na obra de Löwy a demarcação de seu posicionamento fruto da militância política na corrente trotskista francesa. Ela reforçava não apenas às correntes minoritárias e alternativas aos PCs, mas pela (implícita) leitura "trotskista" sobre Mariátegui.

É preciso fazer constar que o intelectual franco-brasileiro não era um desconhecido no debate intelectual marxista na América hispano-americana quando publicou sua antologia. Se durante a

[687] Idem, p. 19.

[688] Michael Löwy (org.). *El marxismo en América Latina (de 1909 a nuestros días)*. México: Era, 1982.

década de 1970, Löwy publicou apenas dois livros em português de maneira "ocasional", a coletânea intitulada *Método dialético e teoria política*[689] e *Para uma sociologia dos intelectuais revolucionários* (sua segunda tese de doutorado),[690] por outro lado, no México, cinco livros de sua autoria haviam sido traduzidos e publicados. De certo modo essa assimetria era também reflexo do distanciamento de Löwy com o Brasil – ele apenas retornaria ao país em 1980 depois de 19 anos (!), e a partir de 1984 começaria a visitar regularmente retomando contatos universitários, familiares e pessoais. Em compensação, durante a década de 1970 viajou ao México algumas vezes estabelecendo vínculos acadêmicos, políticos e editoriais. No país asteca publicou *El pensamiento del Che Guevara* e *La teoría de la Revolución en el joven Marx*, em 1971; *Dialéctica y Revolución*, em 1975 e *Para una sociología de los intelectuales revolucionarios: la evolución política de Lukács 1909-1929*, em 1978. O Editorial Siglo XXI, criado em 1965, pelo lendário editor Arnaldo Orfila Reynal, que conseguiu consagrar-se em um decisivo trabalho na Fondo de Cultura Económica (FCE), uma editoria que revolucionou a língua castelhana com um catálogo com Karl Marx, Max Weber, Juan Rulfo, Octavio Paz, Jorge Luis Borges, Carlos Fuentes, dentre outros. A fundação de Siglo XXI retomaria o projeto de traduzir e apresentar o "pensamento crítico" dos principais investigadores da América Latina.[691] *El pensamiento del Che Guevara* foi o primeiro livro pu-

---

689 Rio de Janeiro: Paz e Terra, 1978. Curiosamente, o interesse do mercado editorial brasileiro pela produção de Löwy ocorreu, pela primeira vez, somente em 1978, de modo fortuito. Segundo Michael Löwy, "foi graças ao meu amigo Reginaldo Di Piero, que vivia em Paris, e organizou uma coletânea de meus ensaios para a Editora Paz e Terra". (Coleção Pensamento Crítico). Segundo Michael Löwy, em entrevista com Deni Alfaro Rubbo em fevereiro de 2018.

690 São Paulo: Livraria Editora Ciências Humanas, 1979. O livro foi publicado na Coleção História e Política dirigida por Reinaldo X. Carneiro Pessoa e Marco Aurélio Nogueira.

691 Gustavo Sorá, *Editar desde la izquierda: la agitada historia del fondo*

blicado de Löwy, graças ao parecer favorável de Orfila Reynal. Os outros três livros de Löwy foram publicados por intermédio de José Aricó, que ocupava o posto de diretor na *Biblioteca del Pensamiento Socialista* da Editorial Siglo XXI. Paralelamente, a editora mexicana Era, fundada em 1960, que publicou a antologia de Löwy sobre o "marxismo latino-americano", também tinha um perfil explicitamente de "esquerda" com um catálogo "mítico", editando nomes como os intelectuais mexicanos Pablo González Casanova e Adolfo Sánchez Vázquez, Adolfo Gilly como também *Cuadernos de la cárcel*, de Gramsci e as obras de Lukács.[692]

Outro fator que justifica o interesse ativo pela América Latina por parte Michael Löwy foi a construção de diagnósticos teóricos e políticos sobre a situação do subcontinente. Em 1977, junto com o companheiro de militância e de universidade Eder Sader, que naquele momento também lecionava na Universidade de Paris VIII (Vincennes) e era um dos principais responsáveis pelo trabalho exterior do MIR chileno, publicou um artigo na revista mexicana *Cuadernos Políticos*, editada pela Era, cujo tema concentrava-se no problema histórico da "militarização do Estado na América Latina". Procurando distanciar-se da tese de que o "poder militar" não se define com o "puramente militar" nem com o "apolítico", Sader e Löwy argumentavam que as ações de defender ou derrubar governos ocupam o primeiro plano da política. Numa análise panorâmica, buscaram mapear os "tipos" de governos militares, inclusive os que chamaram de "bonapartismo militar".[693]

---

de cultura económica y siglo XXI. México: Siglo XXI, 2017.

692 Arturo García Hernández, "Editorial Era, 50 años de independencia". In: *La Jornada*, 21 de dezembro de 2009, p. 8. Disponível em: < http://www.jornada.unam.mx/2009/12/21/cultura/a08n1cul> Acesso 01.02.2017.

693 Eder Sader e Michael Löwy, "La militarización del Estado en la América Latina". In: *Cuadernos Políticos*, n. 13, México: Era, 1977, p. 58-75.

Assim, mais conhecido no México do que no Brasil durante a década de 1970, muito da ótica de Löwy sobre Mariátegui advém desse período de transição histórica pela qual atravessa a esquerda revolucionária latino-americana. Ela passa necessariamente pelo filtro da produção intelectual e de empreendimentos editoriais do porte de José Aricó e da antologia prefaciada por Jímenez Ricárdez[694] porque valorizam a heterodoxia como uma estratégia de investigação sendo, portanto, essa perspectiva uma virtude e não uma limitação, *desviante* da tradição stalinista do marxismo na América Latina.[695] Apesar de instalado (definitivamente) em Paris, os influxos políticos da esquerda "revolucionária" do Novo Continente não passaram incólumes pelo intelectual franco-brasileiro, condicionado pelo debate da esquerda francesa e pela linha política da organização na qual Löwy militava, a LCR. No caso de sua peculiar interpretação, foi a maneira que encontrou naquele momento o desvio ancorado precipuamente na similitude entre as concepções de Trotski acerca da revolução permanente e a concepção socialista de JCM.[696]

Evidentemente, a leitura de Löwy sobre a história do marxismo na América Latina nas fileiras das correntes antistalinistas não repercutiu de maneira aceitável. O exemplo mais importante foi um ensaio intitulado "El marxismo latino-americano: história y problemas actuales"[697] publicado em 1987 pelo sociólogo

---

694 Rubén Jiménez Ricárdez. "Prólogo". In: José Carlos Mariátegui. *Obra Política*. Cidade do México: Ediciones Era, 1978, p. 9-43.

695 José Aricó (org.). *Mariátegui y las orígenes del marxismo latinoamericano*. Cidade do México: Pasado y Presente, 1978.

696 Antes mesmo da publicação da antologia *Le marxisme en Amérique latine*, Löwy escrevera inúmeras análises políticas sobre o continente, por meio do pseudônimo Carlos Rossi. Sob forte influência trotskista, em 1972, ele já assinalaria que os primeiros marxistas do continente, dentre eles, Mariátegui, "formularam teses cuja orientação geral era a da revolução permanente". Carlos Rossi [i.e. Michael Löwy], *La révolution permanente en Amérique latine*. Paris: Maspero, 1972, s/p.

697 Agustín Cueva. "El marxismo latinoamericano: historia y problemas actuales" [1987]. In: Alejandro Moreano (org.). *Entre la ira y la*

equatoriano Agustín Cueva (1937-1992), na qual abriu uma polêmica com algumas das hipóteses centrais presentes na antologia em questão. É preciso fazer constar que esse interessante debate foi pouquíssimo notado[698] não apenas pelos especialistas sobre Mariátegui, como também pelos pesquisadores da história do marxismo latino-americano. No Brasil, por exemplo, o ensaio de Agustín Cueva sequer foi traduzido. Por outro lado, o trabalho de Löwy é uma referência constante nos estudos sobre pensamento político e social na América Latina. Por conseguinte, trata-se de um contraponto às teses de Löwy que precisa ser conhecido com o objetivo de enriquecer as controvérsias da história da recepção de Mariátegui nas ciências sociais.

De qualquer modo, no momento da publicação do ensaio, Cueva já era um *sociólogo marxista* conhecido pelas suas produções acadêmicas sobre a América Latina, principalmente no que diz respeito aos temas "clássicos" do marxismo: exame das leis econômicas do desenvolvimento do capitalismo como modo de produção, análise do caráter dos regimes autoritários, investigação da máquina política do Estado do continente. Destaca-se, principalmente, a obra *El desarrollo del capitalismo en América Latina* de 1977,[699] da qual logrou premiações (como Prêmio Ensaio Siglo XXI), dezenas de edições em espanhol e traduções para diversas línguas. Anteriormente, sua produção

---

esperanza y otros ensayos de crítica latinoamericana. Buenos Aires/ Bogotá: CLACSO – Siglo del Hombre Editores, 2008, p. 177- 200.

698 Uma exceção é o trabalho do argentino Miguel Mazzeo que apresenta esses dois trabalhos a partir da discussão das diferentes periodizações sobre a história do marxismo latinoamericano. Ver Miguel Mazzeo. *El socialismo enraizado: José Carlos Mariátegui: vigência de su concepto de "socialismo práctico"*. Lima: Fondo de Cultura Económica, 2013, p. 159-163.

699 Agustín Cueva. *O desenvolvimento do capitalismo na América Latina*. São Paulo: Global, 1983.

acadêmica restringia-se à análise da cultura e política do Equador, especialmente ensaios sociológicos sobre literatura.[700]

Com o Golpe Militar no Equador em 1972, Cueva ficou proibido de permanecer no país. Depois de uma breve passagem no Chile, onde ministrou alguns cursos na Universidade de Concepción, estabeleceu-se no México a partir de setembro de 1973. A convite de Pablo González Casanova, que exercia o cargo de reitor da Universidade Nacional Autónoma do México (Unam), Cueva ingressa como professor da Faculdade de Ciências Políticas e Sociais da Universidade. Na função de docente e pesquisador promoveu inúmeros debates e intercâmbios profissionais ocorridos no espaço do Centro de Estudos Latino-Americanos (Cela). É interessante fazer constar que esse movimento biográfico itinerante – que marcou nessa época tantas trajetórias de cientistas sociais – certamente o influenciou a construir uma análise sociológica dos problemas na América Latina a partir de uma perspectiva global. Com a permanência das ditaduras militares na América Latina, o México tornou-se uma "terra receptora de exilados" aos desterrados políticos e aos intelectuais (comumente de esquerda), possibilitando, em muitos casos, vínculos nas universidades para continuarem suas pesquisas e fortalecerem o pensamento crítico no continente.[701] A situação no México passava por um período de extrema polarização política entre Estado e estudantes, cuja repressão sangrenta de Tlatelolco, ocorrido em 1968, fora o ápice dessa tensão. Ao mesmo tempo, a expansão da Unam por meio de um conjunto de iniciativas editoriais e fundação de revistas, o processo de institucionalização da sociologia, canalizavam um alto grau de politização da vida intelectual na capital

---

[700] Maria Lígia Coelho Prado. "A trajetória de Agustín Cueva". In: *Estudos Avançados*, São Paulo, v. 6, n. 16, 1992, p. 203.

[701] Ver Carlos Vejar Pérez-Rubio (org.). *El exilio latinoamericano en México*. México: UNAM-CEIICH, 2003.

mexicana.[702] Isso fornecia, em certa medida, possibilidades de refletir, escrever e debater sobre os rumos da América Latina.

> [o] México tinha o atrativo de uma universidade de profunda raiz latino-americana e na área de ciências sociais, a busca e a aceitação dos mais plurais pensamentos. No entanto, nossa universidade não estava distante de uma profunda crise. Não havíamos assimilado 1968, e menos ainda o massacre com que terminou o breve renascimento do movimento estudantil em 1971. Eram, pois, tempos sombrios do ponto de vista do movimento democrático, contudo, como tem ocorrido em outras épocas, em que o exercício da crítica não se deteve, nem nas aulas nem nas salas de conferências. E uma das zonas que mais cresceram desde então foi, sem dúvida, a de estudo da América Latina.[703]

Desse modo, esse sistema universitário mexicano foi onde Cueva encontrou abrigo profissional, bem como inúmeros intelectuais exilados, para dar continuidade às suas reflexões sobre o continente. Ademais, embora Cueva se declarasse marxista, jamais havia se filiado a nenhum partido. Não era um militante no sentido clássico. Ele pode ser caracterizado naquilo que Louis Althusser declarou de "fazer política na produção teórica". Descrevendo o perfil político do sociólogo equatoriano, Raquel Sosa Elízaga, pesquisadora do CELA e amiga de Cueva, afirma que ele "era um militante comunista, contudo, diferentemente dos seus colegas, não era um militante. E isso, naquela época, talvez somente no México era realmente possível sem que desse lugar ao ostracismo".[704]

Portanto, a princípio, justifica-se o interesse do "comunista sem militância" pelo tema da antologia publicada por Löwy.

---

[702] Luiz Carlos Jackson e Alejandro Blanco, "O caudilho da sociologia mexicana: Pablo González Casanova e a democracia no México". In: *Tempo Social*, Revista de Sociologia da USP, São Paulo, v. 28, n. 3, 2016, p. 129, 131.

[703] Raquel Sosa Elízaga, "Agustín Cueva: un itinerario crítico". In: *Estudios Latino-americanos*, Unam, México, n. 11-13, v. 6, 1992, p. 11.

[704] Idem, p. 12.

No ensaio de Cueva o *leitmotiv* é problematizar a ideia de *dependência* absoluta dos partidos comunistas latino-americanos em relação à Internacional Comunista, promovida, segundo ele, pelas classes dominantes e o imperialismo, pelo movimento trotskista e alguns PCs. A ênfase na *autonomia* dos PCs perante à IC dada por Cueva iria justamente na direção contrária da tese de Löwy contida no *Le marxisme en América Latine.* Para Cueva, o desenvolvimento dos PCs na América Latina permaneceria mais enraizado nas particularidades da realidade nacional de seus países. E seria justamente a condição de autonomia e não a de dependência os maiores obstáculos das organizações comunistas, como, por exemplo, os desafios dos partidos de construir mecanismos de atração para as massas populares. "Não é porque a IC impôs determinada linha política que alguns PCs tenham sido débeis - e às vezes seguem sendo; ao contrário, parece que foi na medida em que eram débeis e carentes de legitimidade que uma linha 'exterior' parecia se impor."[705]

Somente por essas considerações, fica evidente uma visão da história do marxismo no continente que destoava claramente do trabalho de Michael Löwy. Cueva acrescenta, ademais, questionamentos na periodização formulada pelo sociólogo franco-brasileiro. Considera "fantasiosa" e "carente de seriedade" a divisão do desenvolvimento inicial do marxismo na América Latina promovida por Löwy, principalmente a etapa batizada como "idade obscura", supostamente hegemonizada pelo stalinismo, localizada entre a morte de Mariátegui até 1959, com a Revolução Cubana. Distante de um processo de "degradação do pensamento marxista na América Latina", Cueva assinala, na verdade, um período fértil na cultura política marxista (ou de uma "visão materialista do mundo"), principalmente por meio das produções de poetas (Pablo Neruda, César Vallejo,

[705] Agustín Cueva, "El marxismo latinoamericano: historia y problemas actuales" [1987]. Op. cit., p. 178.

Nicolas Guillén), romancistas (Jorge Amado, Carlos Luis Fallas, Ciro Alegría, Jorge Icaza, Miguel Ángel Asturias), pintores (muralismo mexicano) e arquitetos (Oscar Niemeyer) latino-americanos que fundiram em suas obras raízes populares e uma reinterpretação das tradições autóctones. Ou seja, no período de 1930-1959, de um lado, Löwy considera uma época do marxismo latino-americano degradado e asfixiante; por outro lado, Cueva reputa que foi precisamente nessa época que o marxismo fundiu-se "indissoluvelmente com o nacional popular".[706]

Não obstante, a principal divergência do ensaio de Cueva em relação à Löwy corresponde a outro assunto: a visão "permanentista" sobre JCM. Cabe destacar a influência que o sociólogo equatoriano estabeleceu durante sua trajetória intelectual com a obra mariateguiana. É possível flagrar, por exemplo, diversas menções ao marxista peruano na obra *El Desarrollo del Capitalismo en América Latina*. A própria produção sociológica na área da literatura de Cueva também é um indicativo dessa influência.[707] Ele é testemunha de que a circulação das ideias de Mariátegui foram significativas para os intelectuais de sua geração no Equador. "Para os andinos de minha geração e da precedente, JCM nunca foi um desconhecido. Mais ainda: era impensável, justamente nos anos em que se supõe que o 'Amauta' estava pros-

[706] Idem, p. 183.

[707] Segundo a análise de Nildo Ouriques esse parentesco entre Mariátegui e Cueva teria fortes indicativos na influência do primeiro perante o segundo. "Eu arrisco dizer que *Entre la ira y la esperanza* tem, sem dúvida alguma, a inspiração mariateguiana, tanto no estilo literário quanto na perspectiva teórica assumida pelo peruano na década de 30. De resto, o sociólogo equatoriano sempre fez questão de divulgar seu imenso apreço pelo marxismo de Mariátegui, precisamente um marxismo que não se limitou à reprodução da perspectiva eurocêntrica, mas, ao contrário, ganhou vitalidades a partir da realidade rebelde da América Latina que todo grande pensador precisa entender e transformar". Nildo Ouriques, "Agustín Cueva e a sociologia crítica latino-americana". In: Agustín Cueva. *O processo de dominação política no Equador*. Florianópolis: Insular, 2016, p. 13-14.

crito, que discutiríamos sobre o problema indígena ou agrário, questões literárias, ou sobre o que vinte anos mais tarde se denominaria 'modos de produção', sem conhecer minimamente os *7 ensayos*".[708] Desse modo, tudo indica que a importância de Mariátegui foi fundamental na formação intelectual de Cueva.

Mariátegui estaria no panteão dos clássicos do marxismo da América Latina. Apesar disso – ou por isso – a obra do peruano estaria, segundo Cueva, repleta de "múltiplos mitos", já que estaria reivindicada por um conjunto heterogêneo de tendências e movimentos políticos. Três seriam as distorções sobre a figura de JCM: a imagem de um "heterodoxo" e "dissidente", a suposta apropriação de sua obra póstuma no campo stalinista e a visão de que o autor peruano seria um teórico *stricto sensu*, limitado a um trabalho de reelaboração de categorias e sistemas conceituais. É principalmente no primeiro apontamento de Cueva que reside a polêmica com Michael Löwy, na qual nos deteremos. Afinal, o que significa associar Mariátegui como um perfil "heterodoxo"?

> Parece falso que JCM seja uma espécie de profeta *heterodoxo*, como acreditaram certos marxistas dogmáticos em um determinado momento e, o que é pior, seguem também acreditando os teóricos trotskistas ou alguns publicistas próximos da social-democracia. Ademais, causa espanto que intelectuais da IV Internacional reivindiquem [Mariátegui] como um autor que explicitamente deu razão a Stalin contra Trotsky, inclusive no que se refere à necessidade de desenvolver o socialismo em um só país, e que ainda com maior clareza fez da existência do feudalismo latino-americano o pivô de suas análises brilhantes (um insulto, segundo a interpretação trotskista).[709]

Nesse excerto, Cueva acrescenta ainda uma nota de rodapé acusando Michael Löwy de mutilar o texto "El exílio de Trotsky".[710]

---

[708] Agustín Cueva. "El marxismo latinoamericano: historia y problemas actuales" [1987], op. cit., p. 180.

[709] Idem, p. 179-180.

[710] José Carlos Mariátegui. "El exílio de Trotsky", em *Variedades*. Lima,

Aos olhos do sociólogo equatoriano, essa suposta atitude de Löwy tinha um objetivo: tornar o marxista peruano "um filo-trotskista, sendo que Mariátegui partilhava abertamente a ideia da revolução em um só país".[711]

A crítica de Cueva em relação à Löwy parecia legítima. De fato, o sociólogo franco-brasileiro no afã de destacar a singularidade de Mariátegui, especialmente a estratégia de revolução socialista (e permanente) na América Latina, obliterava ambiguidades constituídas no pensamento de Mariátegui. Todavia, dessa mesma unilateralidade na apropriação de Löwy, sob a imagem de um "mariateguismo-trosko", padece igualmente a visão de Cueva. Ora, afirmar que Mariátegui estava orientado politicamente pela defesa de um socialismo em um país, baseado no fatídico texto publicado em fevereiro de 1929 não parece uma prova irrefutável. É valorizar excessivamente o texto como verdade inquestionável, recaindo num certo filologismo. O primado do texto pelo texto nubla outros condicionantes da obra e práxis de um autor, com o contexto em seus vários níveis. São elementos atuantes no campo de disputa em torno da obra mariateguiana, potencializada nas apropriações políticas-ideológicas. Nesse caso, a disputa é extremamente acirrada, localizando os dois oponentes em direção opostas no sistema político marxista. Um antigo, conhecido e infindável debate na história do marxismo entre os defensores da revolução permanente (Trotski) e os apoiadores da revolução em um país só (Stalin).

Nesse mesmo diapasão, Agustín Cueva apresenta mais um argumento em torno da imagem mítica de Mariátegui: "Surpreende também a força de querer fazer de JCM um dissidente *avant la lettre*. José Aricó, por exemplo, acaba inventando um JCM "antiestalinista", "contrário a visão classista do marxismo oficial" e "criador de um universo que se define mais em termos da cul-

---

23 de fevereiro de 1929. Em FAVM, t. III, p. 27-31.

[711] Agustín Cueva. "El marxismo latinoamericano: historia y problemas actuales" [1987]. Op. cit., p. 180 (nota VI).

tura que os estritamente de classe". Onde expressou semelhantes ideias JCM?",[712] pergunta Cueva. Dessa vez, o comunista dissidente José Aricó é o alvo principal da polêmica; não obstante, a crítica também serviria para Michael Löwy e, na verdade, para todos aqueles que defendem um distanciamento teórico e político de JCM em relação à visão de mundo do marxismo oficial.

Evidentemente traçar um paralelo entre JCM e Stalin não era uma alegação nova. Afinal, o PCP (entre as figuras de Jorge del Prado, Ricardo Luna Vegas, Gustavo Espinosa) a partir da década de 1940 apropriou-se de Mariátegui justamente com o perfil caracterizado por Cueva. Em um primeiro momento, como um "marxista-leninista-stalinista" e, em seguida, como um "marxista-leninista". Ambos em uma perspectiva ortodoxa. Não obstante, no mesmo ensaio Cueva introduz um estranho raciocínio segundo o qual seria equivocado a obra de Mariátegui ser apropriada pelo stalinismo. "Ambos os extremos são falsos", dirá o autor.[713] Paradoxos à parte, a curiosidade é um pressuposto implícito de que a tese do socialismo em um país e o stalinismo são elementos diferentes.

Diante desse quadro é possível afirmar que o polêmico sociólogo equatoriano foi um stalinista assumido? Tudo indica que não. Suas formulações teóricas acerca da especificidade latino-americana estão distantes das abstrações mecânicas e eurocêntricas da corrente stalinista na América Latina. Ao contrário, elas revelam importantes aportes em um debate efervescente nas ciências sociais latino-americanas da década de 1970 e 1980. Ironicamente a sua utilização do conceito de heterogeneidade histórico-estrutural (em um parentesco com Aníbal Quijano) no desenvolvimento capitalista da América Latina tem muitas similitudes com as análises sobre o desenvolvimento desigual e combinado na periferia formulada pelos trotskistas. Sob uma forte influência da teoria do imperialis-

---

[712] Idem, Ibidem.

[713] Idem, Ibidem.

mo de Lenin, Cueva rechaça, por exemplo, a hipótese de teoria (marxista) da dependência – abrindo também uma polêmica com Ruy Mauro Marini (seu amigo da Unam). Pelo perfil teórico das polêmicas políticas que manteve durante toda a vida e sua produção acadêmica, Cueva parece localizar-se em uma postura ortodoxa não-stalinista e antitrotskista: um *leninista*, "crítico da burocracia e do dogmatismo dos Partidos Comunistas latino-americanos" e, sobretudo, caracterizado "por posição militante antitrotskista".[714]

De qualquer modo, podemos observar alguns depoimentos de Löwy na insistência em estabelecer uma aproximação política entre autor de *História da Revolução Russa* e as intervenções de JCM. No entanto, Löwy parece tratar a questão com mais cuidado. Embora não tenha redigido uma resposta oficial à polêmica levantada por Cueva, dirigido, em grande medida, às suas teses presentes na antologia do marxismo na América Latina, Löwy conhecia o ensaio polêmico do sociólogo equatoriano. Evidentemente está em desacordo de vários argumentos levantados pelo ex-professor da Unam; contudo, a crítica aparentemente não o inibiu de aprofundar o assunto. Pelo contrário, serviu provavelmente para Löwy dirigir com mais nuances sobre o tema em que foi criticado da relação entre o pensador peruano e russo.

> Uma questão interessante a discutir é a relação do Mariátegui com o Trotski, que é um tema complexo, porque ao mesmo tempo ele é fascinado por Trotski, há muitas afinidades. As posições dele sobre a revolução latino-americana são muito próximas a Teoria da Revolução Permanente, sem que ele pudesse conhecer, sem qualquer tipo de influência do Trotski sobre ele mesmo, chegou com o seu próprio caminho à conclusão que já não há mais lugar na América Latina para uma revolução burguesa, que a única coisa [inaudível] revolução socialista índio americana política. Então são ideias muito próximas da revolução permanente, sem

[714] Maria Lígia Coelho Prado. "A trajetória de Agustín Cueva". In: *Estudos Avançados*, Op. cit., p. 203.

> que houvesse um conhecimento. Em geral, ele [Mariátegui] tem simpatia com o internacionalismo por Trotsky, mas ele, em última análise, considera que a derrota de Trotsky na União Soviética era inevitável e que a União Soviética passa por um período de refluxo. (...) Ele acaba aceitando o inevitável, a vitória de Stalin e Trotski. Como ele era internacional, consequentemente tinha que estar mesmo, digamos marginalizado nesse processo da União Soviética. Não é que ele seja trotskista, nem que tenha aderido às posições de Trotski, mas vemos em vários artigos que ele tem uma simpatia, mas ele acaba aceitando a vitória de Stalin como correspondendo à data histórica.[715]

Além desse depoimento, o texto intitulado "José Carlos Mariátegui et la révolution permanente",[716] publicado em 1994, na revista trotskista *Inprécor*, em comemoração ao centenário do nascimento de Mariátegui, é o exemplo dessa nova modulação e a introdução de matizes. A analogia política é o mote principal, mas amparado pelo conhecimento que Mariátegui detinha de Trotsky. Não deduz mecanicamente a concepção de revolução peruana e latino-americana de Mariátegui como derivada de Trotsky. Ressalta essa suposta afinidade sem fazer apologia de um "Mariátegui trotskista" ou de um "Mariátegui antitrotskista".

Curiosamente, descortinar a especificidade histórica latino-americana não foi consequência das leituras marxistas de Mariátegui – ao menos parcialmente. O Amauta não conheceu, por exemplo, a correspondência entre Marx e Vera Zasulich sobre a comuna rural russa; tampouco realizou a leitura de *O desenvolvimento do capitalismo na Rússia*, de Lenin, *Balanço e Perspectivas*, *A revolução permanente* e *História da Revolução Russa*, de Trotski, os dois últimos tendo sido publicados somen-

---

[715] Segundo Michael Löwy, em entrevista com Deni Alfaro Rubbo e Luiz Bernardo Pericás em novembro de 2012.

[716] Michael Löwy, "José Carlos Mariátegui et la révolution permanente". In: *Inprécor*, Paris, PECI, n. 385, 1994. Disponível em <http://www.avanti4.be/debats-theorie-histoire/article/jose-carlos-mariategui-et-la-revolution> Acesso em: 01.08.2017.

te após a morte de Mariátegui. No entanto, ele conhecia alguns escritos dos revolucionários russos disponíveis em sua biblioteca particular. Além de conhecer e divulgar alguns textos de personalidades como, sobre Trotski ele tinha um exemplar de *Cours Nouveau*, de *L'Esercito Rosso della Russia* e de *Terrorismo e Comunismo*,[717] escreveu sobre eles em algumas oportunidades e divulgou textos de Lenin e Trotski, na revista *Amauta* (1926-1930), da qual foi diretor-chefe. No entanto, apesar de sua manifesta simpatia por esses autores, tendo em vista especialmente o problema do internacionalismo na revolução socialista que os caracteriza,[718] deduzir a concepção mariateguiana de revolução peruana como influência direta de Lenin e Trotsky seria equivocado. Na realidade, o fundador do socialismo peruano a ela chegava por seu próprio caminho, mediante uma reflexão autônoma e original.[719]

Embora já tivesse escrito quatro artigos inteiros sobre o revolucionário russo, o que mostra uma identidade maior do que

[717] Harry E. Vanden, *Mariátegui: influencias en su formación ideológica*. Lima: Amauta, 1975, p. 77.

[718] Cf. Deni Alfaro Rubbo, "Periférico e cosmopolita: José Carlos Mariátegui, sentinela do internacionalismo na América Latina". In: *Margem Esquerda*, São Paulo, Boitempo, n. 21, outubro 2013, p. 65-77.

[719] Em um texto apresentado no Simpósio Internacional "Trotsky: Passado e Presente do Socialismo" – realizado na Universidade de São Paulo em 1990 –, dirigido à análise exclusiva do significado da teoria da revolução permanente de Trotsky, Michael Löwy segue a mesma direção: "É interessante observar que, no mesmo momento que Trotsky escrevia seu livro [A Revolução Permanente (1930)], o grande pensador latino-americano José Carlos Mariátegui estava chegando por seu próprio caminho a conclusões semelhantes (embora limitadas ao âmbito do continente). Em seu artigo "Ponto de Vista Anti-imperialista", de 1929, Mariátegui afirma que, no quadro do capitalismo, os países da América Latina estão condenados à condição de colônias: à única alternativa à dominação imperialista do continente é uma revolução indoamericana socialista". Michael Löwy, "A revolução permanente: teoria ou profissão de fé?". In: Osvaldo Coggiola (org.). *Trotsky hoje*. São Paulo: Ensaio, 1994, p. 78.

outros personagens do governo soviético como Stalin ou Bukharin, autores que não preparou nenhum texto específico, o imbróglio em relação à visão de JCM sobre Trotsky localiza-se no texto "El exílio de Trotsky", redigido em fevereiro de 1929. O fundador do Partido Socialista Peruano dirá, por exemplo, que Stalin no poder teria "maior capacidade objetiva de realização do programa marxista"; que o "trotskismo é de um radicalismo teórico que não consegue se condensar em fórmulas concretas e precisas",[720] que faltava à Trotski "vinculação sólida e antiga com a equipe leninista: suas relações com a maioria de seus membros haviam sido, antes da revolução, muito pouco cordiais; que o revolucionário russo até 1917 tinha "uma posição quase individual no campo revolucionário".[721]

Tomado ao pé da letra, o texto revela o mais óbvio: a posição favorável à Stalin. Com efeito, essa posição foi usada posteriormente na medida em que aumentava seu prestígio para construir um Mariátegui "politicamente útil" e justificar a sua filiação ortodoxa-stalinista por táticas imediatas do PCP. Todavia, a posição deve ser colocada em um contexto de precária circulação transnacional dos acontecimentos do governo russo (em um momento de peleja ideológica na imprensa mundial em relação à URSS) e de suas elaborações teórico-políticos no seio do debate das estratégias traçadas na América Latina (em especial a posição do PSP com a III Internacional Comunista). Ademais, deve se levar em conta outros apontamentos comumente positivos que o pensador peruano traça em relação ao perfil de Trotski (a qualidade de exímio intelectual e de seus múltiplos interesses, o comandante de uma organização militar), não para superestimá-lo, mas inseri-lo na trama ambígua de referências e notícias, muitas vezes, contraditória que recebia no calor do momento. Nesse mesmo texto supracitado, por exemplo, Mariátegui observa que "a Revolução Russa deve seu

[720] Idem, p. 28.
[721] Idem, p. 29.

valor internacional, ecumênico, seu caráter de precursor do surgimento de uma nova civilização, ao pensamento de Trotski, o qual seus companheiros reivindicam com todo seu vigor e consequência".[722] Aos seus olhos a crítica vigilante do revolucionário russo era um antídoto para que o governo soviético não caísse em um "burocratismo formalista e mecânico".

E o mais óbvio: a pouco mais de um ano de redigir o artigo, Mariátegui perde a vida, o que torna bastante especulativo e improdutivo conjurar para qual lado se posicionaria no embate "stalinismo x trotskismo". Um horizonte não para responder para qual lado da trincheira Mariátegui se colocaria, mas como tentativa de compreender a sua visão peculiar do "político" – que o fez afrontar um político como Haya de la Torre e questionar as versões economicistas do marxismo. Desde 1916 como cronista parlamentar, Mariátegui mostrou-se um crítico feroz da tradição caudilhista no Peru. Assim, o perfil de um político "revolucionário" não podia repetir os traços personalistas da velha política *criolla*.[723]

IV. Utopias românticas, religiosas e libertárias

A partir de meados da década de 1980, os escritos de Michael Löwy terão temáticas e abordagens distintas e evidentemente os artigos produzidos sobre Mariátegui também sofrerão mudanças. Essa virada será muito mais profunda e radical, a ponto de alterar decisivamente a própria *visão de mundo marxista* na trajetória intelectual de Michael Löwy. Isso se deve fundamentalmente à descoberta em 1979 das teses "Sobre o conceito da História" (*Über den Begriff der Geschichte*) de Walter Benjamin, considerado um dos documentos políticos mais importantes do

[722] José Carlos Mariátegui. "El exílio de Trotsky", em *Variedades*. Lima, 23 de fevereiro de 1929. Em FAVM, t. III, p. 27.

[723] Alberto Flores Galindo, "Mariátegui: imagen de un político". In: *Obras Completas*, tomo V. Op. cit., p. 135.

século XX.[724] Segundo Michael Löwy, a exigência fundamental das teses de Benjamin é a sugestão de um novo método para todos os campos das ciências sociais: *interpretar a história do ponto de vista dos vencidos*, utilizando-se fortemente do materialismo histórico.[725]

Nesse encontro decisivo, a trajetória político-intelectual de Michael Löwy incorpora (ou aflora) mais peças na lista dos polos contrastantes inseparáveis: romantismo-revolucionário, disciplinado-libertário e ateu-religioso. Isso é reforçado pelo seu ingresso, a convite de Jean Séguy, no Grupo de Sociologia das Religiões (GSR) do qual se torna membro permanente em 1978. Um ano antes, Löwy havia sido aprovado com um projeto de teoria sociológica para a vaga de pesquisador no CNRS, o que de certa forma foi surpreendente, já que historicamente o perfil da instituição inclinava-se para trabalhos empíricos. Beirando os quarenta anos de idade, ele finalmente se fixa institucionalmente em um centro de pesquisa de prestígio em Paris desenvolvendo um projeto de sociologia do conhecimento[726] – além dos autores

[724] "Descobri as teses no momento em que movimentos populares insurrecionais se desenvolviam na América Central. O documento me permitiu compreender melhor os acontecimentos e, inversamente, estes esclareceram, com uma nova luz, o texto. [...] Mas, acima de tudo, a leitura das 'teses' afetou minhas certezas, transformou minhas hipóteses, inverteu (alguns de) meus dogmas; em resumo, ela me obrigou a refletir *de outra maneira*, sobre uma série de questões fundamentais: o progresso, a religião, a história, a utopia, a política. Nada saiu imune desse encontro capital". Michael Löwy. *Walter Benjamin: aviso de incêndio: uma leitura das teses* "Sobre o conceito de história". São Paulo: Boitempo, 2005, p. 38-39.

[725] Michael Löwy. "El punto de vista de los vencidos en la historia de América Latina: reflexiones metodológicas a partir de Walter Benjamin". In: Miguel Vedda. (org.). *Walter Benjamin, constelaciones dialécticas*. Buenos Aires: Herramienta, 2008, p. 83.

[726] Fruto dessa pesquisa foi publicado *Paysages de la Verité. Introduction à une sociologie critique de la connaissance*, em 1985. No Brasil ele foi publicado em 1987 com um título "brincalhão" – como se referiu

marxistas mencionados, incorpora com mais sistematicidade a leitura do sociólogo húngaro Karl Mannheim.[727]

Na década de 1980, o debate da "crise do marxismo", a "maré baixa da revolução mundial", a aceleração da decomposição da União Soviética, estendia-se mundialmente no âmbito político e na academia em um momento de transição histórica em que a própria definição de intelectuais engajados estava em pauta. Com a ascensão e consolidação no perfil intelectual enquanto "especialista" e "midiático", a leitura benjaminiana da história proporcionou à Löwy um novo horizonte temático combinado com sua posição institucional: o diálogo com autores da Escola de Frankfurt e a visão de mundo do romantismo (que já havia trabalhado em sua segunda tese de doutorado *d'Etat* sobre a evolução política de Lukács[728]) direcionou o interesse de esquadrinhar as conexões entre dimensão espiritual/utópica e marxismo.

Daí a atenção especial na relação entre religião-judaísmo-cristianismo-revolução. Em um primeiro momento, Löwy buscou pesquisar os elos esquecidos entre religião e política na geração de intelectuais oriundos da "Europa Central" (*Mitteleuropa*) que estiveram sob a influência de um rico universo cultural judaico, desaguando em uma particular configuração espiritual: a utopia romântica, o messianismo restitucionista e a crítica do progresso como uma atualização do marxismo.[729]

Leandro Konder –, intitulado *As aventuras de Karl Marx contra o Barão de Münchhausen*. Esse foi o livro de mais sucesso de Löwy no Brasil sendo ele reeditado inúmeras vezes desde sua publicação e leitura "obrigatória" nas disciplinas de sociologia do conhecimento.

727 Sobre a importância de Mannheim em Löwy ver Jean-Paul Willaime, "Idéologie et utopie, Ricoeur et Löwy lecteurs de Mannheim". In: *Cartographie de l'utopie...*, Op. cit., p. 107-115.

728 Ver Michael Löwy. *A evolução política de Lukács: 1909-1929*. São Paulo: Cortez, 1998.

729 Ver Michael Löwy, *Redenção e utopia: o judaísmo libertário na Europa central (um estudo de afinidade eletiva)*. São Paulo: Companhia das Letras, 1989.

Finalmente o tema do judaísmo na cultura "revolucionária" entrava em seu horizonte investigativo para, de certa forma, estabelecer um reencontro com suas raízes familiares e culturais – curiosamente, nos quatro anos que passara em Israel na década de 1960, o tema não chamou sua atenção. Na linhagem peculiar do "judeu não judeu" – expressão de um ensaio de Isaac Deutscher –, é possível clarear muitas das "aventuras" de Löwy por meio da figura do *judeu herege*, "que superou o judaísmo" e "pertence a uma tradição judaica",[730] que viveu nas fronteiras de várias civilizações e culturas nacionais e que dialogou com as mais diversas influências culturais, fertilizando-se uma das outras.[731] Ou também na representação da figura do *luftmensch* ("criatura que flutua no ar, na atmosfera rarefeita de suas ideias e fantasias"), lembrada por Gabriel Cohn, desenvolvida nos guetos judaicos da Europa Central, mas "com os pés solidamente postos no chão da história presente, chegaríamos mais perto da feição de Michael Löwy, esse cosmopolita ateu impregnado até a medula pelo que de melhor o judaísmo ofereceu ao mundo".[732]

Contudo, essa mudança profissional e teórica não ficaria circunscrita a um novo domínio acadêmico com objetivo de explorar o tema da religiosidade. Pelo contrário, estaria intimamente ligada a uma (re)formulação do projeto político socialista profundamente "antiautoritário" de Löwy:

> Marx deliberadamente estabelecia limites severos sobre si mesmo quando se tratava de uma visão utópica. Ele estava convencido de

---

[730] Isaac Deutscher, "O Judeu Não-Judeu". In: *O Judeu Não-Judeu e outros ensaios*. Rio de Janeiro: Civilização Brasileira, 1970, p. 28-29.

[731] Como afiança o próprio intelectual franco-brasileiro: "(...) sinto-me todavia intimamente implicado, focado ou questionado por essa herança cultural, pelo universo espiritual desaparecido do judaísmo centro-europeu, essa estrela extinta cuja luz partida e dispersada viaja ainda através do espaço e do tempo, dos continentes e das gerações". Michael Löwy, *Redenção e utopia...* Op. cit., p. 11.

[732] Gabriel Gohn, "Afinidade e estranhamento". In: *Estudos Avançados*, São Paulo, USP, n. 22, v. 62, 2008, p. 371-372.

> que a preocupação com os problemas relacionados com a realização do socialismo deveria ser deixada para as gerações futuras. Mas nossa geração não pode adotar essa postura. Nós estamos confrontados com sociedades burocráticas pós-capitalistas que se reivindicam como a concretização do "socialismo" e até mesmo do "comunismo".[733]

Com o declínio do comunismo soviético e das organizações leninistas e trotskistas, Löwy restabelece os elos entre projeto socialista, democracia e horizonte utópico como projeto teórico-político de renovação do marxismo:

> Precisamos de uma *utopia marxista* – um conceito herético, mas como poderia o marxismo desenvolver-se sem heresias? Uma utopia que apresente de modo mais adequado possível um imaginário enclave liberado do ainda não existente (u-topos, em lugar nenhum) no qual a exploração dos trabalhadores, a opressão às mulheres, a alienação, a reificação, o estado e o capital sejam todos abolidos. Sem abandonarmos por um instante a preocupação realista com a estratégia revolucionária e a tática com os problemas materiais mesmo da transição ao socialismo, devemos dar ao mesmo tempo rédea livre à imaginação criativa, aos devaneios, à esperança ativa e ao espírito visionário vermelho.[734]

Não é à toa que, a partir desse momento, o sociólogo desenvolve uma clara fascinação pela reflexão histórica e cultural do ideário romântico e sua crítica da civilização capitalista moderna em nome dos valores e ideais do passado. Todavia, o conceito (*Begriff*) de romantismo afiançado pelo sociólogo franco-brasileiro, que estaria disseminado na cultura moderna dos séculos XIX e XX, é uma *reformulação* profunda de uma concepção "clássica" – difundida principalmente nas exposições dos manuais de história literária – segundo a qual considera a corrente romântica apenas como uma escola literária do século

[733] Michael Löwy. "Marxismo e utopia". In: Daniel Bensaïd; Michael Löwy. *Marxismo, Modernidade e Utopia*. São Paulo: Xamã, 2000, p. 127.
[734] Idem, Ibidem.

XIX. Em *Revolta e melancolia: o romantismo na contramão da modernidade* (com a colaboração de Robert Sayre)[735] o romantismo deixa de ser expressão de uma corrente estético-literária datada, com começo, meio e fim. Trata-se de um *movimento da realidade* que se manifesta *em todas as esferas da vida cultural* – incluindo na política, na filosofia, na religião e nas ciências – e que constitui uma das formas fundamentais do espírito moderno. Ou seja, o conceito de romantismo seria, ao mesmo tempo, uma *estrutura de sensibilidade* (Raymond Willians) e uma *visão de mundo* (Lucien Goldmann) claramente mais amplo que a formulação "clássica". Uma manifestação que começa no

> término do século XVIII como *protesto contra o advento da moderna civilização capitalista*, uma revolta contra a irrupção da sociedade industrial/burguesa fundamentada na racionalidade burocrática, na reificação mercantil, na quantificação da vida social e no "desencantamento do mundo".[736]

A referência a um passado (real ou imaginário) não significa necessariamente que ela tenha uma orientação regressiva ou reacionária. Essa concepção é atravessada por correntes políticas e ideológicas as mais diversas e contraditórias, como regressivas e reacionárias, mas também utópicas e revolucionárias. Com efeito, o romantismo *revolucionário* pode dar nome à cultura política mais geral que costurou projetos e utopias de diferentes matrizes durante a história, desde que ancorada em uma visão de ruptura radical autêntica com a modernidade capitalista.[737]

---

[735] Michael Löwy; Robert Sayre. *Revolta e melancolia: o romantismo na contramão da modernidade.* Petrópolis: Vozes, 1995.

[736] Idem, p. 105, grifo nosso.

[737] Vale destacar que a formulação conceitual de uma visão de mundo romântica de Michael Löwy bebe de fontes não marxistas como, por exemplo, a incorporação do conceito weberiano de modernidade, caracterizado pelo "espírito do cálculo, o desencantamento do mundo, a racionalidade instrumental e à dominação burocrática", assim como, para compreender a diversidade de romantismos, é construída uma

Paralelamente em sua fase pós-descoberta de Benjamin, isto é, especialmente a partir dos anos 1980, Löwy restabelece os laços com o Brasil. Atento ao cenário político-cultural na região, ele colocaria paulatinamente no centro de suas preocupações intelectuais a crítica singular da modernidade capitalista que se realizou no subcontinente, através de fenômenos religiosos e autores/movimentos, como o MST, passando pelo zapatismo mexicano aos movimentos indígenas da Bolívia e Equador, em meio às tensões sociais que explodiram com o projeto político do neoliberalismo em toda região durante a década de 1990.[738] O trabalho mais sistemático que representa esses eixos é *The War of Gods. Religion and Politics in Latin America*, publicado em 1996, traduzido para diversos idiomas.[739] Ali, Löwy dedica-se a um estudo sobre os elos entre religião (cristianismo) e política (marxismo) na América Latina, principalmente através do fenômeno da Revolução Sandinista e principalmente da Teologia da Libertação. Foi nesta última que Löwy encontrou uma síntese entre o socialismo e a ética anticapitalista que anima as comunidades de base da Igreja Católica. Por meio de vários partidos, tendência, facções era possível observar que tanto cristãos como marxistas passam a conviver em movimentos sociais e lutas sociais "nas sendas abertas pelos novos caminhos trilhados pelo pensamento libertário (...) herdeiro do marxismo na América Latina, ainda que não exclusivamente".[740]

---

tipologia de romantismos, inspirada metodologicamente em Weber. Marcelo Ridenti. "Romântico e errante". In: *As utopias de Michael Löwy...* Op. cit., p. 172. Ademais, Löwy seria um dos principais defensores da expressão "marxismo weberiano", incorporando certos temas e categorias de Weber, desde que mantida uma abordagem marxista inspirada no método dialético. Cf. Michael Löwy. *A jaula de aço: Max Weber e o marxismo weberiano.* São Paulo: Boitempo, 2014.

738 Fabio Mascaro Querido, *Resistência intelectual e engajamento político...* Op. cit., p. 122.

739 Traduzido para o francês, espanhol e português.

740 Flávio Aguiar, "O pintor e o errante". In: *As utopias de Michael Löwy...* Op. cit., p. 105.

Esse painel descrito de novas leituras e temáticas investigativas mostram parcialmente as mudanças ocorridas na trajetória intelectual de Michael Löwy, que se fixa em um posto institucional em Paris e evidentemente redimensiona seu olhar sobre Mariátegui. O intelectual peruano continua a ser referendado por sua visão radicalmente "heterodoxa" e como expressão autêntica do enraizamento na cultura do continente. Não obstante, o próprio Michael Löwy reconheceria não ter se aproximado de uma compreensão mais "abrangente" da obra de JCM durante os anos anteriores. O pensador peruano era olhado por Löwy em um terreno prioritariamente político, isto é, no campo da estratégia (socialista) da luta de classes na América Latina. Assim, esse registro minimizava a dimensão cultural, filosófica e religiosa e a do pensador *universal* do marxismo (e não *apenas* da América Latina) – dimensões doravante acentuadas nessa nova fase.[741]

Assim, essa nova produção interpretativa de Löwy do arsenal mariateguiano direcionava, como um dos marxistas que intuíram a aliança entre religião e socialismo,[742] a busca de pos-

---

[741] Segundo Michael Löwy, em entrevista com Deni Alfaro Rubbo e Luiz Bernardo Pericás em novembro de 2012.

[742] É curioso constar como a religiosidade que Mariátegui herdou desde sua infância (e não a dimensão religiosa de sua obra) não tenha sido um aspecto de discussão de Löwy, bem como comentários do autor peruano acerca da questão judaica. Sobre este último, vale lembrar que a adesão ao cristianismo por Mariátegui não foi um empecilho para se aproximar de intelectuais ligados a comunidade judia peruana. Em sua residência na rua Washington Izquierda, por exemplo, era frequente a visita do intelectual de Bernardo Regman (um dos fundadores do PSP), de Feldman (comerciante), de Jacobo Lerner (militante comunista) e de Nomi Müllstein e Miguel Adler estudantes). Os dois últimos colaboraram na tradução de artigos do alemão e do russo para a revista *Amauta* e fundou, em abril de 1929, a revista *El Repertorio Hebreo* pela Editorial Minerva. Ver Javier Mariátegui Chiappe, "Miguel Adler y *El Repertorio Hebreo*". Op. cit., p. 169-170. Em diferentes momentos, Mariátegui se referiu ao tema judeu. Ver, por exemplo, José Carlos Mariátegui, "El semitismo y el antisemitismo", em *La escena contemporánea* [1925].

sibilidades contemporâneas de constituição de formas não-capitalistas ("comunistas") da sociedade do passado. "Redescobrir Mariátegui" também tinha um caráter de suas inquietações enquanto militante político. Na América Latina, especialmente em países como Bolívia, Equador, México e Brasil, os movimentos sociais indígenas e camponeses lograram uma centralidade nas lutas sociais na década de 1990 e 2000 até então inéditos, apresentando, formas práticas de resistência e de solidariedade em espaços transnacionais duradouros.[743]

Interessante notar que uma para nova geração de militantes na América Latina, que iniciava suas atividades em meados na década de 1980, isto é, em meio à crise de paradigmas emancipatórios e da entrada do neoliberalismo nas periferias do mundo, a obra de Mariátegui parecia mais resistente a sobreviver do que outros pensadores de matrizes mais clássicas da esquerda. O militante argentino Miguel Mazzeo, por exemplo, testemunha esse descobrimento de Mariátegui à luz da crise dos socialismos reais e de toda ideia de mudança radical:

> Esse foi o contexto que nos permitiu descobrir em Mariátegui as possibilidades de um socialismo sem fórmulas envenenadas, de um marxismo operativo e com firmeza, um pensamento genuíno que traz chaves para a vida prática e também a esperança. Mariátegui nos servia (e nos serve) de ponto de partida na tarefa de ressignificar o socialismo e para desenvolver o marxismo como crítica científico-ética do capitalismo, como programa prático de ação an-

---

Em LEC, p. 208-218; José Carlos Mariátegui, "La misión de Israel", em *Mundial*. Lima, 03 de maio de 1929. Em FAVM, v. III, p. 32-36; José Carlos Mariátegui, "El problema de Palestina", em *Mundial*. Lima, 30 de agosto de 1929. Em FAVM, v. III, p. 62-65.

743 Ver Flávia Braga Vieira, *Dos proletários unidos à globalização da esperança: um estudo sobre Via Campesina*. São Paulo: Alameda, 2011; Andrea Francine Batista, *Consciência e territorialização contra-hegemônica: uma análise das políticas de formação da Via Campesina América do Sul*. São Paulo: Cultura Acadêmica, 2014; Deni Alfaro Rubbo, *Párias da terra: o MST e a mundialização da luta camponesa*. São Paulo: Alameda/FAPESP, 2016.

ticapitalista e projeto de sistema econômico, social e político alternativo. Logo, nossa militância vinculada a organizações populares autônomas e movimentos sociais, nos impôs um lugar hermenêutico (e um recorte da figura de Mariátegui) diferente do que podem oferecer a academia ou os partidos da esquerda dogmática.[744]

Nesse período, a análise crítica de Michael Löwy[745] trabalha com a hipótese de que o teórico peruano pertenceria à corrente marxista *romântico-revolucionária*, constituindo, desse modo, uma crítica marxista da modernidade capitalista.[746] O pensamento dinâmico de JCM detém uma explosividade utópica sem precedentes, manifestada com maior força na autêntica identidade coletiva das populações indígenas e camponesas que *nasce do passado e nutre-se dele, mas não se cristaliza na nostalgia*, isto é, há uma dialética "utópico-revolucionária" entre o pas-

---

744 Deni Alfaro Rubbo, "Heresias revolucionárias na América Latina: de José Carlos Mariátegui aos movimentos populares contemporâneos – Entrevista com Miguel Mazzeo". In: *Revista Lutas Sociais*, Núcleo de Pesquisa e Ideologias, São Paulo, n. 30, 2013, p. 96.

745 Michael Löwy, "Le marxisme romantique de Mariátegui" In: *Concordia. Revue Internacionale de philosophie*. Paris-Francfort, n. 11, 1987. Idem, "Mística revolucionária: José Carlos Mariátegui e a religião". In: *Estudos Avançados*, São Paulo, n. 19, v. 55, 2005; Idem, "Introdução: nem decalque, nem cópia: o marxismo romântico de José Carlos Mariátegui". In: José Carlos Mariátegui. *Por um socialismo indo-americano (ensaios escolhidos)*. Rio de Janeiro: UFRJ, 2005. (seleção e introdução Michael Löwy). Idem, "Le marxisme en Amérique Latine de José Carlos Mariátegui aux zapatistes du Chiapas". In: *Actuel Marx*, Paris, n. 42, 2007; Idem, "L'indigénisme marxiste de Jose Carlos Mariategui". In: *Actuel Marx*. Paris: PUF, n. 56, 2014.

746 "Esse homem condenado a partir de 1924 à imobilidade, sujeito à cadeira de rodas, era o mesmo o que em sua juventude havia subido em um avião, que havia embarcado em Callo e depois na Europa, recorreu intensamente seus caminhos: seguia sendo um 'aventureiro', termo que para Mariátegui, assim como para Freud, tinha uma valoração positiva. *Inscrevia-se na estirpe dos autores românticos*". Alberto Floresta Galindo. "La agonía de Mariátegui. La polémica con la Komintern". In: *Obras completas*.., p. 377, grifo nosso.

sado pré-capitalista e o futuro socialista. Em Löwy, o núcleo irredutivelmente marxista *e* romântico, a um só tempo, estaria principalmente (mas não exclusivamente) na *recuperação crítica do passado e da dimensão imaginária e espiritual da luta*, em um contexto da história do Peru e do socialismo na década de 1920 completamente diferente, portanto, daquele dos pensadores românticos ingleses ou da Europa Central.[747] É nesta última *tipologia* – no sentido weberiano do termo – que o sociólogo franco-brasileiro insere a vida e obra de JCM, o que pressupõe desde já *uma concepção romântica que não é residual.*[748]

[747] Vale a pena conferir também um estudo sobre a vida e obra dos poetas românticos ingleses (principalmente no início da época moderna) sob o punho do historiador inglês E. P. Thompson. *Os românticos: a Inglaterra na era revolucionária.* Rio de Janeiro: Civilização Brasileira, 2002.

[748] Para Leila Escorsim, em oposição direta à análise crítica promovida por Löwy em relação à Mariátegui, a obra do autor de *Sete ensaios* dividir-se-ia em dois blocos: os primeiros passos intelectuais de JCM estariam na trilha de um anticapitalismo romântico (a "idade da pedra", até 1919), e sua "adesão" ao marxismo, depois de seu regresso da Itália em 1923, seria o momento de superação (a "idade da revolução") da fase anterior. A demonstração dessa hipótese assentar-se-ia nos textos canônicos do marxista húngaro Georg Lukács que, especialmente na década de 30, se empenhara em assinalar que os apologistas do "anticapitalismo romântico" desejariam, na verdade, uma sociedade burguesa reacionária que preservasse os restos feudais. Cf. Leila Escorsim. *Mariátegui: vida e obra.* São Paulo: Expressão Popular, 2006. Todavia, a análise lukacsiana do trabalho de Escorsim – trata-se de um trabalho extremamente difundido no Brasil – detém-se na crítica ao romantismo reacionário, manifestada na estética literária, e não ao romantismo de outra natureza política, que teria também posições "revolucionárias". Pode-se argumentar que "a visão nitidamente histórico-concreta", a mensagem de esgotamento da ordem do capital e a construção de uma frente (ampla) organizativa socialista, como se flagra na trajetória de Mariátegui principalmente depois de seu regresso da Europa, não significa ruptura com o "romantismo" – segundo a definição de Löwy. O problema é confundir – como frequentemente ocorre – o romantismo *tão-somente* com doutrinas reacionárias; ao reduzir o fenômeno como algo monolítico, torna-se impossível dar

Afinal, "durante sua estada na Europa, Mariátegui assimilou simultaneamente o marxismo e alguns aspectos do pensamento romântico contemporâneo: Nietzsche, Bergson, Miguel de Unamuno, Sorel, o surrealismo".[749]

É preciso também fazer constar que uma das fundamentações da nova leitura mariateguiana de Michael Löwy dialogou, compartilhou e incorporou trabalhos de autores "mariateguistas" e "gramscianos" (e do círculo de influência de Aricó) como o peruano Alberto Flores Galindo,[750] o chileno Osvaldo Fernandez Díaz e o francês Robert Paris.[751] Trabalhos evidentemente com objetivos e ênfases distintos, mas que convergem em situar o pensamento de Mariátegui em uma tradição "heterodoxa" na cultura política latino-americana. Quais seriam, afinal, as características específicas que revelariam na obra do teórico peruano uma visão de mundo romântica tal como afiança Michael Löwy? Em que lugar e como estaria formulada a ideia de uma *crítica radical à civilização industrial/burguesa moderna*? Na tentativa de sistematizar as ideias propostas por Löwy em seu estudo sobre a obra de JCM, assinalamos a seguir quatro eixos de interpretação do sociólogo marxista:

1) *Renovação do marxismo universal e afinidades eletivas com autores do "marxismo ocidental"*. Visto como um pensador marxista de porte universal, "pela riqueza do seu pensamento, pela ousadia de suas formulações, pela originalidade de sua interpretação do marxismo", Mariátegui é "alguém que renovou o pensamento marxista de uma maneira que tem tanta importância quanto os

---

conta de suas riquezas, de suas ambiguidades e de suas contradições.

[749] Michael Löwy, "Introdução: nem decalque, nem cópia: o marxismo romântico de José Carlos Mariátegui". In: *Por um socialismo indo-americano*. Op. cit., p.10.

[750] Alberto Flores Galindo, "La agonía de Mariátegui. La polémica con la Komintern". Op. cit., p. 365-511

[751] Robert Paris, *La formación ideológica de José Carlos Mariátegui*. México: Siglo XXI, 1982.

autores marxistas europeus", do quilate de um Lukács, Gramsci e Benjamin. Não por acaso, são exatamente esses autores, sobretudo em sua produção juvenil, que Löwy traça algumas "afinidades eletivas" com JCM. Aos olhos de Löwy, o primeiro elemento de convergência mútua seria o de romantismo revolucionário, isto é, uma crítica cultural da sociedade capitalista ocidental moderna. O outro aspecto é o voluntarismo, "todos eles rejeitam o determinismo economicista, o materialismo vulgar do marxismo oficial, todos eles então fazem uma leitura voluntarista do marxismo". Há uma rejeição da filosofia evolucionista e positivista e crítica implacável das ilusões do progresso e da imagem linear e eurocêntrica da história universal. Por exemplo, "Gramsci escreve que a revolução russa foi uma revolução contra *O Capital*, contra uma leitura d'*O Capital* de que a economia vai determinar. E, aliás, existe um paralelismo muito curioso entre um texto do jovem Lukács e um texto do Mariátegui sobre os bolcheviques, o voluntarismo bolchevique".[752] No entanto, o "combate" duro e acertado da leitura economicista não fez com que a análise de Löwy evitasse admitir "excessos voluntaristas" do pensador peruano, isto é, uma atitude de clara inspiração idealista.

A terceira e última similitude é que os quatro autores compartilhariam também da leitura intempestiva de do socialista francês Georges Sorel:

> Mais especificamente os quatro compactam muitos elementos entre eles. (...). Por exemplo, há um interesse de todos os quatro com Georges Sorel, que não é um personagem "clássico" do percurso marxista – Marx, Lenin, Trotsky... não, ele está fora disso aí. Ele [Sorel] é um pouco confuso, mas ao mesmo tempo ele se interessa pelo marxismo. Depois ele passa um período que vai para direita, depois pula para esquerda. Lenin diz que é um confucionista, ele é um "marxista confucionista". Mas a crítica que Sorel faz ao marxismo reformista é interessante. Ele levanta ideias instigantes, provocadoras e não é por acaso que o jovem Lukács, o

---

[752] Segundo Michael Löwy, em entrevista com Deni Alfaro Rubbo e Luiz Bernardo Pericás em novembro de 2012.

jovem Gramsci, o jovem Benjamin, são fascinados por Sorel. Ou seja, eles tratam de dialogar com Sorel, se apropriar de suas ideias e tentar fazer uma leitura marxista dele, e isso está presente em Mariátegui. A única diferença é que eles, na medida em que vão se tornando marxistas, vão se afastando de Sorel com uma etapa, enquanto Mariátegui procura combinar Marx e Sorel até o fim de sua vida. Isso é uma diferença. Mas o fato é que todos os quatro num determinado momento têm uma referência do pensamento soreliano, acho que isso é um elemento comum.[753]

2) *Uma interpretação do marxismo que leva em conta a dimensão espiritual e ética do combate revolucionário.* Por falar em Sorel, o mito é provavelmente a ideia-força que Löwy mais destaca no pensador peruano. O termo de origem religiosa teria uma significação mais ampla – secular –, referindo-se à dimensão espiritual e ética do socialismo e à emoção revolucionária: a fé (mística), solidariedade, a indignação moral, o compromisso total com o risco da própria vida (ao que ele chamava de 'heroico')".[754] O mito é semelhante à definição que o filósofo Henri Lefebvre tem de utopia: um "sentimento não prático do possível" como condicionante crítico das "ilusões do progresso". Para Löwy essa correspondência entre socialismo e religião na obra de JCM tornou-se mais obsessiva através do contato com as obras de Georges Sorel e com as do filósofo espanhol Miguel de Unamuno – a partir de quem o ensaísta peruano deu um novo significado, por exemplo, à palavra *agonia*. A espiritualidade agônica não está, como se poderia facilmente deduzir, contraposta à esperança "revolucionária"; ao contrário, elas se complementam. Ao valorizar a mente religiosa, Mariátegui não queria fazer do socialismo uma fonte de seita religiosa, mas trazer a dimensão espiritual e ética da luta revolucionária.[755]

---

[753] Idem, Ibidem.

[754] Michael Löwy. *A guerra dos deuses: religião e política na América Latina.* Op. cit., p. 34.

[755] "Sabemos que uma revolução é sempre religiosa. A palavra 'religião' tem um novo valor, um novo sentido. Serve para algo mais que para

3) *Uma interpretação do marxismo que leva em conta a dimensão espiritual e ética do combate revolucionário.* Pode-se observar uma dupla significação de romantismo nos textos de JCM, especialmente nos capítulos literários dos *Sete ensaios*. Um chamado neorromantismo ligado ao século XIX, "conservador" e "individualista", e um novo romantismo que identifica como "espontâneo" e "socialista". A divisão proposta por JCM de "dois" romantismos não tem apenas um significado eminentemente político e ideológico, mas também está circunscrita a períodos históricos: as "épocas clássicas ou de calma", quando a política reduz-se à administração e à rotina do parlamento, e as "épocas românticas ou de revolução" (um período de onda revolucionária), nas quais a política ocupa o primeiro plano da vida.[756] Dois exemplos citados por Michael Löwy que confirmam essa utilização são, de um lado, a crítica de Mariátegui endereçada ao afamado poeta Rainer Maria Rilke de um romantismo retrógrado, que abusa do "extremo subjetivismo" e "puro lirismo" e satisfaz-se plenamente na contemplação.[757] Por outro lado, um encantamento profundo com o movimento surrealista que, muito mais do que um fenômeno literário, seria a expressão por excelência do "novo" romantismo em sua versão "revolucionária".[758]

4) *As análises sobre a formação social peruana como ponto de partida às tradições comunitárias do campesinato indígena.* As

---

designar um rito ou uma igreja. Pouco importa que os sovietes escrevem em seus cartazes de propaganda que 'a religião é o ópio do povo'. O comunismo é essencialmente religioso. O que ainda provoca equívocos é a velha acepção do vocábulo". José Carlos Mariátegui. Em *Siete ensayos* [1928]. Em SEIRP, p. 264.

[756] Cf. José Carlos Mariátegui, "Carta ao poeta surrealista Xavier Abril, 6 de maio de 1927". Em *Correspodencia*, t. 1, p. 275.

[757] José Carlos Mariátegui, "Rainer Maria Rilke" em *Variedades*. Lima, 9 de abril de 1927. Em AE, p. 123.

[758] Michael Löwy, "José Carlos Mariátegui e a cultura revolucionária: do romantismo ao surrealismo". In: *Mariátegui en el siglo XXI*... Op. cit., p. 167-172.

proposições acerca da realidade social peruana assinadas por JCM compreendiam a existência de diferentes níveis e modos de funcionamento do capitalismo periférico. Tempos históricos que se combinam diversamente nas diferentes estruturas do modo capitalista de produção e reprodução das relações sociais. A tradição e a modernidade na formação social peruana não são dicotômicas. Mariátegui reage, assim, "contra o tradicionalismo conservador da oligarquia, o romantismo retrógrado das elites e a nostalgia do período colonial, ele apela a uma tradição mais antiga e mais profunda: a das civilizações indígenas pré-colombianas".[759] A sobrevivência de práticas coletivistas de comunidades até o século XX não era um peso morto na formação cultural e social peruana, mas, na realidade, constituintes ativos de renovação cultural. Isso fez com que o ensaísta peruano saísse em defesa do que denominou de "comunismo inca", que "não podia ser negado ou diminuído", já que era portador de eficácia econômica e do bem-estar da população camponesa. Assinala, por sua vez, uma clara distinção (e denuncia os limites) entre comunismo agrário e despótico das civilizações pré-colombianas e o comunismo de nossa época, herdeiro das conquistas materiais modernas.

O sociólogo franco-brasileiro põe em relevo a relação existente entre a via socialista e a sobrevivência de vestígios de um "comunismo inca" que o ensaísta peruano desenvolve. Uma relação que não teria analogia política com as ideias e teses do populismo russo, mas, na verdade, com os registros de Marx sobre o papel da transição da Rússia czarista para o socialismo. O estabelecimento de um elo histórico entre socialismo moderno e o comunismo inca marcaria um traço *romântico anticapitalista* na obra do autor, ainda que a visão idílica do passado tivesse claramente um distanciamento crítico em Mariátegui.

---

[759] Michael Löwy, "Introdução: nem decalque, nem cópia: o marxismo romântico de José Carlos Mariátegui". In: *Por um socialismo indo-americano*. Op. cit., p.18.

No terreno da estratégia política, Mariátegui "situava nas comunidades indígenas o ponto de partida para uma via socialista própria aos países indo-americanos".[760] Em suma, como destaca o historiador Flores Galindo, o problema nunca foi escolher entre o moderno e o tradicional, pois, afinal, o projeto de crítica da modernidade empreendida por Mariátegui jamais pretendeu regressar ao passado, mas ensaiar um encontro diferente entre Ocidente e mundo andino.[761] Afinal, "na verdade seu pensamento caracteriza-se justamente por uma *fusão* entre os aspectos mais avançados da cultura europeia e as tradições milenaristas da comunidade indígena".[762]

A inclinação por valores que *transcendem* a realidade de um indivíduo ou de uma sociedade e que podem, muitas vezes, ser testemunhados por construções intuitivas, imaginativas e religiosas como faz a interpretação de Michael Löwy em relação à Mariátegui estar longe de significar aceitação incondicional nos vários estudiosos. O filósofo peruano David Sobrevilla, por exemplo, critica a abordagem romântico-revolucionária de Michael Löwy. O maior pecado dessa formulação, segundo o autor, seria uma excessiva abrangência abrigando uma miríade de autores e tendências diversificadas e heterogêneas. Ela não ajudaria a enxergar a especificidade do marxismo de Mariátegui. "Ou seja, sustentar que seu marxismo era romântico-revolucionário é dizer muito pouco, e, sem dúvida, insuficiente".[763]

Embora não tenha sido um autor prioritário, o marxismo de José Carlos Mariátegui tem uma evolução bastante particular na trajetória intelectual e política do sociólogo franco-brasileiro. Partindo da esquerda "revolucionária" anti-stalinista, Löwy adquire as obras completas do teórico peruano e começa es-

[760] Idem, p. 22.

[761] Cf. Alberto Flores Galindo. "La agonía de Mariátegui. La polémica con la Komintern". In: *Obras completas*, tomo IV. Op. cit., p. 556-557.

[762] Idem, p.18.

[763] David Sobrevilla, *El marxismo de Mariátegui y su aplicación a los 7 ensayos*. Lima: Universidad de Lima, Fondo Editorial, 2012, p. 84.

tudá-las de maneira sistemática, durante os anos 1970, assim como a história do marxismo na América Latina. Esse momento se concretizara na organização de uma antologia conhecida como *Le marxisme em Amérique Latine*, editada na França em 1980. No artigo de apresentação do livro, a figura de JCM é apresentada como uma das expressões teóricas mais criativas do marxismo na América Latina, enfatizada especialmente pela dimensão política de seu pensamento, trata-se de uma *primeira recepção* de JCM como *pensador político da América Latina* sob visão nitidamente "trotskista".

A partir da década de 1980, o intelectual franco-brasileiro tem sua visão de mundo marxista modificada pela leitura das teses sobre a história de Walter Benjamin e o início de estudos dedicados à sociologia (marxista) da religião, em especial explorando o judaísmo na Europa Central e o cristianismo na América Latina. Com relação à JCM, especificamente, a análise que outrora tinha como prioridade ressaltar os aspectos políticos de sua obra é doravante *complementada (e não abandonada) com aspectos da face cultural e principalmente da religião, que até então não tinham decididamente um espaço.* Ou seja, mesmo que tenha se ocupado relativamente pouco em depurar com mais intensidade a obra do autor de *Sete ensaios*, a análise de Michael Löwy modificou-se, embora nela não haja propriamente ruptura. Ao inserir a obra de JCM como sensibilidade romântica e revolucionária, *adota uma metodologia que não separa o "crítico literário" do "organizador do movimento operário"*. Em síntese, *a segunda recepção* de Mariátegui *como renovação do pensamento marxista como crítica capitalista da modernidade*, através de mediadores culturais. Segundo Pericás,

> Vale aqui salientar o próprio foco de Löwy em relação aos trabalhos de Mariátegui. Pode- se ou não concordar com suas interpretações, mas é importante reconhecer que ele conseguiu ver Mariátegui de maneira totalizante, mais ampla, e que sua abordagem teve uma sofisticação maior que várias anteriores em nosso país,

> que focalizavam aspectos isolados do pensamento e da obra do teórico peruano. Löwy iria apresentar o lado literário e cultural de Mariátegui (extremamente importante para compreender suas ideias) e ao mesmo tempo associá-lo intrinsecamente a seu marxismo e sua militância política. Afinal, Mariátegui não era uma figura "chapada", unidimensional, mas, pelo contrário, extremamente complexa e multifacetada, que trabalhou, *em grande parte de seus escritos*, com temas literários, filosóficos e culturais.[764]

Ademais, a interpretação de Löwy detém uma amplitude que suscita novas leituras, principalmente no domínio da sociologia da cultura e da religião. Para aproximar a obra de José Carlos Mariátegui com outras contribuições de teóricos marxistas há diversas passagens em seus artigos que sugerem afinidades inusitadas. Vejam-se os estudos sobre o comunismo inca de Rosa Luxemburgo, a fascinação do movimento surrealista em Walter Benjamin, a aproximação entre fé religiosa e fé marxista desenvolvida por Lucien Goldmann, a leitura voluntarista do marxismo com o jovem Gramsci e Lukács, a interpretação milenarista do marxismo de Ernst Bloch, a aproximação política com a teoria da revolução permanente de Leon Trotski. Quanto às não marxistas, veja-se Max Weber, principalmente, sobre a questão da religião.

---

[764] Luiz Bernardo Pericás, "José Carlos Mariátegui e o Brasil". In: *Estudos Avançados*, Op. cit., p. 346-347, grifo do autor.

CONCLUSÃO: Mariátegui e o labirinto da América Latina

Quando se remove a crosta das ortodoxias, a hora é propícia para o despertar de virtualidades há muito desprezadas ou ignoradas.

Daniel Bensaïd[765]

Procuramos mostrar como o problema da recepção da obra de José Carlos Mariátegui, particularmente na América Latina, deu-se de maneira heterogênea nos campos científico e político. Em seu próprio tempo, Mariátegui marcou sua geração pela realização de múltiplas atividades culturais e políticas no Peru, bem como por sua polêmica produção intelectual. Praticamente três décadas após sua morte, em 1958, toma vulto um importante movimento de resgate da obra de Mariátegui, encabeçado por seus familiares, no qual parcela substantiva de sua obra póstuma, a maior parte inédita, vem a público. A coleção *Ediciones Populares de las Obras Completas*, em formato de bolso e vendida a baixo preço, propiciou uma difusão extraordinária da obra mariateguiana. Em poucos anos, verifica-se uma difusão transnacional das obras, em cuja dianteira encontravam-se os *Siete ensayos*. Verdadeiro *best-seller* no Peru, os Sete ensaios são traduzidos, a partir dos anos 1960, em russo, italiano, inglês, francês, búlgaro, húngaro, português, alemão, japonês e chinês.

Nesse processo, a situação política e social em que ocorre o auge da circulação de Mariátegui no Peru é fundamental para a compreensão de sua recepção. Com efeito, a história da apropriação da obra Mariátegui não se dissocia dos condicionantes

[765] Daniel Bensaïd, *Marx, o intempestivo.* Rio de Janeiro: Civilização Brasileira, 1999, p. 15.

da conjuntura política e das necessidades ideológicas experimentadas por militantes, intelectuais e políticos profissionais no país andino, marcado pela emergência da "nova esquerda", pela ditadura de Velasco Alvarado (1968-1975) e por amplas reformas. Trata-se de uma convulsão comum em toda a geopolítica da América Latina, iniciada pela Revolução Cubana e pelos ciclos das ditaduras militares. No contexto peruano, em particular, esse inevitável cruzamento de condicionantes gera, assim, apropriações acríticas e críticas inapropriadas da obra mariateguiana.

Note-se que, até a década de 1970, os estudos mariateguianos não abordavam sistematicamente interconexões entres artigos jornalísticos de Mariátegui, o desenvolvimento de sua práxis político-cultural e as condições sociais da época. Esse ponto de vista desintegrador não se explica apenas por questões político-ideológicas dos receptores, como também pelo próprio formato temático das "obras completas" de Mariátegui. Mas a partir da década de 1980, com a publicação de seu epistolário, dos "*escritos juveniles*" (1911-1919), de fac-símiles de revistas editadas pelo Amauta, da aparição de *Mariátegui Total* e da revista *Anuario mariateguiano* (1989-1999), os estudos seguem uma direção promissora. Essas aquisições tornam, então, possível uma ideia mais abrangente da complexidade da obra do intelectual peruano.

São particularmente decisivos para a história dos estudos mariateguianos os anos de 1978 e 1980. O quinquagésimo aniversário de *Siete ensayos* e da morte de Mariátegui, respectivamente, propiciam o aparecimento de trabalhos renovados. A introdução escrita pelo sociólogo Aníbal Quijano para a edição dos *Siete ensayos* publicados pela editora Biblioteca Ayacucho, bem como a coletânea *Mariátegui y los orígenes del marxismo latinoamericano*, organizada por José Aricó pela editora mexicana Siglo XXI, são dois empreendimentos de impacto continental. Some-se a eles o livro La agonía de Mariátegui, do historiador Alberto Flores Galindo, publicado pela editora peruana Desco, que, embora não desfrute da mesma amplitude de circulação, prima por sua excelência. Com diferentes recursos teóricos, metodológicos e bibliográficos, essas são contribuições que priorizam o exame das contribuições de Mariátegui, da especificidade de seu marxismo e da relação entre teoria e práxis. Disso resulta a consolidação da imagem "heterodoxa" do intelectual peruano.

Como procuramos ressaltar, embora a trajetória política de Mariátegui o revelasse marxista convicto e confesso, admirador do bolchevismo e da revolução de 1917, sua figura não era associada ao ambiente político-intelectual da Terceira Internacional. Os trabalhos de Quijano, Aricó e Galindo buscavam, assim, por meio de uma autorreflexão, compreender os (des)caminhos da esquerda revolucionária na América Latina, fragmentada e derrotada diante da ascensão das ditaduras militares e do crescente descrédito do marxismo ortodoxo da URSS. Era possível perceber, especialmente no caso de José Aricó, exilado no México, que a comparação com Gramsci visava legitimar a heterodoxia mariateguiana. Portanto, na órbita do pensamento do marxista sardo, tão debatido na cultura política latino-americana, Aricó procurou contribuir para a internacionalização dos estudos mariateguianos, que se iniciam na Europa da década de 1960, em especial por Robert Paris e Antonio Melis.

Observe-se também que as ciências sociais não passam incólumes aos influxos políticos do continente. Entre esperanças e ilusões, uma crescente politização dos temas e agendas de pesquisa transformam as ciências sociais, a exemplo do que se verifica na utilização do instrumental marxista, na adoção de estilos de análise global e no crescente engajamento político de muitos intelectuais universitários. As ciências sociais desferem duro golpe contra as teses dualistas, promovidas pelos Partidos Comunistas, pela teoria da modernização e pelo desenvolvimentismo. Através de noções como colonialismo interno, desenvolvimento desigual e combinado, imperialismo e dependência estrutural, todos esses recursos analíticos, centrados em figuras, formações ou experiências nacionais, tornam mais complexo o inventário dos relatos elaborados pelas ciências sociais sobre a periferia do capitalismo. A partir de múltiplos pertencimentos institucionais, tais transformações no campo de estudo das ciências sociais latino-americanas podem ser ilustradas pela apropriação criativa, ainda que marginal, do arsenal mariateguiano na busca de uma nacionalização do marxismo, na identificação de modos de produção coetâneos e no diálogo crítico com correntes não-marxistas.

Durante a década de 1990, Mariátegui torna-se paulatinamente referência para a teoria da colonialidade da América Latina, em especial para Aníbal Quijano. Assim, em um contexto marcado pelo colapso do "socialismo real", pelo fim da influência dos partidos comunistas, pela crise de paradigmas das ciências sociais e das análises globalizantes, a imagem de Mariátegui é desenhada dentro de uma condição de autonomia intelectual, não necessariamente associada ao marxismo, marcada por uma reflexão epistemológica sobre a especificidade da América Latina. Na contramão das separações eurocêntricas binárias, os aportes mariateguianos foram fundamentais para a construção da sociologia quijaneana, pois restituem, assim, a unidade indissociável entre logos e mito como integrantes de um mesmo movimento de consciência e de reflexão. A utopia latino-americana, como proposta de "racionalidade alternativa", assenta-se na rearticulação entre duas heranças histórico-culturais, a de origem andina e a da razão histórica.

É bom lembrar que o legado mariateguiano acompanhou Quijano ao longo de toda a sua trajetória, seja em sua fase marxista, em diálogo com a teoria da dependência, seja na crítica radical do eurocentrismo conhecida como "colonialidade do poder". Independentemente da postura teórica e das ênfases distintas que adotou em seu itinerário, Quijano preocupou-se efetivamente com a difusão da obra mariateguiana, e permaneceu fiel a um princípio da tradição da sociologia crítica latino-americana: decifrar a especificidade histórica da América Latina utilizando-se de um arsenal rico, heterogêneo e crítico da modernidade capitalista. Todavia, na ânsia de se contrapor aos escombros das ortodoxias e ideologias eurocêntricas, Aníbal Quijano exagera numa leitura excessivamente seletiva de Mariátegui, para torná-lo assimilável ao empreendimento da "descolonização epistêmica".

Embora a recepção de Mariátegui tenha sido limitada nas ciências sociais no Brasil, podemos retraçar sua história. De fato, essa limitação se deixa ver na distância histórica entre Brasil e América Latina, mais ainda entre Brasil e Peru; na influência hegemônica exercida pelos EUA e Europa na institucionalização das ciências sociais no Brasil e, em contrapartida, no "campo" intelectual do Peru, marginalizado; no perfil de Mariátegui, dificilmente assimilável ao de um "sociólogo profissional", cuja intensa militância política e estilo ensaístico confrontavam os preceitos cientificistas da pedagogia europeia das ciências sociais.

Em sua maioria, os perfis dos leitores brasileiros de Mariátegui estão marcados por atividades no campo político. São intelectuais engajados, militantes e partidários; intitulam-se "marxistas" ou, ao menos, dialogam diretamente com a teoria de Marx. Alberto Guerreiro Ramos, Darcy Ribeiro, Nelson Werneck Sodré, Otto Maria Carpeaux, Astrogildo Pereira, Carlos Nelson Coutinho, José Paulo Netto, Theotonio dos Santos, Ruy Mauro Marini, Leandro Konder, Fernando Henrique Cardoso, Octavio Ianni, Florestan Fernandes, Michael Löwy etc., muitos deles não conheceram os *Sete ensaios* pela tradução em português, publicada em 1975, mas, antes, durante o exílio, momento íntimo de "descoberta" da história da América Latina.

Nesse conjunto de intelectuais-engajados, destacam-se Florestan Fernandes e Michael Löwy, que, nascidos em diferentes gerações, mantiveram um diálogo profundo entre marxismo e sociologia. Suas trajetórias foram incomuns em relação aos outros leitores de Mariátegui. Enquanto a maioria exilou-se em países da América Latina, Florestan teve uma passagem pela Universidade de Toronto e retorna ao Brasil em posição desajustada e marginal, apesar de suas credenciais de sociólogo profissional e público. Löwy, por seu turno, parte para a Cidade Luz com o objetivo de realizar sua pesquisa de doutoramento, mas permanece na França, já com residência fixa, ao perceber que seu retorno ao Brasil teria sido inviabilizado pelo regime civil-militar então instalado.

Com efeito, essas duas figuras foram, em momentos diferentes, artífices na difusão da obra mariateguiana no Brasil. Por um lado, Florestan foi um dos responsáveis pela edição brasileira de *Sete ensaios*. Hoje podemos conhecer suas impressões sobre o intelectual peruano, através de textos, anotações e materiais disponíveis em sua biblioteca particular. Na década de 1970, sob a perspectiva de uma sociologia "crítica" e "militante", Mariátegui é por ele incorporado como intérprete das antinomias da "revolução burguesa" e das formações sócio-históricas de países capitalistas desviantes. Por outro lado, na trajetória intelectual de Michael Löwy, é possível detectar dois momentos de sua recepção da obra de Mariátegui: o primeiro refere-se à construção de uma imagem mariateguiana que o desvincula das fileiras da tradição marxista-leninista (e stalinista), bem como o aproxima da corrente dissidente do trotskismo, principalmente da noção de "revolução permanente". O segundo momento ocorre a partir da década de 1980, quando Löwy ocupa um posto fixo no CNRS como pesquisador da área de sociologia das religiões. A partir desse enquadramento, a face política "revolucionária" de Mariátegui é articulada com dimensões da cultura e da religião, sob a perspectiva do "romantismo-revolucionário". Nos anos 2000, Löwy prepara no Brasil a coletânea *Por um socialismo indo-americano*, composta de textos de Mariátegui e de uma introdução do organizador, amplamente difundida.

Desse modo, as interpretações analisadas nesta tese contribuem efetivamente para a difusão do pensamento de Mariátegui na América Latina, a tal ponto que hoje não há uma leitura de Mariátegui que seja indiferente àquelas dos autores aqui estudados. Para demonstrá-lo, recorremos ao contexto em que elas emergiram e ao estudo da trajetória de seus proponentes. Embora pelos excessos e por suscitar reações antagônicas, tais interpretações e apropriações da obra Mariátegui foram extremamente férteis, em um ambiente de constantes disputas. Seja como for, esse parece ser o risco de toda interpretação cuja motivação precípua é a tentativa de apreensão da especificidade histórica da América Latina.

Epílogo: O mariateguismo e o código Mariátegui[766]

Por Miguel Mazzeo

[766] Tradução Deni Alfaro Rubbo. Revisão técnica: Valeria Herrera.

Em *O labirinto periférico: aventuras de Mariátegui na América Latina*, Deni Alfaro Rubbo propõe uma abordagem original à obra de José Carlos Mariátegui. Convoca-nos a redescobrir o Amauta através dos olhares dos seus leitores, seus difusores, seus decodificadores, seus intérpretes, seus apropriadores, seus tradutores. Ele nos convida a percorrer os caminhos das ideias do Amauta, e calibrar a profundidade de seus rastros.

Com esse objetivo, Deni lê Mariátegui e seus mentores de quase um século. Não se limita a toda a literatura acessível, por si só, já abundante. Ele pesquisa os arquivos como se alguém raspasse o fundo da panela para não deixar vestígio nenhum. Com fervor heurístico, Deni investiga, por exemplo, no arquivo da Casa de las Américas, em Cuba, o que lhe permite apresentar documentos pouco conhecidos sobre o Amauta. Depois, com fervor hermenêutico, ele seleciona algumas visões, as mais atinadas, possivelmente as mais representativas de algumas gerações, especialmente aquelas ligadas às tradições políticas e intelectuais críticas do Brasil.

John Berger costumava dizer que "olhar é um ato de escolha". Os condicionamentos históricos, institucionais, existenciais de cada visão, ou seja: os motivos de cada "escolha", são narrados por Deni com uma destreza narrativa e uma rigorosidade inusitada. *O labirinto periférico* é, em grande medida, uma abordagem historiográfica lúcida, uma reflexão histórica sobre várias hermenêuticas, um exercício cativante de "deciframento do decifrador". Só que é mais do que isso.

Há alguns anos, Deni se detém na análise de um campo que denominou-se *mariateguismo*. Constituída por diversas experiências militantes e acadêmicas com seus respectivos recursos e protocolos, com suas formas discursivas; alimentado por numerosas linhas e correntes, o mariateguismo inclui tanto expressões "simples" quanto "estudos mariateguistas" (uma espécie de "braço acadêmico" e, até certo ponto, institucionalizado). No meio, temos a implantação de um extenso leque de manifestações híbridas.

Deni traça a cartografia desse campo que, em certa medida, se tornou independente daquele que, sem querer, o inspirou e lançou seus alicerces sólidos. Mariátegui e mariateguismo são objetos intercomunicados, mas diferentes. Deni mergulha o mariateguismo, contempla-o de dentro, examina as leituras que fermentam aquele campo, detém-se na sua função social, na sua fecundação cruzada e nas suas tensões. No vasto universo do mariateguismo, o pensamento, o trabalho e a experiência de vida (agonia) de Mariátegui, mais do que um critério de validação, funcionam como pretextos para envolver, a partir de vários presentes e de várias preocupações, inúmeros problemas que batem potencial no próprio Amauta.

Isto foi possível por várias razões, todas elas determinantes. Pelas intuições profundas de Mariátegui, "situadas" no geopolítico, no geocultural e no epistemológico. Por suas críticas aos próprios fundamentos do eurocentrismo, o colonialismo e a racionalidade que recita monólogos e só sabe avançar sobre ruínas. Pelo caráter radicalmente antidogmático de suas propostas. Porque nos seus esforços para desvendar um caminho periférico e virtuoso para a universalidade, ele propôs linhas de fuga fecundas e compôs uma obra viva.

Mariátegui foi o fundador do marxismo de Nossa América. Algo que, sem dúvida, é o "marxismo" mas não é exatamente igual ao "marxismo". É uma recriação do marxismo, livre da ciência unilateral e de toda certeza de infalibilidade na hora de decifrar a realidade, livre de incrustações positivistas e naturalistas, bem predisposta à alteridade.

É uma recriação que enfatiza algumas partes de Marx em detrimento de outras; por exemplo, ele prefere a chave que iguala vida e ser e que, mais do que no "trabalho", centra-se na vida e na fecundidade da vida. Esta perspectiva não adquire vigência e relevância incomum em um mundo onde a luta de classes é cada vez mais uma luta entre a vida e o capital, entre a vida e a morte. É, por tudo isso, uma recriação que nos permite a recuperação de um Marx integral que foi invisibilizado e mutilado pelo "marxismo-leninismo" que se tornou ideologia estatal ou receita política. Em algum sentido, Mariátegui e o mariateguismo contribuem para renovar a exegese marxista, para redescobrir Marx. Um Marx excêntrico e marginal. Um Marx que se interessa pelas sociedades não europeias e que dá conta do colonialismo, mas não como um "infeliz acidente" – nos termos de Franz Fanon – mas como um fenômeno co-constituinte da modernidade capitalista. Um Marx que não concebe a nova sociedade a partir de um simples e linear desenvolvimento das forças produtivas (o capitalismo como pressuposto "necessário" para a sociedade comunista) e, longe de todo "fetichismo das premissas materiais", despeja o terreno à imaginação, ao desejo, à luta consciente, ao sujeito real. Um Marx que intui o potencial transformador das formas comunais e das classes "não modernas" e que fornece chaves originais para pensar a ecologia, a tecnologia e as formas materiais da opressão, enfim, para pensar a crise civilizatória do capital e as possíveis transições a sistemas que superam o capitalismo. Um Marx que, a partir da causa irlandesa, começa a pensar a "questão nacional" sob coordenadas que abrangem realidades periféricas. O "Marx maduro", aquele que dá origem ao *O Capital*, sim, mas também o dos *Grundrisse* de 1857-58, ou o d'*Os manuscritos de 1861-1863*. Mas especialmente "o velho Marx", o "último Marx"; aquele que, incansável e experimental, rascunha página após página, cheio de dúvidas e intuições formidáveis: o

Caderno Kabalevsky, os Cadernos etnológicos, as Cartas a Vera Ivanovna Zasulitch, entre outros materiais.

Em suas melhores expressões, em produções como as que nos brinda Deni, o mariateguismo, contribui para fazer mais fluido o diálogo entre a londrina Maitland Park Road e a limenha rua Washington Izquierda. Este trabalho torna possível este tipo de intersecções, entre outras.

O marxismo de Nossa América é, pois, a recriação da totalidade marxista, mas por outros meios, regida por outras cadências e outras profanações. E não há "marxômetro" que possa medi-la. Mariátegui é o filósofo da práxis deste lado do mundo periférico; do lado desigual e combinado; do lado de formações sociais heterogêneas; do lado da mistura, as alteridades, o *abigarramiento*, a impureza, o desajuste e o palimpsesto; do lado que mais incentiva a dialética, tanto que a deixa exausta. Mariátegui é uma referência imprescindível para a tarefa de restabelecer a utopia, o mito, a comunidade e um amplo conjunto de elementos dinâmicos do devir histórico dos nossos povos. Mariátegui é o intelectual-militante que estabeleceu as coordenadas de *Nuestro Socialismo* (projeto vital e não canônico), é uma figura incontornável no momento de repensar as possibilidades emancipatórias na Nossa América.

Então, o mariateguismo é o nosso marxismo. É o itinerário mais apropriado para o autoconhecimento de nossas sociedades. É o nosso modo de ser marxistas. Um modo austeramente esplendoroso. Um modo que, para um marxista clássico ou classicismo, pode parecer acidental, ilógico, ímpio, enfim: barroco. Por isso, um mariateguismo não marxista (e até antimarxista!) é injustificável. As pretensões de fundá-lo a partir da crítica à razão ocidental proposta por Mariátegui sempre expõem cortes grosseiros, manipulações escancaradas e oportunismos rasteiros.

As inquisições de Deni deixam claro as causas que explicam a inexistência de tradições emancipatórias em Nossa América que não reconhecem em Mariátegui o seu ponto de partida: a teoria da dependência; a teologia da libertação; a crítica à colonialidade do poder, do saber e do ser e das perspectivas descolonizadores em geral; as abordagens interseccionais; as pedagogias libertadoras; a filosofia latino-americana; a ciência política e a sociologia crítica e militantes, entre outras; e, obviamente, o socialismo de Nossa América e um conjunto de proposições altermundialistas. O mariateguismo, então, confirma uma condição precursora e, ao mesmo tempo, é o sinal de uma continuidade. As ideias de Mariátegui continuam viajando e revivem nos sucessivos olhares. Revivem e se transformam. Portanto, o marxismo pode ser revitalizado na vertente abundante do mariateguismo.

Deni confirma o que já tinha sustentado Alberto Flores Galindo: o mariateguismo é uma aventura inconclusa. Neste sentido, o restabelecimento da historicidade de Mariátegui nunca vai contra o reconhecimento da sua atualidade. O mariateguismo é, portanto, um campo no qual convivem múltiplas historicidades. Um campo atravessado de inumeráveis caminhos, bifurcações e encruzilhadas. Foi e é a terra fértil para pensarmos e repensarmos. Foi e é o fermento para o pensamento criativo. É também um campo de disputa, sempre relutante em se tornar um "mariateguismo realmente existente".

O mariateguismo é um campo que permite intervenções múltiplas e diálogos cruzados: entre o sistemático e o assistemático, entre o disciplinar, o extradisciplinar e o transdisciplinar, entre ciência e religião, entre razão e mito, entre estrutura e sujeito, entre o determinado e a vontade, entre o instituído e o instituinte, entre as ciências sociais e a *práxis* política, entre a monografia e o ensaio. Trata-se de um campo de acordos e desacordos, mas sobredeterminado por desejos de reconciliação e pela presença de um plano que tende à dissolução das incompatibilidades gnoseológicas. Um campo que se retroalimenta constantemente da impugnação, tanto do unidimensional como dos dualismos binários.

O mariateguismo, além de um campo, é uma rede difusa cujos nós remetem a experiências individuais ou coletivas. Também é um código, *o código Mariátegui.* Um sistema de signos e regras não escritas que há anos torna possível a formulação e a compreensão de informações, um verdadeiro sistema de produção e troca de mensagens, aberto e em permanente construção. Uma configuração dinâmica, capaz de assimilar todos os transbordamentos e as conexões mais impensadas. Um código que não esquematiza, um código não codificador, um código transgressor. De forma alguma é uma "escola". Ao narrar a história desse código, Deni traz consistência e contribui para torná-lo mais inteligível, próximo e *nuestro.*

Deni, além disso, põe em evidência o modo como o estudo da recepção de um autor e uma obra serve para iluminar seus aspectos mais obscuros, seus lugares menos explorados; como as condições dessa recepção modificam sentidos e criam outros que, por sua vez, criam outros. Os modos, as cadências do mariateguismo parecem responder à figura do rizoma.

Nós acreditamos que é necessário voltar uma e outra vez à obra e ao pensamento fundador de Mariátegui, com a certeza de que neles se aninham chaves férteis e heranças não gastas. Chaves e heranças que, para se traduzir em ação concreta, requerem um trabalho de actualização e criação que abjure de toda predisposição apologética e de toda comodidade intelectual.

Aliás, Mariátegui foi uma das figuras através das quais as ciências sociais retomaram nos últimos anos os "grandes temas" abandonados pelas perspectivas pós-modernas, por um neoempirismo mais teórico que experimental, pelo neofuncionalismo e outras correntes de pensamento apologéticas da ordem do capital. O que demonstra a falta de *timing* (e o obscuro desejo) daqueles que se apressaram a dizer "adeus a Mariátegui".

Talvez a principal dívida e o principal desafio do mariateguismo contemporâneo consiste em contribuir para o debate de uma estratégia política revolucionária. Lembremos que Mariátegui aspirava por uma política que fosse sinônimo de filosofia e religião. Uma política "elevada". Cabe pensá-la em sintonia com a "grande política" de que falava Antonio Gramsci. Têm sido relevantes os passos dados nas dimensões epistemológicas e metodológicas; em questões de recursos heurísticos e de teoria social; nas conceituações identitárias ou culturais. O trabalho de Deni demonstra isso amplamente.

Mas na hora de repensar Mariátegui a partir de problemas estratégicos (políticos, revolucionários), os vazios são muito visíveis. A práxis política, a questão do poder, é o elo mais fraco do mariateguismo. É a parte menos desenvolvida do código Mariátegui. Muito mais se nos detivermos nas intervenções das últimas décadas. Além disso, acreditamos que é legítimo perguntar-nos até que ponto o interesse pelas dimensões, matérias e conceitualizações mencionadas não foi em detrimento do interesse pelos problemas associados à contra-hegemônia. O trabalho de Deni também põe em evidência esta situação.

De todos os grandes temas abordados por Mariátegui, aqueles ligados às questões de estratégia política foram os mais negligenciados nos últimos tempos. O vanguardismo político foi menos mencionado e tematizado que outros vanguardismos do Amauta. Ao mariateguismo custou-lhe se auto-atribuir papéis mais ativos na hora de pensar/fazer uma política emancipatória; na hora de repensar, por exemplo, o "comunalismo" de Mariátegui, seus métodos de acumulação e intervenção política, etc. É claro, houve exceções, entre outras mencionadas por Deni, como a de Michael Löwy.

Neste aspecto, o mariateguismo, o marxismo da Nossa América, reflete a situação do marxismo em geral: uma crise que não afeta sua presença epistemológica e sua qualidade de teoria social, senão sua condição de credo insurgente. Isto não responde ao acaso. Sem entrar em detalhes, podemos considerar vários motivos relacionados entre si.

Em primeiro lugar, as experiências dos "socialismos reais" que desgastaram as ideias de transformação radical, de igualdade substantiva, de democracia radical e de autogoverno popular, invocando-as em vão e em função de projetos que, em aspectos essenciais, eram a antítese do socialismo ou do comunismo. Mas o senso comum colonizado pelo neoliberalismo não considerou esta falta de afinidade essencial e nada pôde evitar o retrocesso destes últimos significantes. A crise dos socialismos reais serviu para que as classes dominantes decretassem a inviabilidade histórica dos sistemas alternativos ao capitalismo, reforçassem o fatalismo e apagassem de uma vez só a ideia da heterogênese dos fins da qual falava Giambattista Vico. Nos impôs à tarefa de demonstrar que não é uma condição essencial das revoluções se consolidarem à custa dos ideais e da práxis que as motorizaram; que a utopia não está indefectivelmente condenada a ser engolida pelo realismo político, sobretudo se este último for um realismo político revolucionário.

Depois, a sucessão de décadas de hegemonia neoliberal que, junto com a destruição dos aparelhos produtivos e instituições reguladoras do mercado capitalista, destruiu sujeitos e arrasou subjetividades críticas e valores solidários e igualitários.

Finalmente, não podemos ignorar o balanço das experiências chamadas de progressistas na primeira década e meia do século XXI e que aconteceram em vários países da região. Estas experiências impulsionaram modalidades de inclusão social que, em geral, estiveram subordinadas e atadas a ciclos expansivos circunstanciais e não modificaram as estruturas reprodutivas da desigualdade. Porque, diretamente, não se propuseram e se assumiram desde o início como alternativas neodesenvolvimentistas e intrasistêmicas, ou porque não puderam. Por outro lado, com seus claro-escuro, estas experiências também foram demarcadas pelas ambiguidades e os efeitos de despolitização (especialmente ao nível das classes subalternas e oprimidas) de muitas de suas iniciativas.

Então, a desatenção dos temas de estratégia política, quando não o desinteresse total pelas questões relacionadas à questão do poder, podem considerar-se como o resultado de uma derrota, de várias frustrações e da desorientação.

Pois bem, estamos convencidos de que sem um debate profundo sobre estratégia política será muito difícil romper o círculo vicioso onde o desinteresse, a derrota, a frustração e a desorientação se alimentam. Destacar os sentidos mais políticos do mariateguismo, destacar sua dimensão *práxica* e suas orientações contra-hegemônicas e comunalistas, pode nos ajudar a sair desse círculo vicioso e pensar uma política emancipatória significativa. Uma política que deixe em evidência os mecanismos alienantes e opressivos do capitalismo ao mesmo tempo que denuncie o opróbrio de sua naturalização. Uma política que dê conta dos desejos das classes subalternas e oprimidas. Uma política que acabe com as "almas desencantadas".

Isso de forma alguma implica a pretensão de derivar de Mariátegui uma ideologia "marxista-mariateguista", um modelo, uma linha política mariateguista "correta" ou monstruosidades similares. Isso seria absurdo, um canto à mediocridade, e iria contra o espírito mesmo do mariateguismo e seu código. Mas... por que se recusar a pensar também esses problemas à luz de Mariátegui? Por acaso a intercessão do Amauta não contribuiria para pensar estes problemas à luz da dialética do mercado mundial, da luta de classes e da totalidade? Pensá-los por fora do pacto neoliberal e do "campo de objetividade" que nos impõe? Por acaso Mariátegui não tem nada a nos dizer a respeito de possíveis transições (sempre descontínuas, jamais lineares) para sistemas pós-capitalistas? O campo mariateguista não deveria evitar este tipo de interrogações. Não, se pretendemos atingir o centro do estigma hegeliano que pesa sobre Nossa América, especialmente sobre suas classes subalternas e oprimidas. O código Mariátegui deveria desenvolver-se como um código de e para a práxis, um código incomparável para a ciência social hegemônica e, sobretudo, para a política hegemônica.

Trata-se, sem dúvida, de um trabalho de alto risco: porque não se trata da escolha de métodos e modelos padronizados, porque é preciso inventar ininterruptamente para não errar e porque o objetivo, mais do que permanecer, é servir, mais do que inserir-se no que é preexistente é instituir o que é novo. Como dizia o Amauta: "O trabalho intelectual, quando não é metafísico, mas dialético, quer dizer, histórico, tem os seus riscos". Nunca nos cansaremos de dizer que Mariátegui, especialmente neste momento da Nossa América, exige de nós militância, muitas "militâncias".

O trabalho de Deni Alfaro Rubbo nos oferece um mapa confiável para nos orientarmos na geografia dinâmica do mariateguismo. Da mesma forma, assume o desafio de fazer do mariateguismo um campo de articulação e produção de saberes, práticas e lutas e promove a conformação de uma intelectualidade crítica consubstanciada com as melhores tradições emancipatórias da Nossa América. Trata-se, pois, de uma contribuição imprescindível.

Miguel Mazzeo[767]
Lanús Oeste, Provincia de Buenos Aires, Argentina
15 de outubro de 2020.

---

[767] Miguel Mazzeo, é professor de história e doutor em ciências sociais pela Universidad de Buenos Aires. É autor de numerosos livros, como *El socialismo enraizado. José Carlos Mariátegui: vigencia de concepto de "socialismo práctico"* (2013).